本书为云南大学社会科学理论创新高地建设项目（发展经济学：C176240103）资助成果

杨先明 邵素军 王希元 杨 洋 等 著

中国创新—产业动态化演进研究

基于准技术前沿的视角

RESEARCH ON
CHINA'S
INNOVATION - INDUSTRY DYNAMICS
EVOLUTION

BASED ON
THE PERSPECTIVE OF
QUASI-TECHNOLOGICAL
FRONTIER

社会科学文献出版社
SOCIAL SCIENCES ACADEMIC PRESS (CHINA)

序

自改革开放特别是加入世界贸易组织以来，中国凭借低成本劳动力优势，成功融入全球产业链分工体系，推动了国内市场的开放与经济的快速增长。然而，随着人口红利的逐步消失以及要素投入对经济增长贡献的逐渐减弱，自2012年以来，中国经济增速已降至8%以下，标志着经济从高速增长阶段进入高质量发展阶段。在高质量发展阶段，经济增长的核心从规模扩张转向效率优先，即从大规模的物质生产导向转向高质量消费和服务导向的发展模式。科技与创新成为推动这一转型的关键动力。尤其是在进入准技术前沿阶段后，创新对于维持经济增长的重要性显著提升。为应对这一挑战，中国提出了"创新驱动发展战略"，经过十余年的努力，逐步实现了从要素与投资驱动向创新驱动的转变，科技创新已成为中国经济发展的新引擎。

整体来看，中国创新正在从"引进跟随"向"自主创新"转型，中国已经成为名副其实的"创新大国"，但距离建设"创新强国"还有一定差距，中国已经进入准技术前沿阶段。处于准技术前沿阶段的国家一般具有这样的特征：结构转型和技术赶超对生产力增长的贡献开始递减、进入中上等收入阶段后增长速度逐步下降、产业升级与结构调整难度加大。与之前阶段相比，准技术前沿阶段创新对持续增长的重要性显著增强，而各种因素交互的复杂程度要远大于过去，要避免产生创新不足导致"过早去工业化"现象和产业动态化滞后制约结构现代化局面，创新驱动增长需要路径的更新。

当前中国要推进高质量发展，需要技术创新能力以支撑技术创新和产业动态化。特别是进入准技术前沿阶段，面对不同的阶段特征、环境和发展目标，研究必须回答创新发展的路径是什么、路径如何实现等根本性问题。进一步地，还必须研究如关键因素如何作用于路径的实现，如何摆脱负面路径依赖效应，如何通过相关制度安排有效促进路径实现。

发达国家的创新经验表明，特定阶段的主要矛盾及其发展目标，是各国推进创新发展实现路径的主要考量。当前，处于准技术前沿阶段的中国，也处于转型升级、高质量发展的重要阶段，产业转型升级、新兴产业发展、突破芯片等技术瓶颈都需要有科技、人才的支撑。因此，推动创新引致的产业动态化，始终是准技术前沿条件下创新发展的基本路径。实现这一路径，需要针对中国创新发展的薄弱环节和重点领域，选择关键的制度改进领域和政策工具。

本书立足于对准技术前沿阶段特征的识别，着眼于当前最关键的制约因素，深入分析了创新发展路径的选择依据和路径内涵，特别强调路径实现的具体问题。从克服若干关键制约因素的角度出发，本书深入论证了实现这些路径所必需的制度性保障措施。在理论分析与现实背景的双重视角下，本书围绕路径选择、路径实现关键环节及制度保障这一主线，系统探讨了中国创新-产业动态化的演进过程及其对经济发展的影响。期望本书的出版能够为处于准技术前沿阶段的企业、产业和地区提供有效的发展路径指引，并在推动中国实现创新-产业动态化与新质生产力协同发展方面产生积极的影响。

目　录

第一章
中国创新-产业动态化演进的
研究缘起与研究思路

世界正面临百年未有之大变局。在新形势下，如何保持经济持续增长、以何种动力驱动未来发展，成为关键议题。自党的十八大提出"创新驱动发展战略"以来，创新发展逐步成为国家长期战略的核心内容。党的十九大报告明确指出，实现高质量发展依赖于创新驱动，而党的二十大报告进一步强调了创新对国家未来发展的重要性。历史经验表明，一个国家能否实现经济跨越与全球竞争力提升，乃至获得国际领先地位，取决于在重大转型过程中能否实现技术、制度和产业的动态变革。中国尽管在创新推动产业转型升级方面取得了显著进展，但总体上仍处于"准技术前沿"阶段，培育具有核心竞争力的主导产业、真正将科技创新融入产业发展的关键问题尚未获得根本性突破。近年来，中国正处于以产业变革为核心的创新发展引发一系列结构性变迁过程，通过创新、技术进步和产业动态化实现的结构转型，已成为创新驱动发展的主线，这是中国发展新质生产力的历史必然。在此背景下，聚焦"创新-产业动态化"路径，深入分析中国创新发展的特点，以及面临的突出问题与改进路径，回应"如何通过创新引领发展"的重大命题尤为必要且具有深远的现实意义。

第一节　现实与研究背景

中国经济长期依赖要素投入和投资驱动，但由此形成的需求拉动效应正逐渐减弱，对增长率的贡献趋于平稳，甚至有所回落。当前，中国经济亟须在保持需求拉动的同时，加大供给侧改革力度，转向创新驱动的发展模式，以强化创新在供给端的引领作用，使创新成为发展的核心动力。推动创新驱动已成为供给侧结构性改革的重点。这一转变既是中国经济发展阶段变化的历史必然，也是实现经济持续增长和高质量发展的现实选择。

翁钰栋利用SFA方法测度了1978年至2020年中国全要素生产率（TFP）的增长率，结果显示，自2008年起，中国的TFP增长率逐渐下降，特别是在2020年，受疫情等多重因素影响，TFP增速出现明显下滑。[①]从全要素生产率对经济增长的贡献来看，2003~2008年，TFP对经济增长的平均贡献率为44.84%；而2008~2013年，TFP的贡献率降至27.98%；2013~2019年，TFP贡献率有所回升，达到了34.97%。然而，2020年受疫情等因素的影响，TFP增长率为负，贡献率为-41.96%。目前，中国经济增长仍主要依赖资本要素的投入，但随着资本存量和劳动力投入增速放缓，TFP的增长已成为推动未来长期经济发展的关键因素。提升TFP不仅是解决经济增速放缓的必由之路，更是实现高质量发展的核心驱动力。[②]TFP增长放缓预示着中国经济增长模式面临提高生产率的挑战。从主要国家的长期经济发展历程来看，如果生产率的提升速度明显低于核心要素成本的上升速度，经济增长将趋于停滞，甚至面临落入"中等收入陷阱"的风险。换言之，经济是否具有创新性、能否通过创新有效提高生产率，将决定中国经济发展的高度与持续性。

过高的工资难以与其他出口国竞争，技术能力不足又难以与发达国家抗衡是许多新兴经济体陷入中等收入陷阱的主要原因。在此双重压力下，一些新兴经济体通过积极推动创新，成功避免了中等收入陷阱的困境。而发达国家则通过持续的技术创新，保持了其长期竞争优势，巩固了全球经济中的领先地位。由此可见，创新驱动发展是各国迈向经济强国的必由之路，也是成功实现经济转型的基本战略选择。过去四十年多来，中国通过技术追赶和创新驱动，吸收、整合了国际先进技术与知识，有效促进了产业

---

① 翁钰栋：《创新驱动产业结构升级与区域经济增长》，博士学位论文，吉林大学，2023。
② 翁钰栋：《创新驱动产业结构升级与区域经济增长》，博士学位论文，吉林大学，2023。

升级，提升了生产率和国际竞争力，推动了经济的长期增长。然而，中美贸易摩擦及相关事件再次揭示了依赖外部技术支撑产业基础的风险与不确定性。随着中国经济水平的提升并逐步接近技术前沿，自主创新已成为推动技术突破的必由之路。只有通过自主创新在更多领域接近或引领技术前沿，才能真正构筑产业的国际竞争优势。因此，创新引领发展既是中国经济发展的历史必然，也是现实抉择。

与此同时，中国在推进创新引领发展过程中，仍面临创新能力不足的挑战。经过持续的技术追赶与创新努力，《2018年全球创新指数报告》指出，中国在全球126个经济体中首次跻身前20位；部分学者指出，中国在短周期产业中已跨越"技术拐点"。然而，总体创新能力依然偏弱，许多领域仍存在较大技术差距，根本原因在于有效机制的缺失。从中国现实情况出发，尽管创新投入不断增加，但仍须着力解决资源配置、激励机制、能力建设和管理体制等方面对创新效率的制约。2008~2019年，尽管中国的创新投入快速增长，但TFP增长率及其对经济增长的贡献却呈现相对下行趋势，形成了中国创新发展中的"剪刀差"现象。

"中国式创新之谜"不仅凸显了将创新置于国家发展全局核心位置的必要性和紧迫性，也揭示了创新引领机制功能缺失所带来的困境。此外，中国的创新增长极（如创新型企业、先进产业集群、创新集聚空间等）既是创新发展的象征，又是引领经济发展的核心动力。然而，这些增长极在成长机制、规模经济、竞争效应、扩散与溢出效应、产业关联等方面的形成和持续发展，亟须宏观和微观环境以及激励体系的进一步完善。显然，新熊彼特主义模式下从创造性破坏到破坏性创造并非一蹴而就的线性过程。因此，创新引领机制的构建与质量提升、相关能力建设和制度支持，都是形成中国创新驱动发展路径依赖的关键。

中国的创新引领发展战略是在全球新工业革命的背景下展开和推进的。根据联合国贸易和发展会议（UNCTAD）2018年发布的报告，全球至少有84个国家实施了正式的工业发展战略，这些国家的经济总量占全球的90%。这不仅是金融危机以来的新趋势，还伴随产业政策的快速增长，成为一种新的"现代现象"。①当前，各国的工业战略普遍关注"新技术范式引发的重大技术变革、相关领域生产能力和竞争力的提升"，涉及全球价值链、知识经济和新工业革命的各个方面。这一趋势使产业创新导向和创新资源的获取与应用受到前所未有的重视。全球新工业革命的格局对中国创新引领发展形成了积极的倒逼机制。中国的创新引领机制必须将竞争性与开放性相结合，不断提高创新机制的质量并推动其动态优化，以便更好地适应全球竞争环境。

创新引领发展是一个动态过程，既包含对原有结构的"破坏性创造"，又奠定了"持续性创造"的基础。②在此过程中，中国创新引领的核心要素、驱动能力、激励条件以及作用机制将发生根本性变化，与传统的投资拉动和出口导向模式截然不同。立足于"创新如何引领发展"这一基本命题，需要紧扣创新、产业动态化与结构变迁的主线，完善支持创新起步机制、产业变革机制和结构演变机制的路径与对策，推动形成更具竞争力的新结构和新体系，最终实现中国经济的结构性转型。

应当认识到，创新引领发展战略是在深入分析我国当前技术创新不足和结构性发展不平衡等深层次矛盾的基础上，结合国内外发展经验与教训提出的根本性战略。这一战略具有深厚的理论内涵、历史经济依据和坚实的现实基础。

关于创新与经济发展之间关系的讨论由来已久。熊彼特的创新理论从技术与经济相结合的视角出发，指出非均衡发展主要源于创新引发的"创造性破坏"，正是这种创新导致了产业变革并推动了经济前行。其核心观点如下：首先，强调企业家的重要性，只有企业家才能实现生产要素的重新组合，催生质变，形成新的生产力；其次，打破了新古典经济学中的平衡增长路径，主张通过"创造性破坏"实现非均衡增长，③即在破坏过程中不

---

① UNCTAD, *Trade and Development Report 2018-Power*, *Platforms and The Free Trade Delusion*（UNCTAD/TDR/2018）.

② 〔德〕乌韦·坎特纳、〔意〕弗朗哥·马雷尔巴主编《创新、产业动态与结构变迁》，肖兴志等译，经济科学出版社，2013，第6页。

③ Aghion, P., Howitt, P., "A Model of Growth through Creative Destruction", *National Bureau of Economic Research*, 1990, p.3.

断涌现创新，创造出新的机会窗口，从而使技术后发国家具备了追赶甚至超越的可能性。①

中国要形成创新引领发展的内生动力，离不开对经典理论的借鉴。然而，这些经典理论多以西方发达国家为研究对象，并基于增长理论。因此，如何将经典的创新增长理论拓展为适用于发展中国家的新框架，依然是亟待突破的理论课题。不仅如此，中国不同于一般的发展中国家，尤其需要探索如何发挥社会主义制度的优势推动创新发展，构建具有中国特色的创新发展理论。这不仅是对创新发展理念的深刻解读，更是对中国特色社会主义经济理论体系的重要补充。

在对全球创新发展历史经验和趋势的研究中可以发现，无论是发达国家还是成功实现经济赶超的发展中国家，都在发展过程中高度重视创新的作用。在20世纪，美国联邦政府通过理性规划，利用国家资本撬动私人资本，投资原发性创造发明，支撑了美国经济的黄金时期；进入21世纪后，美国继续探索未知领域，培育尖端科技，以保持国家竞争力，承担高风险以推动发明活动，激发创新。②为支持新一代工业革命性技术的研发与创新，德国政府在2013年4月正式发布《保障德国制造业的未来：关于实施工业4.0战略的建议》，将"工业4.0"确立为国家创新发展的重大政策。技术引进与吸收一直是日本二战后经济发展的显著特征，但在经济赶超过程中，日本逐渐从渐进式转型战略转向创新驱动战略。近年来，日本再次提升创新战略地位，强化知识产权和标准战略，促进企业创新。③不仅是发达国家，发展中国家也在积极推动创新发展。例如，为实现2020年迈入高收入国家的目标，马来西亚制定了以人力资本为核心、创新驱动的经济增长战略。④

① Lee, K., Malerba, F., "Catch-up Cycles and Changes in Industrial Leadership: Windows of Opportunity and Responses of Firms and Countries in the Evolution of Sectoral Systems", *Research Policy*, 46 (2), 2017, p.338.

② 沈尤佳：《美国科技革命的隐蔽基础：一个理论经济学的分析框架》，《天府新论》2017年第1期。

③ Dasher, R., et al., "Institutional Foundations for Innovation-based Economic Growth", *National Institute for Research Advancement（NIRA）*, 2015, p.2.

④ Zeufack, A., Lim, K. Y., "Can Malaysia Achieve Innovation-led Growth?", *Khazanah Nasional, Malaysia*, 2013, p.3.

借鉴成功经验以推动中国创新发展进程具有重要意义。然而，各国创新发展的路径、模式和机制存在显著的异质性，如何从这些异质性特征中甄别出对中国有益的元素并"为我所用"，是理论研究中的一大挑战。对此，有必要对相关问题进行梳理。

一是关于创新引领发展的驱动因素与动力来源问题。技术创新和技术进步能够优化和升级产业结构，引发结构变迁。除跨部门技术变迁外，中间产品部门中资本与劳动的替代弹性差异，也会引发资源重新配置，从而带动结构变迁。[①]这一观点为创新与经济发展之间的基本联系奠定了理论基础，因为在发展经济学框架下，经济发展的本质就是结构的变迁和升级。因此，创新引领发展可视为实现结构变迁的核心路径。

进一步来看，关于创新如何影响结构变迁，坎特纳和马雷尔巴认为，创新推动结构转型的关键在于新企业的进入和网络效应的发挥，这一过程遵循知识扩散、吸收与溢出的动态路径。[②]新企业的竞争属性显著促进了行业技术进步，增加了新旧更替的频率和速度，并通过进入新领域带动产业结构升级。[③]产业层面的演化本质上是企业集体演化的结果，体现为适者生存、不适者淘汰的"自然选择"过程，通过不断打破均衡，为经济发展提供动力。

要全面形成创新引领发展的格局，单靠创新型企业的推动难以实现。美国、日本等创新国家的共性特征在于培育了规模较大、具备竞争优势的创新集群，如美国硅谷、英国剑桥科技园、日本西东京大都市区等。创新集群对产业动态发展产生多重效应：领先企业通过与其他企业的协作促进了集群内创新资源的共享；技术竞争加速了创新集群的演化进程[④]；区域创

---

① Alvarez-Cuadrado, F., Poschke, M., "Structural Change out of Agriculture: Labor Push versus Labor Pull", *American Economic Journal: Macroeconomics*, 3（3），2011，p.127.

② 〔德〕乌韦·坎特纳、〔意〕弗朗哥·马雷尔巴主编《创新、产业动态与结构变迁》，肖兴志等译，经济科学出版社，2013，第12页。

③ 路风、余永定：《"双顺差"、能力缺口与自主创新——转变经济发展方式的宏观和微观视野》，《中国社会科学》2012年第6期。

④ Preissl, B., Solimene, L., *The Dynamics of Clusters and Innovation: Beyond Systems and Networks*（Physica-Verlag，2003），p.3.

新集群中的知识互动还催生了网络式创新，并带来空间梯度的技术扩散、技术转移和溢出效应。此外，各国的创新集群模式呈现不同特征。在美国，创新性技术和构想首先源于研究型大学，通过技术转移实现商业化，进而在大学周边逐步形成众多创新企业，构建出创新集群。而在东亚模式（即日韩模式）中，创新集群的形成更多依赖政府产业政策支持以及大型企业的高额研发投入，围绕大型企业聚集了大量依附其生存的小型公司，构成"卫星式"创新集群[①]。综上所述，从创新型企业的竞争动态推动产业发展，到创新集群的发展驱动产业结构变迁，这一逻辑是形成创新引领发展动能的基本思路。

二是关于创新引领发展的技术推动、需求拉动与政府激励问题。研究表明，创新引领发展过程中存在需求拉力和供给推力。坎特纳和马雷尔巴认为，产业演化过程中，需求是创新的驱动力，需求的规模、增长、结构与组织，以及市场的差异化与细分，都会在产业演变的不同阶段通过多种方式影响创新。[②]特别是在破坏性技术初期，需求尤为关键，因为这类技术往往首先满足细分市场的需求，而细分市场注重破坏性技术的非标准效能。[③]Malerba等也持类似观点，构建了需求侧驱动力模型来解释新技术的引入过程，认为变革由试验性客户推动，使得新技术公司在激烈的市场竞争中得以生存。[④]此外，市场结构、消费者间信息不对称、用户主导的创新以及用户—制造商互动和价值网络等需求侧因素，[⑤]也影响着创新在产业动

① 范硕、何彬、谭少梅：《创新集群发展的"东亚模式"：基于日、韩数据的实证检验》，《上海财经大学学报》2014年第5期。

② 〔德〕乌韦·坎特纳、〔意〕弗朗哥·马雷尔巴主编《创新、产业动态与结构变迁》，肖兴志等译，经济科学出版社，2013，第16页。

③ Christensen, C.M., *The Innovator's Dilemma: When New Technologies Cause Great Firms to Fail*（Boston: Harvard Business School Press, 1997），p.5.

④ Malerba, F., et al., "*Demand, Innovation, and the Dynamics of Market Structure: The Role of Experimental Users and Diverse Preferences*", *Journal of Evolutionary Economics*，17（4），2007，p.371.

⑤ Christensen, C. M., *The Innovator's Dilemma: When New Technologies Cause Great Firms to Fail*（Boston: Harvard Business School Press, 1997），p.8.

态中的作用机制。

创新引领发展的技术推动力主要体现在以下两个方面。其一，在创新发展的源头，部分学者认为，企业技术机会的利用取决于每个行业的科学基础和技术实力，这决定了创新的速度与方向。因此，提高基础科学水平能为创新发展提供强大推力。Nemet进一步指出，对科学的理解决定了创新速度与方向，从基础科学到应用研究，再到产品开发和商业化的整个过程都至关重要，这也是许多发达国家在创新战略中重视基础科学的原因。[1]其二，在创新发展的过程，周源指出，中国的产业升级更多依靠创新技术在大规模成熟工业部门中的扩散，通过规模化提升生产率和工业附加值，推动产业范式升级；其中，制造业的范式升级主要依赖于在制造企业中广泛推广先进、高效、绿色的共性使能技术，因为共性技术主导了产业发展的方向和路径。[2]

在认识到技术推动和需求拉动对创新发展的作用后，政府可以据此制定相应政策，形成有效激励。OECD指出，需求侧创新政策是一种"帮助强化创新市场，聚焦特定挑战和机遇"的创新政策新组合，主要包括创新型公共采购、基于绩效的规制和标准以及基于技术的规制和标准等方面。[3]尤其是政府采购，不仅可以在技术生命周期的各个阶段推动创新活动，还能够通过营造有利于创新的环境，促进学习，帮助创新主体提升组织能力和技术能力。[4]同时，政府对基础科学的投入也有助于攻克重大关键技术难题，例如美国政府在航空航天、制药和生物技术以及近年的纳米技术领域均扮演了领导角色。[5]然而，市场机制和非市场机制均可激励企业创新，二者在适用的产业空间和阶段上各有优势。因此，需要建立协调这两类激励

---

① Nemet, G. F., "Demand-Pull, Technology-Push, and Government-Led Incentives for Non-incremental Technical Change", *Research Policy*, 38 (5), 2009, p.700.

② 周源：《制造范式升级期共性使能技术扩散的影响因素分析与实证研究》，《中国软科学》2018年第1期。

③ OECD, *Demand-Side Innovation Policies*, OECD Publishing, Paris, 2011, p.10.

④ 朱春奎、李燕：《创新促进型政府采购理论述评》，《公共行政评论》2014年第4期。

⑤ 沈尤佳：《美国科技革命的隐蔽基础：一个理论经济学的分析框架》，《天府新论》2017年第1期。

机制的国家创新政策体系，以确保政策的综合效能。

三是创新引领发展的要素、制度和能力等基础条件支撑问题。Acemoglu 和 Guerrieri 首次基于两阶段技术赶超模型，将适宜性技术与制度的匹配纳入创新与增长的分析框架中。[1]这一框架表明，创新引领与创新驱动的关系影响着适宜性要素、制度与能力的配置。许多经济学家已注意到，由于创新过程对不同要素的异质性需求，资源配置不当可能导致各国加权总全要素生产率存在显著差异。[2]要素配置通过企业的技术选择和技术创造等环节间接影响生产效率。适宜的制度基础能够为创新发展提供支持，制度通过降低创新活动的风险和成本来提升创新收益，从而影响长期经济增长的绩效。因此，构建系统化的政府激励框架对于推动创新发展至关重要。将渐进式创新、突变式创新与新技术体系结合的国家创新系统，能够推动新技术的形成与扩散，实现知识的创造、储存和转移，促进技能与技术的相互联结。在传统经济学中，国家创新系统主要用于纠正市场失灵，但经济系统的复杂性意味着解决经济问题还涉及一系列社会问题。政府不仅要引导市场，还可能通过创造市场来推动经济迈向新的"技术-经济范式"。[3]因此，制度创新在引领发展中也发挥着关键作用。

此外，创新对于经济持续增长的意义在于，资本积累并不能确保后发国家掌握先进国家的技术，无法自动克服要素投入的报酬递减，也无法自发形成报酬递增的创新机制。[4]创新系统中的能力可分为技术能力、社会能力和自主创新能力。技术能力指获取、吸收、应用、改良和创造技术的知

---

① Daron Acemoglu, Veronica Guerrieri, "Capital Deepening and Nonbalanced Economic Growth", *Journal of Political Economy*, 116（3），2008，p.467.

② Banerjee, A. V., Duflo, E., "Growth Theory through the Lens of Development Economics", *Handbook of Economic Growth*, 1, 2005, pp.473-552.

③ Perez, C., "Technological Revolutions and Techno-Economic Paradigms", *Cambridge Journal of Economics*, 34（1），2010，p.185.

④ 路风、余永定：《"双顺差"、能力缺口与自主创新——转变经济发展方式的宏观和微观视野》，《中国社会科学》2012年第6期。

识与技能[1]；社会能力是指经济主体在经济活动中展现的知识、规范和行为方式[2]；自主创新能力体现在产品创新、生产技术和工艺过程中的创新能力。[3]创新能力决定了一个国家发展的上限，而动力引导创新能力的实施，并激励其广度和深度的扩展；制度则为其相互作用设定规则，并直接或间接介入这些作用关系。合适的制度和政策选择有助于远离技术前沿的经济体逐步接近技术前沿；只有给予适当的激励，才能更有效地推动技术进步，并通过建立创新能力抓住赶超的机会窗口，在开放的经济体系中实现可持续发展。

四是创新引领发展的机制障碍问题。尽管创新引领中国发展的趋势已成共识，但仍面临诸多挑战与机制障碍。研究显示，美国、日本、韩国、德国、瑞士等20个发达国家中，创新对GDP的贡献率已超过70%，而中国不足40%。[4]当前，中国的创新发展受限于创新与实际发展脱节、创新动力不足、转化率低等问题。习近平总书记指出，"最紧迫的是要破除体制机制障碍，最大限度解放和激发科技作为第一生产力所蕴藏的巨大潜能"。[5]因此，如何有效破除创新发展的机制障碍至关重要。

2005年，OECD和欧洲统计局联合发布的《奥斯陆手册》及"共同体技术创新调查（CIS）"指出，制度、市场和企业层面存在多种阻碍创新成效的因素。

首先是制度因素。世界银行在《2030年的中国》中对中国的制度提出

---

[1]　Juma，C.，Clark，N.，"Technological Catch-up：Opportunities and Challenges for Developing Countries"，Scottish Universities Policy Research and Advice Network，SUPRA Working Series Papers，28，2002，pp.1-24.

[2]　Abramovitz，M.，"Catching up，Forging ahead，and Falling behind"，*The Journal of Economic History*，46（2），1986，p.388.

[3]　Lawson，B.，Samson，D.，"Developing Innovation Capability in Organisations：A Dynamic Capabilities Approach"，*International Journal of Innovation Management*，5（3），2001，p.377.

[4]　魏江、李拓宇、赵雨菡：《创新驱动发展的总体格局、现实困境与政策走向》，《中国软科学》2015年第5期。

[5]　《十九大以来重要文献选编》（上），中央文献出版社，2019，第465页。

了相关建议，认为"在改进制度安排以促进广泛的创新活动方面，中国有很大的空间，例如进一步放宽对企业进入和退出的限制，促进竞争，加强对知识产权的法律保护，提高高等教育质量，增加对中小企业的风险资本供给，对政府研发支出进行评估，以及制定政府采购标准等"[1]。这表明中国在制度层面的欠缺阻碍了创新活力。

其次是市场因素。中国的研发和实际应用脱节，知识生成和应用之间存在"双重现实"。[2]政府科研机构在技术突破方面缺乏与商业化企业合作的动力，导致科技成果转化率不足30%，远低于发达国家60%~70%的水平，制约了产业升级。此外，科研人员短缺、科研工作吸引力不足也限制了技术能力发展，阻碍创新。中国长期位于全球价值链的低端，形成路径依赖，缺乏核心技术和自主知识品牌，难以向创新型经济转型。

最后是企业因素。一方面，中国企业尚未成为创新决策、研发投入、科研组织和成果应用的主体，尤其是国有企业的强势地位抑制了中小企业的创新活力。另一方面，企业间以及企业与技术中介、风险投资、行业协会、大学等科研机构之间的协作对产品创新有显著影响，但这些合作关系错综复杂。特别是政府主导的科研机构与企业的创新意愿不完全一致，导致资源错配，削弱了创新发展的成效。

第二节 创新驱动发展的学理依据

大量研究认为，中等收入陷阱是中等收入国家在从低工资的制造者向高工资的创新者转型过程中产生的难题。这些国家因工资水平较高而难以与低成本出口国竞争，同时其技术能力又不足以与发达国家抗衡。换言之，中等收入陷阱的出现归因于创新能力的不足，进而导致经济增长停滞。因此，创新引领发展成为跨越中等收入陷阱的必由之路。

---

[1] 世界银行、国务院发展研究中心联合课题组：《2030年的中国：建设现代、和谐、有创造力的社会》，中国财政经济出版社，2012，第40页。

[2] Arnoldi, J., Zhang, J. Y., "The Dual Reality of the Chinese Knowledge Economy", *International Journal of Chinese Culture and Management*, 3 (2), 2012, p.160.

这一点可以通过图1-1进一步说明：当经济从低收入阶段（如 k_0）进入中等收入阶段（如 $\bar{k}$）时，经济增长动力强劲，农村剩余劳动力大量转移并与城市资本结合，人均产量随之提高，技术进步主要依赖技术引进。然而，随着进入中等收入阶段（如 $\bar{k}$），粗放型增长逐渐失去成效，增长动力减弱，与前沿国家的技术差距逐步缩小，使得引进先进技术越来越困难，从而陷入瓶颈。若技术水平停留在 A，则资本密集带动的人均资本和人均产量将受 $\delta(A)k_{t-1}^{1-\alpha}$ 曲线约束，即人均资本最终稳定在 $\bar{k}$，人均产量稳定在 $\bar{y}$，经济增长便陷入某种"陷阱"。然而，若通过创新使技术水平从 A 提升至 A'，则 $\delta(A)k_{t-1}^{1-\alpha}$ 曲线将上移至 A' 对应的位置 $\delta(A')k_{t-1}^{1-\alpha}$，扩展了人均资本和人均产出的增长空间。这一调整表明，创新是进入中等收入阶段后继续提升人均GDP的关键途径。

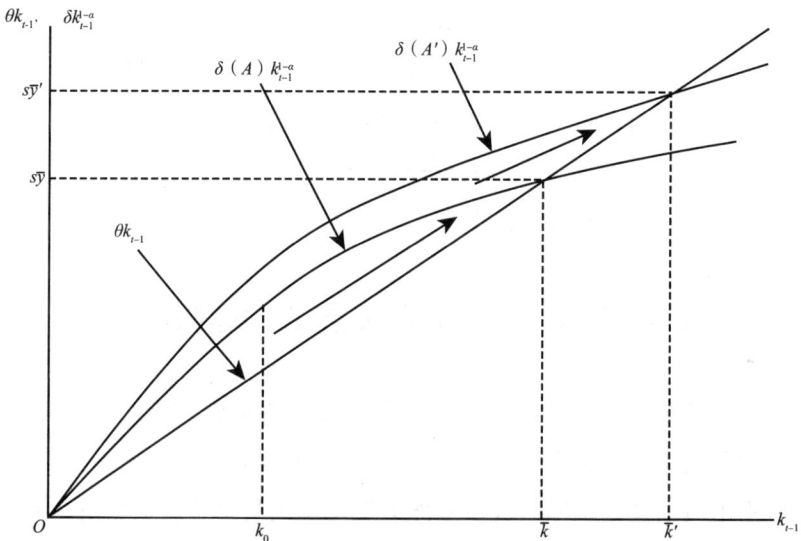

图1-1　创新引领发展对跨越中等收入陷阱的必要性

然而，要实现创新驱动发展和国民收入增长，必须依托产业的动态化。创新驱动产业动态化是加快经济发展的根本要求，因为经济发展的本质就是技术和产业不断升级、结构持续变迁的过程。产业动态化是生产要素在各生产部门间重新配置的结果，既是过去经济发展的积累，也是未来发展的基础。在社会分工的推动下，产业间关联度不断增强，技术创新在更新和改造现有产业的同时，不断催生新兴产业。专业化分工与技术创新共同优化资源配置，推动产业结构向高级化演进，从而实现经济的持续增长。

Juma 和 Clark 的研究指出，后发国家的经济发展随着资本禀赋的增加，呈现向资本密集型产业升级的内在需求。当资本禀赋达到一定阈值时，一个新产业会出现、繁荣，继而衰退，最终消失；在这一产业衰退之际，另一个资本密集程度更高的行业则会兴起并繁荣。[①]这一过程反映了产业动态化与经济发展的动力学特性。而推动产业动态化的关键在于破坏性创新引发的新旧经济成分替代。Christensen 提出的破坏性创新理论揭示了产业发展的普遍规律，即产业的技术进步是维持性创新与破坏性创新交替发展的过程。破坏性创新因其"非竞争性"及对产业竞争规则的"颠覆性"，使得主流市场中的领先企业难以迅速应对。[②]这类创新在导致传统大企业衰落的同时，为新进入者提供了技术赶超的机会。通过引入新经济成分并替代旧有经济成分，破坏性创新推动了产业的动态化演进。具体而言，创新通过提供新技术（技术创新）、引入新商业模式（商业模式创新）、提升资源质量，影响产品生产过程中的资源整合方式。新的资源整合方式可能降低资源消耗、引入更廉价的替代资源、提高劳动生产率、提高产品质量、改变产品性能，甚至催生出全新的替代性产品，从而实现产业的动态化发展。

创新引发产业动态化的另一个关键因素是创新与扩散的互动所带来的技术演变与更新（见图1-2）。产业结构升级的根本原因在于技术创新与技术进步。技术创新不仅提高了生产效率，促进了产品创新，还通过改变生产要素的相对成本，间接推动了产业间资源的合理流动，从而推动了产业结构的有序发展。部分工业部门的领先技术创新逐步成为国民经济的新增长点和创新中心，推动了整个工业体系的技术进步，并随着技术扩散的推

---

① Juma, C., Clark, N., "Technological Catch-Up: Opportunities and Challenges for Developing Countries", Scottish Universities Policy Research and Advice Network, SUPRA Working Series Papers, 28, 2002, p.5.

② Christensen, C. M., *The Innovator's Dilemma: When New Technologies Cause Great Firms to Fail* (Boston: Harvard Business School Press, 1997), p.5.

进，持续推动产业结构的提升。

然而，有学者指出，技术进步与产业演进之间并非总是直接关联的。纳雷安安将这一过程分为两个阶段。第一阶段是根本性创新阶段：根本性创新的出现会在现有竞争领域中引发深层动荡，此时"产业的定义"往往尚不明确，但通常会催生出一个全新的竞争领域，甚至会在已有产业中确立全新的、具有颠覆性的竞争规则。[①]在这一阶段，关键在于"主导设计"的确立。Anderson和Tushman的技术循环模型研究表明，主导设计的出现标志着企业在新技术轨道上的定位已逐渐明晰，随之而来的顺轨创新能够带来持续性创新。[②]主导设计的确立不仅促进了产品标准化体系的形成，明确了技术创新方向与规范，还为企业在生产规模化和成本降低方面的工艺创新提供了技术条件。第二阶段是渐进性创新阶段：一旦主导设计确立，渐进性创新便成为主流。渐进性创新意味着在不改变行业标准的前提下，对主导设计不断进行优化和改进，竞争的焦点从高性能转向低成本、差异化以及战略定位。此时，产品创新速度逐渐放缓，而过程创新的速度却在加快，竞争的核心逐步从产品特性转移到价格和成本竞争。渐进性创新阶段将持续，直到新的根本性创新出现，再次打破产业内的竞争平衡。

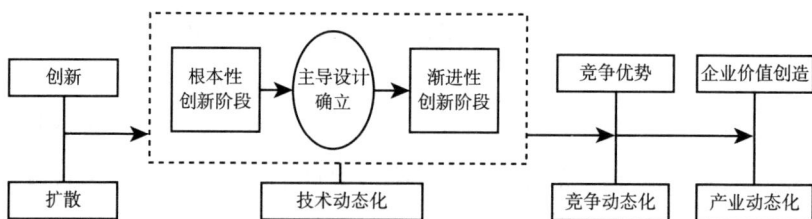

图1-2　创新–扩散引起的技术动态化：产业动态化的引发条件

---

① 〔美〕V.K.纳雷安安：《技术战略与创新：竞争优势的源泉》，程源、高建、杨湘玉译，电子工业出版社，2002，第8页。

② Anderson，P.，Tushman，M. L.，"Organizational Environments and Industry Exit：The Effects of Uncertainty，Munificence and Complexity"，*Industrial and Corporate Change*，10 (3)，2001，p.678.

成功的创新驱动发展将引发阶段性质变，使技术发展从向前沿集聚转向突破前沿。从技术赶超和增长动力转换的阶段性动态融合来看，技术发展可被划分为技术模仿和技术创新两个阶段。在技术模仿阶段，技术进步主要通过模仿前沿技术实现，增长动力则源自前沿技术及其溢出效应所提供的"技术引力"。如果追赶国具备较强的技术吸收能力，这种技术引力会有效推动其向前沿集聚，形成快速收敛的动力机制。如图1-3所示，代表前沿技术国家的生产可能性曲线为TF_t，追赶国家的生产可能性曲线为LT_t。以模仿驱动的技术赶超经历了$A \rightarrow B \rightarrow C$（或$C'$）的阶段。在$A \rightarrow B$阶段，追赶国的实际技术水平低于最优本土化技术水平；在$B \rightarrow C$阶段，最优本土化技术逐步接近适宜的最优技术。[1]随着追赶国家逐步接近技术前沿，技术模仿的空间逐渐缩小，技术赶超的速度和效率也会随之下降，此时，前沿技术的引力将逐渐减弱。要实现进一步增长和发展，必然需要实现动力转换，即推动本土技术前沿向世界技术前沿收敛，甚至在部分优势技术领域超越世界技术前沿，如图1-3中的$C \rightarrow D \rightarrow \infty$阶段所示。推动本土技术前沿的外移以及突破世界技术前沿的边界，唯有依靠创新。

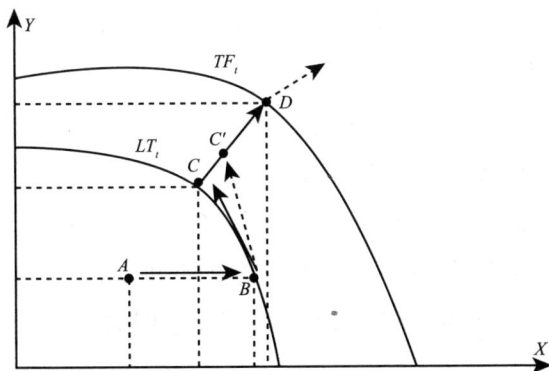

图1-3 从前沿技术到前沿突破的技术发展动力转换

---

[1] 马娜：《技术前沿与中国技术赶超路径研究——基于DEA-Malmquist指数法的检验》，《现代财经》（天津财经大学学报）2016年第11期。

创新要素进入经济实体并形成新的经济成分，必须依赖新经济成分所产生的正外部性对关联要素施加向上的"引力"，从而推动要素进入生产函数，实现产业动态化与结构变迁。因此，新经济成分的正外部性构成了"引领"的机制基础。

从时间和空间维度来看，这一过程至少包含以下三个方面。

第一，创新型企业熊彼特竞争与产业动态化效应。每个产业都有自身的生命周期，以颠覆性创新为主的熊彼特竞争在新兴产业的萌芽期占据主导地位，通过技术创新打破原有的经济结构与秩序，催生出一批在知识属性上与旧产业大不相同的新兴产业和新兴中小企业。这些企业凭借新技术生产新产品，从而获得高额垄断利润，进一步激励其持续创新。因此，熊彼特竞争在产业、企业和产品三个层面提升了动态化水平。

第二，创新产业集群与关联效应。创新产业通过集聚形成创新集群，创新集群的外部性通过产业间的前后向关联和知识溢出发挥"引领"作用。Krugman 和 Venables 认为，企业通过投入产出结构彼此关联，从而产生"金钱外部性"，推动产业的协同演化。知识溢出主要表现为企业在空间上的协同定位加速了思想的流动，促进了产业间的进一步融合。知识溢出分为两种类型：一种是产业内部的知识溢出（Mar 外部性）；另一种是产业间的知识溢出（Jacobs 外部性）。①

第三，创新空间集聚与溢出效应。根据新经济地理学理论，区域内创新主体的相互联系及知识溢出会对创新生产活动产生空间层面的报酬递增效应，从而引发企业的空间集聚，形成创新集聚区。进一步而言，创新集聚区内部与外部的空间互动溢出效应带来了空间报酬的递增、要素流动的活跃和多样化的相互作用，进一步引领了外部空间的产业动态化与发展。

第三节　研究的重点分析

现有研究为中国实现创新引领发展提供了重要的学术积累和成果借鉴。

---

① Paul Krugman, Anthony Venables, "Globalization and the Inequality of Nations", *The Quarterly Journal of Economics*, 110 (4), 1995, p.860.

在"创新如何引领发展"这一核心命题下，需要理解创新引领增长的现实背景、差异化作用及方向。创新从驱动因素上升为主导主体的背景是中国经济规模和专利增长率均居世界前列，技术前沿高度集聚，表明创新已具备成为中国增长主导动力的基础。随着技术创新从驱动因素转变为主导因素，其作用方向也从推动GDP总量增长转向推动结构性变革。在创新引致产业动态化和结构变迁的过程中，有必要识别制约或促进创新发展的关键因素。创新引领发展的过程是一个随时间演变的历史过程，不同发展阶段的创新作用有所不同。关注创新从增长要素到驱动因素再到主导作用的历史演变，有助于发现不同阶段的创新发展重点，明确制约中国创新的核心因素和决定性变量，从而提出切实可行的路径和有针对性的对策。同时，识别特定产业动态化在结构转型中的关键作用也尤为重要。熊彼特认为，特定产业的历史性创新集聚将推动新技术、新企业和新产业的动态竞争格局；这一过程的初始条件、要素禀赋、能力结构和技术经济范式均存在差异性。总体而言，创新引领发展是一个复杂而动态的过程。本书聚焦创新–产业动态化的机制构建，并将问题研究进一步集中在以下几个方面。

（一）为什么机制构建对创新引领发展至关重要

创新引领的关键在于使创新成为增长过程中的主导力量。党的十九大报告提出"创新是引领发展的第一动力，是建设现代化经济体系的战略支撑"，将创新置于主导经济发展的核心。然而，实现这一目标需要完善或重塑机制作为保障。当前，创新能力不足仍是中国创新引领发展的根本性制约因素。目前中国仅在短周期循环产业领域出现技术突破，而在长周期循环产业领域尚未发生技术拐点。此外，中国在创新投入与全要素生产率之间存在显著的"剪刀差"，这反映出中国在创新资源配置、创新成果扩散与应用等方面仍存在效率低下和体制不健全的问题。同时，中国经济长期依赖投资拉动和出口导向，要实现以创新引领发展的路径突破，机制的激励与导向作用至关重要。面对中等收入陷阱的挑战，以及成功实现技术赶超的先例，创新发展的紧迫性和机制构建的必要性更加凸显。

（二）创新引领发展机制的核心因素是什么

首先，创新引领发展是一个动态过程，创新既是对原有结构的"破坏性创造"，也是形成"持续性创造"的基础。[①]创新带来的技术优势作为"引发"因素，必须足够强大以推动这一过程。没有技术优势的获取和强化，创新引领发展的过程便难以启动，技术创新也无法在整个过程起到主导作用。因此，突破技术制约、增强技术创新的驱动力是创新引领发展机制的首要任务。其次，创新需求是技术扩散与创新持续的基本条件。市场为技术创新提供激励，若无足够的市场需求信号，技术创新难以实现其价值；而完善的市场机制则构成了创新发展的资源配置效率基础。同时，政府行为对市场有效需求的引导作用重大，有助于降低创新的不确定性风险。政策设计需在鼓励创新与优化市场结构之间实现协调，政府在创造市场需求方面扮演关键角色。再次，创新引领发展需要"新经济成分"对现存企业形态、产业组织、空间结构和产能转移进行破坏性创造，以加速产业动态化和结构转型。创新型企业、创新产业集群、创新集聚区及双向FDI通过竞争、溢出、关联、重组等效应推动产业动态化，并对企业、产业组织、空间布局、要素流动和产业链重构产生作用，进而引发一系列结构性变化，实现发展目标。这是创新引领发展的核心环节，也是区别于投资驱动和出口导向路径的根本所在；在这一过程中，创新主体或新兴经济成分成为主导动力。最后，"以培育具有核心竞争力的主导产业为主攻方向，围绕产业链部署创新链，把科技创新真正落到产业发展上"是创新引领发展过程中的核心要务。换言之，创新引致的产业动态化是实现结构变化和持续发展的基础。因此，创新供给、创新需求及创新驱动的路径选择构成了创新引领发展机制的核心。

（三）如何为创新引领发展重塑要素条件、能力结构和制度基础

创新引领发展是一个动态而持续的过程，与技术前沿的差距决定了中国创新发展的不同阶段和差异化目标，这要求相应的要素、能力和制度提

---

① 〔德〕乌韦·坎特纳、〔意〕弗朗哥·马雷尔巴主编《创新、产业动态与结构变迁》，肖兴志等译，经济科学出版社，2013，第20页。

供激励与支持。目前，中国已从技术模仿阶段迈入世界第二大经济体和专利增长率领先的发展阶段，但仍面临创新不足和核心技术缺失的困境。在自主创新实现前沿技术突破的背景下，高端技术的引进和扩散难度增加，显示出要素获取、能力积累和制度支持在创新发展中的重要性，成为创新引领发展机制不可或缺的部分。目前中国在创新所需的人力资本、金融资源配置与能力积累，以及社会经济和创新体系等方面，"缺口"明显。[1]国内外经验表明，要素、能力和制度是创新发展的基础。如何突破要素条件的制约，尤其是提升人力资本水平和金融资源配置效率，弥补创新发展的能力缺口，构建有利于发挥国家和社会优势的"技术-经济-社会"制度范式，已成为创新引领发展机制的内在要求。针对要素、能力和制度方面的缺口提出解决路径和对策，是机制构建的重要内容。

（四）如何通过针对性对策支撑创新引领发展的路径选择

机制构建应以路径选择为基础。我国产业创新引领发展的路径，是在中国特定环境下，结合一般技术规律对创新发展进行的比较选择，受到国家创新发展目标和基础条件的制约。因此，亟须制定针对性对策，创造有利的路径支撑条件，并有效化解发展过程中的瓶颈问题。目前，我国总体创新能力较弱，市场资源配置效率不高，政府激励对创新引领发展的作用有限。因此，通过优化创新发展的环境、体制和政策（ESP），为机制构建提供广阔空间，成为关键的组成部分。中国创新引领发展涉及技术供给、市场激励、创新推动及基础条件等多方面，既关系到国内外市场和资源条件的开发利用，也需要关注对策的动态性、针对性和时空性，明确区分战略与对策的差异和应用对象。同时，有必要对已实施的国家重大对策进行分析评估，提出改进方向，这也是对策支持分析的重要内容。例如，中国启动的国际产能合作等战略对创新引领发展产生了深远的影响。

---

[1]　路风、余永定：《"双顺差"、能力缺口与自主创新——转变经济发展方式的宏观和微观视野》，《中国社会科学》2012年第6期。

第四节 研究思路与框架

一 研究思路

（一）分析创新发展阶段

近年来，中国持续加大科技研发投入，研发经费支出稳步增长，为迈入"准技术前沿阶段"奠定了坚实基础。世界知识产权组织发布的2022年全球创新指数显示，2022年中国的全球创新指数排名逐年提升，2022年位列第11，成为唯一进入前30的中等收入经济体。这一成就标志着中国在全球创新格局中地位的显著上升，展现了从技术追赶到逐步接近全球技术前沿的转变。在科技产出方面，中国的高被引论文数量和专利申请量均居世界前列。根据《自然》杂志数据，2021年中国发表的高被引论文数量全球排名第二，占比为24.7%。在专利领域，中国连续多年居全球专利申请量之首，特别是在5G通信、量子信息和人工智能等前沿技术领域，布局尤为显著。这些成果表明中国科研创新能力在全球占据重要位置，并在部分领域接近甚至达到国际领先水平。在具体科技领域，中国在量子信息、干细胞研究和脑科学等前沿领域取得重大突破。在应用领域，中国在航天、高速铁路和5G通信等技术上已实现领先并进入实际应用阶段。中国不仅拥有全球最多的5G基站，完成了对多国的技术输出，还建设了全球规模最大的高铁网络并成功出口至多个国家。

作为"准技术前沿国家"，中国科技创新的快速进步得益于开放协同的国家创新体系。近年来，中国注重产学研用深度融合，积极推动科技成果转化和产业化，建设多个国家级科技创新中心和示范区，促进技术的实际应用。以中关村科技园为例，该园区通过聚集创新资源和政策支持，成为科技产业化的重要载体。同时，中国加强国际科技合作，通过"一带一路"科技合作项目等，积极融入全球创新网络，进一步提升在国际科技创新格局中的地位和影响力。①

---

① 王鹏：《中国科技创新的全球影响与合作前景》，中国日报网，2024年9月26日，https：//column.chinadaily.com.cn/a/202409/26/WS66f50cb4a310b59111d9b630.html。

　　然而，中国在部分关键技术领域仍存在明显短板。在芯片制造和航空发动机等高端制造业领域，中国与发达国家仍有显著差距。例如，全球半导体产业数据显示，中国在芯片制造的关键技术环节依赖进口，高端光刻机等核心设备受制于国外。[①]在航空发动机领域，中国在材料科学和精密制造方面仍需进一步努力，以实现国产大飞机的自主化。[②]这些技术短板表明，尽管中国在多个领域接近技术前沿，但仍处于"准技术前沿阶段"，在关键领域还需实现全面突破。然而，中国在科技创新方面的发展潜力不容忽视。通过持续加大研发投入、优化创新环境和深化创新激励机制，中国有望进一步缩小与全球技术前沿的差距。2021年，中国研发经费投入总额已占GDP的2.44%，接近发达国家水平。[③]

（二）选择创新发展路径

　　创新理论的发展历程表明，创新模式经历了从封闭创新到开放创新的演变。熊彼特在《经济发展理论》中首次提出了"创造性破坏"概念，认为创新能够打破旧有的平衡结构，为产业注入活力。20世纪末，随着全球化进程加速，西方学者如切斯布罗（Chesbrough）提出了开放创新理论，主张通过内外部协作共享知识和技术，以弥补单一企业在资源和能力上的局限，从而加速创新的实施与扩散。[④]开放创新的广泛应用加速了全球产业动态化进程，产业边界逐渐模糊，这为中国通过开放创新推动"创新−产业动态化"奠定了重要的理论基础。

　　"创新−产业动态化"指在创新驱动下，产业结构持续变迁的过程，包括产业升级与新兴产业生成等现象。理论上，熊彼特的"创造性破坏"揭示了技术创新引发的产业替代效应，而新熊彼特主义进一步指出，技术扩

---

①　*The McClean Report 2022*，https://www.icinsights.com/services/mcclean-report/report-contents/。

②　中国商飞：《规划引领 推动国产大飞机谱系化系列化规模化发展》，《国资报告》2022年第11期。

③　《2021年全国科技经费投入统计公报》，国家统计局官网，2022年8月31日，https://www.stats.gov.cn/sj/zxfb/202302/t20230203_1901565.html。

④　Henry William Chesbrough，*Open Innovation：The New Imperative for Creating and Profiting from Technology*（Harvard Business Review Press，2003），p.3.

散和制度创新的结合将推动产业结构的持续动态化。在这一框架下，产业动态化过程不仅淘汰落后产能，更在资源配置和生产要素重组方面实现了效率优化。近年来，中国通过产业基础高级化和产业链现代化战略实现了资源要素的高效配置，为创新驱动的产业动态化提供了清晰的实践路径。

中国的高技术产业和战略性新兴产业持续获得政策支持和研发投入，这与"创新-产业动态化"理论的动态特性高度契合。研究指出，高技术产业的发展显著提升了国家生产率，推动了经济结构的转型，而战略性新兴产业在全球竞争中承担了突破性增长的角色。中国的政策设计符合产业动态化的演变逻辑，通过政策支持和制度创新，将基础研究与产业需求有效对接，推动科研成果的快速转化。在此过程中，国家创新体系发挥了关键作用，特别是通过市场化激励机制（如创新采购、研发税收减免）激发企业创新活力，促进创新成果向生产力的有效转化。这种创新政策与产业转型的双向驱动模式，是"创新-产业动态化"理论在中国的具体应用，推动了产业结构的持续优化升级。

（三）识别重要制约因素

"创新-产业动态化"是推动经济社会高质量发展的重要动力，但在创新向产业转化的过程中，仍存在诸多制约因素，阻碍了创新成果的有效应用和产业结构的动态优化。以下几方面因素对"创新-产业动态化"产生了显著影响。

一是科技成果转化问题。科技成果转化是将创新推向产业的重要环节，但转化效率长期较低。江海等研究指出，中国科技成果的转化率仅约30%，大量创新成果未能有效进入市场，形成了科研与产业之间的"断层"。[1]这种现象背后有多重因素，包括技术成熟度不足、市场接受度低、融资支持不力等。国家知识产权局发布的《2022年中国专利调查报告》显示，2022年我国发明专利产业化率为36.7%，实用新型专利产

---

[1]　江海、资智洪、袁杰：《中国跨区域协同创新下的科技成果转化效率提升路径研究》，《中国高校科技》2024年第8期。

业化率为44.9%，外观设计专利产业化率为58.7%，[①]与发达国家相比仍存在显著差距。

二是融资结构问题。企业创新高度依赖充足的资金支持，而融资结构直接影响创新的可持续性。根据修正的MM理论，企业在创新投资中选择的融资结构对资本成本和市场价值有直接影响。[②]创新项目通常风险高、周期长，传统银行信贷难以满足需求，风险投资和股权融资在此过程中发挥重要作用。然而，中国的创新融资结构仍较为单一，银行贷款占比高，而风险投资占比低于全球平均水平。

三是研发资源配置问题。研发资源的合理配置直接影响创新效率，而中国在此方面仍存在明显不足。科研资源的分散性导致不同项目间存在资源竞争和冲突，尤其在科研经费紧张的背景下更为突出。资源的有效配置和科学管理对提升创新效率至关重要，国内数据显示，高校、科研机构和企业在基础研究和应用研究间的资源分配仍需优化，以增强资源集聚效应和产业化导向。

四是创新采购问题。创新采购是政府和企业通过购买创新产品和服务来推动技术升级和产业发展的有效手段。但由于信息不对称和市场机制不完善，创新采购在实施中面临诸多障碍。创新采购通过需求侧的市场拉动，可以显著提高科技成果转化率和市场接受度。例如，欧洲通过政府创新采购政策大幅提升了企业的创新能力。然而，在中国，创新采购机制尚不完善，尤其在地方政府层面，采购创新产品的激励不足，缺乏有效的市场引导机制。

五是能力协同问题。能力协同是"创新-产业动态化"中的重要因素，包括技术能力和组织能力的有效协同，但在实践中往往受限于利益冲突和沟通不畅。尤其在产学研合作中，不同主体间利益分配不均导致协同困难。知识共享和资源整合是创新网络实现能力提升的关键，然而，国内企业与

---

① 《2022年中国专利调查报告》，国家知识产权局官网，https://www.cnipa.gov.cn/art/2022/12/28/art_88_181043.html。

② Franco Modigliani，Merton，H.M.，"The Cost of Capital，Corporation Finance and the Theory of Investment"，*The American Economic Review*，48（3），1958，p.261.

高校、科研机构之间的协同机制尚待完善，致使创新链条难以贯通。

六是产业组织变迁问题。随着技术进步和市场需求的变化，产业组织需进行调整以适应"创新-产业动态化"的要求。然而，路径依赖和政策干预使产业组织变迁面临较大阻力。Nelson 和 Winter 指出，产业结构调整往往受既有路径制约，创新引发的组织变革容易遭到既得利益群体的抵制。① 中国传统产业组织形式较为固化，政策的过度干预在一定程度上限制了市场的自发调节能力，导致新兴产业的成长空间受限。为促进产业组织的动态变迁，需逐步减少行政干预，激励市场机制在产业调整中的主导作用。

（四）聚焦制度保障要点

当前，中国面临的重要任务是通过创新驱动的产业动态化实现经济的可持续增长。在这一过程中，制度保障起到关键作用，尤其是在两类制度挑战上：一是维持经济活力的制度；二是强化冲突管理的制度。② 良好的制度创新不仅能为科学、技术和创新发展提供激励，还能构建多层次参与者共同发展的创新生态系统。在当前"准技术前沿"阶段，尽管科技自立自强已成为目标，实现创新驱动发展仍需政府制定适应性产业政策，以推动"创新-产业动态化"。实现这一过程不仅依赖市场调节，还需政策引导和结构性支持，这与经济史研究相符。林毅夫和王飘怡指出，发展中国家经济转型的关键在于将资源从低生产率部门转向高生产率部门，这一结构性变迁需要政府政策的支持，而非仅靠市场自发实现。③ 在中国推进创新-产业动态化过程中，以下几个方面的制度尤为重要。

首先是政策引导与法律保障。政策引导和法律保障是实现"创新-产业动态化"的基础条件。政策引导通过设定明确的产业发展方向和目标，为企业创新提供激励与支持。例如，《"十三五"国家战略性新兴产业发展规

---

① Nelson, R.R., Winter, S.G., *An Evolutionary Theory of Economic Change* （Cambridge： Harvard University Press, 1982）, p.28.

② 〔土耳其〕丹尼·罗德里克：《一种经济学，多种药方：全球化、制度建设和经济增长》，张军扩等译，中信出版社，2016，第19页。

③ 林毅夫、王飘怡：《李约瑟之谜和中国的复兴：新结构经济学的视角》，《中国改革》2018年第1期。

划》确立了人工智能、新能源和生物科技等领域的发展重点，通过财政支持、税收优惠等措施，引导资源流向高增长、高技术含量的产业。研究表明，适时的产业政策能有效推动创新发展；政府的适度引导能在创新早期阶段弥补市场不足；法律保障则为创新成果的产权保护和公平竞争环境提供支持；知识产权保护尤为重要，不仅激励企业研发投入，还促进了技术成果的市场转化，事实上知识产权保护力度越大，企业创新活力越强，创新效率越高。

其次是金融支持与资源配置优化。金融支持与资源配置优化为产业动态化提供了关键动力和保障。创新活动通常需要大量资本投入且伴随高风险，传统融资渠道难以满足创新型企业的需求。多层次的金融支持体系，如科技创新基金和创业投资基金等，是推动创新发展的重要工具。通过多元化的金融支持，不仅能够显著加速创新成果的产业化进程，还能为创新活动提供更加稳健的保障。此外，科学的资源配置对提升创新效率至关重要。创新资源配置应以市场需求和技术潜力为导向，避免资源分散导致的低效利用。国内统计数据显示，目前在基础研究和应用研究之间的资源配置仍不平衡，因此优化资源配置结构，将资源向高潜力、高技术壁垒的创新项目倾斜，有助于提升"创新-产业动态化"的整体效率。

最后是人才培养与市场开放。人才和市场是支撑产业动态化的两大核心支柱。高质量的人才储备是推动创新发展的基础，尤其在科技密集型产业中至关重要。人才是创新的"第一资源"，其质量和数量直接决定产业升级的速度与质量。为此，中国通过人才引进与培养计划，大力支持创新型人才发展。市场开放在全球化背景下也尤为重要，通过扩大市场开放，国内企业能够更有效地参与国际竞争，汲取全球技术和管理经验，同时获取更广阔的市场空间。罗德里克认为，适度的市场开放能够促进资源的全球优化配置，有助于提升产业的创新能力。①

本书的总体思路如图1-4所示。

---

① 〔土耳其〕丹尼·罗德里克：《一种经济学，多种药方：全球化、制度建设和经济增长》，张军扩等译，中信出版社，2016，第26页。

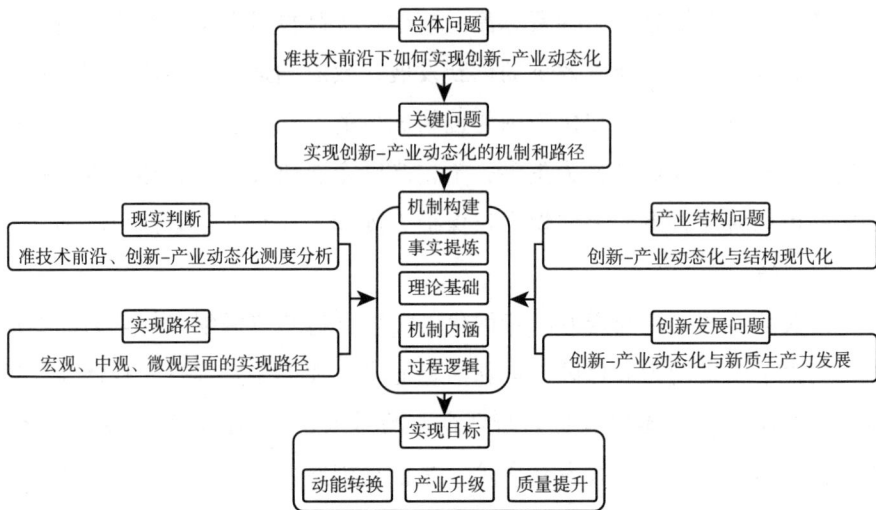

图1-4 总体思路

二 本书结构

本书采用"总—分—总"的结构形式，以"提出问题—分析问题—解决问题"为逻辑顺序，从功能性视角系统分析了中国在准技术前沿下的创新-产业动态化路径。第一章指明了研究背景、现实挑战及核心问题，为后续分析奠定了基础。第二章分析了中国在"准技术前沿"阶段的技术定位，第三章探讨了结构现代化的关键要素与挑战，提供了理论依据和政策启示。第四章构建了"企业创新—产业突变—经济周期"的逻辑框架，揭示了创新推动产业动态化的内在机制。在第五至第十一章中，分别深入分析了制度改进、融资发展、研发资源优化配置、创新采购、数字化转型、竞争性产业组织变迁以及技术能力与社会能力建设等具体路径，并提出了相应的保障措施。第十二章探讨了创新驱动的产业动态化与新质生产力的协同发展，形成了全书的研究闭环。综上，本书从多路径和多层次的视角出发，以解决具体问题为导向，旨在为实现中国在准技术前沿下的创新与产业动态化，推动经济转型期的高质量发展提供系统指导。本书的框架结构如图1-5所示。

第一章 → 中国创新-产业动态化问题的研究思路
- 现实与理论背景
- 创新驱动发展的学理依据
- 研究的重点分析
- 研究思路与框架

第二章 → 中国与前沿国家的技术距离
- 国际比较
- 非均衡发展
- 发展阶段判断
- 准技术前沿含义

第三章 → 中国创新发展与结构现代化
- 结构现代化概念与特征框架
- 实现结构现代化国际比较
- 中国结构现代化增长效应
- 推进中国结构现代化重点

第四章 → 创新-产业动态化的结构转型效应
- 结构变迁内涵
- 建立分析框架
- 约束条件
- 中国的实证分析
- 制约因素分析

第五章 → 制度改进强化科技成果转化
- 中国科学研究现状
- 理论分析
- 高校科技成果转化
- 企业科技成果转化

第六章 → 融资结构、技术创新与产业动态化
- 时空演变特征
- 作用机制分析
- 实证检验
- 政策启示

第七章 → 研发资源配置与区域创新效率
- 研发资源错配刻画
- 实证分析
- 成因分析
- 实质性创新转型

第八章 → 创新采购与创新-产业动态化需求激励
- 机理与国际经验
- 实证分析
- 优劣因素分析
- 制度保障

第九章 → 制造业数字化转型赋能产业动态化
- 四维理论体系
- 数字化赋能多维路径
- 特征分析
- 动态化升级关系分析
- 制度选择

第十章 → 竞争性产业组织变迁与企业资源再配置
- 产业组织变迁机制
- 变迁的两级分析
- 企业资源再配置路径
- 制度保障

第十一章 → 技术能力、社会能力与创新发展
- "能力缺口"命题
- 创新发展的能力基础
- 内在机制分析
- 实证分析
- 制度保障

第十二章 → 创新-产业动态化与新质生产力发展
- 时空演化特征分析
- 作用机理分析
- 实证检验
- 对策建议

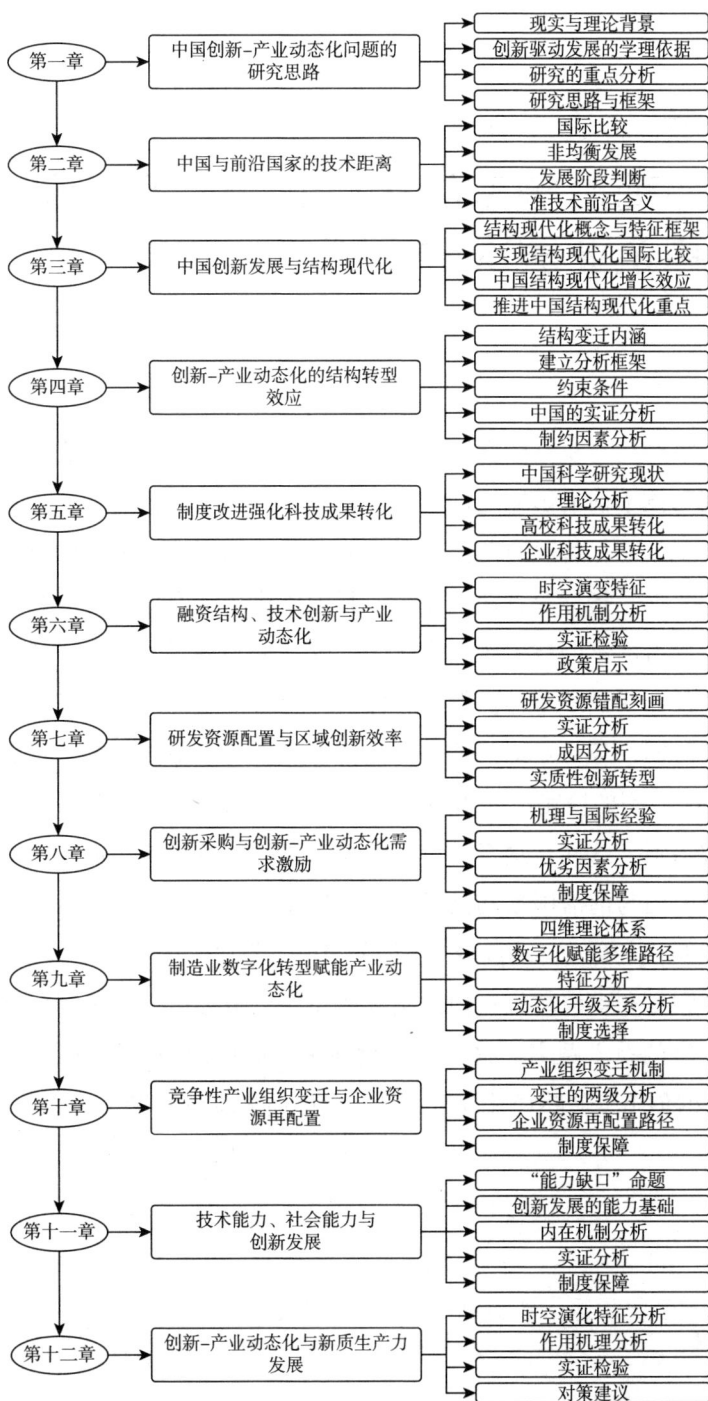

图1-5 本书结构

第二章
中国与前沿国家的技术距离：基于国家、产业和企业层次的分析

技术距离是判断一国发展阶段并制定相应经济政策的重要依据。准确了解中国与技术前沿国家之间的技术距离，有助于选择适宜的增长驱动路径和政策工具。尽管政府部门和学术界普遍认识到技术距离的重要性，但由于不同数据、指标及方法的差异，目前尚难从国内外现有研究中准确得知中国与前沿国家的技术距离有多大。这是因为基于不同方法和数据计算所得的结果存在显著差异。例如，Fujiwara 和 Matsuyama 研究发现，一国的技术距离对国内各产业部门技术引进的滞后性有着不同影响，从而导致各产业部门生产率的增速不尽相同。[1]因此，技术距离在国家层面和产业层面可能表现出不一致性，这意味着采用单一维度的数据和指标难以全面、客观地反映中国与前沿国家的技术距离。鉴于此，本章将综合运用国家、产业和企业层面的数据，构建包括人均 GDP、劳动生产率、全要素生产率、研发强度和专利申请数等在内的指标体系，以全方位、多角度地测度中国与前沿国家的技术距离。这一方法旨在为判断中国当前的技术发展阶段，选择适宜的创新发展路径及政策工具提供更加全面和可靠的理论依据。

---

[1] Fujiwara, I., Matsuyama, K., "A Technology-gap Model of Premature Deindustrialization", CEPR Discussion Paper No. DP15530, 2020.

第一节　中国所处的相对技术距离的国际比较：多层次研究

本章分别以美国、G7国家①和OECD国家②为前沿国家代表，综合考察中国与前沿国家以人均GDP、劳动生产率和全要素生产率等多项指标衡量的技术距离。

一　以人均GDP衡量的技术距离

本章以宾夕法尼亚大学编制的*Penn World Table 10.0*为基础，测度中国与前沿国家以人均GDP衡量的技术距离。该表提供了三种类型的实际GDP，分别记录在rgdpna、rgdpe和rgdpo科目下。其中，rgdpna主要用于衡量经济增长，rgdpe用于测度人民生活水平的变化，而rgdpo则用于反映一国生产能力的变化。③为从多角度考察中美人均GDP差距，我们综合采用以上三类数据，首先，将三类实际GDP分别除以各国总人口数（*pop*），得到各国三种类型的人均GDP；其次，将中国各类型人均GDP与前沿国家相应类型的人均GDP相除，得到以人均GDP衡量的技术距离（该比值为中国与前沿国家技术差距的反向测度），计算结果如表2-1所示。

第一，无论是以美国、G7国家还是以OECD国家为前沿国家，以三类实际GDP计算所得的结果基本相同。第二，从时间趋势看，1978年中国人均GDP约为美国的5.16%、G7国家的6.97%以及OECD国家的7.9%（取表2-1中三类技术距离的平均值），此后呈上升态势，至2019年增至美国的22.57%、G7国家的30.27%以及OECD国家的29.33%。第三，从相对水平看，在样本期

① G7国家包括美国、英国、法国、德国、日本、意大利和加拿大。俄罗斯于2014年加入G7集团，但本部分样本区间为1978~2019年，为避免样本变化对研究结论的影响，故将俄罗斯剔除。

② OECD国家主要选取其初始成员国，包括美国、英国、法国、德国、意大利、加拿大、爱尔兰、荷兰、比利时、卢森堡、奥地利、瑞士、挪威、冰岛、丹麦、瑞典、西班牙、葡萄牙、希腊和土耳其。

③ Feenstra, R. C., Inklaar, R., Timmer, M. P., "The Next Generation of the Penn World Table", *American Economic Review*, 105（10），2015, pp.3150-3182.

内中国与美国以人均GDP衡量的技术差距最大，其次为OECD国家，最后为G7国家。相较于G7国家，中国与OECD国家存在更大的人均GDP差距是因为OECD国家包含了瑞士、卢森堡等高福利国家以及爱尔兰等经济高增长国家。

表2-1　1978~2019年中国与前沿国家的技术距离：以人均GDP衡量

年份	美国			G7			OECD		
	（1）rgdpe	（2）rgdpo	（3）rgdpna	（4）rgdpe	（5）rgdpo	（6）rgdpna	（7）rgdpe	（8）rgdpo	（9）rgdpna
1978	0.052	0.051	0.052	0.072	0.072	0.065	0.084	0.084	0.069
1979	0.053	0.052	0.054	0.071	0.071	0.066	0.084	0.085	0.072
1980	0.055	0.053	0.057	0.071	0.070	0.068	0.084	0.083	0.074
1981	0.053	0.052	0.057	0.071	0.070	0.068	0.084	0.083	0.075
1982	0.059	0.056	0.063	0.077	0.075	0.073	0.091	0.089	0.080
1983	0.059	0.058	0.064	0.081	0.080	0.076	0.096	0.095	0.084
1984	0.062	0.061	0.066	0.089	0.088	0.080	0.105	0.105	0.089
1985	0.065	0.066	0.068	0.096	0.097	0.082	0.113	0.116	0.092
1986	0.065	0.065	0.070	0.094	0.094	0.085	0.110	0.112	0.094
1987	0.067	0.066	0.072	0.095	0.093	0.087	0.111	0.110	0.096
1988	0.067	0.066	0.072	0.093	0.092	0.086	0.110	0.110	0.096
1989	0.064	0.064	0.069	0.088	0.088	0.082	0.104	0.105	0.092
1990	0.063	0.061	0.067	0.085	0.082	0.079	0.100	0.098	0.088
1991	0.067	0.065	0.070	0.087	0.085	0.081	0.102	0.101	0.090
1992	0.069	0.068	0.073	0.092	0.090	0.086	0.107	0.107	0.095
1993	0.072	0.072	0.078	0.096	0.097	0.093	0.112	0.113	0.103
1994	0.076	0.074	0.081	0.102	0.100	0.098	0.120	0.118	0.109
1995	0.082	0.080	0.087	0.107	0.105	0.104	0.125	0.123	0.115
1996	0.085	0.083	0.090	0.111	0.109	0.109	0.129	0.127	0.120
1997	0.086	0.083	0.092	0.111	0.107	0.112	0.127	0.124	0.121
1998	0.082	0.080	0.089	0.107	0.104	0.109	0.120	0.119	0.117
1999	0.082	0.081	0.089	0.107	0.106	0.111	0.121	0.121	0.119
2000	0.085	0.084	0.092	0.111	0.109	0.114	0.124	0.122	0.121
2001	0.092	0.091	0.098	0.119	0.117	0.120	0.133	0.132	0.128
2002	0.099	0.099	0.105	0.130	0.128	0.130	0.145	0.144	0.137
2003	0.105	0.105	0.110	0.140	0.138	0.138	0.157	0.155	0.144
2004	0.114	0.113	0.117	0.152	0.150	0.147	0.168	0.167	0.152
2005	0.123	0.122	0.124	0.165	0.158	0.158	0.178	0.171	0.162
2006	0.133	0.130	0.134	0.177	0.169	0.171	0.184	0.178	0.173

续表

年份	美国			G7			OECD		
	（1）	（2）	（3）	（4）	（5）	（6）	（7）	（8）	（9）
	rgdpe	rgdpo	rgdpna	rgdpe	rgdpo	rgdpna	rgdpe	rgdpo	rgdpna
2007	0.145	0.141	0.146	0.189	0.181	0.184	0.193	0.188	0.184
2008	0.155	0.151	0.155	0.197	0.189	0.195	0.197	0.192	0.195
2009	0.171	0.169	0.173	0.221	0.218	0.220	0.222	0.220	0.220
2010	0.189	0.188	0.187	0.240	0.237	0.238	0.242	0.241	0.239
2011	0.199	0.200	0.198	0.251	0.250	0.250	0.253	0.254	0.252
2012	0.207	0.208	0.200	0.263	0.265	0.256	0.265	0.267	0.262
2013	0.211	0.212	0.212	0.273	0.273	0.273	0.275	0.277	0.278
2014	0.214	0.217	0.221	0.281	0.283	0.287	0.282	0.286	0.291
2015	0.216	0.218	0.223	0.286	0.290	0.293	0.280	0.289	0.293
2016	0.220	0.222	0.229	0.292	0.295	0.301	0.285	0.294	0.299
2017	0.226	0.230	0.230	0.297	0.302	0.302	0.287	0.298	0.298
2018	0.219	0.224	0.226	0.293	0.300	0.300	0.281	0.294	0.294
2019	0.221	0.226	0.230	0.297	0.304	0.307	0.284	0.296	0.300

注：中国与G7国家、OECD国家的技术距离以中国与其成员方技术距离的平均值表示，下同。

二 以劳动生产率衡量的技术距离

劳动生产率是总产出或增加值与劳动消耗量的比值，为劳动效率的衡量指标。由于产出与劳动投入的比率在很大程度上依赖于其他投入，因此劳动生产率能综合反映资本投入、中间投入和全要素生产率变动的综合效果，并直接决定一国收入与福利水平。我们以 *Penn World Table 10.0* 数据为基础，测算中国与前沿国家以劳动生产率衡量的技术距离，具体步骤为：首先将从业人员年均工时（*avh*）乘以从业人数（*emp*）得到劳动总工时[①]；其次将实际 *GDP* 分别除以劳动总工时，得到各国劳均生产率；最后将中国劳动生产率与前沿国家劳动生产率相除，得到中国与前沿国家以劳

[①] 经济合作与发展组织（OECD）编写的《生产率测算手册》指出，工时是衡量劳动投入量的首选指标。

动生产率衡量的技术距离，结果如表2-2所示。可以看出，1978~2019年，中国与前沿国家劳动生产率差距呈缩小趋势：1978年中国劳动生产率约为美国的4.53%、G7国家的6.27%以及OECD国家的6.50%，但2019年中国劳动生产率已增至美国的15.83%、G7国家的19.93%以及OECD国家的18.93%。

表2-2 1978~2019年中国与前沿国家的技术距离：以劳动生产率衡量

年份	美国			G7			OECD		
	（1）	（2）	（3）	（4）	（5）	（6）	（7）	（8）	（9）
	rgdpe	rgdpo	rgdpna	rgdpe	rgdpo	rgdpna	rgdpe	rgdpo	rgdpna
1978	0.046	0.045	0.046	0.065	0.065	0.058	0.069	0.069	0.057
1979	0.047	0.046	0.048	0.064	0.064	0.059	0.068	0.069	0.058
1980	0.046	0.045	0.048	0.061	0.061	0.059	0.066	0.066	0.058
1981	0.044	0.042	0.047	0.060	0.059	0.057	0.064	0.063	0.057
1982	0.045	0.043	0.049	0.061	0.060	0.058	0.066	0.065	0.058
1983	0.046	0.044	0.050	0.064	0.063	0.060	0.069	0.068	0.060
1984	0.049	0.048	0.052	0.070	0.069	0.063	0.074	0.074	0.062
1985	0.052	0.052	0.054	0.074	0.075	0.064	0.079	0.081	0.064
1986	0.051	0.052	0.055	0.072	0.072	0.065	0.077	0.078	0.066
1987	0.054	0.053	0.058	0.073	0.072	0.068	0.078	0.078	0.068
1988	0.054	0.054	0.058	0.072	0.072	0.067	0.078	0.078	0.068
1989	0.052	0.052	0.056	0.067	0.067	0.063	0.073	0.073	0.064
1990	0.050	0.048	0.053	0.063	0.061	0.060	0.069	0.067	0.061
1991	0.051	0.049	0.053	0.063	0.061	0.059	0.069	0.068	0.061
1992	0.052	0.051	0.055	0.065	0.064	0.061	0.072	0.071	0.063
1993	0.055	0.055	0.059	0.067	0.067	0.066	0.073	0.074	0.068
1994	0.059	0.057	0.063	0.071	0.070	0.069	0.078	0.077	0.072
1995	0.064	0.062	0.067	0.074	0.073	0.073	0.082	0.081	0.076
1996	0.066	0.064	0.070	0.077	0.075	0.076	0.085	0.084	0.079
1997	0.066	0.064	0.071	0.076	0.073	0.077	0.083	0.081	0.079
1998	0.063	0.061	0.068	0.072	0.072	0.075	0.078	0.078	0.077
1999	0.063	0.062	0.068	0.072	0.071	0.076	0.079	0.079	0.078
2000	0.065	0.064	0.070	0.074	0.073	0.077	0.081	0.080	0.080
2001	0.068	0.067	0.072	0.079	0.078	0.080	0.087	0.086	0.083
2002	0.071	0.071	0.075	0.084	0.083	0.085	0.093	0.092	0.088

年份	美国			G7			OECD		
	（1）	（2）	（3）	（4）	（5）	（6）	（7）	（8）	（9）
	rgdpe	rgdpo	rgdpna	rgdpe	rgdpo	rgdpna	rgdpe	rgdpo	rgdpna
2003	0.074	0.074	0.077	0.089	0.088	0.089	0.098	0.097	0.091
2004	0.079	0.078	0.081	0.097	0.095	0.094	0.103	0.104	0.095
2005	0.085	0.084	0.085	0.104	0.099	0.100	0.110	0.105	0.100
2006	0.093	0.090	0.094	0.113	0.108	0.110	0.115	0.112	0.109
2007	0.102	0.099	0.103	0.123	0.118	0.121	0.124	0.121	0.119
2008	0.108	0.105	0.108	0.129	0.125	0.129	0.128	0.125	0.127
2009	0.112	0.110	0.113	0.140	0.138	0.140	0.138	0.138	0.137
2010	0.120	0.120	0.119	0.150	0.148	0.149	0.147	0.148	0.146
2011	0.128	0.128	0.127	0.157	0.157	0.157	0.154	0.156	0.154
2012	0.134	0.134	0.130	0.165	0.165	0.161	0.159	0.161	0.157
2013	0.138	0.138	0.138	0.170	0.170	0.170	0.165	0.167	0.167
2014	0.142	0.143	0.146	0.176	0.177	0.180	0.170	0.173	0.175
2015	0.145	0.147	0.150	0.181	0.183	0.186	0.171	0.177	0.179
2016	0.150	0.151	0.156	0.187	0.189	0.192	0.177	0.183	0.186
2017	0.155	0.159	0.159	0.192	0.195	0.195	0.181	0.188	0.188
2018	0.154	0.157	0.158	0.192	0.196	0.196	0.180	0.188	0.188
2019	0.155	0.159	0.161	0.196	0.200	0.202	0.183	0.191	0.194

三　以全要素生产率衡量的技术距离

全要素生产率是总产出或增加值与劳动、资本等综合要素投入之比，综合反映了技术变动、效率变化、生产利用效率的改变以及计量误差等，是衡量技术水平最常用的指标。《Penn World Table 10.0》提供了经PPP平减的各国全要素生产率与美国全要素生产率的比值（$ctfp$），我们以此为基础测度中国与美国、G7国家和OECD国家的技术距离，结果见表2-3。第一，从变动趋势看，1978年中国全要素生产率为美国的27.2%、G7国家的30.1%和OECD国家的29.7%，此后呈波动上升趋势，并于2019年增至美国的44.2%、G7国家的55.0%和OECD国家的52.9%。第二，从相对水平看，中国与前沿国家以全要素生产率衡量的技术差距小于以劳动生产率衡量的技术差距，这与中国劳均资本相对于前沿国家而言较低有关。[①]从增长核算角度看，假定一国总量生产函数为柯布道格拉斯形式：

$$Y = AK^a L^{1-a} \qquad (2-1)$$

对式（2-1）两边同时除以 L 得：

$$y = \frac{AK^a L^{1-a}}{L} = AK^a \qquad (2-2)$$

其中，y 为劳均产出，$y = \frac{Y}{L}$；k 为劳均资本，$k = \frac{K}{L}$。由式（2-2）可知，一国劳均产出与全要素生产率水平 A 以及劳均资本 k 正相关。基于此，我们计算了中国与美国、G7 国家及 OECD 国家的劳均资本差距，结果见表 2-3。可以看出，2019 年，中国劳均资本仅为美国的 19.1%、G7 国家的 15.9% 以及 OECD 国家的 13.9%，该差距远大于同期全要素生产率差距，由此导致中国与前沿国家以劳动生产率衡量的技术距离小于以全要素生产率衡量的技术距离。

表 2-3　1978~2019 年中国与前沿国家的技术距离：以全要素生产率及劳均资本衡量

年份	以全要素生产率衡量的技术距离			劳均资本差距		
	美国	G7	OECD	美国	G7	OECD
1978	0.272	0.301	0.297	0.035	0.035	0.033
1979	0.267	0.291	0.288	0.037	0.036	0.033
1980	0.262	0.279	0.279	0.036	0.036	0.033
1981	0.249	0.270	0.271	0.035	0.034	0.032
1982	0.254	0.272	0.273	0.035	0.034	0.032
1983	0.260	0.283	0.286	0.035	0.034	0.032
1984	0.278	0.310	0.312	0.037	0.034	0.031
1985	0.302	0.340	0.345	0.037	0.034	0.032
1986	0.295	0.333	0.335	0.038	0.035	0.033
1987	0.300	0.337	0.339	0.039	0.035	0.033
1988	0.307	0.344	0.347	0.039	0.035	0.033
1989	0.299	0.335	0.338	0.039	0.034	0.032
1990	0.285	0.319	0.323	0.037	0.032	0.030

① 张长春等：《我国生产率研究：现状、问题与对策》，《宏观经济研究》2018 年第 1 期。

续表

年份	以全要素生产率衡量的技术距离			劳均资本差距		
	美国	G7	OECD	美国	G7	OECD
1991	0.293	0.326	0.331	0.036	0.030	0.029
1992	0.304	0.348	0.351	0.035	0.030	0.029
1993	0.323	0.370	0.374	0.038	0.031	0.029
1994	0.328	0.376	0.377	0.040	0.033	0.031
1995	0.340	0.383	0.384	0.044	0.035	0.033
1996	0.334	0.380	0.378	0.046	0.037	0.035
1997	0.331	0.368	0.360	0.048	0.037	0.036
1998	0.310	0.342	0.333	0.048	0.038	0.036
1999	0.304	0.332	0.322	0.051	0.039	0.038
2000	0.316	0.336	0.322	0.053	0.041	0.040
2001	0.328	0.345	0.332	0.055	0.044	0.042
2002	0.334	0.352	0.334	0.058	0.046	0.045
2003	0.343	0.366	0.350	0.060	0.049	0.047
2004	0.360	0.392	0.375	0.064	0.053	0.050
2005	0.375	0.404	0.381	0.069	0.057	0.054
2006	0.388	0.426	0.403	0.076	0.062	0.058
2007	0.409	0.451	0.427	0.081	0.067	0.062
2008	0.411	0.460	0.435	0.086	0.072	0.067
2009	0.406	0.476	0.450	0.089	0.077	0.071
2010	0.412	0.487	0.466	0.100	0.087	0.079
2011	0.418	0.495	0.477	0.110	0.095	0.086
2012	0.432	0.523	0.505	0.119	0.102	0.091
2013	0.427	0.517	0.508	0.131	0.111	0.098
2014	0.431	0.526	0.517	0.143	0.120	0.106
2015	0.441	0.543	0.525	0.153	0.127	0.113
2016	0.449	0.553	0.537	0.162	0.135	0.119
2017	0.465	0.565	0.547	0.171	0.142	0.125
2018	0.448	0.553	0.533	0.181	0.150	0.132
2019	0.442	0.550	0.529	0.191	0.159	0.139

注：以上结果基于*Penn World Table 10.0*计算所得，其中，劳动资本=实际资本存量/劳动工时。

四 以研发投入衡量的技术距离

在研发投入指标中，研发强度，即研发经费投入与GDP的比值因考虑了国家规模的影响，是衡量各国研发投入数量差异的较好指标。同时，一国研发投入按研发活动类型可进一步划分为基础研究投入、应用研究投入以及试验发展投入，其中基础研究投入是一国关键核心技术的源泉，可从侧面反映一国研发投入质量。鉴于此，我们计算了中国与前沿国家以总研发投入强度衡量的技术距离以及以基础研究投入强度衡量的技术距离，结果如表2-4所示。从总研发投入强度看，20世纪90年代初，中国总研发经费投入占GDP的比重约为美国的27.5%、G7国家的37.8%以及OECD国家的69.5%。中国与OECD国家研发投入强度差距较小是因为土耳其、希腊、葡萄牙和西班牙等的研发投入强度较低，中国研发投入强度为其1~2倍。此后，中国研发投入快速增长，至2021年中国总研发强度已达到美国的76.8%、G7国家的107.3%以及OECD国家的127.7%。从基础研究投入强度看，1991年，中国基础研究投入占GDP的比重仅为美国的6.8%、G7国家的8.4%以及OECD国家的15.2%，此后呈快速增长之势，2021年已增至美国的26.2%、G7国家的30.3%以及OECD国家的27.4%。

表2-4 1991~2021年中国与前沿国家的技术距离：以研发投入衡量

年份	美国		G7		OECD	
	总研发投入强度	基础研究投入强度	总研发投入强度	基础研究投入强度	总研发投入强度	基础研究投入强度
1991	0.275	0.068	0.378	0.084	0.695	0.152
1992	0.287	0.071	0.390	0.087	0.679	0.144
1993	0.289	0.071	0.379	0.082	0.646	0.135
1994	0.270	0.073	0.351	0.090	0.606	0.142
1995	0.237	0.077	0.326	0.089	0.539	0.141
1996	0.229	0.069	0.320	0.086	0.481	0.120
1997	0.258	0.080	0.362	0.086	0.538	0.146
1998	0.260	0.088	0.363	0.084	0.547	0.139
1999	0.294	0.093	0.411	0.090	0.585	0.147
2000	0.338	0.111	0.480	0.111	0.682	0.176

年份	美国		G7		OECD	
	总研发投入强度	基础研究投入强度	总研发投入强度	基础研究投入强度	总研发投入强度	基础研究投入强度
2001	0.355	0.111	0.494	0.117	0.695	0.186
2002	0.414	0.128	0.552	0.136	0.785	0.216
2003	0.438	0.131	0.589	0.141	0.837	0.199
2004	0.484	0.153	0.644	0.166	0.900	0.218
2005	0.520	0.149	0.696	0.180	0.940	0.208
2006	0.535	0.156	0.717	0.179	0.960	0.212
2007	0.521	0.137	0.707	0.181	0.913	0.199
2008	0.523	0.141	0.735	0.191	0.913	0.190
2009	0.591	0.152	0.812	0.198	0.991	0.196
2010	0.624	0.157	0.850	0.205	1.038	0.196
2011	0.643	0.175	0.885	0.230	1.065	0.234
2012	0.713	0.205	0.947	0.249	1.135	0.250
2013	0.738	0.200	0.983	0.245	1.179	0.240
2014	0.743	0.203	0.978	0.249	1.171	0.245
2015	0.757	0.227	1.000	0.277	1.181	0.269
2016	0.761	0.233	1.014	0.289	1.185	0.288
2017	0.752	0.250	1.021	0.311	1.169	0.314
2018	0.756	0.253	1.034	0.309	1.196	0.304
2019	0.76	0.256	1.047	0.307	1.223	0.294
2020	0.764	0.259	1.06	0.305	1.25	0.285
2021	0.768	0.262	1.073	0.303	1.277	0.274

注：总研发投入占GDP的比重源自联合国教科文组织、基础研究投入占GDP的比重源自OECD数据库。

五　以研发产出衡量的技术距离

居民专利申请数与科技论文数是衡量一国研发产出的重要指标，[1]前者可用于衡量一国研发产出总量，后者反映了基础研究的产出情况，可用于反映一国研发产出质量。为排除国家规模的影响，将二者分别除以一国就

---

[1]　范柏乃等：《中国自主创新政策：演进、效应与优化》，《中国科技论坛》2013年第9期。

业人数，得到各国人均居民专利申请数和人均科技论文数，并以此衡量中国与前沿国家的技术距离，其结果如表2-5所示。

首先，从人均专利申请数看，1985年中国人均专利申请数仅为美国的1.2%、G7国家的2.3%以及OECD国家的7.9%，但2018年已增至美国的95.8%、G7国家的336.1%以及OECD国家的924.1%，增长较快。其中，1985~2009年增速相对平缓，但2009年以后增速大幅攀升，这可能与2006年中国颁布和实施《国家中长期科学和技术规划纲要（2006—2020）》及相关配套措施有关。相较于美国，中国与G7国家和OECD国家的相对人均专利申请数偏高的原因在于：在G7国家中，加拿大的人均专利申请水平偏低，2018年仅为中国的1/7；而在OECD国家中，希腊、葡萄牙和西班牙的人均专利申请数偏低，2018年中国人均专利申请数为其10~20倍。

其次，从人均科技论文数看，2000年中国人均科技论文数仅为美国的3.3%、G7国家的3.8%以及OECD国家的6.2%，此后快速增长，2018年已增至美国的24.5%、G7国家的27.7%以及OECD国家的23.7%，表明中国的核心技术实力不断增强。

表2-5　1985~2018年中国与前沿国家的技术距离：以研发产出衡量

年份	美国		G7		OECD	
	人均专利申请数	人均科技论文数	人均专利申请数	人均科技论文数	人均专利申请数	人均科技论文数
1985	0.012		0.023		0.079	
1986	0.010		0.012		0.061	
1987	0.011		0.012			
1988	0.012		0.023		0.105	
1989	0.011		0.013		0.087	
1990	0.012		0.017		0.108	
1991	0.015		0.022		0.132	
1992	0.019		0.028		0.170	
1993	0.022		0.031		0.192	
1994	0.019		0.032		0.190	
1995	0.015		0.026		0.172	
1996	0.020		0.033		0.187	

续表

年份	美国		G7		OECD	
	人均专利申请数	人均科技论文数	人均专利申请数	人均科技论文数	人均专利申请数	人均科技论文数
1997	0.020		0.028		0.203	
1998	0.019		0.028		0.203	
1999	0.020		0.037		0.220	
2000	0.029	0.033	0.056	0.038	0.335	0.062
2001	0.032	0.043	0.059	0.050	0.341	0.078
2002	0.040	0.043	0.079	0.050	0.398	0.073
2003	0.055	0.049	0.114	0.057	0.586	0.080
2004	0.064	0.063	0.117	0.075	0.603	0.092
2005	0.084	0.080	0.169	0.095	0.749	0.115
2006	0.104	0.093	0.217	0.107	0.919	0.122
2007	0.120	0.104	0.321	0.118	1.095	0.132
2008	0.159	0.119	0.419	0.135	1.066	0.142
2009	0.185	0.130	0.489	0.148	1.097	0.147
2010	0.218	0.138	0.643	0.160	1.398	0.153
2011	0.304	0.140	0.908	0.163	1.947	0.151
2012	0.365	0.141	1.185	0.161	2.504	0.146
2013	0.452	0.154	1.576	0.174	3.369	0.153
2014	0.524	0.168	1.831	0.189	3.803	0.163
2015	0.633	0.179	2.024	0.202	4.898	0.173
2016	0.779	0.196	2.859	0.219	6.931	0.186
2017	0.820	0.212	3.034	0.239	8.197	0.207
2018	0.958	0.245	3.361	0.277	9.241	0.237

资料来源：专利申请数、科技论文数源自世界银行。

综上可见，自改革开放以来，中国充分利用技术后发优势以及前沿技术溢出，快速缩小与美国、G7国家以及OECD国家等前沿国家的技术差距。其中，人均GDP和劳动生产率已接近前沿国家的1/3；全要素生产率接近前沿国家的一半；创新投入和产出数量与前沿国家较为接近，甚至远超部分前沿国家；但与创新数量相比，创新质量相对落后，仍有待进一步提升。

第二节　中国技术非均衡发展特点与技术距离

前述研究表明，中国自改革开放以来技术发展迅速，大幅缩小了与前沿国家的技术距离，但仅考察了中国整体技术发展情况，并未考虑其行业异质性，即技术在各行业的发展特点。本章运用WIOD数据库的经济社会核算数据以及OCED的STAN数据库，以美国、G7国家和OECD国家为前沿国家，测度中国与这些前沿国家以劳动生产率、行业增加值率以及研发强度衡量的行业层面技术距离。WIOD数据库提供了2000~2014年中国与前沿国家各行业工业总产值、工业增加值、平减指数以及从业人数等数据，且已将各国的行业分类统一为ISIC（Rev. 4），为测度中国与前沿国家的技术距离提供了便利。[1]鉴于工业是技术创新的重要孵化基地与应用领域且处于价值链核心环节，本章重点考察中国与前沿国家工业行业及细分行业的技术距离。

一　以劳动生产率衡量的技术距离

首先将各行业以本币表示的名义增加值除以相应的平减指数得到实际工业增加值，然后借鉴孙早和许薛璐的研究，[2]运用各国与美国的汇率将各国各行业实际增加值换算为以美元计价的增加值，最后以各国各行业实际工业增加值除以从业人数得到劳动生产率，从而计算中国与美国、G7国家、OECD国家的技术距离，结果见表2-6和表2-7。

首先，从工业行业整体情况看，2000年中国工业行业总体劳动生产率仅为美国的3.7%、G7国家的5.8%以及OECD国家的8.8%，此后快速增长，并于2014年达到美国的16.4%、G7国家的23.8%和OECD国家的37.6%，其总体变动趋势如图2-1所示。可以看出，2011年以后，中国工业行业与前沿国家的劳动生产率差距呈快速缩小趋势，这可能与2006年以来中国创新体系的全面构建及其成效初显有关。

---

[1]　连旭蓓等：《金融发展、技术前沿距离与追赶型增长》，《经济与管理研究》2020年第3期。

[2]　孙早、许薛璐：《前沿技术差距与科学研究的创新效应——基础研究与应用研究谁扮演了更重要的角色》，《中国工业经济》2017年第3期。

表2-6　2000~2014年中国与前沿国家工业行业总体劳动生产率差距

年份	以美国为前沿	以G7国家为前沿	以OECD国家为前沿
2000	0.037	0.058	0.088
2001	0.042	0.068	0.103
2002	0.047	0.077	0.116
2003	0.050	0.075	0.105
2004	0.052	0.075	0.104
2005	0.059	0.084	0.119
2006	0.069	0.095	0.125
2007	0.084	0.111	0.138
2008	0.097	0.126	0.149
2009	0.104	0.144	0.174
2010	0.112	0.164	0.203
2011	0.114	0.155	0.193
2012	0.129	0.186	0.244
2013	0.145	0.211	0.311
2014	0.164	0.238	0.376

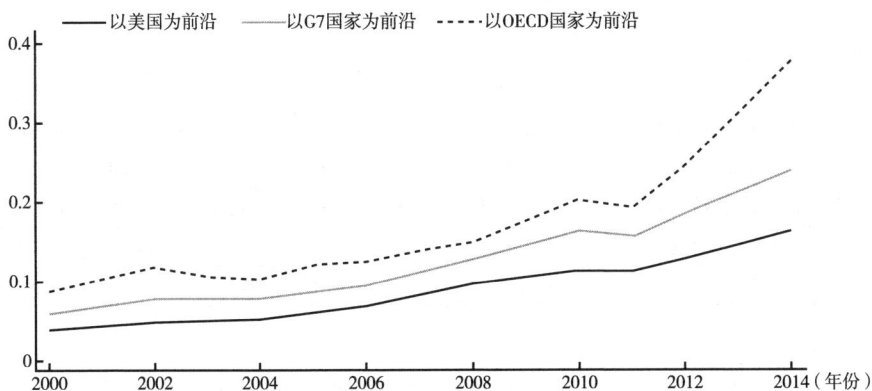

图2-1　2000~2014年中国与前沿国家工业行业技术距离的变动趋势

其次，从各工业细分行业的技术距离看，尽管中国工业行业与前沿国家的技术差距呈缩小态势，但各细分行业的技术发展水平存在较大差异。例如，2014年中国采矿和采石业的劳动生产率仅为美国同行业的5.3%，但基本金属制造业的劳动生产率已达美国同行业的29.7%，即中国工业行业的技术发展呈非均衡特点。具体如表2-7所示。

表2-7　2000年和2014年中国与前沿国家各工业细分行业劳动生产率差距

行业名称	以美国为前沿		以 G7 为前沿		以 OECD 为前沿	
	2000年	2014年	2000年	2014年	2000年	2014年
采矿和采石	0.037	0.053	0.087	0.129	0.138	0.182
食品、饮料和烟草制品制造	0.028	0.196	0.049	0.293	0.058	0.338
纺织品、服装和皮革制品制造	0.033	0.125	0.042	0.160	0.043	0.163
木材及木材和软木制品（家具除外）制造；稻草和编织材料制品制造	0.035	0.175	0.038	0.191	0.045	0.362
纸和纸制品制造	0.017	0.086	0.036	0.121	0.041	0.156
记录媒介物的印刷及复制	0.046	0.150	0.052	0.176	0.052	0.200
焦炭和精炼石油产品制造	0.109	0.101	0.198	0.374	0.678	1.806
化学品和化学制品制造	0.019	0.077	0.046	0.182	0.062	0.201
基本药品和药物制剂制造	0.019	0.077	0.037	0.124	0.056	0.137
橡胶和塑料制品制造	0.023	0.113	0.037	0.126	0.036	0.180
其他非金属矿产品制造	0.025	0.180	0.038	0.213	0.041	0.263
基本金融制造	0.129	0.297	0.175	0.413	0.186	0.579
金属制品，机械和设备除外	0.018	0.138	0.028	0.170	0.033	0.220
计算机、电子和光学产品制造	0.015	0.076	0.016	0.159	0.014	0.205
电力设备制造	0.028	0.099	0.041	0.137	0.042	0.171
未另分类的机械和设备制造	0.031	0.140	0.044	0.184	0.051	0.241
汽车、挂车和半挂车制造	0.029	0.203	0.032	0.283	0.049	0.468
其他运输设备制造	0.018	0.195	0.029	0.272	0.044	0.594
家具制造；其他制造业	0.045	0.113	0.074	0.202	0.078	0.259
电、气、汽、空调供应	0.017	0.147	0.035	0.251	0.038	0.302
水的收集、处理和供应	0.017	0.146	0.058	0.331	0.070	0.499

与前沿国家技术差距相对较小的工业行业主要包括以下两类[1]。一是食品、饮料和烟草制品制造，基本金属制造，汽车、挂车和半挂车制造，其他运输设备制造等规模密集型行业。此类行业以大企业为主导，主要利用干中学效应以及规模经济效应实现生产率的提升。二是木材及木材

---

① 此处借鉴 Pavitt 的行业分类。Pavitt 基于1945~1979英国制造业各行业内企业创新的模式和特征，将其划分为四大类，分别为：专业化供应商行业、以科学为基础的行业、规模密集型行业以及供应商主导行业。该分类有助于考察行业的创新能力。

和软木制品（家具除外）制造，稻草和编织材料制品制造，其他非金属矿产品制造等供应商主导行业。此类行业技术进步率最低，行业内企业通常缺乏创新能力。[①]以上行业在样本期内技术距离的变动趋势如图2-2所示。可以看出，其与前沿国家劳动生产率差距均呈快速缩小态势。其中，汽车、挂车和半挂车制造业在2009年出现快速但短暂的技术收敛，这或许与美国汽车制造企业受2008年全球金融危机影响更大有关。2009年，美国通用和克莱斯勒公司破产，而中国于2018年实施的4万亿经济刺激投资计划以及汽车信贷放宽政策，有效地拉动了国内市场对汽车的需求。

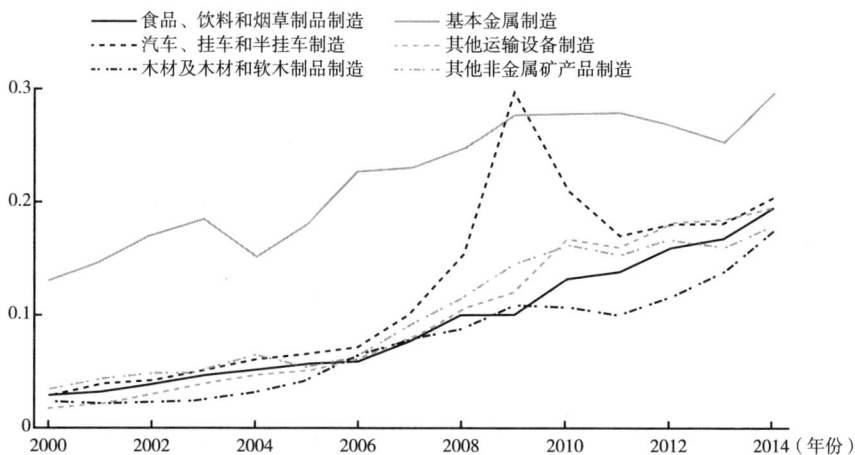

图2-2　2000~2014年中国与前沿国家技术差距较小行业的技术距离变动趋势

注：此处以美国为前沿国家代表，下同。

与前沿国家劳动生产率差距较大的工业行业包括：纸和纸制品制造业，化学品和化学制品制造业，计算机、电子和光学产品制造业，基本药品和药物制剂制造业以及电力设备制造业，其中多数为以科学为基础的行业。此类行业高度依赖科学发展，需充分利用研发实验室等内部资源进行产品创新，对企业创新能力要求较高。[②]以上行业技术距离的变化动态如图2-3

---

① Pavitt, K., "Sectoral Patterns of Technical Change： Towards a Taxonomy and a Theory", *Research Policy*，13（6），1984，pp.343-373.

② Pavitt, K., "Sectoral Patterns of Technical Change： Towards a Taxonomy and a Theory", *Research Policy*，13（6），1984，pp.343-373.

所示。可以看出，尽管其与前沿国家的技术差距均呈缩小态势，但由于初始技术水平较为落后，技术差距仍然较大。

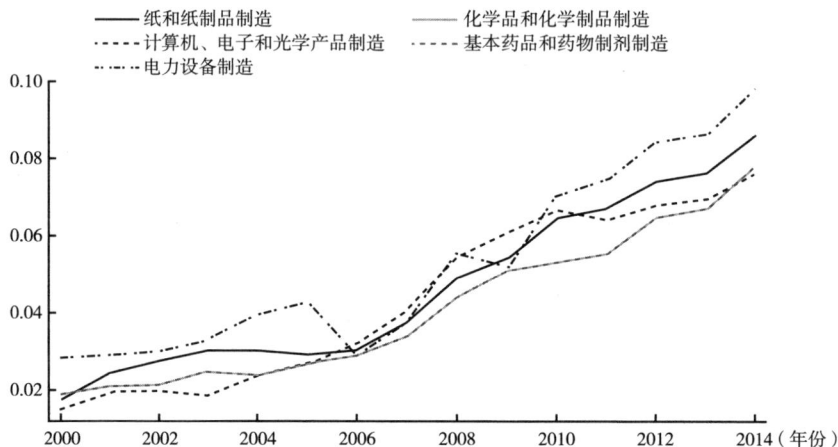

图2-3　2000~2014年中国与前沿国家技术差距较大行业的技术距离变动趋势
注：此处以美国为前沿国家代表。

二　以工业增加值率衡量的技术距离

工业增加值率是工业增加值与工业总产值的比值，其大小既与生产技术相关又与工业物耗比重密切联系，因此是分析中国与前沿国家技术差距的一个重要的生产率指标。[①]鉴于此，本章基于WIOD数据，计算了中国工业行业及细分行业的工业增加值率相较美国、G7国家及OECD国家同行业工业增加值率的差距。

表2-8呈现了工业行业整体的计算结果。由其可知，2000年中国工业增加值率为美国的71.0%、G7国家的81.4%以及OECD国家的126.9%，此后呈波动下降趋势，并于2014年降至美国的61.4%、G7国家的74.1%以及OECD国家的116.2%，其变动趋势如图2-4所示。其中，受奥地利、丹麦等国家的工业增加值率偏低影响，中国工业行业增加值率相较OECD国家偏高。

---

① 郭克莎：《制造业生产效率的国际比较》，《中国工业经济》2000年第9期。

表2-8　2000~2014年中国与前沿国家工业行业总体增加值率差距

年份	以美国为前沿	以G7国家为前沿	以OECD国家为前沿
2000	0.710	0.814	1.269
2001	0.647	0.712	1.023
2002	0.650	0.702	0.926
2003	0.613	0.724	0.928
2004	0.607	0.755	0.958
2005	0.627	0.795	1.010
2006	0.629	0.769	0.936
2007	0.648	0.801	0.933
2008	0.671	0.878	0.994
2009	0.582	0.723	0.806
2010	0.618	0.796	0.865
2011	0.615	0.780	0.818
2012	0.619	0.769	0.833
2013	0.600	0.745	1.130
2014	0.614	0.741	1.162

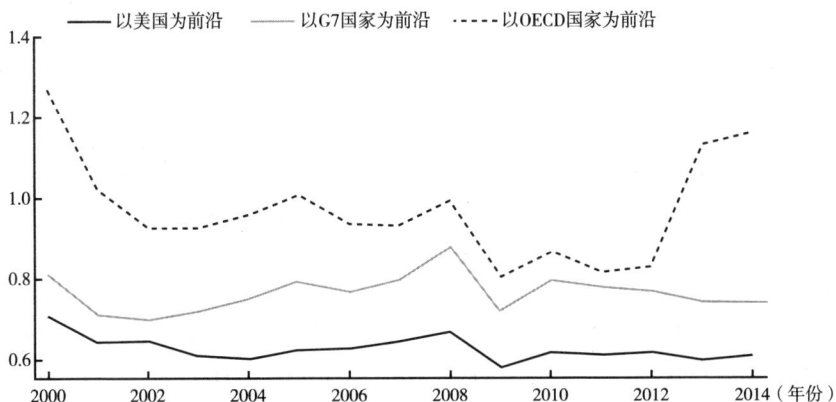

图2-4　2000~2014年中国与前沿国家工业行业增加值率差距的变动趋势

表2-9呈现了各细分行业的计算结果。可以看出，2000~2014年，除采矿和采石业、焦炭和精炼石油产品制造业、基本金属制造业外，其余行业的工业增加值率与前沿国家的差距均呈缩小趋势。从相对水平看，2014年中国工业增加值率相对较高的行业有食品、饮料和烟草制品制造，木材及

木材和软木制品（家具除外）制造，稻草和编织材料制品制造，纸和纸制品制造，汽车、挂车和半挂车制造以及家具制造业，以上行业主要为规模密集型行业和供应商主导行业。2014年中国工业增加值率相对较低的行业有化学品和化学制品制造业，计算机、电子和光学产品制造业，电力设备制造业等以科学为基础的行业，以及电、气、汽、空调供应等公用事业行业。其中，中国计算机、电子和光学产品制造业的工业增加值率与前沿国家差距最大，仅为美国的23.6%、G7国家的34.8%以及OECD国家的43.7%，这可能与中国长期从事低附加值的生产和加工、被锁定在价值链低端环节有关。

表2-9　2000和2014年中国与前沿国家工业细分行业增加值率差距

行业名称	以美国为前沿		以G7为前沿		以OECD为前沿	
	2000年	2014年	2000年	2014年	2000年	2014年
采矿和采石	1.773	0.667	1.629	0.940	1.860	0.901
食品、饮料和烟草制品制造	0.689	0.866	0.634	0.826	0.693	0.913
纺织品、服装和皮革制品制造	0.535	0.647	0.477	0.554	0.487	0.595
木材及木材和软木制品（家具除外）制造；稻草和编织材料制品制造	0.603	0.855	0.512	0.750	0.522	0.875
纸和纸制品制造	0.456	0.712	0.599	0.711	0.638	0.741
记录媒介物的印刷及复制	0.690	0.599	0.570	0.616	0.610	0.673
焦炭和精炼石油产品制造	4.158	0.684	6.312	2.200	16.085	10.748
化学品和化学制品制造	0.354	0.393	0.481	0.630	0.509	0.633
基本药品和药物制剂制造	0.551	0.651	0.506	0.586	0.565	0.663
橡胶和塑料制品制造	0.459	0.561	0.478	0.534	0.439	0.626
其他非金属矿产品制造	0.466	0.629	0.503	0.686	0.511	0.725
基本金属制造	1.002	0.690	1.030	0.724	0.993	0.795
制造金属制品，机械和设备除外	0.294	0.506	0.301	0.490	0.311	0.527
计算机、电子和光学产品制造	0.173	0.236	0.160	0.348	0.163	0.437
电力设备制造	0.367	0.378	0.359	0.448	0.345	0.484
未另分类的机械和设备制造	0.504	0.611	0.502	0.609	0.487	0.613
汽车、挂车和半挂车制造	0.585	0.760	0.504	0.792	0.470	0.758
其他运输设备制造	0.244	0.592	0.323	0.687	0.305	0.628

行业名称	以美国为前沿		以G7为前沿		以OECD为前沿	
	2000年	2014年	2000年	2014年	2000年	2014年
家具制造；其他制造业	0.871	0.884	1.045	1.119	0.991	1.049
电、气、汽、空调供应	0.275	0.304	0.346	0.561	0.332	0.600
水的收集、处理和供应	0.282	0.532	0.335	0.677	0.279	0.691
污水；废物收集、处理及处置；材料回收；补救活动和其他废物管理服务	0.288	0.756	0.311	0.819	0.322	0.885

三 以研发强度衡量的技术距离

由于WIOD数据库缺少行业研发数据，我们从OCED的STAN数据库获取了各国制造业行业的企业研发支出数据，其行业分类均为ISIC（Rev.4），与WIOD数据库行业分类一致。结合WIOD数据库的行业增加值数据，我们计算了2008~2014年中国与前沿国家各制造业行业的研发强度，即企业研发总支出与行业增加值的比值及其与前沿国家同行业的相对差距，结果如表2-10所示。从结果可以发现，2008~2014年，中国焦炭和精炼石油产品制造业、化学品和化学制品制造业、基本金属制造业、金属制品业以及电力设备制造业的研发强度与前沿国家差距较小，而基本药品和药物制剂制造业，计算机、电子和光学产品制造业，汽车、挂车和半挂车制造业，以及其他运输设备制造业的研发强度差距较大。其中，医药制造业以及计算机、电子和光学产品制造业是以科学为基础的高端制造业，需要较高的创新投入，但中国此类行业的企业研发强度与前沿国家相比明显偏低，这在一定程度解释了中国医药制造业以及计算机、电子和光学产品制造业的劳动生产率与工业增加值率远低于前沿国家。而在汽车、挂车和半挂车制造业与其他运输设备制造业方面，由于中国依靠大规模技术引进和模仿提升技术水平，并依托廉价的劳动力、完善的产业配套和庞大的本土市场在国际竞争中享有比较优势，[1]尽管其研发强度相对偏低，但劳动生产率和工业增加值率与前沿国家相比差距较小。

---

[1] 余典范：《2019中国产业发展报告——制造业高质量发展》，上海人民出版社，2019。

表2-10　2008~2014年中国制造业企业研发强度与前沿国家的相对差距

行业名称	以美国为前沿	以G7为前沿	以OECD为前沿
食品、饮料和烟草制品制造	0.668	1.805	1.933
纺织品、服装和皮革制品制造	0.833	1.446	1.996
焦炭和精炼石油产品制造	11.394	7.928	4.991
化学品和化学制品制造	1.666	1.349	1.753
基本药品和药物制剂制造	0.131	0.975	1.074
橡胶和塑料制品制造	0.779	1.369	1.513
其他非金属矿产品制造	0.573	1.210	1.439
基本金属制造	5.043	3.260	3.349
制造金属制品，机械和设备除外	2.282	2.173	1.935
计算机、电子和光学产品制造	0.352	0.578	0.801
电力设备制造	1.114	1.616	1.375
未另分类的机械和设备制造	0.901	1.124	1.522
汽车、挂车和半挂车制造	0.430	1.176	1.195
其他运输设备制造	0.378	0.753	1.052

　　综上可见，中国工业行业的技术发展具有非均衡特点。其中，与前沿国家技术差距较小的行业包括食品、饮料和烟草制品制造，汽车、挂车和半挂车制造等以大企业为主导、利用干中学效应和规模经济效应实现生产率提升的规模密集型行业，以及木材及木材和软木制品（家具除外）制造、稻草和编织材料制品制造等技术进步率低、缺乏创新能力的供应商主导行业。与前沿国家技术差距较大的行业包括计算机、电子和光学产品制造业、基本药品和药物制剂制造业等以科学为基础、依赖自主创新的行业。对于汽车、挂车和半挂车的制造业与其他运输设备的制造业等规模密集型行业而言，其可通过大规模技术引进与模仿提升其技术水平，并依托廉价的劳动力、完善的产业配套和庞大的本土市场在国际竞争中享有比较优势，因此与前沿国家的技术差距较小。但对于医药制造业及计算机、电子和光学产品制造业等高度依赖研发投入的高端制造业而言，其企业研发强度远低于前沿国家，由此导致技术发展滞后。

第三节　对中国技术发展阶段的判断及其依据

一国技术发展阶段可分为远离技术前沿阶段、准技术前沿阶段以及技术前沿阶段。[1]对后发经济体而言，其在技术追赶过程中将经历远离技术前沿与接近技术前沿两个截然不同的技术发展阶段。[2]在远离技术前沿阶段，其可通过物质资本投资、技术引进与模仿以及资源重新配置实现快速的技术追赶，但在准技术前沿阶段，前述驱动路径的效应式微，技术进步更依赖自主创新。倘若未能实现这一技术进步路径的转换，经济体将陷入增长的"非收敛陷阱"。[3]可见，后发经济体由远离前沿阶段进入准前沿阶段时，极易出现增长分化。这使得我们可根据后发经济体的技术赶超经验，判断中国当前所处的技术发展阶段。

第一，从相对人均GDP看，如图2-5所示，巴西、阿根廷、秘鲁、马来西亚和泰国等部分拉美以及东南亚经济体，在人均GDP达到前沿国家人均GDP的20%~50%时经济便脱离高增长轨道，此后徘徊不前、停止向前沿国家收敛。反观成功跨越"中等收入陷阱"的亚洲四小龙，如图2-6所示，其相对人均GDP在跨越20%的门槛值后仍保持高速增长，并在随后10~20年间突破50%的门槛值，逐步跻身发达国家或地区的行列。从中国的情况看，2019年其人均GDP已增至美国的22.57%、G7国家的30.27%以及OECD国家的29.33%，越过20%的门槛下限。因此，从人均GDP相对水平看，中国已进入准技术前沿阶段。

---

[1] 黄先海、宋学印：《准前沿经济体的技术进步路径及动力转换——从"追赶导向"到"竞争导向"》，《中国社会科学》2017年第6期。

[2] Zilibotti, F., "Growing and Slowing Down Like China", *Journal of the European Economic Association*, 15（5），2017, pp.943-998.

[3] Acemoglu, D., Aghion, P., Zilibotti, F., "Distance to Frontier, Selection, and Economic Growth", *Journal of the European Economic Association*, 4（1），2006, pp.37-74.

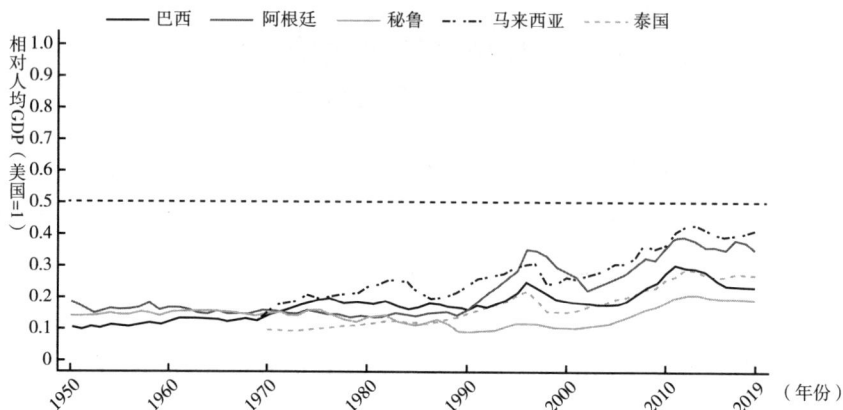

图2-5　1950~2019年部分拉美及东南亚经济体相对人均GDP的变动趋势

资料来源：*Penn World Table 10.0*，下同。

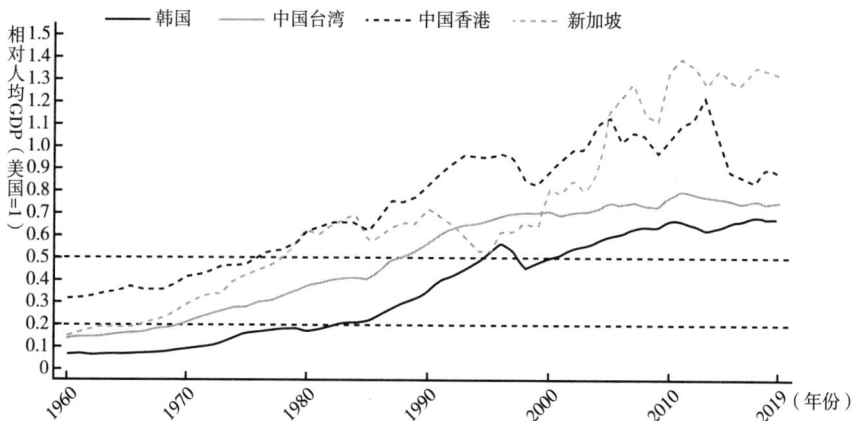

图2-6　1960~2019年亚洲四小龙相对人均GDP的变动趋势

第二，从相对劳动生产率看，如图2-7所示，巴西、阿根廷、秘鲁、马来西亚和泰国等拉美及东南亚经济体的劳动生产率达到技术前沿经济体的10%~40%时，增速便趋于放缓，这使其始终未能突破40%的门槛值。但对成功实现技术赶超的亚洲四小龙而言，如图2-8所示，其劳动生产率在增至技术前沿经济体的10%~40%时，依然保持快速增长，最终跨越40%的门槛上限并向前沿经济体收敛。从中国情况看，2019年其劳动生产率已增至美国的15.83%、G7国家的19.93%以及OECD国家的18.93%，进入10%~40%

的增长分化区间。因此，从劳动生产率的相对水平看，中国已进入准技术
前沿阶段。

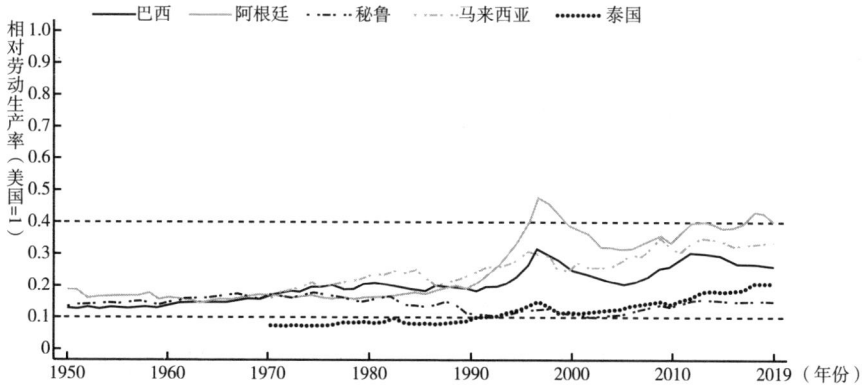

图2-7 1950~2019年部分拉美及东南亚经济体相对劳动生产率的变动趋势

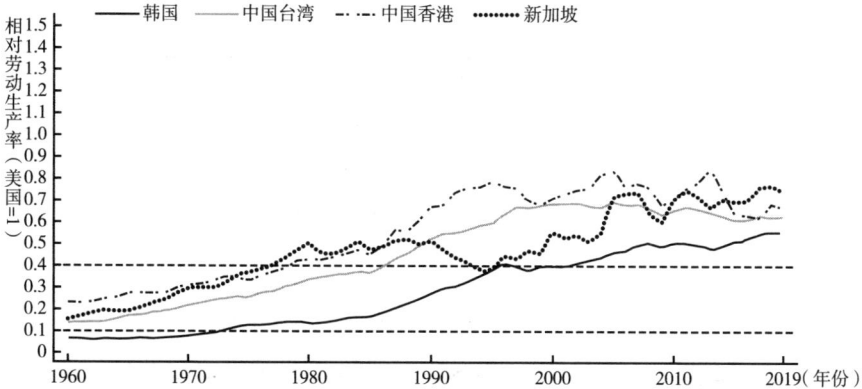

图2-8 1960~2019年亚洲四小龙相对劳动生产率的变动趋势

第三，从相对全要素生产率看，如图2-9所示，巴西、秘鲁、马来西亚
和泰国等部分拉美和东南亚经济体在全要素生产率增至技术前沿国家全要
素生产率的40%~60%时，便陷入"非收敛陷阱"，即进入"走走停停"的
技术追赶模式，与前沿国家的技术距离不再缩小。但从赶超成功的亚洲四
小龙情况看，如图2-10所示，韩国、新加坡和中国台湾相对TFP水平在达
到40%以后仍保持快速增长趋势，并最终保持在60%以上。就中国香港而

言，囿于数据可得性，我们仅观测到其相对TFP水平在20世纪60年代中期已处于60%以上，此后虽有波动，但未曾跌至60%以下。因此，当非技术前沿经济体相对于技术前沿经济体的TFP水平处于40%~60%的区间时，其即进入准技术前沿阶段。2019年，中国的TFP水平约为美国的44.2%、G7国家的55%以及OECD国家的52.9%，处于前述区间，因此从全要素生产率的相对水平看，中国已进入准技术前沿阶段。

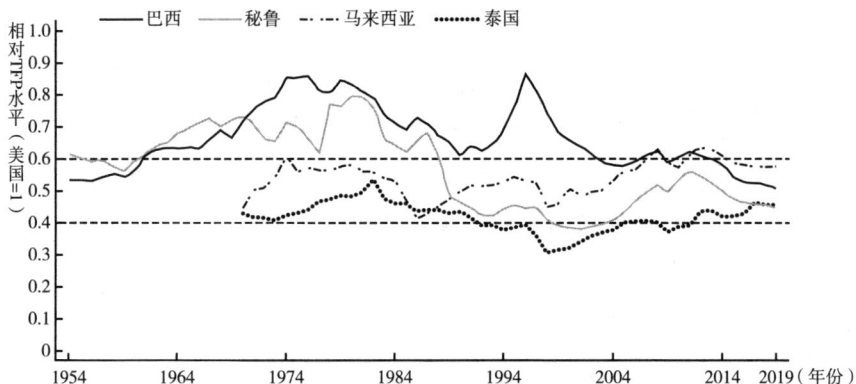

图2-9　1954~2019年部分拉美及东亚经济体相对TFP的变动趋势

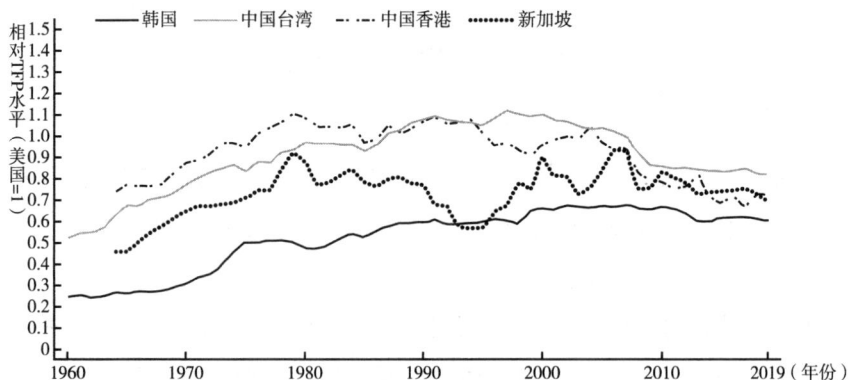

图2-10　1960~2019年亚洲四小龙相对TFP的变动趋势

第四，从研发投入的相对数量看，如表2-11所示，2017年巴西、阿根廷和秘鲁等赶超失败国家的研发强度分别为美国的38.7%、19.9%和4.3%，而韩国、新加坡和中国香港等赶超成功国家和地区的相对研发强度分别为美国的152.1%、68.1%和28.4%。中国研发强度为美国的75.2%，不仅远高于前述赶超失败国家，也高于新加坡、中国香港等赶超成功国家和地区。因此，从研发投入数量角度看，中国技术水平已接近国际前沿。但从研发投入质量即基础研究强度看，2017年中国基础研究强度仅为美国的25.0%，不仅远低于经济赶超成功的韩国和新加坡，甚至低于陷入"中等收入陷阱"的阿根廷（见表2-12）。综合而言，中国以研发投入衡量的技术水平与前沿国家尚有距离，因此其仍处于准技术前沿阶段。

表2-11 2017年世界主要国家和地区研发相对强度（美国=1）

国家和地区	研发强度	国家和地区	研发强度	国家和地区	研发强度
以色列	1.709	加拿大	0.592	保加利亚	0.262
韩国	1.521	意大利	0.486	印度	0.238
瑞士	1.195	新西兰	0.479	马耳他	0.206
瑞典	1.191	匈牙利	0.472	阿根廷	0.199
日本	1.138	葡萄牙	0.468	塞浦路斯	0.195
德国	1.089	爱沙尼亚	0.454	越南	0.188
奥地利	1.082	卢森堡	0.450	拉脱维亚	0.181
丹麦	1.082	西班牙	0.429	罗马尼亚	0.177
美国	1.000	希腊	0.401	乌拉圭	0.170
芬兰	0.968	俄罗斯	0.394	哥斯达黎加	0.156
比利时	0.943	巴西	0.387	智利	0.128
法国	0.780	波兰	0.365	墨西哥	0.117
中国	0.752	泰国	0.355	哥伦比亚	0.085
冰岛	0.745	土耳其	0.340	印尼	0.085
挪威	0.745	立陶宛	0.319	巴基斯坦	0.085
荷兰	0.702	斯洛伐克	0.316	斯里兰卡	0.046
新加坡	0.681	克罗地亚	0.305	秘鲁	0.043
澳大利亚	0.663	南非	0.294	缅甸	0.011
斯洛文尼亚	0.663	中国香港	0.284		

资料来源：世界银行以及联合国教科文组织，下同。

表2-12　2017年世界主要国家和地区基础研究相对强度（美国=1）

国家和地区	基础研究强度	国家和地区	基础研究强度	国家和地区	基础研究强度
瑞士	2.991	爱沙尼亚	0.740	拉脱维亚	0.335
韩国	1.320	新西兰	0.720	阿根廷	0.306
丹麦	1.201	斯洛文尼亚	0.712	中国	0.250
奥地利	1.140	斯洛伐克	0.705	智利	0.226
以色列	1.100	克罗地亚	0.695	哥斯达黎加	0.215
荷兰	1.098	意大利	0.647	墨西哥	0.214
法国	1.065	马耳他	0.643	罗马尼亚	0.206
美国	1.000	波兰	0.636	印度	0.205
卢森堡	0.989	比利时	0.622	泰国	0.205
新加坡	0.972	葡萄牙	0.616	塞浦路斯	0.174
冰岛	0.946	西班牙	0.548	保加利亚	0.163
日本	0.896	匈牙利	0.539	斯里兰卡	0.074
挪威	0.806	立陶宛	0.507	缅甸	0.021
希腊	0.753	南非	0.466		

　　第五，从研发产出的相对数量看，如表2-13所示，2018年巴西、阿根廷、秘鲁、马来西亚和泰国的人均专利申请数分别为美国人均专利申请数的3.0%、1.2%、0.3%、4.1%以及1.3%，均未超过10%，而韩国和新加坡的人均专利申请数分别为美国的336.1%和23.3%，远高于前述国家。[①]中国人均专利申请数为美国的95.8%，在世界60个主要国家和地区中位居第四。2018年，人均专利申请数高于中国的国家仅有韩国、日本以及美国。这似乎表明，中国已接近甚至达到技术前沿国家水平。但从研发产出的相对质量，即人均科技论文数看，如表2-14所示，2018年中国人均科技论文数仅为美国的24.5%，在60个主要国家和地区中排第44位。尽管其值高于巴西、阿根廷、秘鲁和泰国等技术赶超停滞国家，但与韩国、新加坡等赶超成功国家相比仍有较大差距。因此，从研发产出视角看，中国仍处于准技术前沿阶段。

---

　　①　由于数据缺失，此处未含亚洲四小龙中的中国香港和中国台湾。

表2-13 2018年世界主要国家和地区人均专利申请数相对水平（美国=1）

国家和地区	人均专利申请数	国家和地区	人均专利申请数	国家和地区	人均专利申请数
韩国	3.361	瑞士	0.142	智利	0.028
日本	2.009	土耳其	0.137	斯里兰卡	0.024
美国	1.000	斯洛文尼亚	0.137	爱沙尼亚	0.020
中国	0.958	加拿大	0.126	南非	0.019
德国	0.578	荷兰	0.125	爱尔兰	0.019
芬兰	0.290	澳大利亚	0.120	印度	0.018
法国	0.279	比利时	0.101	墨西哥	0.016
奥地利	0.250	葡萄牙	0.074	泰国	0.013
丹麦	0.236	罗马尼亚	0.070	阿根廷	0.012
新加坡	0.233	捷克	0.068	哥伦比亚	0.011
新西兰	0.222	希腊	0.057	菲律宾	0.007
英国	0.217	拉脱维亚	0.052	越南	0.007
挪威	0.212	斯洛伐克	0.049	塞浦路斯	0.006
瑞典	0.202	匈牙利	0.048	印尼	0.006
以色列	0.199	西班牙	0.043	秘鲁	0.003
意大利	0.193	马来西亚	0.041	巴基斯坦	0.003
俄罗斯	0.190	克罗地亚	0.037	厄瓜多尔	0.002
卢森堡	0.188	立陶宛	0.032	哥斯达黎加	0.002
冰岛	0.158	巴西	0.030	多米尼加	0.002
波兰	0.143	保加利亚	0.030	孟加拉国	0.001

表2-14 2018年世界主要国家和地区人均科技论文数相对水平（美国=1）

国家和地区	相对人均论文数	国家和地区	相对人均论文数	国家和地区	相对人均论文数
丹麦	1.761	西班牙	1.035	保加利亚	0.368
瑞士	1.593	奥地利	1.021	智利	0.330
澳大利亚	1.574	美国	1.000	南非	0.258
挪威	1.559	希腊	0.971	中国	0.245
瑞典	1.515	韩国	0.925	巴西	0.242
芬兰	1.494	克罗地亚	0.884	阿根廷	0.162
冰岛	1.299	德国	0.873	哥伦比亚	0.125
塞浦路斯	1.293	法国	0.872	泰国	0.123
荷兰	1.213	波兰	0.815	墨西哥	0.113

续表

国家和地区	相对人均论文数	国家和地区	相对人均论文数	国家和地区	相对人均论文数
爱尔兰	1.212	斯洛伐克	0.808	印度	0.102
比利时	1.201	爱沙尼亚	0.788	厄瓜多尔	0.097
加拿大	1.172	卢森堡	0.724	哥斯达黎加	0.086
新西兰	1.161	立陶宛	0.608	印尼	0.079
斯洛文尼亚	1.158	马来西亚	0.592	巴基斯坦	0.077
新加坡	1.143	拉脱维亚	0.583	斯里兰卡	0.062
英国	1.109	匈牙利	0.536	秘鲁	0.036
以色列	1.091	日本	0.528	越南	0.029
葡萄牙	1.074	罗马尼亚	0.441	菲律宾	0.020
捷克	1.059	土耳其	0.432	孟加拉国	0.018
意大利	1.039	俄罗斯	0.419	多米尼加	0.004

此外，企业是一国产业发展及技术赶超的微观主体，但其技术模仿空间与技术发展战略更多取决于与本国市场上前沿企业的相对技术差距。因此，了解此类技术距离，有助于进一步判断中国当前所处的技术发展阶段。为此，我们以与本国企业处于同一两位码行业的外资企业为其技术前沿，运用1998~2013年中国工业企业数据库与中国专利数据库的匹配数据，从劳动生产率、全要素生产率以及人均专利申请数三个方面测度内资企业与外资企业的技术距离。[①]以上数据源自EPS数据平台的中国微观经济数据查询系统，数据处理过程如下。

第一，由于2010年数据存在较为严重的缺失与质量问题，参考寇宗来和刘学悦的研究，[②]将该年度数据剔除。

第二，因水、电、气等公用事业行业与制造业的生产函数有所不同，故仅保留制造业企业。

---

① 目前中国工业企业数据库数据仅更新至2015年，但2014年和2015年数据存在大量缺漏值，为保证研究的可靠性，现有文献多不采用2014年和2015年数据，样本数据仅更新至2013年。

② 寇宗来、刘学悦：《中国企业的专利行为：特征事实以及来自创新政策的影响》，《经济研究》2020年第3期。

第三，参考Brandt等[①]的研究以及国家统计局出版的《2011国民经济行业分类注释》中新旧行业对照表，将行业分类统一为2011版国民经济行业分类。

第四，2004年、2008~2009年、2011~2013年缺少中间投入与工业增加值数据，采取以下策略补缺。（1）参考Brandt等、寇宗来和刘学悦的做法，估算2011~2013年工业企业的中间投入合计和工业增加值，步骤为：首先，根据2004~2007年工业企业数据计算各四位码行业的总劳动力成本/应付工资总额的平均值，用其他年份企业的应付工资总额乘以对应行业系数推算其总劳动力成本；其次，估算企业的生产成本，它等于总产出×（销售成本/销售收入）；再次，计算企业的中间投入合计，它等于生产成本–总劳动力成本–本年折旧；最后，计算企业的工业增加值，它等于工业总产值–中间投入合计+本年应交增值税。（2）参考聂辉华等[②]的做法，2004年工业增加值采用以下方式计算：工业增加值=工业总产值–工业中间投入+增值税。

第五，参考聂辉华等的研究，剔除以下异常值。（1）职工人数少于8人。（2）关键指标如销售额、职工人数、总资产、固定资产净值和工业总产值缺失的数据。（3）剔除不满足规模以上标准的数据，即销售额低于500万元（2011年起为2000万元）的观测值。（4）提出一些明显不符合会计原则的观测值，包括总资产小于流动资产、总资产小于固定资产净值或者累计折旧小于当期折旧的观测值。（5）关键指标的极端值前后各0.5%，由于第（1）步已剔除职工人数少于8人的观测值，此处对职工人数这一指标仅进行右截尾处理。（6）实收资本小于或等于0。

第六，参考李坤望和蒋为[③]的研究，将国有企业定义为国有与集体资本占企业资本总额50%以上的企业，外资企业定义为外资资本与港澳台资本占资本总额20%以上的企业。对于实收资本缺失的年份，采用注册登记类

---

① Brandt, L., et al., "WTO Accession and Performance of Chinese Manufacturing Firms", *American Economic Review*, 107（9）, 2017, pp.2784-2820.

② 聂辉华等：《中国工业企业数据库的使用现状和潜在问题》，《世界经济》2012年第5期。

③ 李坤望、蒋为：《市场进入与经济增长——以中国制造业为例的实证分析》，《经济研究》2015年第5期。

型进行判断。

表2-15呈现了1998~2013年中国制造业内资企业与外资企业以劳动生产率、全要素生产率以及人均专利申请数衡量的技术距离。首先，借鉴诸竹君等[①]的研究，采用企业工业总产值与从业人数的比值衡量其劳动生产率。其次，参考连旭蓓等[②]的研究，采用ACF方法测度制造业企业的全要素生产率。该方法将劳动投入引入中间投入函数，克服了OP法和LP法在估计上的不可识别性及内生性问题，从而提高了估计的准确性。最后，以企业专利申请总数除以就业人数得到人均专利申请数。

由表2-15可知，1998~2013年，中国制造业内资企业与外资企业的技术差距不断缩小，截至2013年内资企业的劳动生产率、全要素生产率以及人均专利申请数已分别达到本国市场上外资企业的80.9%、94.1%以及163.6%。由此表明，中国制造业企业的技术模仿空间已较为有限，其技术发展需转换至自主创新路径上。因此，中国已进入依赖自主创新驱动的准技术前沿阶段。

表2-15　1998~2013年中国制造业内资企业与外资企业的技术距离

年份	以劳动生产率衡量	以全要素生产率衡量	以人均专利申请数衡量
1998	0.598	0.938	0.541
1999	0.608	0.956	0.636
2000	0.619	0.821	0.712
2001	0.659	0.948	0.670
2002	0.681	0.959	0.789
2003	0.708	0.979	0.983
2004	0.746	0.998	1.020
2005	0.782	0.996	1.172
2006	0.805	0.983	1.162
2007	0.834	0.998	1.311
2008	0.839	0.984	1.550

① 李坤望、蒋为：《市场进入与经济增长——以中国制造业为例的实证分析》，《经济研究》2015年第5期。

② 诸竹君等：《外资进入与中国式创新双低困境破解》，《经济研究》2020年第5期。

年份	以劳动生产率衡量	以全要素生产率衡量	以人均专利申请数衡量
2009	0.935	0.969	1.453
2011	0.804	0.940	1.487
2012	0.923	0.950	1.623
2013	0.809	0.941	1.636

第四节 准技术前沿的发展含义

前述研究表明，总体上看，中国已由远离技术前沿进入准技术前沿阶段。在准技术前沿阶段，一国经济增长的关键驱动因素、最优技术进步路径以及适宜性制度安排发生了较大变化。

其一，在准技术前沿阶段，后发国家技术模仿空间收窄、成本趋高且难度加大，加之前沿国家对高端核心技术的封锁加剧，想要通过技术引进和模仿实现技术升级越发困难。为实现与前沿国家的增长收敛，自主创新成为这一阶段最重要的增长动力。[1]

其二，进入准技术前沿阶段，产业升级与结构调整难度加大，库兹涅茨式的结构转型对经济增长的贡献下降。特别在过早去工业化的背景下，劳动力过早、过快地由生产率较高的工业部门向生产率较低的服务部门转移，将对经济增长形成结构性减速冲击。此时，以新经济结构代替旧经济结构、实现生产要素新组合的创造性破坏过程将对资源重新配置发挥更重要的作用。通过"创造性破坏"引起产业中新旧成分的更替，形成新的生产函数和非平衡增长动能，成为创新发展阶段经济增长的动力来源。因此，以技术创新引致结构转型、推动创新引致的产业动态化是准技术前沿条件下创新发展的基本路径，其意义在于从技术赶超和产业升级两方面同时作用于结构变迁。

其三，准技术前沿阶段增长驱动路径的转换，决定了其适宜性制度安

---

[1] 连旭蓓等：《金融发展、技术前沿距离与追赶型增长》，《经济与管理研究》2020年第3期。

排应由投资导向转为创新导向。从政府与市场的分工及互动关系看，应构建对市场主体资源配置和动态竞争能力进行中立赋能的赋能型政府，赋予企业中立、分散化的创新动能，在激励企业创新的同时降低政府失灵的风险。在产业政策方面，应由扶持冠军企业的选择性产业政策转向鼓励新企业进入的竞争性政策，以产生"逃离竞争效应"，迫使在位企业加大创新力度以逃离新进入企业的竞争威胁，并促进高效率新企业的进入与低效率僵尸企业的退出，释放熊彼特"破坏性创新"效应。[1]在知识产权保护方面，应实施竞争兼容型的知识产权保护措施，[2]例如根据技术阶梯提升趋势动态调整知识产权保护程度的递进型知识产权保护政策，[3]在保护创新成果的同时维持市场竞争态势。在研发补贴方面，应实施覆盖面更广、更匀质的竞争兼容型补贴政策，以激励更多潜在企业进入市场进行创新探索。在教育投资方面，加大高等教育投资，提升前沿创新能力。在金融政策方面，大力发展具有风险共担功能的资本市场，如股票市场和风险资本，为自主创新提供与其风险收益特征匹配的融资方式。

此外，还可通过大力发展数字技术，提高研发资源配置效率以及创新数量和质量[4]；推进社会能力建设，提高一国在准技术前沿阶段以自主创新驱动技术进步的能力[5]；加大政府采购创新产品力度，激励企业创新[6]等方式推进创新驱动型增长。

---

[1] Aghion，P.，Howitt，P.，"Joseph Schumpeter Lecture Appropriate Growth Policy：A Unifying Framework"，*Journal of the European Economic Association*，4（2-3），2006，pp.269-314.

[2] Aghion，P.，Reenen，J. V.，and Zingales，L.，"Innovation and Institutional Ownership"，*American Economic Review*，103（1），2013，pp.277-304.

[3] 黄先海、宋学印：《准前沿经济体的技术进步路径及动力转换——从"追赶导向"到"竞争导向"》，《中国社会科学》2017年第6期。

[4] 张矿伟等：《数字化转型对高技术产业创新的影响机制与效应研究》，《统计研究》2023年第10期。

[5] 邵素军、杨先明：《社会能力与技术差距的辩证关系及其对中国的启示》，《经济与管理评论》2023年第6期。

[6] 孙薇、叶初升：《政府采购何以牵动企业创新——兼论需求侧政策"拉力"与供给侧政策"推力"的协同》，《中国工业经济》2023年第1期；武威、曹畅、王馨竹：《政府采购与"专精特新"中小企业创新——基于产业链供应链现代化视角》，《数量经济技术经济研究》2024年第7期。

第三章
基于准技术前沿的中国创新发展
与结构现代化

在当前中国处于准技术前沿阶段的背景下，依托创新发展加速结构现代化进程，已成为提升国际竞争力与确保高质量可持续发展的核心议题。结构现代化的本质在于推动产业结构从低附加值、低技术含量的传统领域向高附加值、高技术含量的新兴领域转型。这一转型过程强调通过创新驱动和产业结构的动态优化，持续提升整体经济的技术水平和生产率，从而实现经济结构的优化与经济效益的稳步增长。现有研究成果表明，结构现代化的深度与广度直接关系到一个国家在经济全球化与技术革新浪潮中能否维持增长动力。然而，各国在探索结构现代化的过程中所采取的路径与策略存在显著差异，这些差异对其发展的最终成效产生了深远影响。一些工业化国家通过建立完善的创新体系，促进技术进步与产业结构的协同调整，成功实现了结构现代化，并稳固了其在全球竞争中的领先地位。相对而言，一些未能成功赶超的国家则由于路径选择不当、创新体系缺失以及制度环境不完善等因素，未能实现结构现代化目标。对这些国家实践的国际比较分析，不仅揭示了结构现代化的多元路径，也为中国制定和优化自身的结构现代化策略提供了宝贵的经验借鉴。

本章将结合理论分析与国际比较，全面剖析中国在推进结构现代化进程中的关键要素及面临的挑战。首先，将深入阐述结构现代化的概念、特征及分析框架，明确其在中国经济发展中的战略定位与目标导向。其次，通过国际比较，细致分析工业化国家与未成功赶超国家在结构现代化路径上的异同，以为中国的路径选择提供参考。再次，将评估中国结构现代化的现状，运用指数分析揭示其水平及对经济增长的影响，并在此基础上进一步探索可行的实现路径。最后，聚焦中国推进结构现代化所面临的主要挑战，并提出针对性的应对策略。

第一节　结构现代化：概念、特征与框架

要系统理解结构现代化的路径与效应，就需要构建明确的分析框架，且分析框架需涵盖产业结构、技术创新、要素市场等多维度的动态变化。这一框架不仅能够评估不同阶段的现代化水平，还可为应对未来的结构转型挑战提供理论支持和重要的政策启示。

一　结构现代化的概念

结构现代化是构成国家现代化的基石，其精髓在于催化特定产业部门的迅速崛起，这一过程为结构转型注入了强大的动力。广泛的研究文献揭示，部门转型的驱动力主要根植于技术的发展水平及其类型。库兹涅茨强调，部门的异质性与其要素构成紧密相连，而技术则成为判定部门现代性和主导地位的核心要素。[1]经济赶超的成效，很大程度上取决于一个国家如何缩小与发达国家技术前沿的差距，通过提升生产率，逐步逼近这一技术前沿。

传统经济理论赋予两大核心启示：其一，经济发展与结构转型是相辅相成的内在进程；其二，技术赶超构成了经济赶超和结构转型的根本引擎。结构转型的核心并非单一部门作为经济增长的独角戏，而是技术进步在广泛领域的渗透与作用。因此，经济赶超的差异，归根结底，源于国家在结构转型和技术赶超两个关键维度上的表现。将研究聚焦于结构转型与技术赶超，不仅仅要审视三次产业的产值或就业份额的变迁，更要深入挖掘结构变化背后的多元因素及各国结构异质性的根源。这一视角超越了传统结构分析的局限，即假设产业结构变动因素恒定、各国变动模式单一以

---

[1]　Simon Kuznets，"Economic Growth and Income Inequality"，*American Economic Review*，45（1），1955，p.5.

及发展过程中的结构特征变化呈线性，^①并凸显了结构变化的"现代性"特质。

Lavopa 和 Szirmai 的研究进一步指出，结构现代化不仅意味着产业的升级，更标志着经济模式从劳动密集型向技术和资本密集型的转变。此过程中，资本、技术与人力资源的高效配置扮演着关键驱动角色。^②具体而言，现代部门应拥有接近全球技术前沿的相对生产率、技术水平和劳动生产率，并有效吸纳充足的劳动力和资本资源，以驱动经济结构的优化与升级。^③同时，熊彼特强调了技术创新在经济发展中的核心地位，指出创新是经济增长和结构变革的源泉。^④在现代经济中，技术进步与创新不仅促进了生产率的飞跃，也加速了资源的重新配置，尤其是资本和劳动力的流转。与熊彼特的这一观点类似，波特的竞争优势理论认为企业的竞争力源自其在特定行业中的相对优势，而这种优势往往植根于技术的运用和创新能力。^⑤

进一步的文献研究表明，结构现代化不仅仅表现为三次产业结构比例的调整，而且是一个更为系统性的过程，涵盖不同部门间生产率的提升和劳动力的优化配置。在这一过程中，技术进步与生产率的提高相辅相成，共同推动了经济从传统生产模式向现代化模式的跃升。^⑥结构现代化的本质在于促进要素的重新配置，而技术进步在此过程中举足轻重，因为结构现代化的成功有赖于现代部门技术水平和生产率的持续攀升。

---

① 吕铁、贺俊：《从中国高铁经验看产业政策和部门创新体系的动态有效性》，《学习与探索》2018年第1期。

② Alejandro Lavopa，Adam Szirmai，"Structural Modernisation and Development Traps：An Empirical Approach"，*World Development*，112，2018，p.62.

③ Jerome Katz，Richard Green，*Entrepreneurial Small Business*（New York，McGraw-Hill/Irwin Press，2010），p.37.

④ 〔美〕约瑟夫·熊彼特：《经济发展理论——对于利润、资本、信贷和经济周期的考察》，何畏等译，商务印书馆，1990，第5页。

⑤ 〔美〕迈克尔·波特：《国家竞争优势》，李明轩、邱如美译，华夏出版社，2002，第6页。

⑥ Adam Szirmai，"Manufacturing and Economic Development"，in Adam Szirmai，Wim Naudé，Ludovico Alcorta，eds.，*Pathways to Industrialization in the 21st Century：New Challenges and Emerging Paradigms*（WIDER Studies in Development Economics，Oxford，2013），pp. 53-75.

随着劳动力和资本逐渐汇聚于现代部门，生产效率和创新能力的提升成为经济现代化的核心决定因素。因此，结构现代化不仅仅要求产业结构的调整，更需依托技术创新，推动高生产率部门的扩张，从而实现全社会生产率的稳步提升。此外，结构现代化还体现在技术进步与产业结构的和谐共生上。产业结构调整不仅仅是生产要素在部门间的流动，更是在产业内部通过创新、技术进步和管理优化，实现生产率的飞跃。

综上所述，结构现代化的核心在于高生产率部门与现代技术在经济体系中的广泛扩散。技术创新与产业结构转型相辅相成，共同提升了国家的经济竞争力。通过劳动力的重新配置和生产率的提高，结构现代化逐步推动了经济结构的优化与升级。资源的重新配置，特别是劳动力和资本的高效流动，促进了经济从低效的传统部门向高效的现代部门的转型，从而提升了整体生产率。同时，技术追赶作为经济现代化的关键要素，通过引进先进技术并融合本土化创新，逐步缩小与全球技术前沿的差距，为经济的持续增长注入了不竭的动力。[1]

二 结构现代化的理论分析框架

在传统的结构转型理论中，引入了部门现代化和技术赶超的双重维度，从而构建了新的理论框架。这一框架的核心在于，它依赖于现代部门的形成与扩张，以及这些部门在吸纳越来越多劳动力的同时，有效缩小与世界技术前沿的差距。这些因素共同为实现现代发展提供了基本条件。因此，技术创新与技术进步在这一框架中扮演着关键变量的角色。

根据 Lavopa 和 Szirmai[2]以及杨先明和王希元[3]对结构现代化的深入分析，本书构建了将结构转型与技术赶超紧密结合的"结构现代化"新框架。

---

[1] Dutz，M. A.，O'Connell，S. D.，"Productivity，Innovation and Growth in Sri Lanka：An Empirical Investigation"，World Bank Policy Research Working Paper No. 6354，2013.

[2] Alejandro Lavopa，Adam Szirmai，"Structural Modernisation and Development Traps：An Empirical Approach"，*World Development*，112，2018，p.59.

[3] 杨先明、王希元：《经济发展过程中的结构现代化：国际经验与中国路径》，《经济学动态》2019年第10期。

该框架的核心要义是：通过形成和扩展能够推动经济发展的现代部门，并吸纳更多劳动力以缩小与世界技术前沿的差距，从而为经济的成功发展提供基础条件。

为了阐释这一框架的理论逻辑，本书采用以下两部门模型。假设经济系统由传统部门（T）和现代部门（M）组成，这与刘易斯的二元经济理论中的农业部门和非农业部门相对应。具体模型设定如下：

$$y_T = 1 \tag{3-1}$$

$$\hat{y}_M = \beta(\ln \dot{y}_M - \ln y_M) + r\left[\ln y(\theta) - \ln y\right] \tag{3-2}$$

$$y = \alpha_M y_M + (1 - \alpha_M)y_T \tag{3-3}$$

其中，式（3-1）假定传统部门的人均产出为固定值（$y_T = 1$）。式（3-2）假定现代部门的产出增长率（$\hat{y}_M$）由技术赶超程度决定；表达式中的 $\beta(\ln \dot{y}_M - \ln y_M)$ 代表由于与前沿国家技术差距所产生的后发优势；$r\left[\ln y(\theta) - \ln y\right]$ 表示技术赶超受到一国社会能力（θ）（如人力资本、基础设施、金融发展、制度环境等）影响的程度。式（3-3）表示国家整体人均产出为传统部门和现代部门产出的加权平均，α_M 和 $(1 - \alpha_M)$ 分别表示现代部门和传统部门在就业中的占比。

对式（3-3）进行微分处理，并设定各部门的相对劳动生产率为 $\pi_i = y_i/y$，$(i = T, M)$，可以推导出人均产出增长率的方程：

$$\hat{y} = \underbrace{(\pi_M - \pi_T)\, d\alpha_M}_{A} + \underbrace{\pi_M \alpha_M \beta_M(\ln \dot{y}_M - \ln y_M) + \pi_M \alpha_M \gamma_M\left[\ln y(\theta) - \ln y\right]}_{B}$$

$$\tag{3-4}$$

式（3-4）表明，A 部分对应于结构转型过程，B 部分对应于技术赶超，二者共同作用于推动人均产出的提高，即经济发展。

A 部分：结构转型。现代部门的相对劳动生产率通常高于传统部门（$\pi_M - \pi_T > 0$），这意味着现代部门的高生产率带来更高的工资水平，从而吸引劳动力从生产率较低的传统部门向现代部门转移（$d\alpha_M > 0$）。由于 $\pi_M - \pi_T > 0$ 且 $d\alpha_M > 0$，A 部分的提升通过要素从低效的传统部门转移至高效的现代部门，产生了要素再配置效应，从而推动经济增长。在刘易斯的二元结构模型中，工业化初期由于农业部门存在劳动力无限供给，农业部门的劳动生产率接近于零 $\left(\lim\limits_{t \to t^0} \pi_T = 0\right)$，进而 $\pi_M - \pi_T = \pi_M > 0(t < t^0)$ 恒成立，因此工业化的发展具有显著的要素成本优势。A 部分表明，经济发展的重要驱动力之一是要素从传统部门向现代部门的结构转型。

B 部分：技术赶超。对于发展中国家而言，由于其与技术前沿国家之间存在技术差距（$\ln y_M - \ln y_M > 0$），因此可以通过缩小技术差距〔即技术赶超 $\lim\limits_{t \to \infty}(\ln y_M - \ln y_M) = 0$〕来提高人均产出。正如格申克龙（Gerschenkron）所指出的，经济发展的核心在于通过缩小与技术前沿的差距实现经济赶超。[1] B 部分反映了技术赶超对经济发展的重要推动作用。

在这一新框架中，结构现代化不仅是产业结构的简单变动，而且是一个动态的系统性过程，强调不同部门之间的互动与协同作用。根据 Lavopa 和 Szirmai 的分析，现代部门的形成与扩张能够通过提升生产率和创新能力来推动经济增长。现代部门的迅速发展不仅增强了经济的活力，也为劳动力的有效配置创造了条件，从而促进经济结构的优化。[2]此外，杨先明和王希元在其研究中指出，技术赶超不仅仅体现在技术水平的提升上，更在于国家如何通过引进和吸收外部先进技术实现自主创新。[3]技术赶超过程中的关键在于国内企业对外部技术的消化与吸收能力，这不仅包括技术的引进，还涵盖了对技术的本土化改造和创新应用。

引入部门现代化和技术赶超的双重维度意味着，在分析结构现代化时，研究者需要关注以下几个方面：首先，现代部门如何通过技术创新促进自身的生产率提升；其次，现代部门在经济中的比重以及其对劳动力市场的吸引力；最后，技术赶超的实现过程中，国家在资源配置、政策导向和产

---

[1] Gerschenkron, A., *Economic Backwardness in Historical Perspective: A Book of Essays* (Cambridge, M.A.: Belknap Press of Harvard University Press, 1962), p.6.

[2] Alejandro Lavopa, Adam Szirmai, "Structural Modernisation and Development Traps: An Empirical Approach", *World Development*, 112, 2018, p.65.

[3] 杨先明、王希元：《经济发展过程中的结构现代化：国际经验与中国路径》，《经济学动态》2019年第10期。

业支持等方面所扮演的角色。构建这一理论框架的核心在于现代部门的扩展与劳动力吸纳之间的相互作用。通过提升现代部门的相对生产率，这些部门能够吸引更多的劳动力，从而实现经济的全面转型。这一过程与罗德里克提出的"发展中的制度"理论相呼应，强调国家在经济转型过程中所需的适应性和灵活性。罗德里克指出，只有在有效的制度框架下，经济才能实现可持续增长。[1]

因此，经济发展的驱动力通常体现在结构转型和技术赶超的交互作用上。现代部门产品相较于传统部门产品具有更大的替代弹性，即需求的交叉价格弹性大于0。现代部门的技术进步使其生产率提高，从而降低产品价格，增加对现代部门产品的需求，同时减少对传统部门产品的需求。这种需求结构的变化推动生产要素从传统部门转向现代部门，加速结构转型。[2]随着人均收入的提高，消费者对传统部门产品的需求收入弹性递减，而对现代部门产品的需求收入弹性递增，这种变化进一步加剧了要素的转移，促进经济发展。[3]

综上所述，现代部门的规模及其与世界前沿技术差距的变化决定了一国经济赶超的成功与否。结构转型与技术赶超共同决定了结构现代化的实现程度。结构现代化的内涵可概括为：经济发展由结构转型与技术赶超双重驱动，结构转型推动现代部门的规模扩张，技术赶超则决定现代部门的技术水平与主导性。技术赶超程度越高，现代部门的生产率越高，要素再配置效应就越显著。

三　结构现代化的基本路径

结构现代化的实现路径是一个复杂的过程，涉及不同国家在经济发展中的阶段性特征和技术积累水平。各国国民经济中现代部门的规模及与世

---

[1]　〔土耳其〕丹尼·罗德里克：《一种经济学，多种药方：全球化、制度建设和经济增长》，张军扩等译，中信出版社，2016，第11页。

[2]　Acemoglu，D.，Guerrieri，V.，"Capital Deepening and Nonbalanced Economic Growth"，*Journal of Political Economy*，116（3），2008，p. 471.

[3]　Kongsamut，P.，et al.，"Beyond Balanced Growth"，*Review of Economic Studies*，68（4），2001，p.870.

界前沿技术的差距，构成其经济赶超成败的重要标志。因此，结构转型与技术赶超共同决定了结构现代化的实现程度。尽管各国在经济发展阶段与技术积累水平上存在差异，但在结构现代化的实现路径上存在一些共通的要素。

技术创新是推动结构现代化的核心驱动力。根据熊彼特的理论，技术创新不仅是经济发展的动力源泉，更是促进生产效率和产业竞争力提升的关键因素。[1]这一观点得到了 Fagerberg 和 Verspagen 的支持，后者指出，技术创新能够显著提升生产效率，从而推动产业结构的优化升级。新兴技术的应用及现有技术的优化，不仅推动生产方式的变革，也提升了产品质量和降低了生产成本。此外，技术创新还催生了新的产业，从而推动经济向更高附加值领域拓展。[2]例如，Dosi 指出，技术变革带来了产业结构的深刻变化，使得经济体能够在全球竞争中占据优势地位。[3]在实践中，许多国家通过加强研发投入、促进科技成果转化，成功地实现了从传统部门向现代部门的过渡。例如，韩国通过其"科技驱动发展"战略，显著提升了信息通信技术产业的国际竞争力，从而推动了整个经济的现代化。[4]

在此基础上，劳动力的重新配置也是提升生产效率的重要动能。劳动力从低生产率部门向高生产率部门的转移，是实现结构现代化的关键。经济发展的初期，传统部门（如农业和初级制造业）往往占据主导地位，导致劳动力配置效率低下，进而抑制经济增长。随着现代化部门的兴起，劳动力向高效部门流动，可以显著提升整体经济的生产效率，并缓解传统部门的资源过剩问题。正如 Szirmai 所述，劳动力的有效配置是经济转型成功

---

[1] 〔美〕约瑟夫·熊彼特：《经济发展理论——对于利润、资本、信贷和经济周期的考察》，何畏等译，商务印书馆，1990，第9页。

[2] Fagerberg, J., Verspagen, B., "Innovation, Growth and Economic Development: Have the Conditions for Catch-up Changed?", *International Journal of Technological Learning Innovation and Development*, 1 (1), 2007, p.21.

[3] Dosi, G., "The Nature of the Innovation Process", in C. Freeman, et al., eds., *Technical Change and Economic Theory* (London: Pinter Press, 1988), p.222.

[4] Lee, K., "Capability Failure and Industrial Policy to Move beyond the Middle-income Trap: From Trade-based to Technology-based Specialization", in Joseph E. Stiglitz, Justin Yifu Lin, eds., *The Industrial Policy Revolution I: The Role of Government Beyond Ideology* (Palgrave Macmillan Press, 2013), p.262.

的基石，尤其是在发展中国家，低效部门的劳动力转移是实现经济赶超的必要条件。[①]以中国为例，近年来，通过推动"制造业升级"，中国的现代服务业和高新技术产业迅速发展，促进了劳动力资源的优化配置，推动了经济结构的优化。

产业政策的有效性也在结构转型中扮演着重要角色。政府通过制定和实施产业政策，引导资源流向高生产率部门，从而推动技术创新和产业转型。因此国家的经济政策、产业政策及科技政策直接影响到技术创新和产业升级的效率。Pritchett指出，政府的干预在经济转型过程中至关重要，能够平衡市场失灵和外部性问题，促进可持续的经济增长。[②]此外，罗德里克强调，适当的产业政策能够确保资源配置到高附加值的现代部门，加速结构转型。通过基础设施建设和人力资本投资，政府为现代部门的发展提供了必要支持，因此，政府在经济转型中应发挥积极作用，通过制定有效的政策来激励企业创新和提高技术水平。[③]许多国家通过实施产业政策，支持特定行业的发展，从而加速结构转型。例如，德国的"工业4.0"战略不仅关注技术创新，还强调通过政策支持推动制造业向智能化、数字化转型。

参与全球化价值链则为结构现代化提供了更多机遇。全球化使得国家能够通过引进先进技术、资金流入和市场扩展来加速经济转型，特别是国际技术合作和跨国企业的引入，能够加速发展中国家在技术赶超方面的进程。Gereffi和Fernandez-Stark表明，深度参与全球化的国家能够利用全球市场的规模效应，提升现代部门的竞争力。[④]跨国公司在发展中国家的直接投资不仅加速了技术的传播，还促进了当地企业的技术升级和管理能力提升。国际贸易与跨国投资的结合，为国家引入先进的生产技术和管理经验，进

---

① Adam Szirmai，"Industrialisation as an Engine of Growth in Developing Countries"，MERIT Working Papers 2009-010，United Nations University - Maastricht Economic and Social Research Institute on Innovation and Technology（MERIT），2009.

② Pritchett，L.，"Measuring Outward Orientation in LDCs：Can It be Done？"，*Journal of Development Economics*，49，1996，p.310.

③ 〔土耳其〕丹尼·罗德里克：《经济增长的过去、现在和未来》，《比较》2014年第4期。

④ Gereffi，G.，and Fernandez-Stark，K.，*Global Value Chain Analysis：A Primer，2nd Edition*，2016，p.9.

一步增强了其在全球价值链中的地位。以印度为例，通过与国际科技企业的合作，该国在信息技术和生物医药等领域迅速崛起，展现了技术赶超的潜力。

综上所述，结构现代化的实现路径可归结为技术创新、劳动力重新配置、有效的产业政策及全球化参与四个关键要素。这些因素共同作用，推动了各国经济从传统向现代的转型，促进了技术赶超的实现。

第二节　实现结构现代化的国际比较

各国在推进结构现代化的过程中，采取了不同的发展路径和策略。比较不同国家的现代化路径，有助于揭示影响结构转型的关键因素，为我国选择合适的发展战略提供宝贵经验借鉴。在这一背景下，分析各国在推进结构现代化中的经验和教训，能够为我国在全球经济体系中更好地定位自身发展路径提供参考。

一　从典型化事实看结构现代化的内涵演变

"典型化事实"是经济学家基于对经济增长规律的深刻洞察与总结而提出的概念框架，旨在阐释不同历史时期各经济体的增长轨迹及其内在驱动力。这一概念的先驱者尼古拉斯·卡尔多系统地总结并提出了6个具有关键意义的典型化事实，它们分别是：（1）人均产出随时间稳步增长；（2）人均资本积累持续增加；（3）资本回报率维持相对稳定；（4）资本产出比保持恒定；（5）生产要素份额基本不变；（6）各国人均增长率展现差异性。这些事实通过剖析资本积累、生产效率提升与经济增长之间的内在联系，揭示了经济增长核心变量的动态特征。[①]其中，人均产出与人均资本的持续增长，凸显了资本积累与技术进步在推动现代化进程中的核心地位。而资本回报率的稳定，则体现了资本积累与技术创新之间的和谐共生，确保了资本边际效益的持续优化，为产业结构的优化升级提供了内在动力。同

---

①　N. Kaldor，*Causes of the Slow Rate of Economic Growth of the United Kingdom*：*An Inaugural Lecture*（London，Cambridge University Press，1966），p.27.

时，资本产出比与要素份额的稳定性，强调了劳动与资本两大生产要素的有效配置与协同作用，劳动生产率的提升与劳动力的合理流动，对结构现代化起到至关重要的作用。各国人均增长率的差异，则进一步揭示了初始条件、政策环境、技术吸收能力等多种因素如何塑造了不同国家的现代化路径。

继卡尔多之后，众多经济学家运用典型化事实的研究范式，从多元视角深入剖析了经济发展的内在逻辑。库兹涅茨、钱纳里、罗默、伊斯特利、罗德里克等学者的研究更多聚焦于增长的结构性问题，围绕产业结构变迁、全要素生产率提升、技术扩散、政策制定与制度环境等维度，揭示了结构现代化的复杂性与多样性，为理解现代经济转型提供了更为丰富的视角。

库兹涅茨的研究聚焦于产业结构转型对经济增长的深远影响，指出结构现代化的典型路径是从农业主导向工业与服务业主导的转变。农业生产率的飞跃，得益于农业机械化和技术进步的引入，为劳动力向更高效益的工业与服务业部门转移创造了条件。[1]库兹涅茨强调，这一转变不仅受内部技术进步和资本积累的驱动，还深受政策导向和社会条件的影响，生产率提升与劳动力流动的良性互动，共同塑造了经济现代化的独特轨迹。

钱纳里在库兹涅茨的基础上，进一步阐述了经济增长不仅仅是劳动力跨部门转移的简单过程，更涉及产业内部与产业间错综复杂的互动关系。随着经济结构从农业向工业再向服务业的逐步转型，产业间的关联性与协同性日益增强，成为经济增长的新引擎。[2]钱纳里特别强调了技术扩散与产业升级在推动结构现代化中的核心作用，指出技术进步与创新是推动传统产业现代化与升级的关键力量，服务业的崛起则标志着工业化成熟后新的

---

[1]　Simon Kuznets，"Economic Growth and Income Inequality"，*American Economic Review*，45（1），1955，p.3.

[2]　Hollis，B.C.，"Patterns of Industrial Growth"，*The American Economic Review*，50（4），1960，p.626.

经济增长点的形成。[1]

罗默则引入了全球化与技术创新两大新变量，提出了"新卡尔多典型化事实"。他认为，全球化通过拓宽市场边界、加速技术与资本的跨国流动，为发展中国家提供了融入全球价值链、加速现代化的宝贵机遇。罗默的新典型化事实涵盖了市场扩张、经济加速增长、国家间增长速度的差异扩大、收入与全要素生产率（TFP）差距的拉大、全球人力资本显著增长以及相对工资的长期稳定性。[2]他强调，在全球化背景下，发展中国家通过融入国际市场，吸收发达国家的技术与资本，能够显著加快现代化步伐。同时，人力资本的积累被视为现代经济增长的重要驱动力，通过教育与培训提升人力资本质量，可有效促进技术创新与生产率提升，进而加速结构现代化进程。

伊斯特利则聚焦于全要素生产率（TFP）在结构现代化中的核心作用，指出仅凭资本与劳动力的积累难以实现持续的经济增长，唯有通过技术进步与生产效率的提升，才能推动结构现代化与经济的长期繁荣。[3]他强调，TFP的提升与制度环境紧密相关，良好的制度框架能够有效激发企业的技术创新活力，优化资源配置效率，从而推动经济现代化。[4]对于发展中国家而言，提高TFP是缩小与发达国家差距的关键途径，这要求通过制度改革与政策引导，提升技术吸收能力与创新能力。

罗德里克从经济增长与结构转型的视角出发，重新审视了6个典型化事实，并深入探讨了它们对结构现代化的重要意义，特别强调了制造业在经济发展中的核心作用。他指出，二战后工业化国家经济增长率的显著提升，彰显了生产力进步对结构现代化的强大推动力。同时，他注意到趋同现象并非普遍规律，少数国家通过独特的政策与制度实现了经济赶超，东亚国

---

① Hollis，B.C.，"Patterns of Industrial Growth"，*The American Economic Review*，50（4），1960，p.631.

② Charles，I. J.，Paul，M.R.，"The New Kaldor Facts: Ideas，Institutions，Population，and Human Capita"，*American Economic Journal*：*Macroeconomics*，2（1），2010，p. 226.

③ William Easterly，Ross Levine，"It's not Factor Accumulation: Stylized Facts and Growth Models"，Working Papers Central Bank of Chile 164，Central Bank of Chile，2001，p.3.

④ William Easterly，Ross Levine，"It's not Factor Accumulation: Stylized Facts and Growth Models"，Working Papers Central Bank of Chile 164，Central Bank of Chile，2001，p.6.

家的现代化成功便是明证。此外，经济发展与生产多元化并行不悖，产业多样化降低了对单一产业的依赖，增强了经济韧性。工业化与制成品出口成为推动经济持续快速增长的可靠引擎，制造业的高生产率与出口潜力促进了经济从传统农业向现代制造业的转型。罗德里克还指出，制造业具有无条件趋同的特性，即使是在条件不利的国家也能保持增长，这进一步证明了制造业扩张对整体经济发展的重要性。最后，他强调，最成功的国家并非那些国家干预最少的国家，而是那些能够巧妙结合政府与市场力量，为经济增长与结构现代化提供有力支持的国家。[①]总体而言，这6个典型事实揭示了制造业扩张在结构现代化过程中的核心地位，以及政府干预与市场机制平衡的必要性。罗德里克认为，成功的结构现代化有赖于制造业的稳健发展与有效的政策干预，这种政策与产业结构的深度融合，将有助于提升生产效率与产业竞争力，从而推动经济的持续增长与长远发展。

对上述学者提出的多维度典型事实进行深入阐释与分析，有助于更全面地理解经济结构现代化的复杂性和动态性。

其一，发展阶段与结构现代化的产业演变。库兹涅茨的研究为理解这一过程奠定了基础。他指出，结构现代化的典型路径是从农业主导向工业和服务业主导的转变。这一转型的核心动力在于生产率的提高和劳动力的重新配置。在经济发展的早期阶段，农业的低生产率限制了整体经济增长，制约了经济活力。然而，随着农业机械化和技术进步的推进，农业生产率显著提升，劳动力逐渐从农业部门转移至制造业和服务业。[②]以日本为例，战后农业机械化的推广释放了大量农业劳动力，推动了制造业的崛起，为经济的工业化与结构现代化奠定了基础。这一现象印证了库兹涅茨所描述的产业结构转型过程，即农业生产效率的提升为劳动力重新配置创造条件，进而推动经济持续增长。钱纳里进一步指出，结构现代化不仅是劳动力从农业向工业的简单转移，还涉及产业内部和产业间的复杂互动。在全球化和技术扩散的背景下，传统产业生产率提升，促进经济向更高附加值层次

---

① 〔土耳其〕丹尼·罗德里克：《经济增长的过去、现在和未来》，《比较》2014年第4期。

② Simon Kuznets, "Economic Growth and Income Inequality", *American Economic Review*, 45 (1), 1955, p.11.

迈进。此过程中，不同产业间的协同作用和相互依赖关系愈发重要，推动整体经济多样化和韧性提升。

其二，制造业在结构现代化中的关键作用。作为结构现代化的重要引擎，制造业在推动经济增长和现代化进程中占据核心地位。罗德里克强调，制造业在早期发展阶段具有较高的劳动生产率，能吸收大量农业转移出的劳动力，加速经济增长。制造业的现代化不仅是经济结构转型的直接体现，也是缩小发展中国家与发达国家经济差距的重要路径。罗德里克特别提到制造业的"无条件趋同"特性，即无论一个国家的初始经济条件如何，只要能够发展制造业，就能实现与发达国家的收入趋同，凸显了制造业在经济现代化过程中不可替代的地位。①此外，罗默在其"新卡尔多典型化事实"研究中指出，全球化与技术创新为制造业现代化提供了机遇。发展中国家通过嵌入全球价值链，不仅能获得技术溢出效应，还能通过制造业产业升级加速结构现代化。②

其三，服务业拓展了结构现代化的内涵。随着制造业的成熟和产业结构的进一步优化，服务业逐渐成为结构现代化中的新增长引擎。库兹涅茨和钱纳里的研究表明，服务业在高收入国家的经济增长中发挥了关键作用。特别是在工业化阶段完成后，服务业成为推动经济发展的新动力。钱纳里强调，随着经济的成熟，金融、信息技术和教育等现代服务业成为推动高附加值经济增长的主要力量。③罗默和罗德里克也指出，服务业在全球化进程中的地位日益重要。罗默强调，全球化推动了人力资本的积累，促进了知识密集型服务业的迅速扩展。④罗德里克则指出，服务业的崛起使经济更加多样化，为经济增长注入新动力，增强了经济体的抗风险能力。⑤

---

① 〔土耳其〕丹尼·罗德里克：《经济增长的过去、现在和未来》，《比较》2014年第4期。

② Charles，I.J.，Paul，M.R.，"The New Kaldor Facts: Ideas，Institutions，Population，and Human Capita"，*American Economic Journal*：*Macroeconomics*，2（1），2010，p. 231.

③ Hollis，B.C.，"Patterns of Industrial Growth"，*The American Economic Review*，50（4），1960，p.632.

④ Charles，I.J.，Paul，M.R.，"The New Kaldor Facts: Ideas，Institutions，Population，and Human Capita"，*American Economic Journal*：*Macroeconomics*，2（1），2010，p. 227.

⑤ 〔土耳其〕丹尼·罗德里克：《经济增长的过去、现在和未来》，《比较》2014年第4期。

其四，结构现代化具有差异性的推进机制。结构现代化的推进并非线性过程，而是多重因素共同作用的结果。伊斯特利强调，技术进步和全要素生产率的提高是推动经济持续增长的关键。他认为，单纯依靠资本和劳动力的积累难以实现长期的经济增长，唯有通过技术创新和生产效率的提升才能有效推动结构现代化。伊斯特利指出，良好的制度环境能够激励企业技术创新，提升资源配置效率，这是发展中国家缩小与发达国家差距的关键。①罗德里克进一步扩展了这一理论，强调经济现代化不仅依赖技术和资本的投入，还需要有效的制度支持。高效的制度能够完善资源配置、加速技术创新的应用，提升整体生产效率。②对于发展中国家而言，提高政策执行力和制度质量，是实现结构持续转型和现代化的必要条件。

其五，全球化与技术扩散对结构现代化产生深刻影响。全球化与技术扩散是推动结构现代化的重要外部因素。罗默和伊斯特利认为，全球化通过技术、资本和人力资源的跨国流动，为发展中国家提供了加速现代化的机会。罗默强调，通过融入全球价值链，发展中国家能获得技术溢出效应，从而推动制造业和服务业的现代化。③而罗德里克则指出，全球化对政策制定者提出了挑战，如何合理制定政策实现区域平衡、避免全球化带来的不平等，是推动结构现代化中的关键问题。④技术扩散不仅推动了制造业升级，也促进了服务业的发展，整体上提升了经济的适应性和抗风险能力。

综上所述，结构现代化是一个涉及多维因素的复杂过程。卡尔多、库兹涅茨、钱纳里、罗默、伊斯特利和罗德里克等学者的研究从不同角度在理论层面揭示了结构现代化的特征与多重动力机制。技术进步、资本积累、劳动力配置、制度质量以及全球化影响，自始至终构成了推动经济结构现

---

① William Easterly, Ross Levine, "It's not Factor Accumulation: Stylized Facts and Growth Models", Working Papers Central Bank of Chile 164, Central Bank of Chile, 2001, p.7.

② 〔土耳其〕丹尼·罗德里克：《经济增长的过去、现在和未来》，《比较》2014年第4期。

③ Charles, I.J., Paul, M.R., "The New Kaldor Facts: Ideas, Institutions, Population, and Human Capita", *American Economic Journal: Macroeconomics*, 2 (1), 2010, p. 227.

④ 〔土耳其〕丹尼·罗德里克：《经济增长的过去、现在和未来》，《比较》2014年第4期。

代化的核心因素。制造业的崛起在早期阶段起到了关键推动作用，而服务业在高收入经济体中日益成为新的增长引擎。全球化则为结构现代化提供了技术和资本流动的渠道，促进了产业升级和经济多元化。通过有效的政策支持和制度改革，国家可以实现技术创新、生产效率提升和经济现代化的目标，从而确保经济的可持续增长与高效发展。

二 工业化国家实现结构现代化的经验

在全球工业化和现代化的浩瀚历程中，工业化国家在实现结构现代化的道路上积累了宝贵的经验，这些经验无疑为各国经济结构转型与生产率提升提供了重要的参考与借鉴。Lavopa 和 Szirmai 在其研究后，精辟地总结了发达国家和赶超型国家在结构现代化过程中所采取的不同策略，揭示了这些国家如何通过各自的路径实现了经济结构的转型与升级。[①] 发达国家，如英国、美国等，主要依赖于自主技术创新与资本积累，实现了从农业向工业再到服务业的渐进式经济结构转型。这一过程不仅伴随着技术进步的持续推动，而且通过技术创新的不断涌现，巩固了这些国家在全球经济中的领先地位。正如 Lavopa 和 Szirmai 所指出的，技术创新在推动结构现代化过程中起到了至关重要的作用，它是实现经济持续增长和产业结构转型的核心动力。[②]

与此同时，有学者通过深入比较发达国家与赶超型国家的经验，进一步提炼出结构现代化过程中的几个关键要素。杨先明和王希元强调，成功的结构现代化不仅取决于技术创新和劳动力从低生产率部门向高生产率部门的转移，更在于现代产业部门在经济中的重要性及其持续提升生产率的能力。[③] 在这一过程中，政府的作用不容忽视。通过产业引导与政策支持，

---

① Alejandro Lavopa, Adam Szirmai, "Structural Modernisation and Development Traps: An Empirical Approach", *World Development*, 112, 2018, p.59.

② Alejandro Lavopa, Adam Szirmai, "Structural Modernisation and Development Traps: An Empirical Approach", *World Development*, 112, 2018, p.60.

③ 杨先明、王希元：《经济发展过程中的结构现代化：国际经验与中国路径》，《经济学动态》2019年第10期。

政府为现代产业部门的发展提供了强有力的支撑，成为推动结构现代化的重要力量。

在工业化国家实现结构现代化的过程中，可以清晰地归纳出三种各具特色的主要模式：技术创新驱动模式、技术引进与本土化创新模式，以及政策引导与产业支持相结合的综合模式。

首先，以英国、美国等发达国家为代表的技术创新驱动模式。这些国家通过不断的技术创新，实现了经济结构的深度转型。英国在工业革命时期，凭借蒸汽机和纺织机械的发明，成功推动了从农业经济向工业经济的转变。而美国则依靠其高度发达的金融市场和风险投资体系，支持了新兴技术企业的成长，特别是在硅谷地区，资本市场为初创企业提供了充足的发展资金，使美国在信息技术和生物科技等高技术领域保持了全球主导地位。这一经验充分表明，技术创新驱动不仅能够提升生产率，还能推动经济结构的深度转型，为发达国家的长期竞争力提供坚实保障。①

其次，以韩国和日本等赶超型国家为典型代表的技术引进与本土化创新模式。这些国家深知技术的重要性，因此积极引进外国先进技术，不仅仅满足于简单的模仿和复制，而是紧密结合本国实际情况，进行深入的本土化创新。通过这一过程，它们逐步构建起具有自身特色的技术密集型产业体系，成功实现了对发达国家的技术追赶。在经济发展的初期，政府主导的产业政策和高效的技术引进机制起到了关键性的推动作用。政府有意识地引导劳动力和资本向电子、汽车等高附加值产业集中，为这些产业的快速发展提供了有力支撑。随着人均GDP的不断提升和经济实力的增强，这些国家逐渐将重点放在技术赶超上，通过持续的本土化创新，不断提升自身的技术实力和产业竞争力。最终，它们形成了具有全球竞争力的高技术产业集群，充分展现了技术引进与本土化创新相结合的发展模式的巨大潜力。②

---

① 〔法〕菲利普·阿吉翁、〔法〕赛利娜·安托南、〔法〕西蒙·比内尔：《创造性破坏的力量》，余江、赵建航译，中信出版社，2021，第13页。

② 王罗汉、王伟楠：《德国工业4.0十年发展回顾与对中国的启示》，《全球科技经济瞭望》2021年第12期。

最后，政策引导与产业支持相结合的综合模式。这种模式也是工业化国家实现结构现代化的重要路径。德国的"工业4.0"战略是这一模式的典型代表。德国政府充分发挥政策引导作用，大力推动信息技术与智能制造的深度融合，为制造业的转型升级指明了方向。同时，政府给予产业全方位的支持，不仅提升了制造业的全球竞争力，还成功培育出全球领先的高端制造业集群。丹麦政府同样采取了一系列前瞻性的产业政策，积极引导和支持新能源、环保技术等高新技术产业的发展。政府不仅通过资金扶持、税收优惠等政策措施为企业排忧解难，还着力建立完善的创新体系和研发平台，为企业的技术创新和产业升级提供有力保障。在这些政策的精心呵护下，丹麦在风能、生物能源等新能源技术领域取得了举世瞩目的成就，跃居全球领先地位。同时，丹麦政府还高度重视产业集群的培育和发展，通过政策引导和支持，成功打造了多个具有全球竞争力的高端制造业集群。这些国家的成功经验再次证明，政府在产业政策制定和执行方面的有效性，以及政策引导与产业支持的紧密结合，对于推动结构现代化具有至关重要的作用。此外，完善的资本市场和创新驱动机制也是工业化国家实现结构现代化不可或缺的支撑因素，与政策引导与产业支持相辅相成，共同推动着工业化国家迈向更高的发展阶段。①

综上所述，不同工业化国家在实现结构现代化的过程中，虽然路径各异，但都离不开技术创新、政策支持和资本市场的助力。发达国家通过技术创新保持了全球竞争力，而赶超型国家则依赖于政策引导、技术引进和本土化创新，实现了产业升级和技术追赶。这些成功的经验表明，技术创新、政策支持和资本市场的有效结合，是推动结构现代化的三大关键要素。

三 赶超失败国家结构现代化的教训

赶超战略，作为发展中国家力求通过技术引进与模仿发达国家的工业

---

① 〔法〕菲利普·阿吉翁、〔法〕赛利娜·安托南、〔法〕西蒙·比内尔：《创造性破坏的力量》，余江、赵建航译，中信出版社，2021，第28页。

化模式以加速经济增长、缩小与发达国家差距的策略，其实施效果却千差万别。许多国家在践行这一战略时，不仅未能如期实现经济飞跃，反而陷入了"中等收入陷阱"，结构现代化进程遭遇严重挫折。针对这一现象，国内外学者进行了广泛而深入的研究，我们在借鉴相关研究成果的基础上，结合具体案例，对赶超失败国家的教训进行剖析。

在探讨赶超失败的原因时，技术创新能力的缺失是一个不容忽视的关键因素。正如波特在其著作《国家竞争优势》中所指出的，一个国家的竞争力在于其企业和产业的创新能力。[1]然而，许多赶超失败国家在技术引进后，未能有效培育本土创新能力，导致技术进步的持续性难以维系。以阿根廷和巴西为例，两国在大量引进外国技术的同时，由于缺乏对本土创新体系的投入和支持，未能形成自主创新的良性循环，导致制造业生产率停滞不前，经济结构升级受阻。这一现象揭示出，单纯的技术引进只是赶超战略的起点，而真正的结构现代化需建立在本土创新能力的基础之上。因此，如何构建自主创新体系，激发内生创新动力，成为这些国家亟须解决的问题。

除了技术创新能力不足外，政策执行不力和制度缺陷也是导致赶超失败的重要原因。在这些国家中，产业政策往往缺乏连贯性和稳定性，政府在经济发展过程中缺乏长远的战略眼光和坚定的执行力。这一问题在印度尼西亚的进口替代工业化战略中得到了充分体现。原本旨在通过减少对外部产品的依赖来促进本国制造业的发展，但由于政策频繁变动且缺乏持续性，技术引进与本土创新未能有效融合，制造业长期徘徊在中低端水平。这一教训表明，政府在制定产业政策时必须具备长远的眼光和坚定的执行力，确保政策的连贯性和稳定性，为产业升级和经济发展提供有力的制度保障。否则，政策的不连贯和制度缺陷将成为制约经济发展的重要障碍。

此外，经济结构单一和资源依赖也是导致赶超失败国家陷入困境的重要因素。这些国家往往过度依赖某种资源或初级产品的出口，而忽视了经济结构的多元化和产业升级的重要性。当全球市场对这些资源或产品的需

---

[1]　〔美〕迈克尔·波特：《国家竞争优势》，李明轩、邱如美译，华夏出版社，2002，第8页。

求发生变化时，这些国家由于缺乏足够的灵活性和应对能力，往往难以抵御外部冲击，导致经济陷入困境。例如，一些石油出口国在油价高企时期经济繁荣，但当油价下跌时，其经济结构无法适应新的市场环境，导致经济停滞甚至衰退。[1]这一现象揭示了资源依赖型经济的脆弱性和不可持续性。因此，政府应积极推动经济多元化发展，降低对单一资源或产品的依赖程度，提高经济的抗风险能力和竞争力。

可见，赶超失败国家的结构现代化进程因技术创新能力不足、政策执行不力以及资源依赖等多种因素而受阻。与成功的赶超国家相比，赶超失败国家在政策制定上存在短视，在经济结构上过于单一，在技术创新上缺乏内生动力，单靠引进外来技术或依赖资源无法突破长期经济发展的内在动力瓶颈。

第三节　中国结构现代化程度与增长效应

结构现代化的程度成为衡量经济增长效应的重要指标，通过持续的结构调整实现长期稳健的增长效应，有助于中国更好地应对加剧的全球技术竞争和日益复杂的经济环境。

一　中国结构现代化指数分析

中国结构现代化的显著特征，体现在其从传统农业经济向现代工业经济的深刻转型之中。现代化产业体系，作为这一转型过程的核心内容，不仅仅是构建新发展格局的基石，更是推动中国式现代化进程的关键支撑力量。为了深入剖析中国结构现代化的内涵与进展，本研究在借鉴现代化产业体系相关研究成果的基础上，特别是参考了王曦的研究，从现代化支撑体系、工业现代化、农业现代化、服务业现代化以及基础设施现代化五大维度，[2]精心构建了中国结构现代化评价指标体系（见表3-1）。

---

[1] Sachs, J., and Warner, A., "The Curse of Natural Resources", *European Economic Review*, 45, 2001, p. 830.

[2] 王曦：《中国式现代化产业体系建设水平测度与影响因素》，《科技进步与对策》2024年第10期。

　　由于科技创新、人力资源、金融支持、绿色低碳可为中国结构现代化建设提供发展动力、基础保障和重要支撑，影响对先进技术的吸收和改造能力，即 Abramovitz[1] 所强调的社会能力，因此将上述方面作为现代化支撑体系的4个一级指标。工业现代化直接决定结构体系现代化水平，是创新活动最活跃、创新成果最丰富、创新应用最集中的领域。作为实现中国结构现代化的必然要求，工业现代化直接关系到现代化产业体系建设水平，具体涵盖结构优化、创新发展、协调发展三方面。农业现代化是指由传统农业转变为现代农业，以现代科学技术装备农业、现代经济科学管理农业，创造出高产、优质、低耗的农业生产体系和高转化效率的农业生态系统。加快农业现代化是全面推进中国结构现代化、全面建成社会主义现代化强国的必然选择。为此，农业现代化维度由经济效率、产业结构、绿色生产、生产基础4个一级指标构成。作为国民经济的"稳定器"，服务业现代化既是促进传统产业改造升级的"助推器"，也是建设现代化经济体系、推进中国结构现代化的应有之义，其由产出水平、投入水平、专业水平组成。基础设施建设是扩大内需、稳定投资、构建中国现代化产业体系的有力支撑，也是推进中国现代化建设的重要条件。基础设施现代化从信息基础设施、融合基础设施、创新基础设施3个方面予以表征。

表3-1　中国结构现代化评价指标体系

维度	一级指标	二级指标
现代化支撑体系	科技创新	发明专利授权数占专利授权总数的比重
		R&D 经费支出占 GDP 的比重
		发表的科技论文数
		技术市场成交额占 GDP 的比重
	人力资源	就业人员占总人口的比重
		专业技术人员占总人口的比重
		全员劳动生产率
		R&D 人员数

---

① Abramovitz, M., "Catching up, Forging ahead, and Falling behind", *The Journal of Economic History*, 46 (2), 1986, pp.385-406.

续表

维度	一级指标	二级指标
	金融支持	金融机构存贷款余额占总存款余额的比重
		保险业承保额占GDP的比重
		金融市场交易总额
		实际直接利用外资累计总额
	绿色低碳	人均水资源量
		森林覆盖率
		工业固体废弃物综合利用率
		空气质量达标天数
工业现代化	结构优化	高技术工业产值占制造业产值的比重
		工业增加值占原材料工业增加值的比重
		R&D经费占工业增加值的比重
	创新发展	规模以上工业企业R&D经费内部支出占主营业务收入的比重
		新产品销售收入占总收入的比重
	协调发展	工业城镇单位就业人员平均工资增长率
		电子及通信设备制造业主营业务收入占比
		工业污染治理完成投资率
农业现代化	经济效率	第一产业增加值与第一产业从业人员数的比值
		农林牧渔业生产总值增长率
		农产品生产价格指数
	产业结构	牧业产值与渔业产值之和占农林牧渔业总产值的比重
		农林牧渔业固定资产投资占农村固定资产投资的比重
	绿色生产	每千公顷农作物播种面积的农药使用量
		节水灌溉面积占有效灌溉面积的比重
	生产基础	农业机械总动力与第一产业就业人数的比值
		农产品初加工机械总动力占农业机械总动力的比重
服务业现代化	产出水平	人均现代服务业生产总值
		现代服务业生产总值占服务业生产总值的比重
	投入水平	城镇现代化服务业从业人员占城镇总就业人口的比重
		地方财政商业服务业等事务总支出
	专业水平	其他现代服务业区位熵
		金融业区位熵

维度	一级指标	二级指标
基础设施现代化	信息基础设施	移动电话基站密度
		光缆线路密度
		互联网宽带接入端口
	融合基础设施	高铁运营密度
		数字电视用户数占总户数的比重
		公共汽电车运营线路总长度
		公共充电桩密度
	创新基础设施	高新技术特色产业基地数
		国家重点实验室数
		普通高等学校（机构）数

为确保评价结果客观与评价过程透明，参考聂长飞和简新华[1]的研究，采用以下方法度量中国结构现代化水平：首先，借助纵横向拉开档次法对中国结构现代化指标赋权；其次，运用定基功效系数法，以2011年为基期标准化处理原始数据；最后，以线性加权法度量中国结构现代化水平。

纵横向拉开档次法属于客观赋权法，能够在面板数据的基础上刻画评价对象的动态差异。假定评价对象集合为 $s = \{s_1, s_2, \cdots, s_n\}$，指标权重系数向量为 $w = (w_1, w_2, \cdots, w_m)^T$，$z_{ij}(t_k)$ 为 i 省份 j 指标 t_k 年度原始值，$z_{ij}^*(t_k)$ 表示 $z_{ij}(t_k)$ 经过无量纲化处理后所得数值。

t_k 时刻综合评价函数为：

$$y_j(t_k) = \sum_{j=1}^{m} w_j z_{ij}^*(t_k) \tag{3-5}$$

为精准刻画评价对象差异，运用总离差平方和度量：

$$\sigma^2 = \sum_{k=1}^{N} \sum_{i=1}^{n} \left[y_j(t_k) - \bar{y} \right]^2 \tag{3-6}$$

---

[1] 聂长飞、简新华：《中国高质量发展的测度及省际现状的分析比较》，《数量经济技术经济研究》2020年第2期。

为运用极值无量纲化处理数据，总离差平方和可进行如下调整：

$$\sigma^2 = \sum_{k=1}^{N}\sum_{i=1}^{n}\left[y_j(t_k)\right]^2 = \sum_{k=1}^{N}\left[w^T H_k w\right] = w^T \sum_{k=1}^{N} H_k w = w^T H_k w \qquad (3\text{-}7)$$

式（3-7）中，$H = \sum_{k=1}^{N} H_k$ 表示 $m \times m$ 阶对称矩阵；$H_k = A_k^T A_k$。进一步地，设定 $w^T w = 1$，当 w 为矩阵 H 最大特征值所对应的特征向量时，σ^2 取值最大。

为确保指标权重均为正值，限定 $w > 0$，即

$$\max w^T H_k w \, \text{s.t.} \, \|w\| = 1 \, w > 0 \qquad (3\text{-}8)$$

为确保中国结构现代化水平可跨年度比较，以样本初始年份 2011 年为基期，参考屈小娥和刘柳[1]的研究，以定基功效系数法标准化处理初始数据。具体公式为：

$$s_{ij}(t_k) = \begin{cases} 10 \times \dfrac{\max\left[z_j(t_1)\right] - z_{ij}(t_k)}{\max\left[z_j(t_1)\right] - \min\left[z_j(t_1)\right]} & (z_j\text{为正向指标}) \\[4mm] 10 \times \dfrac{z_{ij}(t_k) - \min\left[z_j(t_1)\right]}{\max\left[z_j(t_1)\right] - \min\left[z_j(t_1)\right]} & (z_j\text{为逆向指标}) \end{cases} \qquad (3\text{-}9)$$

式（3-9）中，$z_{ij}(t_k)$、$s_{ij}(t_k)$ 分别为 i 省份 j 指标 t_k 年度的原始值与标准化值；$\max\left[z_j(t_1)\right]$、$\min\left[z_j(t_1)\right]$ 分别为基期指标最大值与最小值。

综合标准化处理后指标值与所求权重系数向量，采用线性加权法测算 i 省份 t_k 年度中国结构现代化水平 $X_i(t_k)$，计算公式为：

$$X_i(t_k) = \sum_{j=1}^{m} w_j s_{ij}(t_k) \qquad (3\text{-}10)$$

二　中国结构现代化的驱动因素

本研究选取了 2011~2021 年中国内地 30 个省份的面板数据（由于数据缺失，西藏自治区未纳入分析范围），旨在全面测度并深入解析中国的结构现代化水平。数据的采集主要依赖于《中国人口和就业统计年鉴》《中国工业统计年鉴》《中国金融年鉴》《中国统计年鉴》《中国环境统计年鉴》等权

---

[1] 屈小娥、刘柳：《环境分权对经济高质量发展的影响研究》，《统计研究》2021 年第 3 期。

威出版物，同时结合Wind数据库以及各省份生态环境管理部门发布的官方数据。为应对数据缺失的问题，本研究采用插值法进行科学补充，以确保数据集的完整性和分析过程的严谨性。

通过对测度结果的细致观察与分析，本研究发现2011~2021年，中国的结构现代化水平呈现稳步提升的良好态势。这一趋势在图3-1中得到了直观的展现，充分体现了中国在产业结构转型升级方面所取得的显著成效。这一积极变化不仅反映了中国经济在产业布局上的优化，也标志着经济正在逐步从低附加值产业向高附加值产业转型升级。

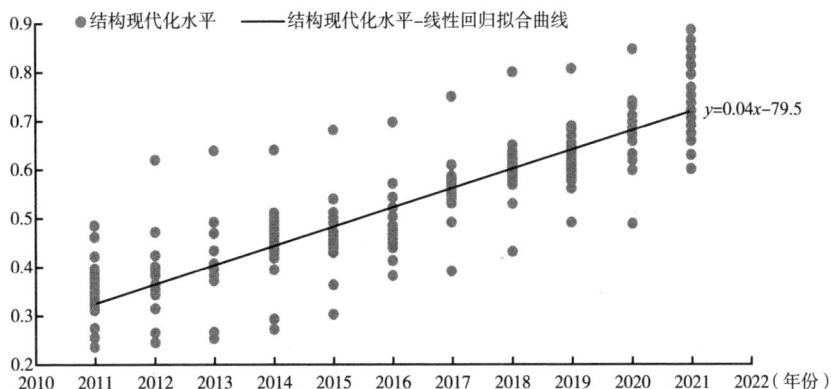

图3-1　2011~2021年中国结构现代化水平变化趋势

尽管中国的结构现代化水平呈现稳步提升的态势，在同一时期，中国的人均GDP增长率却出现了下降的趋势（见图3-2）。这一对比情况表明，结构现代化与经济增长率之间并非简单的线性关系。图3-3进一步展示了尽管结构现代化水平在持续上升，但这一上升趋势并未能有效逆转人均GDP增长率的下降态势。这种现象可能反映了结构现代化对人均GDP增长影响的滞后性。换言之，尽管结构现代化水平的提升为经济增长奠定了坚实的基础，但其对人均GDP增长的促进作用并不会立即显现，而是需要一定的时间进行积累和释放。这种滞后效应可能源于多种因素，包括产业升级过程中所需的时间、资源配置的优化以及市场适应能力的提升等。

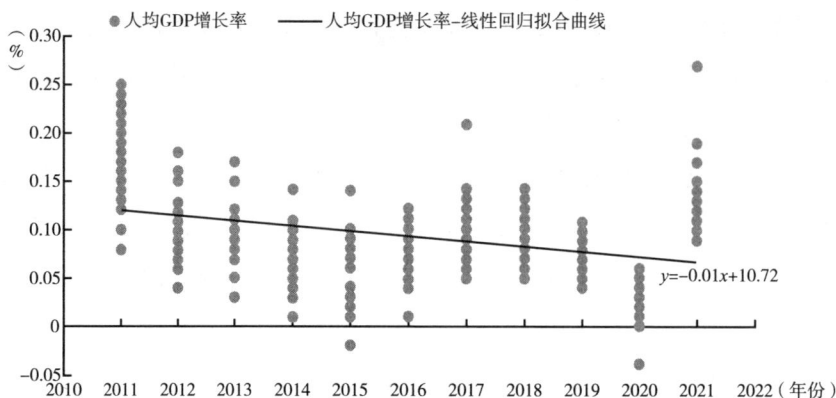

图 3-2　2011~2021 年中国人均 GDP 增长率变化趋势

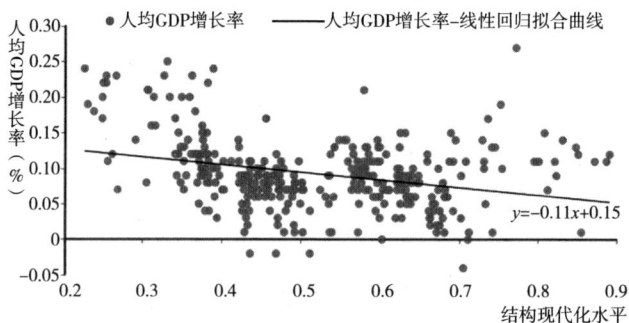

图 3-3　2011~2021 年中国结构现代化水平与人均 GDP 增长率变化趋势

1.工业化水平与结构现代化

通过考察工业增加值在 GDP 中所占比重来衡量工业化水平，可以发现工业化水平与结构现代化水平之间呈负相关。如图 3-4 和图 3-5 所示，随着工业化比重的降低，结构现代化的程度却呈上升趋势。当前，中国正逐步从以传统重工业为主导的工业化发展路径，向以高技术产业和服务业为核心的结构现代化转型。在这一转型过程中，尽管从表面数值上看，工业化水平有所下降，但实际上这反映了产业结构的质变，即从低技术密集型产业向高技术密集型及高附加值产业的转变。这一转变不仅为经济的持续增长注入了新的动力，也为整体经济结构的现代化奠定了坚实的基础。这一现象的背后，蕴含着深刻的经济逻辑。首先，随着科技进步和生产方式的变革，低附加值的传统工业逐渐被新兴产业取代，促进了经济结构的升级。其次，高技术产业和服务业的崛起，不仅推动了经济增长，还增强了经济的韧性与可持续性。

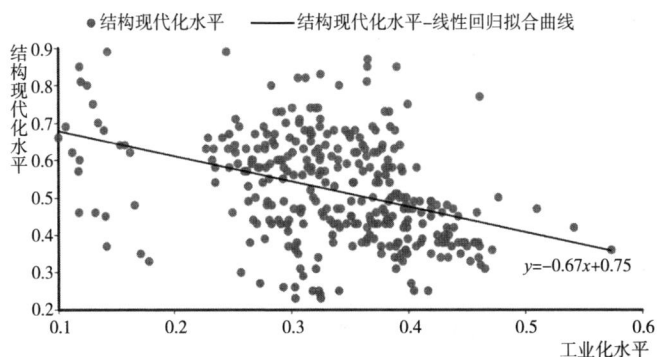

图3-4 2011~2021年中国工业化水平与结构现代化水平变化趋势

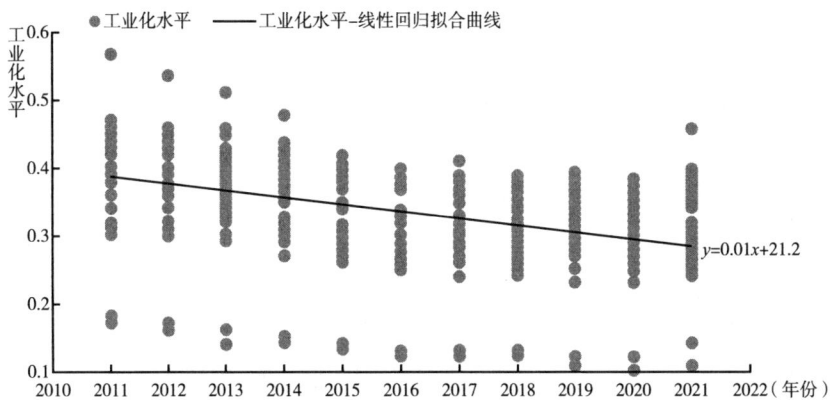

图3-5 2011~2021年中国工业化水平变化趋势

2.产业结构与结构现代化

在研究产业结构水平与结构现代化水平的关系时，通常采用第三产业产值与第二产业产值之比来衡量产业结构的优化程度。从图3-6中可以看出，产业结构优化与结构现代化水平之间存在明显的正相关，而图3-7进一步揭示了随着时间的推移，中国产业结构水平稳步提升。这一趋势表明，第三产业的发展不仅是经济转型的重要体现，还在很大程度上驱动了结构现代化的深入推进。

具体而言，第三产业的发展标志着经济活动从传统的劳动密集型和资本密集型领域向服务业和知识密集型领域的转移。这种转移不仅提高了经济的整体效率，还优化了资源配置，进一步促进了结构现代化的进程。尤其是在中国，近年来信息技术、金融服务和电子商务等新兴领域的快速创新发展，为第三产业注入了强劲动力。这种快速扩张不仅满足了消费升级的需求，还通过技术创新和产业协同提升了各行业的生产率，进而形成了对结构现代化的持续推动力。

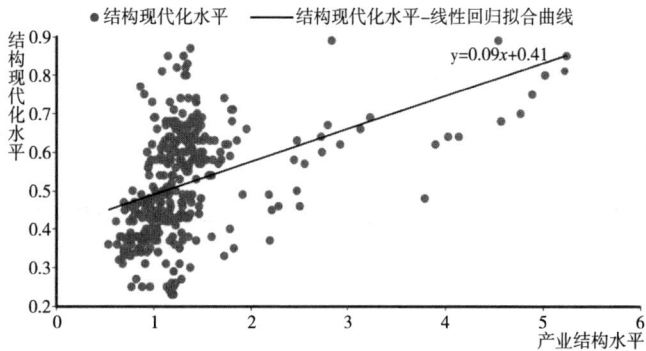

图3-6 2011~2021年中国产业结构水平与结构现代化水平变化趋势

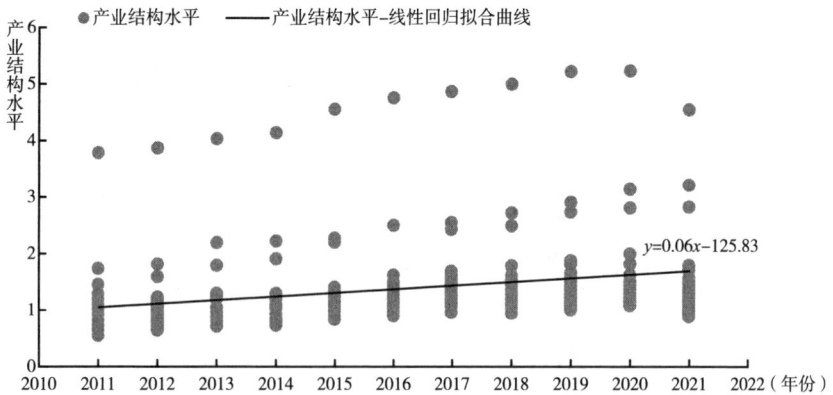

图3-7 2011~2021年中国产业结构水平变化趋势

3.对外开放与结构现代化

对外开放程度通常以进出口额占GDP的比重来衡量，这是一个重要的指标，用于评估国家经济的开放水平。如图3-8所示，数据清晰地揭示了对外开放程度与结构现代化水平之间存在密切的正相关关系。这一发现进一步证明了对外开放在推动结构现代化方面的重要作用。对外开放的深化不仅促进了国际贸易的繁荣，还显著推动了技术引进与创新，提升了国内产业的技术水平和生产效率。这一过程无疑为结构现代化注入了强大的动力。然而，值得注意的是，如图3-9所示，在研究期间，中国的对外开放程度出现了一定的下降。这一变化可能与全球经济形势的复杂多变、贸易摩擦的频繁发生以及中国自身产业结构的深度调整等因素密切相关。尽管对外开放程度有所下降，但其对结构现代化的正向推动作用依然显著。这充分说明了对外开放政策在促进结构现代化方面仍然具有不可替代的作用。

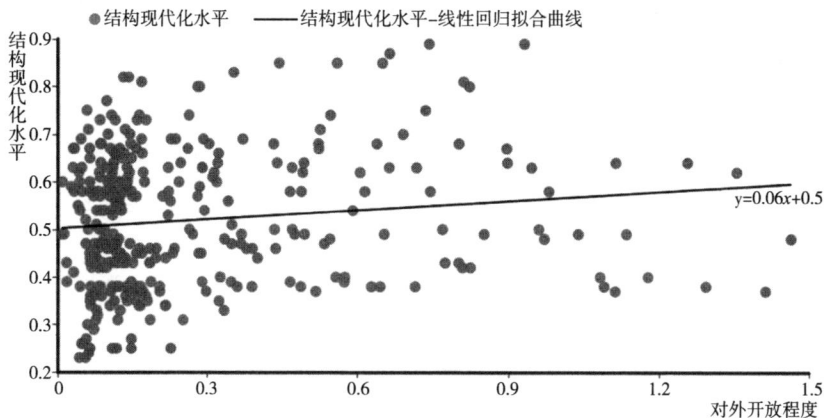

图3-8　2011~2021年中国对外开放程度与结构现代化水平变化趋势

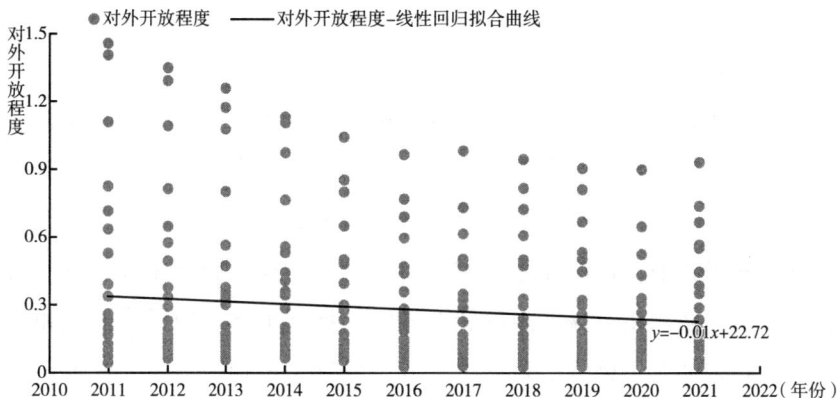

图3-9　2011~2021年中国对外开放程度变化趋势

4.人力资本与结构现代化

人力资本水平通常通过高等学校在校学生人数占总人口的比重这一指标来衡量，这一指标能够有效反映一个国家或地区的人才储备能力和发展潜力。在结构现代化的过程中，人力资本作为关键资源，其作用不容忽视。如图3-10所示，人力资本水平与结构现代化之间呈显著正相关，这表明人才的培养和储备在推动结构现代化方面具有核心地位。而图3-11进一步表明，随着人力资本水平的持续提升，结构现代化水平也呈稳步上升的趋势，揭示了高质量教育和技能提升在这一过程中发挥的重要作用。因此，高等教育的普及与人力资本的提升不仅为经济和社会发展奠定了坚实基础，更通过推动技术创新和产业升级，为结构现代化注入了源源不断的动力，成为实现现代经济转型的关键一环。

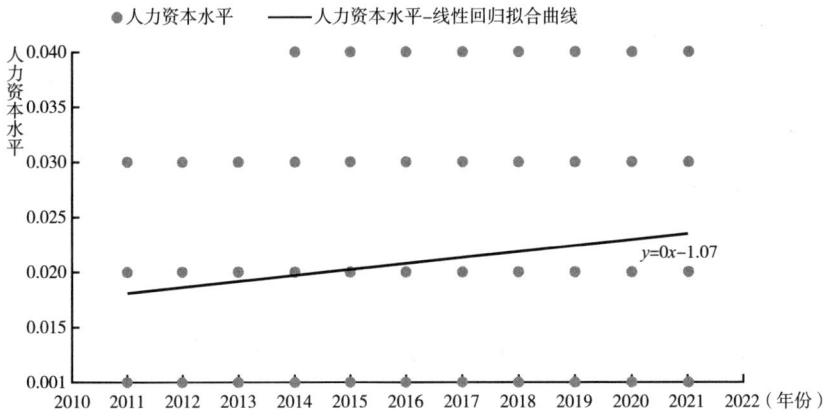

图3-10 2011~2021年中国人力资本水平变化趋势

自改革开放以来，中国的结构现代化进程取得了举世瞩目的成就。在初期阶段，经济增长的强劲动力主要来自大量劳动力从生产率相对较低的农业部门向生产率更高的工业和服务业部门的有效转移。同时，中国通过积极吸引外资和引进国际先进技术，迅速构建了完善的产业链，成功实现了从低端制造业向中高端产业的转型升级，展现出强劲的经济活力和发展潜力。然而，随着中国逐步迈入中等收入阶段，依赖劳动力和资本投入的传统增长模式逐渐显露出局限性，结构转型的空间相对缩小，面临着新的挑战和机遇。在这一关键时期，中国亟须实现增长模式的根本性转变，即从要素驱动转向创新驱动，特别是技术驱动。这一转变意味着必须提升自主技术创新能力，加快技术赶超的步伐，以确保经济持续保持增长的活力，并推动结构现代化进程迈向新的高度。

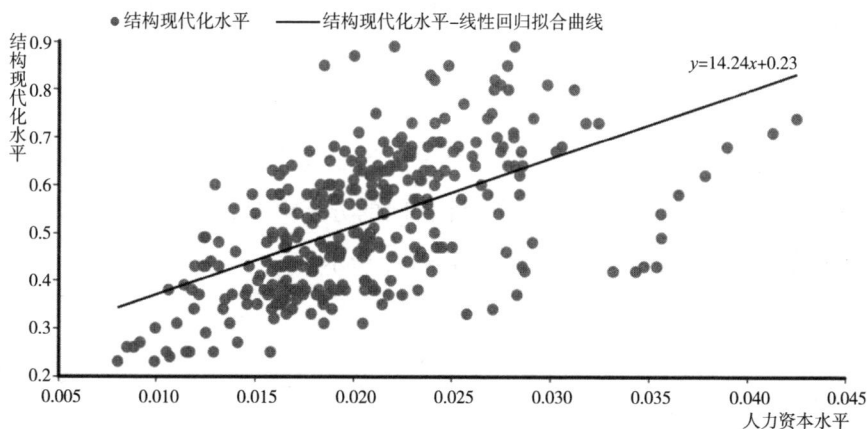

图3-11　2011~2021年中国人力资本水平与结构现代化水平变化趋势

三　结构现代化与中国经济增长：实证检验

为深入研究结构现代化对中国经济增长的影响，本研究将人均GDP作为被解释变量，采用测算所得的结构现代化指数（CSM）作为主要解释变量，并引入多项控制变量，构建如下实证模型，以检验结构现代化对经济增长的影响：

$$\ln GDP_{it} = \alpha_i + \beta_i CSM_{it} + \delta_i W_{it} + \varepsilon_{it} \qquad (3\text{-}11)$$

其中，i表示省份，t表示年份，ε_{it}为随机误差项。W_{it}为控制变量，涵盖多维度经济特征，包括城镇化水平（Cui）、对外开放程度（Odi）、人力资本水平（Hci）以及产业结构水平（Isd）。这些控制变量的选取是基于对经济增长机制的理论考察，旨在全面捕捉各省份在基础设施建设、开放度、技术吸收能力、治理水平和产业结构变迁等方面的差异，确保模型结果的稳健性和解释力。具体变量定义及其描述见表3-2。

表3-2　各变量及基本描述

变量类型	变量名称	变量符号
被解释变量	人均GDP	$\ln GDP$
主要解释变量	结构现代化指数	CSM
控制变量	城镇化水平	Cui
	对外开放程度	Odi
	人力资本水平	Hci
	产业结构水平	Isd

1.数据分析

本研究以2011~2021年中国31个省份的面板数据为基础，对变量进行描述性统计以揭示其在不同省份和年份间的分布情况，从而为后续实证分析提供基础支持。描述性统计结果如表3-3所示。

表3-3　变量的基本描述统计

变量	样本量	最小值	最大值	标准差	平均值	方差
$\ln GDP$	330	9.682	12.123	0.45	10.830	0.203
CSM	330	0.225	0.891	0.141	0.520	0.020
Cui	330	0.35	0.9	0.121	0.596	0.015
Odi	330	0.008	1.464	0.285	0.272	0.081
Hci	330	0.008	0.042	0.006	0.020	0.000
Isd	330	0.53	5.24	0.732	1.342	0.535

从描述性统计结果可以看出，各变量在不同省份间存在明显差异。人均GDP（$\ln GDP$）的范围从9.682到12.123，表明省份间经济发展水平差异显著；结构现代化指数（CSM）的均值为0.520，标准差为0.141，反映出结构现代化程度在各省份间存在较大差异。控制变量方面，城镇化水平（Cui）和产业结构水平（Isd）也呈现较大的区域差异，这些差异为实证模型中解释经济增长的多样性提供了有力支撑。

在进行回归分析之前，必须确保各变量的平稳性，以避免因非平稳数据导致的伪回归现象。因此，本研究对所用面板数据进行了面板单位根检验，采用ADF检验方法检测各变量的平稳性，结果如表3-4所示。

表3-4 面板单位根检验（ADF检验）

变量	差分阶数	t	p	AIC	临界值		
					1%	5%	10%
lnGDP	0	−4.491	0.000***	−119.016	−3.451	−2.871	−2.572
	1	−6.057	0.000***	−98.46	−3.452	−2.871	−2.572
	2	−23.6	0.000***	−75.983	−3.451	−2.871	−2.572
CSM	0	−3.906	0.002***	−1058.671	−3.451	−2.871	−2.572
	1	−5.734	0.000***	−1045.129	−3.451	−2.871	−2.572
	2	−16.158	0.000***	−1011.394	−3.451	−2.871	−2.572
Cui	0	−3.863	0.002***	−932.002	−3.451	−2.871	−2.572
	1	−5.647	0.000***	−911.755	−3.451	−2.871	−2.572
	2	−14.578	0.000***	−879.13	−3.451	−2.871	−2.572
Odi	0	−4.98	0.000***	−484.811	−3.45	−2.87	−2.571
	1	−7.18	0.000***	−470.991	−3.451	−2.871	−2.572
	2	−7.99	0.000***	−429.808	−3.452	−2.871	−2.572
Hci	0	−4.615	0.000***	−2782.751	−3.451	−2.871	−2.572
	1	−6.125	0.000***	−2747.778	−3.451	−2.871	−2.572
	2	−16.136	0.000***	−2707.743	−3.451	−2.871	−2.572
Isd	0	−4.689	0.000***	−101.181	−3.451	−2.871	−2.572
	1	−6.299	0.000***	−83.079	−3.451	−2.871	−2.572
	2	−20.722	0.000***	−47.778	−3.451	−2.871	−2.572

注：***、**、*分别代表1%、5%、10%的显著性水平。

根据表3-4的检验结果，所有变量在1%、5%和10%的显著性水平下均通过了单位根检验，表明这些变量均为平稳序列，这为后续回归分析奠定了数据基础，确保结果的可靠性和稳健性。

为进一步探讨变量间的相关关系，本研究对各变量进行了Kendall_tau相关性检验，该方法能够有效捕捉变量之间的相关性，结果如表3-5所示。

表3-5　Kendall_tau相关性检验结果

变量	ln*GDP*	*CSM*	*Isd*	*Cui*	*Odi*	*Hci*	*Gid*
ln*GDP*	1.000						
CSM	0.536***	1.000					
Isd	0.249***	0.387***	1.000				
Cui	0.708***	0.443***	0.256***	1.000			
Odi	0.375***	0.101**	0.077*	0.431***	1.000		
Hci	0.372***	0.442***	0.186***	0.401***	0.174***	1.000	

注：***、**、*分别代表1%、5%、10%的显著性水平。

相关性检验结果显示，结构现代化指数（*CSM*）与人均GDP（ln*GDP*）之间呈显著正相关，表明结构现代化可能在一定程度上推动了经济增长。同时，控制变量城镇化水平（*Cui*）、对外开放程度（*Odi*）和人力资本水平（*Hci*）均与人均GDP（ln*GDP*）呈显著正相关，这符合经济理论中对基础设施、开放度及技术吸收能力对经济增长正面影响的预期。此外，各控制变量之间也存在显著相关关系，这些关系在后续回归分析中将被进一步考察，以解释结构现代化和各控制因素对经济增长的具体影响机制。

2.基本回归模型分析

完成上述检验后，首先对基准模型（3-5）进行线性回归分析，以人均GDP（ln*GDP*）为被解释变量，结构现代化指数（*CSM*）为解释变量，进行模型拟合。线性回归的结果如表3-6所示。

表3-6　线性回归分析结果

	非标准化系数		t	p
	B	标准误		
常数	9.651	0.067	144.202	0.000***
CSM	2.269	0.124	18.256	0.000***
R^2	0.504			
调整后的R^2	0.502			
F	F=333.299，p=0.000			
D-W值	0.203			
因变量：ln*GDP*				

注：***、**、*分别代表1%、5%、10%的显著性水平。

根据表3-6的线性回归分析结果，模型的R²值为0.504，表明结构现代化指数（CSM）可以解释中国人均GDP 50.4%的变化。调整后的R²值为0.502，说明该模型在加入变量数量调整后仍具有较强的解释力。F检验的结果显示，F值为333.299，p值为0.000，表明模型整体在统计学上具有高度显著性，即结构现代化对经济增长具有显著影响。

从回归系数的角度看，结构现代化指数（CSM）的回归系数为2.269，且在1%水平下显著，这意味着在控制其他变量不变的条件下，结构现代化指数（CSM）每增加一个单位，经济增长（以人均GDP为代表）将平均增加2.269个单位。该结果表明，结构现代化对经济增长具有显著且正向的推动作用，为中国经济的高质量发展提供了强有力的支撑。

3.增加控制变量的回归模型分析

在此基础上，为进一步检验控制变量对两者关系的影响，采用分层回归模型，加入城镇化水平（Cui）、产业结构水平（Isd）、对外开放程度（Odi）、人力资本水平（Hci）等控制变量进行分层回归分析，结果如表3-7所示。

表3-7 分层回归分析结果

	层次1				层次2			
	B	标准误	t	p	B	标准误	t	p
常数	9.651	0.067	144.202	0.000***	9.111	0.062	148.064	0.000***
CSM	2.269	0.124	18.256	0.000***	1.071	0.100	10.715	0.000***
Isd					0.009	0.016	0.563	0.574
Cui					2.817	0.178	15.826	0.000***
Odi					−0.063	0.070	−0.895	0.372
Hci					−14.334	2.109	−6.795	0.000***
R²	0.504				0.893			
调整后的R²	0.502				0.891			
F	F=333.299，p=0.000***				F=447.407，p=0.000***			
因变量：lnGDP								

注：***、**、*分别代表1%、5%、10%的显著性水平。

根据表3-7的分层回归分析结果，在加入控制变量之前（层次1），模型的 R^2 值为0.504，这与基准模型一致，意味着结构现代化指数（CSM）解释了经济增长（$\ln GDP$）50.4%的变化。加入控制变量后（层次2），模型的 R^2 值显著提升至0.893，调整后的 R^2 值为0.891，这表明结构现代化指数（CSM）、产业结构水平（Isd）、城镇化水平（Cui）、对外开放程度（Odi）及人力资本水平（Hci）共同解释了经济增长（$\ln GDP$）89.3%的变化，大幅提高了模型的解释力。由此可见，在引入这些控制变量后，模型对经济增长的解释能力得到了显著增强。

进一步来看，结构现代化指数（CSM）的回归系数在加入控制变量后为1.071，且在1%的水平下显著，说明即使是在引入多种控制变量的情况下，结构现代化指数（CSM）对经济增长的正向作用仍然显著。其他控制变量中，城镇化水平（Cui）的回归系数为2.817，且在1%的水平下显著，表明城镇化水平的提升对经济增长有显著促进作用；人力资本水平（Hci）的回归系数为-14.334，且在1%水平下显著，表明人力资本在当前发展阶段对经济增长的影响可能呈现复杂效应；产业结构水平（Isd）和对外开放程度（Odi）的系数不显著，可能意味着其对人均GDP增长的作用较弱或被其他变量的影响掩盖。F检验结果表明模型整体显著，解释变量与因变量之间存在显著的线性关系。因此，该多元回归模型在统计学上显著成立。

综上所述，分层回归分析显示，结构现代化对中国经济增长具有显著的正向影响，即使是在控制其他变量的情况下，这一关系仍然稳健。同时，城镇化水平和人力资本水平等因素对经济增长具有显著影响，这进一步丰富了对中国经济增长驱动因素的认识，也为政策制定提供了实证依据。

4.结构现代化指数（CSM）的中介效应检验

尽管结构现代化对经济增长的直接影响已在前述分析中得到了验证，但结构现代化如何通过不同的经济要素间接影响经济增长，仍需进一步探讨。本部分以产业结构水平（Isd）、人力资本水平（Hci）和对外开放程度（Odi）作为中介变量，构建中介效应模型，分析结构现代化对经济增长的间接影响机制。以产业结构水平（Isd）为例，模型设定如下：

第一步，检验结构现代化指数（CSM）对人均GDP（$\ln GDP$）的直接影响：

$$\ln GDP_{it} = \theta_i + \alpha_i CSM_{it} + \varepsilon_{1it} \qquad (3-12)$$

第二步，检验结构现代化指数（CSM）对中介变量产业结构水平（Isd）的影响：

$$Isd_{it} = \theta_i + \beta_i CSM_{it} + \varepsilon_{2it} \qquad (3-13)$$

第三步，检验结构现代化指数（CSM）与中介变量产业结构水平（Isd）共同对人均GDP（$\ln GDP$）的影响：

$$\ln GDP_{it} = \theta_i + \gamma_{1i} CSM_{it} + \gamma_{2i} Isd_{it} + \varepsilon_{3it} \qquad (3-14)$$

对于其他中介变量（人力资本水平和对外开放程度）的检验，同理将模型中的产业结构水平（Isd）替换为相应的中介变量，即可构建相应的中介效应模型。

（1）基于产业结构水平（Isd）的中介效应检验

基于产业结构水平（Isd）的中介效应检验结果如表3-8所示。

表3-8中的结果显示，结构现代化指数（CSM）通过产业结构水平（Isd）对经济增长产生了显著的直接影响和间接影响。具体分析如下：

模型一检验了结构现代化指数（CSM）对经济增长（$\ln GDP$）的直接影响，回归系数为2.269，且在1%的显著性水平下显著。这表明结构现代化水平的提升能够直接推动经济增长，意味着技术进步、产业升级等现代化

表3-8　基于产业结构水平（Isd）中介效应分析结果

	$\ln GDP$（模型一）				Isd（模型二）				$\ln GDP$（模型三）			
	系数	标准误差	t	p	系数	标准误差	t	p	系数	标准误差	t	p
常数	9.651	0.067	144.202	0.000***	0.145	0.138	1.049	0.295	9.631	0.064	149.474	0.000***
CSM	2.269	0.124	18.256	0.000***	2.302	0.257	8.951	0.000***	1.956	0.133	14.681	0.000***
Isd									0.136	0.026	5.297	0.000***
R^2	0.504				0.196				0.543			
调整后的 R^2	0.502				0.194				0.540			
F	F=333.299，p=0.000***				F=80.123，p=0.000***				F=194.424，p=0.000***			

注：***、**、*分别代表1%、5%、10%的显著性水平。

进程中的关键要素能够有效拉动经济发展。

模型二探讨了结构现代化指数（CSM）对中介变量产业结构水平（Isd）的影响，回归系数为2.302，且在1%的显著性水平下显著。这表明中国的结构现代化过程对产业结构的优化有显著正向作用，结构现代化的推进不仅体现在经济总量的增长上，还体现在产业升级与结构优化的过程中。产业结构的优化，如从低附加值产业向高附加值产业转型，是现代化进程中的重要表现。

模型三将结构现代化指数（CSM）和产业结构水平（Isd）同时纳入模型，进行回归分析。结果显示，产业结构水平（Isd）对人均GDP（$\ln GDP$）的回归系数为0.136，并在1%的显著性水平下显著，这表明产业结构的优化对经济增长具有显著的正向影响。同时，结构现代化指数（CSM）的回归系数略降至1.956，仍保持在显著水平。这表明结构现代化不仅通过直接途径对经济增长产生积极影响，还通过产业结构的优化起到了间接推动作用。

为进一步验证这一中介效应的显著性，表3-9汇总了基于产业结构水平（Isd）中介效应检验的结果。

表3-9　基于产业结构水平（Isd）中介效应检验汇总

项目	c总效应	a	b	直接效应	间接效应	a×b（95%置信区间）	检验结论
$CSM=>Isd=>\ln GDP$	2.302	2.269	0.136	0.308	1.993	0.160 ~ 0.476	中介作用显著

表3-9的结果显示，路径"$CSM => Isd => \ln GDP$"的95%置信区间为[0.160，0.476]，且不包含0，这表明产业结构在中国结构现代化与经济增长之间发挥了显著的中介作用。具体而言，结构现代化指数（CSM）的总效应为2.302，其中通过产业结构水平（Isd）提升所产生的直接效应为0.308，而间接效应为1.993。这表明结构现代化对经济增长不仅有直接的推动作用，也通过对产业结构的优化起到了重要的间接推动作用。

综上所述，基于产业结构的中介效应分析表明，中国的结构现代化不仅直接推动了经济增长，还通过促进产业结构优化，间接提高了经济发展的持续性和质量。因此，在推动结构现代化的过程中，产业结构的合理优化和调整是确保经济稳定增长的关键因素。

（2）基于对外开放程度（Odi）的中介效应检验

基于对外开放程度（Odi）的中介效应检验结果如表3-10所示。

根据表3-10的回归结果，可以详细分析结构现代化指数（CSM）通过对外开放程度（Odi）对经济增长的直接影响和间接影响。具体分析如下。

模型一检验了结构现代化指数（CSM）对经济增长（$\ln GDP$）的直接影响。回归系数为2.269，并且在1%的显著性水平下显著。这表明中国结构现代化的提升对经济增长具有显著的正向推动作用，即结构现代化水平的提高能够直接带动经济增长。这与理论预期相符，表明技术进步、资本积累、产业升级等现代化要素能够直接促进经济发展。

模型二分析了结构现代化指数（CSM）对中介变量对外开放程度（Odi）的影响。回归系数为0.261，在10%的显著性水平下显著。这表明结构现代化水平对对外开放程度有显著正向作用，意味着随着结构现代化水平的提升，中国的开放程度得到了进一步增强。结构现代化通过提升开放度，促

表3-10　基于对外开放程度（Odi）的中介效应分析结果

	$\ln GDP$（模型一）				Odi（模型二）				$\ln GDP$（模型三）			
	系数	标准误差	t	p	系数	标准误差	t	p	系数	标准误差	t	p
常数	9.651	0.067	144.202	0.000***	0.136	0.060	2.290	0.023*	9.532	0.042	224.301	0.000***
CSM	2.269	0.124	18.256	0.000***	0.261	0.111	2.363	0.019*	2.041	0.079	25.846	0.000***
Odi									0.874	0.039	22.351	0.000***
R^2	0.504				0.017				0.804			
调整后的 R^2	0.502				0.014				0.803			
F	F=333.299，p=0.000***				F=5.583，p=0.019				F=669.736，p=0.000***			

注：***、**、*分别代表1%、5%、10%的显著性水平。

进了国内外资本、技术和劳动力的自由流动，进一步优化了资源配置，增强了市场的竞争力。

模型三在引入中介变量对外开放程度（Odi）后，对外开放程度对经济增长的回归系数为0.874，并且在1%的显著性水平下显著。同时，结构现代化指数（CSM）的回归系数从模型一的2.269下降至2.041，仍保持显著。这表明对外开放在结构现代化推动经济增长过程中起到了显著的中介作用，即中国的对外开放程度在很大程度上强化了结构现代化对经济增长的推动力。

为进一步验证这一中介效应的显著性，表3–11汇总了基于对外开放程度（Odi）的中介效应检验结果。

表3–11　基于对外开放程度（Odi）的中介效应检验汇总

项目	c总效应	a	b	直接效应	间接效应	a×b（95%置信区间）	检验结论
$CSM=>Odi=>\ln GDP$	0.261	2.269	0.874	1.983	−1.721	0.012 ~ 0.399	中介作用显著

表3–11显示，路径"$CSM=>Odi=>\ln GDP$"的95%置信区间为[0.012，0.399]，且不包含0，说明对外开放程度（Odi）在中国结构现代化与经济增长之间的中介效应显著。具体而言，结构现代化指数（CSM）对经济增长的总效应为0.261，其中，通过对外开放程度（Odi）提升所产生的直接效应为1.983，而间接效应为−1.721。这一结果表明，结构现代化在经济增长中具有显著的直接推动作用，但其间接效应呈现负值，反映了在特定条件下，对外开放可能通过其他路径对经济增长产生抑制性影响。

以上分析表明，中国的结构现代化水平不仅对经济增长产生了直接推动作用，还通过增强对外开放程度进一步扩大了其对经济增长的正向影响。因此，在推进结构现代化的过程中，应同步加大对外开放力度，优化外商投资环境，提升国内市场的开放水平，进一步促进资本、技术和劳动力的高效流动。通过这一系列措施，可最大化结构现代化对经济增长的正向溢出效应，为经济持续发展提供更强动力。

（3）基于人力资本水平（*Hci*）的中介效应检验

基于人力资本水平（*Hci*）的中介效应检验结果如表3-12所示。

根据表3-12的回归结果，可以详细分析结构现代化指数（*CSM*）通过人力资本水平（*Hci*）对经济增长的影响，具体分析如下。

模型一检验了结构现代化指数（*CSM*）对经济增长（ln*GDP*）的直接影响。回归系数为2.269，并且在1%的显著性水平下显著。这表明结构现代化水平的提高对经济增长具有显著的直接推动作用，意味着通过技术进步、产业升级和生产效率提高，结构现代化能够直接带动经济发展。

模型二考察了结构现代化指数（*CSM*）对中介变量人力资本水平（*Hci*）的影响。回归系数为0.022，并且在1%的显著性水平下显著，说明结构现代化通过推动教育、培训和技术创新，显著促进了人力资本的积累和提升。结构现代化的进程通常伴随着教育投入的增加、技术转移的加快以及劳动力技能的提高，这些都直接带动了人力资本水平的提升。

模型三在引入人力资本水平（*Hci*）后，回归结果显示人力资本对经济增长的回归系数为14.730，且在1%的显著性水平下显著。同时，结构现代化指数（*CSM*）的回归系数从模型一中的2.269下降至1.943，仍保持显著性。这表明人力资本在中国结构现代化推动经济增长的过程中发挥了显著的中介作用，即结构现代化不仅通过直接路径影响经济增长，还通过提高

表3-12　基于人力资本水平（*Hci*）的中介效应分析结果

	ln*GDP*（模型一）				*Hci*（模型二）				ln*GDP*（模型三）			
	系数	标准误差	t	p	系数	标准误差	t	p	系数	标准误差	t	p
常数	9.651	0.067	144.202	0.000***	0.009	0.001	9.257	0.000***	9.519	0.074	129.429	0.000***
CSM	2.269	0.124	18.256	0.000***	0.022	0.002	12.305	0.000***	1.943	0.147	13.214	0.000***
Hci									14.730	3.731	3.948	0.000***
R²	0.504				0.316				0.527			
调整后的 R²	0.502				0.314				0.524			
F	F=333.299，p=0.000***				F=151.422，p=0.000***				F=181.855，p=0.000***			

注：***、**、*分别代表1%、5%、10%的显著性水平。

人力资本进一步推动了经济增长。

为进一步验证这一中介效应的显著性，表3-13汇总了基于人力资本水平（Hci）的中介效应检验结果。

表3–13　基于人力资本水平（Hci）的中介效应检验汇总

项目	c总效应	a	b	直接效应	间接效应	a×b（95%置信区间）	检验结论
$CSM=>Hci=>\ln GDP$	0.022	2.269	14.730	33.423	−33.401	0.150～0.466	中介作用显著

根据表3-13的结果，路径"$CSM => Hci => \ln GDP$"的95%置信区间为[0.150，0.466]，且不包含0，表明人力资本水平（Hci）在中国结构现代化与经济增长之间的中介效应显著。具体而言，结构现代化指数（CSM）对经济增长的总效应为0.022，其中通过人力资本水平（Odi）提升所产生的直接效应为33.423，而间接效应为−33.401。这一结果表明，尽管结构现代化对经济增长具有显著的直接推动作用，其间接效应却呈现负值。这可能反映出在特定条件下，人力资本水平通过某些路径对经济增长产生了抑制性影响，例如资源错配、技能供需失衡或教育与产业需求的不匹配等。

综合产业结构水平（Isd）、对外开放程度（Odi）和人力资本水平（Hci）三个维度的中介效应的检验，可以发现结构现代化对经济增长具有显著的直接推动作用，并通过不同的中介路径进一步增强了其对经济增长的正向影响。首先，产业结构优化作为结构现代化的重要组成部分，通过推动资源从低效产业向高附加值产业转移，显著提升了经济增长的质量和效率，成为结构现代化促进经济发展的重要途径。其次，对外开放程度的增强，通过促进国际资本、技术和劳动力的流动，为结构现代化注入了新动力，进一步扩大了经济增长的空间。最后，人力资本水平的提高则通过增强劳动力素质与提高生产率，为结构现代化提供了持续发展的智力支持，表明教育和技能培训是经济增长的重要保障。因此，结构现代化不仅直接推动了中国经济增长，还通过优化产业结构、提升对外开放水平和增加人力资本等多维度路径发挥了显著的中介效应。

第四节　中国结构现代化的推进重点

理论和经验研究表明，成功实现经济发展的国家，必然伴随结构现代化的推进；而没有成功跨越"中等收入陷阱"的国家，结构现代化滞后是其重要原因。作为发展中国家，尽管我国的结构现代化指数始终保持快速上升的趋势，但与发达工业化国家相比，整体结构现代化水平仍然相对较低。在这重要的历史时期，如何应对推进结构现代化过程中面临的挑战，仍然是一个需要认真思考的课题。

一　构建结构现代化为导向的创新发展机制

"创造性破坏"是经济动态发展的核心机制，它通过引入新技术和新产品，逐步淘汰落后产业与技术，为经济增长注入持续的活力。熊彼特在其经典理论中深入阐述了这一概念，指出创新本质上是企业家在面对市场机遇时，重新组合生产要素，将科技成果转化为商业化和产业化的过程。[①]这一理论不仅揭示了创新的根本性质，还强调了企业家在推动经济发展中的关键角色。阿吉翁等进一步深化了熊彼特的理论，强调创新与竞争之间的交替作用对长期经济增长具有重要的推动作用。他们指出，创造性破坏的力量是经济剧变与国民财富形成的决定性因素。[②]具体而言，知识与技术的创新，特别是颠覆性技术的引入，不仅加速了产业结构的升级，还通过淘汰低效产业，促进高效新兴产业的崛起。这一过程显著提升了经济效率和生产率，推动了整个社会经济的发展。

然而，创新的增长效应并非仅依赖于研发投入、科技论文和专利的数量，而更依赖于创新与产业一体化发展的过程。Landini 和 Malerba 指出，通过"创造性破坏"引起产业中新旧成分的更替，推动产业突变，从而形成

---

① 〔美〕约瑟夫·熊彼特：《经济发展理论——对于利润、资本、信贷和经济周期的考察》，何畏等译，商务印书馆，1990，第37页。

② 〔法〕菲利普·阿吉翁、〔法〕赛利娜·安托南、〔法〕西蒙·比内尔：《创造性破坏的力量》，余江、赵建航译，中信出版社，2021，第6页。

新的生产函数，是产生非平衡增长动能和新的后发优势的关键。这一过程要求传统部门的生产方式被更高效的技术和管理模式取代，尽管短期内可能引发经济震荡，但从长期来看，这对于实现结构现代化至关重要。[①]以发达国家为例，其经济结构转型的历程充分验证了创造性破坏的核心驱动作用。以美国为例，20世纪中期，信息技术的迅猛发展以及半导体等高科技产业的崛起逐步取代了传统制造业和重工业的地位。在这一转型过程中，风险投资市场的繁荣与创新政策的支持促使美国企业不断推出新产品和新技术，低效企业逐渐被市场淘汰。这一过程不仅确保了美国长期经济增长的稳健性，还巩固了其全球竞争力。同样，日本在其结构现代化的过程中也经历了多次创造性破坏的洗礼，尽管过程伴随着震动与代价，但最终确保了日本经济的长期增长与全球领先地位。

然而，在发挥创造性破坏力量的过程中，必须正视技术创新所带来的不确定性，并努力推动创新成果与产业发展和市场需求之间的紧密对接。尽管我国在研发投入和专利数量方面取得了显著成就，但科研成果的产业转化率仍然较低，导致全要素生产率增长滞后。这种"创新之谜"反映出创新成果与产业需求之间的脱节，成为阻碍经济持续增长的瓶颈。因此，政府与企业应携手建立更加有效的技术转移机制，促进基础研究与应用技术的协同创新。通过优化科研资源配置，确保科研成果能够迅速而有效地转化为实际的产业应用。

同时，增强企业在技术创新中的主体作用至关重要。政府应鼓励企业自主研发，推动科技成果的商业化，以加快创新成果的产业化进程，降低技术创新不确定性对结构现代化的负面影响。企业作为创新的主体，应在市场竞争中发挥更大的主动性，以应对技术变革带来的挑战。为了构建灵活且适应性强的创新生态系统，需要加快建设以企业为核心、产学研结合的创新体系，打破知识生产与产业应用之间的隔阂。政府应积极推动产学研合作，建立创新孵化器和科技园区，为高校和科研机构的创新成果与企

---

① Fabio Landini, Franco Malerba, "Public Policy and Catching up by Developing Countries in Global Industries: A Simulation Model", *Cambridge Journal of Economics*, *Cambridge Political Economy Society*, 41（3），2017，p.927.

业需求搭建对接平台。同时，完善知识产权保护制度和市场激励机制，鼓励企业加大研发投入，提升自主创新能力，使企业能够更快地将技术突破转化为市场竞争力。

此外，推动新一代技术与多产业融合，形成创新-产业动态化的驱动机制也至关重要。当前，移动互联网、5G、大数据和物联网等新技术为技术创新提供了新的动力源泉。然而，如何将这些技术转化为产业升级和经济增长的实际动能仍是当前面临的挑战。新技术具有基础性和广泛的跨产业适应性，应充分利用其多产业融合的优势，推动"互联网+"从消费互联网向产业互联网的转型。通过技术赋能，提升传统产业的生产效率和市场竞争力，并增强产业链各环节的协同作用，为实现结构现代化提供有力支撑。

二 提升生产率，抑制过早去工业化趋势

在经济结构转型的复杂过程中，生产率增长的放缓及产业间生产率的显著差异被广泛认为是导致结构性减速与过早去工业化的重要因素。[1]这一现象不仅威胁到国家的经济增长潜力，也可能引发社会不稳定和资源配置效率的下降。因此，为了有效应对这一挑战，保障结构现代化进程的稳健推进，我国需从多个维度出发，全面提升生产率水平。这一过程不仅涉及技术创新的深化，还涵盖资源配置的优化，以强化制造业基础，同时提升服务业的可贸易性与增加附加值，从而在全球市场竞争中构筑稳固防线。

提升制造业生产率，尤其是加速关键技术的自主突破，是抵御过早去工业化风险的首要任务。尽管我国制造业已逐步迈向全球技术前沿，但在半导体、先进制造与绿色能源等关键领域，核心技术受制于人的问题依然突出，严重限制了制造业的国际竞争力。[2]因此，加大基础创新与应用技术研发的投资，推动这些领域的自主可控，成为当务之急。例如，通过设立

---

① Barry Eichengreen, Donghyun Park and Kwanho Shin, "When Fast Growing Economies Slow Down: International Evidence and Implications for China", NBER Working Papers 16919, National Bureau of Economic Research, 2011, p.1.

② Porter, M. E., and Millar, V. E., "How Information Gives You Competitive Advantage", *Harvard Business Review*, 63, 1985, p.152.

国家重点实验室、研发基金和技术创新激励机制，可以鼓励企业加大研发投入，提高自主创新能力。同时，推动与高校、科研机构的合作，形成产学研结合的创新生态体系，将有助于加快技术成果的转化与应用。此外，借助数字化与智能化技术对传统制造业进行改造与升级，不仅可以大幅提升生产效率，还能将技术创新作为制造业持续增长的核心动力，确保在新一轮全球技术革命中占据有利地位。[1]

与此同时，服务业生产率的提升与可贸易性的增强，对于推动经济结构的进一步优化至关重要。目前，我国服务业在经济中占据越来越高的比重，但其低生产率与高度不可贸易性的特点限制了其对经济增长的持续贡献。为此，必须充分利用信息技术与数字化手段，打破传统服务业的局限，促进其向规模化、可贸易性转型。例如，通过云计算、大数据和人工智能等先进技术的应用，不仅能够提升服务的远程交付能力，还能提高服务的国际市场参与度。这种转型将为服务业注入新的活力，提升整体竞争力。[2]

此外，人力资本的提升是生产性服务业发展的基石，对于整体经济结构的升级具有不可替代的作用。生产性服务业的繁荣需要一支具备高技能且适应现代服务业发展需求的劳动力队伍。因此，强化职业教育与技能培训，鼓励终身学习与技能更新，成为提高服务业生产率、促进经济结构升级的关键路径。提升劳动力整体素质，不仅可以满足高附加值服务业的人才需求，还能带动消费性服务业的整体提升，使服务业真正成为推动经济增长的重要力量。[3]此外，政府应加强与企业的合作，制定符合市场需求的人才培养计划，以确保所培训的人才能够适应不断变化的经济环境。

综上所述，提升生产率不仅是遏制过早去工业化的有效手段，也是推动经济结构现代化、增强国际竞争力的核心策略。通过加速制造业技术突破、提升服务业的可贸易性与附加值、强化人力资本培养，我国能够在全

---

[1] Timothy Bresnahan and Manuel Trajtenberg, "General Purpose Technologies 'Engines of growth'?", *Journal of Econometrics*, 65（1），1995, p.83.

[2] Katz, M. L., and Shapiro, C., "Network Externalities, Competition, and Compatibility", *The American Economic Review*, 75, 1985, p.428.

[3] Romer, P. M., "Endogenous Technological Change", *Journal of Political Economy*, 98（5），1990, p.99.

球市场竞争中占据主动，为经济结构的持续优化与升级奠定坚实基础。这一系列举措的实施将使我国在面对外部风险与挑战时展现出更强的韧性与适应能力，为实现结构现代化的长远目标提供有力支撑。

三　破解结构性摩擦问题，增强结构调整的弹性

结构性摩擦是指在经济结构转型过程中，由市场失灵、政策扭曲和增长障碍等因素之间复杂的相互作用导致的一系列问题。这些问题表现在资源配置的低效性上，使得资金和人力资源往往流向那些生产率较低的企业，从而阻碍了经济的整体发展。例如，资本市场的摩擦限制了资金向更具生产力的企业流动，而劳动力市场的摩擦则妨碍了工人与工作的有效匹配。这种状况导致了潜在的经济增长受限。因此，提升结构弹性，即在转型或变迁过程中增强结构调整的能力，成为破解这些摩擦问题的关键。有效应对结构性摩擦，从而推动产业升级与提升经济整体竞争力，是实现中国经济结构现代化的重要任务。

在传统产业与新兴产业并存的情况下，资源配置失衡和产业间的不协调现象日益突出。这种结构性矛盾不仅阻碍了新兴产业的快速发展，还制约了传统产业的转型升级。为了破解这一矛盾，政策引导与技术创新显得尤为重要。政府应积极采取措施，鼓励传统产业引入先进技术和管理模式，以提升其生产效率和市场竞争力，避免被市场淘汰。此外，应大力支持战略性新兴产业的发展，推动其与传统产业的深度融合，形成互补互促的发展格局。这种融合不仅有助于传统产业的复兴，也为新兴产业的成长创造了广阔空间。例如，传统制造业可以借助新兴的信息技术，提高产品的智能化水平，实现生产过程的自动化和优化，进而提高整体产业的附加值。

与此同时，区域间的结构性发展失衡问题同样不容忽视。东部沿海地区的快速发展与中西部地区的相对滞后形成了鲜明对比。这种区域发展不平衡不仅导致了资源的错配，也加剧了经济差距的扩大。为了解决这一问题，需要加强区域间的产业协同与资源共享，构建全国性的创新发展网络。在这一过程中，各地区应根据自身的资源禀赋与产业特点，推动差异化发展。东部沿海地区应继续发挥其在高新技术产业和现代服务业方面的优势，通过政

策激励促进技术创新和人才引进，而中西部地区则应依托本地丰富的自然资源，大力发展绿色能源、新材料和先进制造业，形成互补的区域经济格局。这不仅能实现区域经济的协调发展，还能提升国家的整体经济竞争力。

在产业结构转型的过程中，劳动力市场的结构性不匹配问题日益凸显。[①]传统产业中低技能劳动力的供给与新兴产业对高技能劳动力的需求之间存在着显著的鸿沟，造成了人力资源的浪费和结构现代化的受阻。因此，必须加大对职业教育与技能培训的投入，建立多层次的人才培养体系。政府应引导培训机构与企业合作，针对新兴产业的技能需求开展有针对性的培训项目。同时，制定灵活的就业政策，促进劳动力在不同产业间的合理流动，降低结构变迁所带来的社会成本。这样的措施不仅有助于提升劳动力的整体素质，也为各行业的持续发展提供了坚实的人力支持。

此外，服务业与制造业的联动发展对于提升整体产业链的竞争力至关重要。在制造业向智能化、绿色化转型的过程中，服务业同样面临创新与升级的压力。政府应积极鼓励制造业与服务业的深度融合，推动制造业企业向提供整体解决方案、售后服务与技术支持的方向转型。这种融合不仅有助于提升制造业的附加值与竞争力，还为服务业的发展开辟了新的空间。

在全球化背景下，破解结构性摩擦问题还需从国际视角出发，加强国际合作与全球资源整合。中国应积极参与国际产业链的重构，提升在全球供应链中的话语权与影响力。同时，鼓励中国企业"走出去"，通过海外并购与技术引进，获取国际先进技术与市场资源。这种国际合作与资源整合，不仅能够提升中国企业的国际竞争力，也为国内产业升级提供了有力的支撑。

综上所述，破解结构性摩擦问题是推动中国结构现代化的必由之路。通过政策引导、技术升级、区域协同、人才培养、产业融合与国际合作等多方面的努力，有望有效消除这些结构性障碍，推动经济结构的优化与升级，实现结构现代化的全面推进。这不仅仅是实现可持续发展的重要途径，更是提升国家竞争力和经济韧性的根本保证。

---

① Acemoglu, D., and Restrepo, P., "The Race between Man and Machine: Implications of Technology for Growth, Factor Shares, and Employment", *American Economic Review*, 108 (6), 2018, p.1488.

第四章
基于中国准技术前沿的结构转型：
以创新推动产业动态化

党的二十大报告明确提出，要"完善科技创新体系。坚持创新在我国现代化建设全局中的核心地位……健全新型举国体制，强化国家战略科技力量……提升国家创新体系整体效能……形成具有全球竞争力的开放创新生态"。创新驱动发展被提升到前所未有的国家战略高度，尤其是在我国进入准技术前沿阶段后，创新对于持续增长的重要性显著提高。然而，我国当前的创新发展面临诸多挑战，其中核心问题在于创新投入与产业创新之间的背离，即创新资源未能有效转化为产业发展的实际绩效。针对这一关键问题，熊彼特的创新理论提供了深入的探讨：创新通过引致"创造性破坏"，推进产业突变并形成新的生产函数，从而成为经济发展的根本动力。这意味着，"创新-产业动态化"不仅是创新经济学的基本命题，也是我国创新发展过程中亟须解决的瓶颈问题。尽管"创新-产业动态化"作为我国当前创新发展的基本导向至关重要，但相关研究仍相对匮乏，特别是在全球贸易前景不确定、数字经济兴起和中国发展转型的背景下，对于如何将"创新-产业动态化"作为我国创新发展的基本路径，需要更加深入的探讨。本章将围绕这一命题，依次探讨"创新-产业动态化"的机制内涵、关键因素、约束条件和制约因素。

第一节　创新增长理论的结构变迁内涵

关注创新与结构变迁之间的关系，标志着熊彼特经济发展理论的重新兴起。将创新驱动增长落脚于产业结构的变迁上，从熊彼特开创创新理论时就已经发端。尽管熊彼特早期在《经济发展理论——对于利润、资本、信贷和经济周期的考察》中对"产业"概念着墨并不多，但他对经济活动的描述，不论是"循环流转"还是"对均衡中心自发和间断的干扰"，都强调"在工业和商业生产领域中发生"，尤其强调五种"新组合"形式都是产业的范畴。[①]此外，在《资本主义、社会主义与民主》一书中，熊彼特指出"每一次长波包含一次产业革命和对他后果的吸收……这些革命改变固有产业结构的状况……新事物被创造出来时，我们有了丰富的开支和占支配地位的繁荣，并且消灭了产业结构中过时的因素和萧条"。[②]概括来看，"企业创新－产业突变－经济周期"的逻辑框架在熊彼特著作中贯穿始末，既有特定产业中的历史性创新的集聚，也涉及开发新技术或新产业的企业之间的动态竞争，由此伴随着不同部门新生与成长的产业发展与转型。[③]

同样，库兹涅茨对经济周期的研究，也发现了动态性和非还原性特征，并成为其研究技术进步与结构变化关系的起点。他强调技术创新在经济周期中的重要性，并且具有贯穿经济各部门的作用——"在某个时期的许多产业中，基本技术条件发生了革命性的变化"。成功的结构转型必须遵循一定的演进方向，即资源从生产率较低的产业（部门）向生产率更高的产业（部门）转移，而产业（部门）生产率的差异取决于新技术在不同产业内的发展程度及类型。[④]技术创新对旧有生产的颠覆势必带来创伤，需要不停地弥补沉没成本、失业与收入的不公平，最终带来生产结构和消费结构深度和广度的增加，这也是引致结构变迁的佐证。应当关注的是，库兹涅茨在对熊彼特思想进行评述时，特别将产业结构的转化与社会结构的相应调整放在突出的位置，这一视角符合发展中国家工业化过程的特征，由此也拉近了熊彼特创新理论与发展中经济之间的距离。

---

① 〔美〕约瑟夫·熊彼特：《经济发展理论——对于利润、资本、信贷和经济周期的考察》，何畏等译，商务印书馆，1990。
② 〔美〕约瑟夫·熊彼特：《资本主义、社会主义与民主》，吴良健译，商务印书馆，1999。
③ 范硕、何彬、谭少梅：《创新集群发展的"东亚模式"：基于日、韩数据的实证检验》，《上海财经大学学报》2014年第5期。
④ 〔美〕西蒙·库兹涅茨：《现代经济增长：速度、结构与扩展》，戴睿、易诚译，北京经济学院出版社，1989。

有学者指出，随着熊彼特的离世，他的关于创新、产业动态与动态竞争的许多观点被主流经济学忽略，直至20世纪80年代初才出现对熊彼特创新与产业动态思想的重新关注。主流增长理论尝试把技术创新纳入增长分析中，并将其视为企业和个人有目的投资的结果，通过对他们的垄断竞争行为进行简单模型化，以探讨不同形式技术进步对市场结构、产业组织甚至政策激励的影响机制。其中，Aghion和Howitt论证企业的垄断利润建立在对上一期垄断利润的"破坏"基础之上，由此缩小了熊彼特"创造性毁灭"与现实竞争机制的距离。[1]技术创新如何克服要素报酬递减，通过加总生产函数来刻画短期一般均衡的增长结果，成为这一时期内生增长模型的研究重点。这一时期的相关研究成果主要从微观描述产业组织内部各主体方的经济行为，但严格而言，并未涉及长期增长的变化趋势。可见，熊彼特关于创新导致产业结构动态非均衡发展的观点，事实上仍然没有被置于主流的分析框架中。

近些年来，越来越多的研究结构转型的学者开始关注"卡尔多事实"和"库兹涅茨事实"的共存问题。在他们看来，总量的平衡增长可以包含部门间的结构变迁，二者并不矛盾。在这类理论模型中，假设部门技术进步率有差异，由此带来了部门产品相对价格差异（相对价格效应），从而将结构变迁的框架融入主流增长模型中。例如Ngai和Christopher构建了一个多部门增长模型，假设各行业的技术进步率存在外生差异，从而影响不同产业要素的需求，进而导致产业结构不断变迁[2]；Park建立一个两部门技术内生的增长模型，强调部门间物质资本和人力资本等要素积累的"外部性"差异，后续引发部门间的结构变迁。[3]在新古典增长框架下，发展中国家要实现长期均衡状态，就必须克服现实中的结构刚性和失衡，但是在现实的创新驱动增长的过程中，充分竞争的"有效市场"和因势利导的"有为政府"同样重要。

[1]　Aghion, P., Howitt, P., "A Model of Growth through Creative Destruction", *Econometrica*, 60 (2), 1992, pp.323-351.

[2]　Ngai, L.R., Christopher, A.P., "Structural Change in a Multisector Model of Growth", *American Economic Review*, 97 (1), 2007, pp.429-443.

[3]　Park, W.G., "A Theoretical Model of Government Research and Growth", *Journal of Economic Behavior and Organization*, 43 (1), 1998, pp. 69-85.

与主流经济学相比较，新熊彼特演化主义认为结构变迁将伴随着经济增长的整个过程，技术创新与制度创新的协同构成其动力源。Nelson 和 Winter 认为企业固定生产方式的"惯例"类似于生物进化论中的"基因"，若想在市场竞争中获胜需要不断创新，即通过研究与开发原来没有的技术和惯例，扩大自己的优势和在行业中所占的份额，从而获得较多利润。[1]这样的演化分析并不遵循利润最大化的假设，也没有统一的生产函数，而是借助计算机模拟"决策规则、搜寻和选择"的过程，观察产业发展在受到不确定因素影响下的长期动态非均衡特征。尽管如此，演化分析还是为熊彼特学派的"创造性毁灭"提供了重要的分析路径，并且在创新和结构变迁之间的关系分析中强调如下。（1）"技术范式"在创新驱动发展中的关键性作用。技术范式的变化，无疑是产业结构变化的起点；当特定新产品或新生产工艺的成功与新技术范式的支配地位相关时，创新导致产业结构发生显著变化的可能性递增，从而作用于长期增长过程。换言之，新技术或新兴产业的兴起，经济周期长波的上升或衰退，其根源在于新旧技术范式的更替。对技术范式意义的肯定，实质上强调了基础创新的重要性。（2）创新驱动增长效应具有显著的异质性。产业发展总是伴随着创新、企业进入和成长，以及市场结构的动态变化，但是各个产业的动态变化形态在不同的产业与国家之间显然有所不同。各国制度客观存在的多样化，导致企业、大学和公共研究机构在创新过程中扮演着不同的角色，军队、金融机构、其他公共团体，以及政府部门对产业创新活动的支持程度的差异，都会对创新扩散、"创新–产业动态化"产生不同作用。（3）信息科学和数字技术发展对创新产业动态化进程影响深刻。需要指出的是，随着先进计算机技术的应用、互联网的形成，以及微观数据的可获得性的提高，创新与产业动态的计量研究和模型构建也取得了重大进展。[2]

---

① Nelson, R. R., Winter, S. G., "Evolutionary Theorizing in Economics", *Journal of Economic Perspectives*, 16（2），2002，pp.23–46.

② Malerba, F., Orsenigo, L., "Innovation and Market Structure in the Dynamics of the Pharmaceutical Industry and Biotechnology: Towards a History-friendly Model", *Industrial and Corporate Change*, 11（4），2002，pp.667–703.

应该指出，"创新–产业动态化"回归创新经济学的讨论中心，这与近50年的产业革命的历程是相关的，这一时期持续的技术创新推动了产业结构的急剧变迁，不能不对创新经济理论产生深刻的影响。

第二节 从创造性破坏到创新–产业动态化：分析框架建立

一 从创造性破坏到创新–产业动态化：理论演进

"创造性破坏"是熊彼特创新思想的内核。最初，熊彼特认为一般均衡理论的缺陷仅限于静态均衡分析，于是他将经济学研究的重心由静态均衡分析转变为动态分析，力图在一般均衡分析的基础上把经济运行作为一个发展过程来考察。由此，熊彼特在其《经济发展理论——对于利润、资本、信贷和经济周期的考察》中建立了动态发展理论，在他看来，经济发展是指经济本身发生的非连续的变化与移动，重点不是某个特定时间的均衡状态，而是经济的运动怎样离开均衡状态，什么因素破坏了均衡状态，以及如何从原来均衡状态又回到均衡状态。熊彼特相信经济本身一定存在着某种破坏均衡而又恢复均衡的力量，这种力量就是所谓的创新。创新就是建立一种新的生产函数，把一种以前未有过的关于生产要素和生产条件的新组合引入生产体系；关键在于创新的作用不仅仅是产生了新的东西，而是破坏了原有的旧东西，因此熊彼特认为，创新的本质是"创造性破坏"，以及创造性破坏是经济增长的根本动力；在创造性破坏过程中，以新产品替代旧产品，以新技术和生产工艺替代旧技术和生产工艺，以新企业组织替代旧企业；新旧替代过程中，经济效率获得持续提升，技术获得持续进步。

关于创造性破坏如何塑造持续的经济发展动能？布莱恩·阿瑟认为经济涌现于它自身的安排和自身的技术，经济就是它自身技术的表达，所以当一种新技术进入经济，它会召唤新的安排。[①]首先，新技术出现，进入现

---

① 〔美〕布莱恩·阿瑟：《技术的本质》，曹东溟、王健译，浙江人民出版社，2018。

有的技术集合。其次，新技术代替旧技术集合中的部分——新技术带来了新元素，以及附属的支持性技术和组织安排，并带来新的机会利基；而旧技术退出，相关附属需求也会退出，附属需求带来的机会利基也将消失。最后，未来技术或未来元素的组件等新要素变得活跃，经济活动调整以适应前述变化，相应的制度也会相应变化，从而最终涌现出新经济。

由此可见，创新或技术创新在熊彼特范式中并非简单的技术概念，而是一个经济概念。例如，一种新的发明仅是指创造了一种新产品，但是这种新产品未必会进入市场；而熊彼特创新中的创造性破坏依赖于新产品的市场进入，只有当新产品被市场接受后，创造性破坏的过程才会真正启动。换言之，熊彼特式创新不仅是发明的完成，更是发明获得市场认可的过程，这意味着新的技术、组织模式甚至制度安排被引入并运作，进而为经济发展提供新的技术-经济范式支撑。从这一角度看，创造性破坏驱动发展的关键环节必然体现在产业层面。因为从发明到经济发展，必须依托特定产业的诞生、成长、发展和转型过程，这一过程伴随着新技术在生产率上的应用、新旧企业在产业内部的竞争与替代，以及生产要素的重新配置。因此，"创新-产业动态化"机制的形成与演化，构成了经济发展的重要机制条件。正如熊彼特借用生物学术语，把不断从内部革新经济结构，即不断破坏旧结构、创造新结构的过程称为"产业突变"。[①]

围绕创新与产业动态演化的相关理论也在不断发展，Nelson 和 Winter 提出的 NW 模型认为，经济发展过程可以看作类似生物进化的"自然选择"，遵循"优胜劣汰"原则，最终旧技术会被新技术替代。[②]Abernathy 和 Utterback 提出的产业创新动态过程模型指出，在产业发展的早期阶段，企业的创新焦点在于产品创新；随着主导设计的出现，产业进入过渡阶段，此时企业的创新重点转向了工艺创新；当产业发展进入稳定阶段，企业的

---

① 〔美〕约瑟夫·熊彼特：《经济发展理论——对于利润、资本、信贷和经济周期的考察》，何畏等译，商务印书馆，1990。

② Nelson, R. R., Winter, S. G., *An Evolutionary Theory of Economic Change*（Cambridge：Harvard University Press，1982）.

创新活动则以渐进性产品创新和工艺创新为主。[1]Arthur认为技术在产业演化过程中发挥着关键作用，在技术与产业共同演化的过程中，多元化行为主体之间通过市场竞争来实现关系协调；伴随着市场选择，一些技术被淘汰，一些技术得以生存下来并逐渐成为主导技术，从而形成技术创新的路径依赖。[2]Pavitt通过构建基于技术创新的产业依赖模型来考察技术创新与产业演化之间的关系表明，不同产业之间的技术创新实践存在显著差异，特定产业环境影响和制约着企业的技术创新行为。[3]王兆峰和杨琴结合区域因素构建了基于技术创新的区域产业演化模型，指出区域产业演化是不断打破路径依赖的过程，而技术创新是该过程的重要动力，产业演化同时伴随着技术演化。[4]Malerba等分析了如何利用消费者需求促进技术进步以及产业发展，认为新技术进入市场的重要条件是存在消费者需求未得到满足的利基市场，并可以利用该市场实现主导技术的更替进而促进产业演化。[5]

二　创新-产业动态化的机制分析：理论模型

创新-产业动态化机制，体现为产业中通过企业创新并产生"创造性破坏"效应，创新的高生产率企业倒逼低生产率企业退出市场，引致产业中生产要素从低生产率企业流向高生产率企业，从而提升产业整体生产率的动态过程。下面参考戴小勇[6]的模型，构建创新-产业动态化数理模型以刻画机制。

[1]　Abernathy, W. J., Utterback, J. M., "Patterns of Industrial Innovation", *Technology Review*, 80 (7), 1978, pp.40-47.

[2]　Arthur, W. B., "Competing Technologies, Increasing Returns, and Lock-in by Historical Events", *The Economic Journal*, 99 (394), 1989, pp.116-131.

[3]　Pavitt, K., "Sectoral Patterns of Technical Change: Towards a Taxonomy and a Theory", *Research Policy*, 13 (6), 1984, pp.343-373.

[4]　王兆峰、杨琴：《技术创新与进步对区域旅游产业成长的演化路径分析》，《科技管理研究》2011年第6期。

[5]　Malerba, F., et al., "Demand, Innovation, and the Dynamics of Market Structure: The Role of Experimental Users and Diverse Preferences", *Journal of Evolutionary Economics*, 17 (4), 2007, pp.371-399.

[6]　戴小勇：《中国高创新投入与低生产率之谜：资源错配视角的解释》，《世界经济》2021年第3期。

行业（产业）总产出为 Y，生产函数由如下方程表示：

$$Y = \left(\sum_{i=1}^{n} q_i^{\rho} \right)^{\frac{1}{\rho}} \tag{4-1}$$

其中，行业最终产品的生产需要中间品投入，q_i 代表行业内部中间品企业 i 生产的中间品数量，中间品间的替代弹性为 $\sigma = \dfrac{1}{(1-\rho)} > 1$。

假定中间品企业 i 以劳动 l_i 为要素投入，中间品企业对劳动力的需求表示为：

$$l_i = f_p + \frac{q_i}{A_i} \tag{4-2}$$

其中，f_p 为固定成本，A_i 表示生产技术，技术水平越高，生产所需劳动力越少。

企业的可变要素成本为 $w \left(\dfrac{q_i}{A_i} \right)$，其中 w 为工资，企业面临的边际成本为 $mc = w/A_i$。

若生产率为 A_i 的企业投资 f_i 单位固定成本作为研发创新投入，可以使生产率提高 αA_i，α 可以理解为研发投资对企业生产率的平均影响效应。

根据 CES 生产函数性质以及中间品生产商的利润最大化条件，可以推导出中间品生产商的垄断定价：

$$p_N = \frac{w}{(\rho A_i)} \tag{4-3}$$

其中，p_N 表示非研发企业的产品定价，相应地，研发企业的产品定价为 $p_I = p_N/\alpha$。

在垄断竞争定价规则下，非创新企业能够实现的销售收入为：

$$r_N = R \left(P \rho A_i \right)^{\sigma - 1} \tag{4-4}$$

其中，$R = PQ = \sum_{i=1}^{n} r(i)$ 表示行业最终产品部门的销售收入，等于行业内中间品部门销售收入的加总。

非创新企业的利润函数为：

$$\pi_i^N = r_i^N/\sigma - f_p \tag{4-5}$$

创新企业的销售收入为：

$$r_i^I = \alpha^{\sigma-1} r_N^I \tag{4-6}$$

创新企业的利润为：

$$\pi_i^I = r_i^I/\sigma - f_p - f_I \tag{4-7}$$

由此可知，研发创新提高了企业的销售收入，但对利润的影响不确定。

企业退出行业的决策取决于企业的预期利润，参照 Costantini 和 Melitz[1] 的设定，假定企业进入市场后，未来每期都面临一个外生冲击，使企业退出市场的概率为 δ，那么企业未来利润的现值为：

$$V(i) = \max\left[0, \ \sum_{t=0}^{\infty}(1-\delta)^t \pi_i\right] = \max\left(0, \ \frac{\pi_i}{\delta}\right) \tag{4-8}$$

因此，企业存活于市场的生产率临界值为 A_i^* 且 $\pi_i^N \geqslant 0$，可以进一步写出如下条件：

$$r_N \geqslant \sigma f_p \tag{4-9}$$

对于存活于市场的企业，能够进一步从事研发创新的条件是：

$$\pi_i^I \geqslant 0, \quad A_i^I \geqslant A_i^{I*} \tag{4-10}$$

其中，$\pi_i^I \geqslant 0$ 表示研发企业的利润必须大于 0，$A_i^I \geqslant A_i^{I*}$ 表示企业只有在能够存活于市场的基础上才能够考虑研发决策。

均衡状态下，可以使用 CES 加总得到最终产品的价格指数：

$$P = \left[\sum_{i=1}^{N}\left(p_i^N\right)^{1-\sigma} + \sum_{i=1}^{I}\left(p_i^I\right)^{1-\sigma}\right]^{\frac{1}{1-\sigma}} \tag{4-11}$$

经济体的约束条件为：

$$PQ = L_p + \Pi \tag{4-12}$$

其中，L_p 表示用于产品生产的劳动力要素投入，Π 表示整个经济体的总利润。

非创新企业的生产率分布函数为：

[1]　Costantini, J., Melitz, M., "The Dynamics of Firm-Level Adjustment to Trade Liberalization", *The Organization of Firms in a Global Economy*, 4, 2008, pp.107-141.

$$\mu_i^{NB} = \frac{g(A_i)}{G(A_i^{IB*}) - G(A_i^{NB*})}, \quad A_i^{IB*} < A_i < A_i^{NB*} \tag{4-13}$$

创新企业的生产率分布：

$$\mu_i^{IB} = \frac{g(A_i)}{1 - G(A_i^{IB*})}, \quad A_i > A_i^{IB*} \tag{4-14}$$

求解均衡性下的生产率：

$$LP = \left[\sum_{i=1}^{N} (A_i)^{1-\sigma} \mu_i^{NB} + \sum_{i=1}^{I} (\alpha A_i)^{1-\sigma} \mu_i^{IB} \right]^{\frac{1}{1-\sigma}} \tag{4-15}$$

为了分析企业研发创新的影响，我们假定一个更为理想化的经济体 C，不存在企业研发创新活动，此时均衡状态下的全要素生产率为。

$$g_i^C(A_i) = \frac{g(A_i)}{1 - G(A_i^{C*})}, \quad A_i > A_i^{C*} \tag{4-16}$$

其中，$g_i^c(A_i) = \dfrac{g(A_i)}{1 - G[A_i^{C*}]}$，$A_i > A_i^{C*}$。

由此可以得到如下命题：企业研发创新不仅提高自身的生产率，还使得生产率较低的企业退出该行业（产业），产业内部生产要素从非研发企业向研发企业转移，从而提高行业（产业）总体的劳动生产率，即产业实现动态化升级。进一步地，根据企业存活于行业的生产率临界值可以发现，其通过研发提高了所在行业中其他企业存活于市场的生产率临界值，迫使生产力较低的企业退出市场。比较企业销售收入的变化可以发现，非创新企业的行业份额降低而创新企业的行业份额提升，市场份额从非研发企业向研发企业转移，由此刻画了创新–产业动态化的机制内涵。

三　创新–产业动态化的机制过程

"创造性毁灭"刻画了熊彼特创新经济发展思想的核心，其理论精髓在于新技术（产业）对旧技术（产业）的破坏产生的效应，即技术创新引发结构变迁的过程。"创新–产业动态化"为"结构变迁"提供了基本的机理表达，然而，对这一机制的过程分析仍然是缺失的。从理论上讲，至少可以将"创新–产业动态化"归纳为五个相互依存且依次推进的过程来理解。

一是创新的知识来源与转移。创新的内生性，源于企业对利润的自发追逐行为。以知识基础和学习过程为前提的创新过程，其实就是知识的生产过程。显然，从识别部门之间知识的主要特点和具体类型出发，转向验证知识学习对创新和变革的根本性作用，以及知识的边界问题，对于理解"创新–产业动态化"至关重要。知识如何参与技术创新过程？一般认为，这是一个将必要的信息从既有的理论知识体系中，或公司的产品设计实验中抽象出来的过程。创新者获得相关知识储备量和掌控能力越强，意味着选择最具效率的实现路径的可能性越大。但是，知识来源只提供了创新的潜在机会，创新者还必须在理解一系列事件发生次序的背景下分析其未来的成长轨迹，关键在于借助以往创新成果的良性积累过程以进行判断。值得注意的是，知识和技术基础的动态积累，受到明显的产业边界制约，产业特性将企业的学习和生产行为约束在一定的范围之内；为了破除限制，企业就需要不断地创新努力，从而引致持续的异质性创新的产生。另外，产业内和产业之间知识的传播、流动和外溢，以及知识的协调、融合及模块化，包括产业演变期间对知识边界的变化和保护，尤其是外溢性和流动性的专利引用，也将深刻影响创新价值实现，进而波及产业结构变化。

二是技术突变。为了获取新的垄断地位，企业更重视以技术创新为目标的应用工程。只有落在产业层面的技术创新，才能无可置疑地成为推动巨大结构变革的力量。"新熊彼特主义"学者强调以"技术范式"为创新–产业动态化的起点，这不仅包括对知识原理的运用，还涉及特定生产流程或投入配置以及设计概念等基本特征。正是这些重大的技术创新，构成了结构变化的基础。同时，客观存在的"技术不连续性"的特征，为新产业的形成及新进入者的崛起提供了可能性。[①]佩蕾丝认为，由于"技术不连续性"的存在，后来者可以通过采用新技术范式或新一代技术，开辟一条有别于技术领先者的路径，进入尚未成熟的新兴产业，并通过与在位企业或

---

① Anderson, P., Tushman, M. L., "Organizational Environments and Industry Exit: The Effects of Uncertainty, Munificence and Complexity", *Industrial and Corporate Change*, 10 (3), 2001, pp.675-711.

其他国家同行业的竞争者争夺市场份额。①创新增长的研究强调，当所有国家或公司发现自己面临新兴技术经济范式的挑战时，正是实行这一策略的"机会之窗"，此时，在位者往往倾向于忽略新技术，而只忙于维护他们所主导的现有技术，进入门槛往往很低。然而，"新熊彼特主义"认为，人们并不总能清晰识别到范式的"革新"，这是因为源自现有知识库的"常规"技术进步常常与新的知识来源交织在一起，模糊了新范式的界限。例如，信息通信技术不仅可以应用于产业机械化，也同样适用于制药和生物科技领域。在这种情况下，企业或国家很可能会错失"技术突变的机会窗口"。

三是熊彼特式竞争。基于突破性技术创新的结构变迁，其重要前提就是存在熊彼特式竞争，即企业家通过实施生产要素和生产条件的新组合，从而形成提升劳动生产率并获取垄断利润的竞争机制。具有创新意识的企业家属于率先利用新技术（知识）进行生产的特殊群体，这类人越多且活动范围越广，国家的创新-产业动态化的结构转型将会越彻底。创新差异对企业的生存和发展十分关键，尤其是在竞争机制的作用下，技术创新打乱了所有企业实现平衡增长的起点。同时，由于产业的特定竞争属性不同，企业家对产业内所拥有的创新资源以及创新转化为产出的配置能力也不相同，企业家能否把握产业创新和扩散趋势，决定了其中不同企业的生命周期。因此，对一个国家或者社会而言，识别、支持和扩展具有企业家精神的群体至关重要。一般而言，创新型企业家不仅具备利用新知识和新技术并率先把握新机遇的能力，还能够将这些新知识有效应用于生产实践。这种能力显然并非与生俱来，而是与企业家所拥有的知识存量（即人力资本）密切相关。概括来说，熊彼特式竞争是以创新利润为基础，通过市场份额和资源的重新配置来推动现有企业的成长、新企业的进入以及失败企业的退出，进而不断推动整个产业组织形式的演化，体现为一个动态的产业生命周期过程。

四是适用性范式的形成和扩散。熊彼特指出，经济系统的局部创新势

---

① 〔英〕卡萝塔·佩蕾丝：《技术革命与金融资本》，田方萌等译，中国人民大学出版社，2007。

必会引起其他部分的反馈，即竞争者创新和追随者行为，会进一步诱致开发者和用户的响应，最终范式转换会影响整个行业、产业甚至宏观层面。显然，技术突变必然要改变原来的生产方式，差异化的新生产方式将迫使在位企业不得不面对异质性"选择压力"，进行自我创新或退出经营，由此产生驱动市场结构和产业组织改变的动能。当一个或少数几个具有原创性的企业家仍处于初步尝试阶段时，市场结构表现出高度不确定性，频繁的企业进入与退出成为显著特征。此时，产业的急剧变化主要源于现有企业和新进企业通过突破性技术获取的利润激励。持续的创新、适应和模仿活动推动了市场竞争和优胜劣汰，为跟进型企业的集群式涌现创造了有利条件。Klepper指出，正是这一机制引发了产出加速增长。在这一环境下，企业更多选择放弃过时的产品或相互关联的技术，"广泛适用性"成为趋势下的主流标准，被称为主导范式。①主导范式如何从竞争范式中脱颖而出？关键取决于收益递增效应、网络外部性或消费者或用户群体的兼容优势。相关研究表明，一旦主导范式的优势确立，不断改进范式，将成为大多数企业技术进步的重要努力方向。

五是新兴产业成长和产业组织变迁。当生产活动越来越多集中到采用突破性技术的创新型企业之时，意味着新兴产业顺势而生。一般而言，高新技术支持的新兴产业（部门）的全要素生产率高，可吸引资源持续从增长缓慢的传统产业中流出，从而逐步成长为引领经济增长的主导产业。②除了新技术"无中生有"创造出新部门以外，传统产业也会有越来越多的企业利用新兴科技进行生产，完成从低附加值、低技术水平状态向高附加值、高技术水平状态的蜕变。③"创新-产业动态化"的终点在于，产业内或产业间市场份额比重随着主导范式的扩散重新配置，这一过程是产业化经济体持续实现人均收入和人均产出增长的原因。"卡尔多-凡登"定律将经济

① Klepper, S., "Industry Life Cycles", *Industrial and Corporate Change*, 6 (1), 1997, pp.145-182.

② Saviotti, P. P., Pyka, A., "Product Variety, Competition and Economic Growth", *Journal of Evolutionary Economics*, 18 (3), 2008, pp.323-347.

③ Hirooka, M., *Innovation Dynamism and Economic Growth: A Nonlinear Perspective* (Edward Elgar Publishing, 2006).

增长率的提高归因于企业技术创新、生产的增长和规模的扩大，这一观点得到法国学派的支持，即综合生产率提高受两方面因素的影响：一方面，新兴产业部门受规模递增效应带来的分工和专业化影响，提高自身生产率；另一方面，新兴产业在扩张前提下受收入分配机制的影响，迫使其他产业部门提高劳动生产率。相关的研究表明，发展中国家成功追赶，在很大程度上依赖于结构转型作为生产率增长的来源；而发达国家实现生产率增长，主要依靠知识密集型活动和部门内技术进步。可以说，每一次创新引致的产业革命，都推动了其他关联部门以自催化的方式实现成长与交互。

概言之，"创新-产业动态化"体现了"创造性毁灭"整个过程的核心机制，将创新起源、创新传导、产业结构变迁嵌入一个整体框架之内，不仅指出了在发展过程中"产业化"是创新发挥关键性作用的条件，也凸显了创新引发产业结构的"动态化"机理。创新的"蜂聚"效应是以产业结构的持续变动为基础的。在这一背景下，企业家精神才真正体现出"内生性、不确定性和根本性"等特征。

第三节　"创新-产业动态化"实现的约束条件

"创新-产业动态化"是一经济社会因素交替作用的复杂过程，对其实现机制的准确理解，不能忽略一些其他条件所产生的制约抑或激励作用，否则人们只能解释"创新-产业动态化"过程中总生产率增长曲线形态变化的前因后果，而解释不了各个国家生产率曲线的起伏位置为何不同。

Castellacci 和 Polieri 尝试性地做出了相关解释，将"追赶、前进和落后"过程归结为各国适应新技术范式的结果，从另一角度分析了创新过程引发的各国增长效应差异的原因。[①]他们认为，"技术一致性"决定了范式形成的时机，而"社会能力"则决定了新范式在整个经济中的扩散速度和持续性。此外，"结构改革便利条件"还会影响劳动力从传统部门向新兴部门转

---

① Castellacci, E., Polieri, T., "Antalgic Effect and Clinical Tolerability of Hyaluronic Acid in Patients with Degenerative Diseases of Knee Cartilage: An Outpatient Treatment Survey", *Drugs under Experimental and Clinical Research*, 30 (2), 2004, pp.67-73.

移的速度。毋庸置疑，该分析对理解创新引致增长赶超的机制具有重要的学术价值，三者各自的"质量"以及之间的契合程度成为增长率不同的关键解释变量。这一框架无疑有助于深入理解增长赶超所需的条件，并为进一步探究"创新-产业动态化"机制提供了重要启示。然而，它仍需更贴近现实环境。毋庸置疑，创新发展作为微观企业异质性行为与宏观结构调整和转型的共同演化动力，一些关键的外生因素不可避免地会影响技术资源的获取、创新垄断利润的产生、市场进入和规模经济的形成。然而，这些外生因素究竟在哪个阶段对"创新-产业动态化"产生冲击，仍具有高度的随机性。因此，有必要分析创新发展过程中的重要的约束条件以及由此产生的影响。

其一，制度条件。创新驱动的产业动态化是一个涵盖创新要素配置、创新产品交易、创新技术扩散、创新企业成长和创新成果产业化的动态过程。市场化程度越高，这一过程的演化越依赖于市场信号和价格机制的推动，市场化对各个环节的影响也就越深远。首先，市场化程度越高，新技术和新企业的竞争性成分就越发达，产业中新旧成分更替的频率和速度也就越快，越有利于产业动态演化。其次，要素市场化程度越高，越有利于企业依据要素价格变化展开多元化创新活动，资本、人才等要素易于向创新项目集聚。再次，产品市场化程度越高，企业所在行业的竞争就越激烈，促使企业通过创新以谋求新产品、新服务和新工艺等方式"逃离竞争"，从而获取较高的创新垄断收益，创新活动也就越活跃；与此同时，产品市场程度越高，市场机制运行越好，企业就越能够根据价格机制和市场供给关系获得有效的消费者偏好和需求信息，进而激发企业家精神。最后，随着市场化程度的提升，企业的寻租空间被压缩，获取超额利润的动机减弱，从而促使企业将有限的资源和精力更多地投入创新活动中。从上述几个方面来看，理论上市场化程度越高，越有利于创新驱动产业动态化。

其二，资源约束。对于一个国家或企业而言，不论是技术升级还是战略选择，若想通过创新获取并巩固自己的市场支配地位，都必须付诸以资源为基础的生产创造和运营管理。创新作为一种特殊的经济要素，与其他基础资源共同投入生产体系，作用于结构变迁的演化过程。首先，有形资源的稀缺性和无形资源的边界性激发了企业家精神的作用方向。为了突破现有资源约束，企业家倾向于积极发现新知识，或者以新颖的方式对既有知识进行重新组合；反之，资源丰富的企业通常受制于内部资源，且不情愿付出高成本和高风险进行外部机会搜寻。[1]其次，不同的经济体由自然禀赋决定的要素价格（比较优势），对创新投入势必会产生成本方面的差异，从而决定了创新绩效水平。也就是说，禀赋资源的价格会影响某种发明创造的开发决策问题，也涉及适宜性创新模式的选择问题。最后，在创新利润诱导下，企业跟风，相应的生产要素流入生产率较高的新兴部门，推动产业结构变迁；相反，要素市场的扭曲会直接制约企业家对生产配比的布局，造成产业内或产业间全要素生产率的失衡。

其三，能力基础。为什么各个国家创新发展的增长效应不同？一些发展中国家的增长努力并没有产生与技术前沿国家的增长趋同的经验事实，引发了关于社会能力作为增长赶超条件的讨论。[2]后续深入研究表明，社会能力不仅在赶超过程中起着至关重要的作用，而且与国家的创新发展密切相关。作为发展的社会结构性基础，社会能力的缺失是工业化进程难以持续的根本原因。在2005年联合国工业发展组织发布的《工业发展报告（2005）》中，社会能力被定义为国家"获取和利用资源或技术的知识"，并被视为实现创新与产业动态化的必要社会基础。首先，突破性技术创新的发明和应用需要诉诸一个国家或地区的教育水平和知识储备，而社会能力及其结构变量是将"知识的客观存在性"转化为"人的主观能动性"的中介基础。其次，企业在创新产品商业化的过程中表现出显著的差异性，不同企业在获取和利用技术性知识的模式和效率上存在差异，甚至在非常规业务的经营中也是如此。这意味着一些特殊能力诸如"吸收能力"和

---

[1] Ahuja, G., Morris, C., "Entrepreneurship in the Large Corporation: A Longitudinal Study of How Established Firms Create Breakthrough Inventions", *Strategic Management Journal*, 22 (6-7), 2001, pp.521-543.

[2] Abramovitz, M., "Catching up, Forging ahead, and Falling behind", *The Journal of Economic History*, 46 (2), 1986, pp.385-406.

"技术能力"存在于不同的主体。最后，在主导范式扩散、构建新产业并最终淘汰旧产业的过程中，必须依靠强大的"国家能力"支持，包括税收制度、生产支持平台等。[①]由此可见，"创新-产业动态化"离不开能力基础的支撑。

其四，需求激励。每种技术范式都有其特定的知识基础，这决定了新兴产业发展的边界，而市场需求则可以引导新技术的发展方向。具体而言，需求激励的高度异质性，包括需求规模、增长速度、结构以及市场细分的差异，影响着消费者的认知和行为，进而深刻影响技术变革、新企业的进入以及产业的动态化进程。首先，需求是诱导创新的重要激励。"需求拉动"与"技术推动"在创新形成中的主导作用不同，产品创新速度不同的原因在于需求增长的相对速度存在差异；消费者对创新过程的深入参与也会影响新技术标准制定和新产品设计，由此形成了创新范式的差异，即"用户发起的创新"和"用户-制造商的互动创新"。其次，新技术的出现和应用改善了市场对创新的吸收条件，进而推动新市场的产生或重构。一方面，市场需求可能导致创新者更加关注主流客户，从而错失开拓新市场的机会；另一方面，由于新产品在细分市场和次级市场中存在信息不对称，某些特殊消费者（如实验性团队、政府采购、率先使用者、实践团队等）在新产品的初期推广中发挥了关键推动作用。[②]最后，创新者的"主导设计"，其本质就是满足大多数用户的需求。作为产业发展的"软基础设施"，主导设计及其对市场的作用机制，对新产业成长和发展具有决定性意义。

其五，网络协同。在创新引发的产业动态与结构变迁过程中，新技术或产品的形成以及扩散是诸多异质性市场主体之间的互动结果。知识、能力和专长的互补性，在变化的不确定环境中形成网络。Kogut将网络视为特定知识、产业环境、需求和制度的函数，各因素之间的复杂关系相互交织

---

①　Acemoglu, D., García-Jimeno, C., Robinson, J. A., "State Capacity and Economic Development: A Network Approach", *American Economic Review*, 105 (8), 2015, pp.2364-2409.

②　Klepper, S., Malerba, F., "Demand, Innovation and Industrial Dynamics: An Introduction", *Industrial and Corporate Change*, 19 (5), 2010, pp.1515-1520.

渗透，共同影响产业中微观个体的行为动机和宏观经济运行的绩效，反映出"创新–产业动态化"累积循环的正反馈特征。[①]网络的研究重心在于各经济代理的结构特殊性，其决定了不同产业中创新的方式和表现差异。根据知识的累积性、专有性以及技术机会，创新活动的组织方式可以分为"熊彼特Ⅰ"和"熊彼特Ⅱ"两种类型。前者源于新兴企业家的大胆尝试，后者则依赖于大型企业通过持续的自我优势再生产所实现的创新。与此同时，依据企业创新来源、策略和用户–生产者关系，可以划分不同的部门技术模式，这涉及跨部门经营的创新公司之间的投入产出关系、与科学进步的关联性以及企业内部创新能力的生成。这些体制差异表明，产业（部门）创新生产率和产业（部门）网络之间高度相关，决定了特定行业在多大程度上可以从新的技术经济范式中获得收益，这个特征可能对长期结构转型的研究有用。相关数据显示，网络结构在产业发展早期开始形成并趋于稳定，之后随着产业动态过程协同演化，在与技术、制度、能力、需求的耦合机制中得到调整。

第四节　中国技术创新推进产业动态化的效应：
实证分析

本章采用中国工业企业数据库的微观数据和省级面板的宏观数据进行实证研究。微观数据用于检验产业内企业的创新行为如何影响其在行业中的市场份额变化及企业的进入与退出；宏观数据用于探讨创新对产业结构跃迁和效率提升的影响。通过微观数据与宏观数据的结合，全面检验创新对产业动态化的作用。

一　基于微观数据的实证分析

探讨创新驱动产业动态化的效应时，需要考虑企业作为创新主体的作用，产业层面的动态化实际上是企业行为的结果。因此，利用企业层面数

---

① Kogut, B., "The Network as Knowledge: Generative Rules and the Emergence of Structure", *Strategic Management Journal*, 21 (3), 2000, pp.405-425.

据进行分析能够为创新驱动产业动态化提供微观依据。工业企业数据库提供了分析所需的相关变量，接下来我们将基于这些变量展开实证研究。

（一）模型设定

1.基准模型设定

创新驱动产业动态化的内涵之一是企业创新行为驱动企业在行业中市场份额扩大，因此我们以企业在产业中的市场份额为被解释变量，以企业创新为解释变量，研究企业创新如何影响该企业在行业中的市场份额。从而构建了如下模型：

$$maket\_share_{it} = \alpha_0 + \alpha_1 innov_{it} + \alpha_2 X' + \varepsilon_{it} \qquad (4\text{-}17)$$

其中，i 表示企业，t 表示年份；$innov_{it}$ 表示企业创新；$maket\_share_{it}$ 表示该企业在产业中的市场份额；X' 表示一系列控制变量，控制其他可能影响到市场份额的因素；ε_{it} 为随机误差项。我们重点关注的是 $innov_{it}$ 的估计系数 α_1，该值的正负号以及显著性反映了创新对企业在产业中市场份额的影响。

进一步地，为了揭示创新驱动产业动态化的动态特征，我们选取了企业退出这一变量，用以刻画创新对企业退出行业的影响，据此构建了如下模型：

$$exit_{it} = \alpha_0 + \alpha_1 innov_{it} + \alpha_2 X' + \varepsilon_{it} \qquad (4\text{-}18)$$

其中，$exit_{it}$ 表示企业从该行业退出。

2.机制检验模型设定

理论上，创新能够提升企业生产效率，从而使企业产品更具竞争力，进而使企业占领更多市场。此外，生产效率的提升也为企业带来了持续的竞争优势，帮助其避免被行业淘汰。下文将以全要素生产率（tfp）作为中介变量，检验创新是否通过提升全要素生产率这一传导机制，来提高企业在行业中的市场份额，并避免企业退出行业。

我们将构建如下机制检验方程，检验产业结构转型的机制路径：

$$y_{it}^n = \alpha_0 + \alpha_1 innov_{it} + \alpha_2 X' + \varepsilon_{it} \qquad (4\text{-}19)$$

$$tfp_{it} = \beta_0 + \beta_1 innov_{it} + \beta_2 X' + \varepsilon_{it} \qquad (4\text{-}20)$$

$$y_{it}^n = \gamma_0 + \gamma_1 innov_{it} + \gamma_2 tfp_{it} + \gamma_3 X' + \varepsilon_{it} \qquad (4\text{-}21)$$

其中，y_{it}^1为企业在行业中的市场份额，y_{it}^2为企业退出。

检验步骤：（1）将市场份额或企业退出作为被解释变量，将创新作为解释变量进行回归，即基准回归的内容；（2）将全要素生产率这一中介变量作为被解释变量，将创新作为解释变量进行回归；（3）将创新和全要素生产率纳入回归模型中，考察二者对市场份额或企业退出的影响。若估计系数β_1和γ_2均显著，则说明中介效应显著，若至少有一个不显著，则需要进行 Sobel 检验；随后观察估计系数γ_1的显著性，如果不显著说明为完全中介效应，如果显著说明存在部分中介效应。

（二）变量与数据

解释变量创新（innov）参照李宏等[1]的研究，采用企业专利知识宽度进行衡量。具体操作如下：将中国工业企业数据库与国家知识产权局的企业专利数据库进行匹配，并在大组层面（通过主专利号提取）定义企业知识宽度，具体为：

$$innov_{it} = 1 - \sum(\frac{Z_{imt}}{Z_{it}})^2 \qquad (4-22)$$

其中，Z_{imt}为企业i截至t年在m大组下发明与实用新型申请专利的累计数目，Z_{it}为企业i截至t年在全部大组下申请专利的累计数目。innov 的值越大，说明企业专利的知识宽度越大，专利质量越高，创新程度越大。

被解释变量市场份额（maket_share）参照简泽等[2]的研究，通过企业销售收入占四位数行业总销售收入的比值计算得出；企业退出（exit）参照王贵东[3]的方法，根据企业的生存状况设定虚拟变量衡量。若企业在观察期末不再出现，且其在数据库中的时间序列无中断，则该企业在最后出现的年份赋值为1，否则赋值为0。

控制变量方面，企业年龄（age）参照简泽等[4]的方法，通过数据库报

① 李宏等：《专利质量对企业出口竞争力的影响机制：基于知识宽度视角的探究》，《世界经济研究》2021年第1期。
② 简泽等：《市场竞争的创造性、破坏性与技术升级》，《中国工业经济》2017年第5期。
③ 王贵东：《1996—2013年中国制造业企业TFP测算》，《中国经济问题》2018年第4期。
④ 简泽等：《市场竞争的创造性、破坏性与技术升级》，《中国工业经济》2017年第5期。

告的成立年份计算，并取对数表示；总资产（*asset*）参考简泽等[1]的方法，根据二位数行业的PPI折算后的企业总资产，并取对数表示；企业利润率（*profit*）参照韩亚峰等[2]的方法，使用企业营业利润占销售收入的比值表示；资产负债比（*ass_lia*）参考赵宸宇等[3]的方法，采用企业总资产与总负债的比例表示；流动资产周转率（*turnover*）则使用企业流动资产总额与销售收入的比值表示。中介变量全要素生产率（*tfp*）参考杨汝岱[4]的方法，通过LP法进行测算。

样本与数据来源。数据样本为中国工业企业数据库1998~2013年样本企业，仅保留了五年及五年以上的企业；创新数据来源于中国工业企业数据库和专利数据库的匹配，其他数据均来自中国工业企业数据库。数据的描述性统计如表4-1所示。

表4-1　微观数据的描述性统计

变量	样本量	均值	标准差	最小值	最大值
innov	39391	0.740	0.293	0	1.000
market_share	39391	0.0141	0.0410	5.55e-06	1
exit	39391	0.00538	0.0732	0	1
age	39309	2.460	0.804	0	5.220
asset	39391	12.46	1.711	6.551	19.68
profit	39389	0.0736	0.106	−4.251	2.287
ass_lia	39387	2.541	2.201	1.022	16.09
turnover	39391	1.969	1.660	0.314	11.13
tfp	39391	7.727	1.347	−1.883	15.27

（三）实证结果分析

1.基准结果

依据Hausman检验结果，应使用固定效应模型进行回归分析。关于企

---

① 简泽等：《市场竞争的创造性、破坏性与技术升级》，《中国工业经济》2017年第5期。
② 韩亚峰等：《政府补贴与企业全要素生产率——甄选效应和激励效应》，《南开经济研究》2022年第2期。
③ 赵宸宇等：《数字化转型如何影响企业全要素生产率》，《财贸经济》2021年第7期。
④ 杨汝岱：《中国制造业企业全要素生产率研究》，《经济研究》2015年第2期。

业创新如何影响该企业在产业中的市场份额，实证结果为表4-2的模型（1）和模型（2）；在不包含控制变量的表4-2模型（1）中，创新影响市场份额的估计系数为正，且通过1%的显著性水平检验；在加入了控制变量的模型（2）中，创新影响市场份额的估计系数仍然为正，也通过1%的显著性水平检验。由此表明，企业创新提高了该企业在产业中的市场份额。

关于企业创新如何影响该企业在产业中的市场退出行为，实证结果为表4-2的模型（3）和模型（4）。在不包含控制变量的表4-2的模型（3）中，创新影响市场份额的估计系数为负，且通过10%的显著性水平检验；在加入了控制变量的模型（4）中，创新影响市场份额的估计系数仍然为负，也通过10%的显著性水平检验。由此表明，企业创新避免了该企业从产业中退出。

表4-2　微观数据的基准结果

变量	模型（1）	模型（2）	模型（3）	模型（4）
	market_share	*market_share*	*exit*	*exit*
innov	0.0040***	0.0022***	−0.0033*	−0.0035*
	(0.0006)	(0.0006)	(0.0019)	(0.0020)
age		0.0013***		0.0009
		(0.0003)		(0.0010)
asset		0.0074***		0.0006
		(0.0003)		(0.0009)
profit		0.0043***		−0.0123**
		(0.0016)		(0.0051)
ass_lia		−0.0001		0.0002
		(0.0001)		(0.0003)
turnover		0.0015***		−0.0005
		(0.0001)		(0.0004)
常数项	0.0309***	−0.0571***	−0.0085**	−0.0158
	(0.0013)	(0.0036)	(0.0040)	(0.0114)
R^2	0.0231	0.0452	0.0222	0.0225
N	39391	39303	39391	39303
个体/时间固定效应	Yes	Yes	Yes	Yes

注：*、**、***分别表示10%、5%、1%的显著性水平。

2.中介效应结果

关于创新如何影响该企业在产业中的市场份额的机制分析，中介效应模型的结果的第一步如表4-3的模型（1）所示，创新对市场份额影响的估计系数为正，且通过1%的显著性水平检验，中介效应第一步检验通过。中介效应检验第二步的结果为表4-3的模型（2），创新对全要素生产率影响的估计系数为正，且通过1%的显著性水平检验，说明创新提升了企业的全要素生产率，中介效应第二步检验通过。中介效应检验第三步的结果为表4-3的模型（3），全要素生产率影响市场份额的估计系数为正，且通过了1%的显著性水平检验，这说明全要素生产率的提升提高了企业在产业中的市场份额；在表4-3的模型（3）中，创新对市场份额的估计系数为正，并通过了1%的显著性水平检验，表明创新对市场份额具有显著的正向影响，且存在部分中介效应。这些结果表明，企业的创新行为可以促进其市场份额的提升，且创新在提高企业生产率后，效率的提升进一步推动了市场份额的增长。

关于创新如何影响企业退出的机制分析，表4-3模型（4）显示中介效应检验的第一步结果：创新对企业退出的估计系数为负，且通过了10%的显著性水平检验，表明创新在一定程度上抑制了企业退出。中介效应检验的第二步结果［表4-3模型（5）］显示，创新对全要素生产率的估计系数为正，并通过了1%的显著性水平检验，这表明创新显著提升了全要素生产率。中介效应检验的第三步［表4-3模型（6）］结果显示，全要素生产率对企业退出的影响不显著，说明传导机制在此中断。因此，创新并非通过全要素生产率的中介机制影响企业退出。

表4-3　微观数据的基准结果

变量	模型（1）market_share	模型（2）tfp	模型（3）market_share	模型（4）exit	模型（5）tfp	模型（6）exit*
innov	0.0022*** (0.0006)	0.0434*** (0.0125)	0.0021*** (0.0006)	−0.0035* (0.0020)	0.0434*** (0.0125)	−0.0036* (0.0020)
tfp			0.0025*** (0.0003)			0.0007 (0.0009)

续表

变量	模型（1）market_share	模型（2）tfp	模型（3）market_share	模型（4）exit	模型（5）tfp	模型（6）exit
age	0.0013*** (0.0003)	0.0211*** (0.0067)	0.0012*** (0.0003)	0.0009 (0.0010)	0.0211*** (0.0067)	0.0009 (0.0010)
asset	0.0074*** (0.0003)	0.5343*** (0.0060)	0.0061*** (0.0003)	0.0006 (0.0009)	0.5343*** (0.0060)	0.0002 (0.0011)
profit	0.0043*** (0.0016)	2.8768*** (0.0323)	−0.0029* (0.0018)	−0.0123** (0.0051)	2.8768*** (0.0323)	−0.0144** (0.0056)
ass_lia	−0.0001 (0.0001)	−0.0041** (0.0017)	−0.0001 (0.0001)	0.0002 (0.0003)	−0.0041** (0.0017)	0.0002 (0.0003)
turnover	0.0015*** (0.0001)	0.1395*** (0.0025)	0.0012*** (0.0001)	−0.0005 (0.0004)	0.1395*** (0.0025)	−0.0006 (0.0004)
常数项	−0.0571*** (0.0036)	0.8292*** (0.0730)	−0.0592*** (0.0036)	−0.0158 (0.0114)	0.8292*** (0.0730)	−0.0164 (0.0115)
R²	0.0452	0.6145	0.0476	0.0225	0.6145	0.0225
N	39303	39303	39303	39303	39303	39303
个体/时间固定效应	Yes	Yes	Yes	Yes	Yes	Yes

注：*、**、***分别表示10%、5%、1%的显著性水平。

以上实证分析为创新驱动产业动态化提供了实证支持。具体而言，企业的创新行为不仅提升了自身生产率，还带动了市场份额的扩张，使得产业内高生产率企业的比重增加，从而推动了产业整体生产效率的提升和优化。

二 基于宏观数据的实证分析

创新驱动了产业动态化，从宏观层面表现为产业效率的提升与结构升级。为检验创新是否带来了这些效应，本部分将利用中国宏观面板数据进行实证研究。

（一）模型设定

1.基准模型设定

利用我国省级面板数据，构建如下计量实证模型以检验创新对产业动态化的影响：

$$ind\_dy_{it} = \beta_0 + \beta_1 innov_{it} + \beta_2 X' + \varepsilon_{it} \qquad (4\text{-}23)$$

其中，i 表示省份，t 表示年份；$innov_{it}$ 表示创新；ind_dy_{it} 表示产业动态化；X' 表示一系列控制变量，控制其他可能影响到产业动态化的因素；ε_{it} 为随机误差项。我们重点关注的是 $innov_{it}$ 的估计系数 β_1，该值的正负号以及显著性反映了创新对产业动态化的效应。

2.调节效应模型设定

前文指出，创新驱动产业动态化存在约束条件，制度条件、资源约束、能力基础、需求激励以及网络协同均是重要方面，下面通过构建交互性模型对此进行检验。

$$ind\_dy_{it} = \beta_0 + \beta_1 innov_{it} + \beta_2 innov_{it} \times condi_{it}^n + \beta_3 X' + \varepsilon_{it} \qquad (4\text{-}24)$$

其中，$condi_{it}^n$ 表示各种约束条件，$n = 1，2，3，4，5$，变量说明中将详细讨论。

（二）变量与数据

被解释变量。产业动态化（ind_dy），与经济发展相一致的结构转型过程是要素由生产率低的传统部门向生产率高的现代部门的转移过程；产业动态化不仅是产业间的结构转变，更是产业内生产率的提高，而后者尤为重要。本部分借鉴刘伟和蔡志洲[①]、袁航和朱承亮[②]刻画的指标来表征产业动态化，计算公式如下：

$$ind\_dy = \ln\left[\sum_{m=1}^{3}(v_{it}^m \times lp_{it}^m)\right], \ m = 1，2，3 \qquad (4\text{-}25)$$

其中，v_{it}^m 表示第 m 产业增长值占 GDP 的比重，lP_{it}^m 表示第 m 产业的劳动生产率。这一指标既考虑到三次产业间的结构变动，同时考虑产业内部生产率的提高。

解释变量。创新（$innov$），使用《中国科技统计年鉴》提供的有效专利数并取对数表示。

约束条件变量。关于制度条件，创新驱动产业动态化的首要制度条件

---

① 刘伟、蔡志洲：《我国产业结构变动趋势及对经济增长的影响》，《经济纵横》2008 年第 12 期。

② 袁航、朱承亮：《国家高新区推动了中国产业结构转型升级吗》，《中国工业经济》2018 年第 8 期。

是高度市场化营商环境，市场化程度越高，创新激励以及创新转化的效应越强，因此我们以市场化程度（mar）作为制度条件的变量，数据来源于王小鲁等①测算的市场化指数。资源约束，重点是要素条件的约束，要素市场发育程度越高，要素配置效率也就越高，越能满足创新所需的要素供给，我们选取王小鲁等测算的要素市场发育程度（factor）作为替代变量。能力基础，考虑到能力基础很难通过几个变量加以刻画，更多强调的是影响创新的能力体系；从可行性维度考虑，我们仅探讨其中的一个方面，即人力资本（hc）的基础性作用，使用平均受教育年限来刻画。需求激励，即市场规模会对创新形成激励，以及分摊固定成本，我们以工资总额来刻画市场规模（scale）。关于网络协同，指的是各个因素之间相互关联、相互渗透的协同关系，很难使用几个指标加以刻画，考虑到交通网络（network）对创新资源、创新要素、创新产品的协同效应，实证分析部分仅考虑交通网络一个维度，以公路通达强度表示。

控制变量。经济开放度（open），以进出口总额占GDP的比重衡量；人口规模（pop），采用人口数量的对数值表示；金融发展水平（fin），以存贷款余额占GDP的比重衡量；需求结构（dem_str），以社会消费总额占GDP的比重表示；人口老龄化（aging），以65岁及以上人口的比例表示。

数据说明：创新变量采用的有效专利数量来源于《中国科技统计年鉴》；市场化程度和要素市场发育程度取自王小鲁等著的《中国分省份市场化指数报告（2021）》，并参照马连福等②的方法推算出2020年的数据。其余数据均来自相关年份《中国统计年鉴》。数据的描述性统计如表4-4所示。

表4-4 宏观数据的描述性统计

变量	样本量	均值	标准差	最小值	最大值
ind_dy	465	11.28	0.467	10.05	12.58
innov	465	10.50	1.816	5.017	14.65

---

① 王小鲁等：《中国分省份市场化指数报告（2021）》，社会科学文献出版社，2021。
② 马连福、王丽丽、张琦：《混合所有制的优序选择：市场的逻辑》，《中国工业经济》2015年第7期。

变量	样本量	均值	标准差	最小值	最大值
mar	465	6.475	2.227	−1.420	12
factor	465	5.672	3.023	−1.210	17.43
hc	465	9.573	1.417	3.592	13.85
scale	465	7.456	1.074	3.994	10.02
network	465	0.862	0.503	0.0365	2.205
open	465	0.277	0.316	0.00716	1.708
pop	465	8.110	0.850	5.652	9.443
fin	465	3.062	1.201	1.392	8.131
dem_str	465	0.384	0.0632	0.221	0.613
aging	465	12.28	3.079	4.760	22.48

（三）实证结果分析

1. 基准结果

依据 Hausman 检验结果，应使用固定效应模型进行回归分析。实证结果如表4-5所示。在不包含控制变量的表4-5模型（1）中，创新影响产业动态化的估计系数为正，且通过1%的显著性水平检验；在加入了控制变量的模型（2）中，创新影响产业动态化的估计系数仍然为正，也通过1%的显著性水平检验。由此表明，创新驱动了产业动态化。

表4-5　宏观数据的基准结果

变量	ind_dy	
	模型（1）	模型（2）
innov	0.1305***	0.1071***
	(0.0277)	(0.0276)
open		0.1829***
		(0.0643)
pop		−0.2384
		(0.1545)
fin		−0.0884***
		(0.0146)
dem_str		−0.0976
		(0.1287)

变量	ind_dy	
	模型（1）	模型（2）
aging		0.0018
		(0.0031)
常数项	9.5946***	11.8863***
	(0.2454)	(1.2759)
R^2	0.8823	0.8968
N	465	465
个体/时间固定效应	Yes	Yes

注：*、**、***分别表示10%、5%、1%的显著性水平。

2.约束条件的检验结果

第一，分析市场化的影响，在表4-6模型（1）中，创新对产业动态化影响的估计系数为正，且通过5%的显著性水平检验；创新和市场化的交互性对产业动态化影响的估计系数为正，且通过1%的显著性水平检验，这表明市场化程度越高，创新驱动产业动态化的效应越强。

第二，分析要素市场发育的影响，在表4-6模型（2）中，创新对产业动态化影响的估计系数为正，且通过1%的显著性水平检验；创新和要素市场发育的交互性对产业动态化影响的估计系数为正，且通过1%的显著性水平检验，这表明，要素市场发育越好，创新驱动产业动态化的效应越强。

第三，分析市场规模的影响，在表4-6的模型（3）中，创新对产业动态化影响的估计系数为正，但是不显著，这说明不存在基于市场规模的调节效应。

第四，分析交通网络的影响，在表4-6的模型（4）中，创新对产业动态化影响的估计系数为正，且通过1%的显著性水平检验；创新和交通网络的交互性对产业动态化影响的估计系数为正，且通过1%的显著性水平检验，这表明，交通网络越发达，创新驱动产业动态化的效应越强。

第五，分析人力资本的影响，在表4-6的模型（5）中，创新对产业动态化影响的估计系数为正，且通过10%的显著性水平检验；创新和人力资本的交互性对产业动态化影响的估计系数为正，且通过1%的显著性水平检验，这表明，人力资本水平越高，创新驱动产业动态化的效应越强。

表4-6 约束条件的检验结果

变量	ind_dy				
	模型（1）	模型（2）	模型（3）	模型（4）	模型（5）
innov	0.0679**	0.1072***	0.0231	0.0786***	0.0611*
	(0.0271)	(0.0273)	(0.0356)	(0.0275)	(0.0321)
innov × mar	0.0048***				
	(0.0008)				
innov × factor		0.0009***			
		(0.0003)			
innov × scale			0.0102***		
			(0.0028)		
innov × network				0.0220***	
				(0.0046)	
innov × hc					0.0052***
					(0.0019)
open	0.2537***	0.1942***	0.2899***	0.2103***	0.2221***
	(0.0624)	(0.0639)	(0.0698)	(0.0629)	(0.0653)
pop	−0.2868*	−0.2885*	−0.2686*	−0.3086**	−0.3170**
	(0.1478)	(0.1543)	(0.1525)	(0.1513)	(0.1559)
fin	−0.0540***	−0.0745***	−0.0652***	−0.0649***	−0.0766***
	(0.0150)	(0.0154)	(0.0158)	(0.0151)	(0.0151)
dem_str	−0.0309	−0.0466	−0.1585	−0.2053	−0.0346
	(0.1235)	(0.1290)	(0.1279)	(0.1274)	(0.1298)
aging	0.0003	0.0016	0.0001	−0.0004	0.0007
	(0.0030)	(0.0031)	(0.0031)	(0.0030)	(0.0031)
常数项	12.1889***	12.1930***	12.2285***	12.5521***	12.4853***
	(1.2201)	(1.2703)	(1.2606)	(1.2508)	(1.2844)
R^2	0.9060	0.8987	0.9001	0.9023	0.8987
N	465	465	465	465	465
个体/时间固定效应	Yes	Yes	Yes	Yes	Yes

注：*、**、***分别表示10%、5%、1%的显著性水平。

无论是基于企业层面的微观实证分析，还是基于宏观省级数据的分析，结果均表明创新有效驱动了我国产业的动态化。具体而言，企业创新提升了生产率，在增加产业市场份额的同时，也促进了产业内高效成分对低效成分的替代，从而推动了产业动态化；同时，创新增强了企业竞争力，不仅减少了企业退出的可能性，还吸引了新企业的进入，实现了企业在产业中的新陈代谢。总体来看，创新驱动的产业动态化在宏观层面表现为产业结构的升级与效率的提升，且这一效应在市场化程度更高、要素市场发育更完善、交通网络更发达、人力资本水平更高的地区尤为显著。

第五节　中国创新-产业动态化的制约因素：观点与判断

以创新驱动产业动态化，其实正是我国创新发展战略的落脚点，但从目前来看还存在诸多方面的制约，疏通"堵点"将是目前要加快推进的重要任务。

一　关键核心技术"卡脖子"制约高科技产业动态演进

"卡脖子"是指关键核心技术长期和其他国家存在较大的技术差距，而且技术差距短期内还很难被缩小，一旦国际贸易中出现对该技术进出口贸易的封锁，那么该核心技术就会成为一个国家产业发展的"卡脖子"问题。①我国在诸多高科技领域正面临关键技术"卡脖子"困境，在高端光刻机领域，我国自主生产的光刻机加工精度较低，其相关元器件、组装工艺、光刻胶等依赖进口；在芯片制造方面，国际最先进芯片量产制程精度已达5纳米，我国只有28纳米；在数据库管理系统方面，目前甲骨文、IBM、微软等美国公司占据了大部分的市场份额，我国国产数据库管理系统尽管一直追赶，但是在稳定性、通用性上依然存在不足；在操作系统方面，谷歌、苹果、微软等美国公司处于绝对垄断地位，我国尽管起步较早但投入严重

---

① 陈劲：《产业关键核心技术"卡脖子"问题的突破路径》，《中国经济评论》2021年第2期。

不足，市场壁垒较高、技术积累不足。

关键核心技术"卡脖子"制约高科技产业动态演进从而阻碍我国增长赶超。后发国家若过于依赖技术引进，将会陷入比较优势陷阱，形成低水平技术均衡锁定，无法提高自主创新能力，最终与先发国家形成无法跨越的"均衡技术差距"，成为永久的跟随者。中国在转型升级的过程中，虽不乏通过模仿创新而在国际市场中占据一席之地的企业，但也有诸多企业陷入"引进—落后—再引进—再落后"的怪圈。[①]国际竞争的关键是核心技术，发达国家并不会出售关键核心技术，后发国家只有通过自主创新，才可能实现技术的根本性突破，进而成功赶超发达国家。[②]

破解关键技术"卡脖子"难题，需要充分发挥举国体制的优势，攻坚克难。首先，产业政策应向攻关型创新企业倾斜。政府对企业技术创新的支持应更加聚焦于关键技术的开发阶段，减少对产业竞争和产能扩张环节的科技资金投入，发挥社会资本的主导作用。其次，推动建立以国有企业为主力的"卡脖子"技术攻关机制。逐步减少国有企业在战略性领域对国外产品和软件的依赖，加快关键零部件和工业软件的国产化进程；同时，鼓励国有企业提供技术创新的公共产品，赋能中小企业，加大仪器设备等资源的共享力度。最后，深化市场与政府的协同作用。对于工业制成品而言，较高的成本或性能的不足可能会导致市场接受度低，进而影响企业通过市场回收研发成本，阻碍持续研发与技术进步。因此，在举国体制推进"卡脖子"项目的科技研发时，必须充分考虑市场对技术和产品的认可度，以提升市场与政府的协同性。

二　亟须强化基础研究，夯实技术能力

原始创新源于基础研究，缺乏基础研究的有效突破，就无法产生关键核心技术，产业发展也将失去动力。只有基础研究取得重大原创性突破，才能催生颠覆性核心技术，推动中国产业迈向全球价值链的中高端。基础

---

① 吕一博等：《翻越由技术引进到自主创新的樊篱——基于中车集团大机车的案例研究》，《中国工业经济》2017年第8期。

② 袁礼等：《后发大国的技术进步路径与技术赶超战略》，《经济科学》2021年第6期。

研究作为提升国家源头创新能力的关键，是高新技术的源泉和科技创新的上游支撑。约90%的中国当代技术创新成果来源于基础研究，例如卫星、通信、超导、核能和航空航天等技术的突破都直接依赖于基础研究。对中国而言，唯有在基础研究方面奠定坚实基础、取得重大进展，才能在核心技术和颠覆性技术上实现突破，在全球经济分工和创新竞争中占据优势，推动中国向全球价值链的中高端迈进。然而，与发达国家相比，中国的基础研究整体水平仍然滞后。尽管中国科技人员数量居世界首位，但研发人员在就业人口中的比例远低于发达国家，且人才结构与欧美等创新强国存在显著差距。真正能够引领产业变革的原创性、基础性突破仍然稀缺，科学问题的凝练和解决能力不足，战略性基础力量薄弱，社会整体创新氛围不够浓厚。[1]

针对中国基础研究的现存问题，国家层面必须加大力度持续增加基础研究投入，继续发挥中央财政在基础研究中的主体和引导作用，拓宽基础研究的投入渠道；重点在于以更长期和更宽广的国际视野，培育研发及其应用的基础科学根基，提升基础研究质量。对于企业，要让企业更多地参与到基础研究过程中去，成为基础研究的生力军；企业投入基础研究既是发达国家的经验，亦是后发追赶型国家的经验；要引导和推动企业从事应用性较强的能够驱动产业高质量发展的基础研究。

三 创新要素缺乏高效的配置机制

创新尤其是突破式创新乃至关键核心技术的创新需要政策性资源的支持，包括金融、税、财政等一系列支持。例如政策性金融向企业提供信贷，以使它们能参与到激烈的创新竞争过程中。又如国家的"市场创造"对创新-产业动态化的作用也是各国创新政策关注的领域，由于新产品进入市场常常面临需求不足的问题，政府订购成为非常重要的一类激励手段。

中国创新资源和要素配置机制仍不完善，导致资源错配和浪费。根据

---

[1] 樊增强：《基础研究与技术创新能力提升》，《东北师大学报》（哲学社会科学版）2020年第2期。

国家统计局数据，1998~2023年，中国研发投入年均增速约为17%，专利申请授权数从1998年的6.8万件增长至2023年的364.9万件。同时，研发支出占GDP的比重逐步提高，2022年达到了2.55%。[①]然而，与增长迅速的研发投入或专利产出不匹配的是，反映技术进步与经济增长动力的全要素生产率水平仍然较低，并且增长速度不断下降。[②]靳来群认为由于金融资源在国有部门和民营部门间的错配问题而导致的全要素生产率损失达50%左右，因金融资源在民营部门内部的错配问题而导致的全要素生产率损失为46.59%左右。[③]

为推动中国经济走向创新驱动的高质量发展轨道，政府在利用"有形之手"激励企业创新的同时，还应注重营造公平竞争的市场环境。通过深化要素市场化改革，政府可以减少企业决策中的行为扭曲和要素错配，从而更有效地将研发创新投入转化为全要素生产率的提升。政府在激励企业创新的过程中，应当以创新活动的外部性为依据，从弥补市场失灵的角度优化政策设计。全要素生产率应成为企业间资源配置以及企业进入与退出市场的决定因素，这有利于缓解企业间的资源错配与僵尸企业问题，进而提高全要素生产率。

同时，还需加快金融体系的市场化进程，提升金融市场的资源配置效率，减少市场摩擦，尽可能消除金融错配现象。政府应转变职能，逐步退出金融领域的国家信用担保，减少政策干预，以减小政策扭曲性。在金融资源分配过程中，需减少所有制歧视，为各类企业营造公平的金融生态环境。另外，企业应注重自身能力建设，提升融资能力。相比其他活动，企业创新具有高度不确定性和较强的融资约束。因此，企业应积极完善信用体系，健全信息披露机制，以缓解信息不对称导致的融资难题，为创新活动提供可靠的资金支持。

[①] 《2022年我国R&D经费突破3万亿元与GDP之比达2.55%》，国家统计局官网，2023年1月20日，https://www.stats.gov.cn/sj/zxfb/202302/t20230203_1901730.html。

[②] 戴小勇：《中国高创新投入与低生产率之谜：资源错配视角的解释》，《世界经济》2021年第3期。

[③] 靳来群：《所有制歧视所致金融资源错配程度分析》，《经济学动态》2015年第6期。

第五章
以制度改进强化中国科技成果转化：
机制与实证检验

    制度创新是指在现有生产和生活条件下，为实现社会持续发展和变革而创设的能够更好地激励大众行为的新制度和规范体系。制度创新的积极意义在于通过新制度的建立，不仅鼓励新活动的产生，还能将这些活动固化，并使其在制度化的框架内持续发挥作用。制度创新可以激发人们的创造性和积极性，促使新知识的不断创造与社会资源的合理配置，从而积累社会财富，推动社会发展与进步。优良的制度环境同时也是创新的产物，其中尤为重要的是创新型政府。创新型政府在制度创新和文化创新等方面发挥着关键作用，特别是在解决当前科技创新所面临的体制、政策和法规等问题上，创新型政府的作用尤为显著。这些问题的解决，要求中央和地方政府转变经济角色，从经济活动的主角转变为公共服务的提供者，进而为大众创新创造优质、廉洁、高效的政治环境，并完善自主创新的公共服务体系。同时，政府还应发扬改革精神，提出创新思路，制定和完善激励自主创新的政策，并确保这些政策的有效落实，以激发中小企业的创新活力。本章将首先对制度创新与科技成果转化的相关文献进行梳理，然后对国内外科技成果转化的现状进行统计整理和对比分析。在此基础上，本章将从理论与实证的角度，分析我国产权制度改革在科技成果转化中的作用及其面临的制度障碍。最后提出有针对性的制度改进建议，以期为促进科技成果的有效转化提供理论支撑和政策依据。

第一节 中国基础研究和应用研究转化现状

一 我国应用研究成果转化现状及其国际比较

40多年来，中国在经济制度、政治制度和法律制度等方面进行了深刻变革，其中经济制度的变革尤为显著，主要体现为产权制度、市场化机制和对外贸易制度的持续优化，并取得了显著成果。

本章依据国家科技成果登记工作平台发布的相关年份的《全国科技成果统计报告》，对1996~2019年我国登记的各类科技成果占比进行了整理（见图5-1）。从总体情况来看，应用技术成果的重要性不言而喻，其在所有科技成果中所占比重始终处于80%以上。其次是基础理论成果，2014年以后该类成果占比为10%左右。软科学类科技成果的数量相对较少，在所有科技成果中所占比重为9%以下。

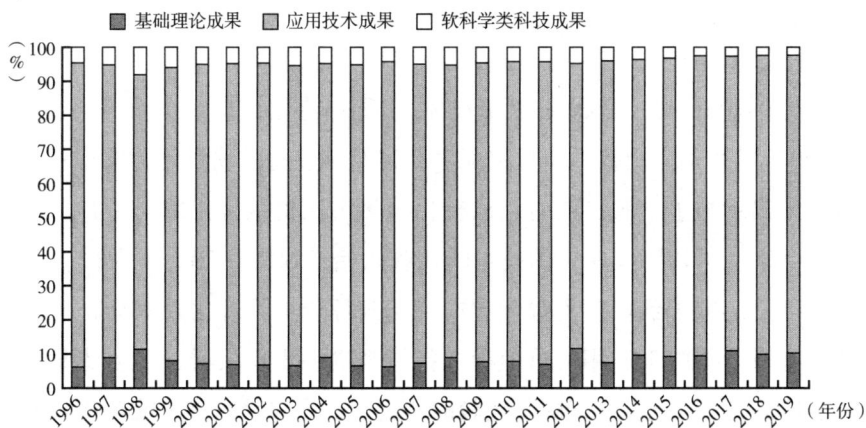

图5-1 1996~2019年我国各类科技成果占比的变动趋势

资料来源：根据相关年份的《全国科技成果统计报告》整理。

鉴于应用技术成果在所有科技成果中的重要地位，本章首先对此类成果的应用状态（见图5-2）及转化情况（见图5-3）进行了分析。从2013年至2019年的应用状态来看，40%以上的应用技术项目都实现了产业化应用，并且这一比例呈现持续降低的态势。同时值得注意的是，小批量或小范围应用技术项目、未应用技术项目及应用后停用技术项目所占比重的上升，说明近些年来我国应用技术项目实现产业化应用的形势并不乐观，同时此类项目未被顺利应用的趋势也在加剧。

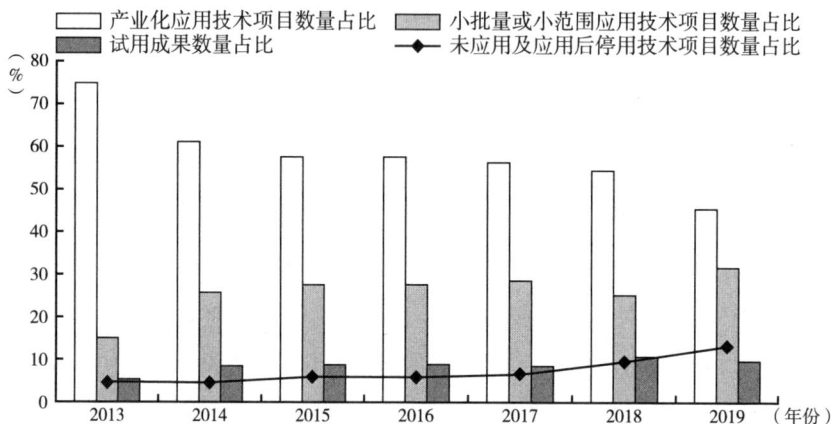

图5-2　2013~2019年我国应用技术成果应用状态统计

资料来源：根据相关年份的《我国科技成果统计报告》整理。

同样不容乐观的是我国应用技术项目的转化情况。如图5-3所示，2015~2018年我国应用技术项目中能够获得经济效益的项目比例维持在30%左右，未出现显著增长。同时，已转化项目占比也维持在21%左右，呈小幅波动状态。平均每项成果的技术转让收入始终保持在20万元及以下，整体较为稳定。考虑到以此类数量导向指标来评价项目转化效率具有一定局限性，本章以国际上通用的价值导向指标来进一步反映项目转化情况。最具代表性的是OECD在进行国际比较时所提出的，以技术许可或转让收入占研发支出的比重（简称许可收入强度）来代表科技成果被市场认可的经济价值，继而反映知识转移的效率。鉴于知识产权是技术转让的一种重要形式，本章结合相关年份的《全国科技经费投入统计公报》中的应用研究经费数据，以及《全国科技成果统计报告》中的知识产权技术转让收入数据，计算出我国每年的许可收入强度。从此项指标来看，我国的许可收入强度从2014年至2018年也只是维持在1.1%至1.4%之间，并未发生大幅增长。

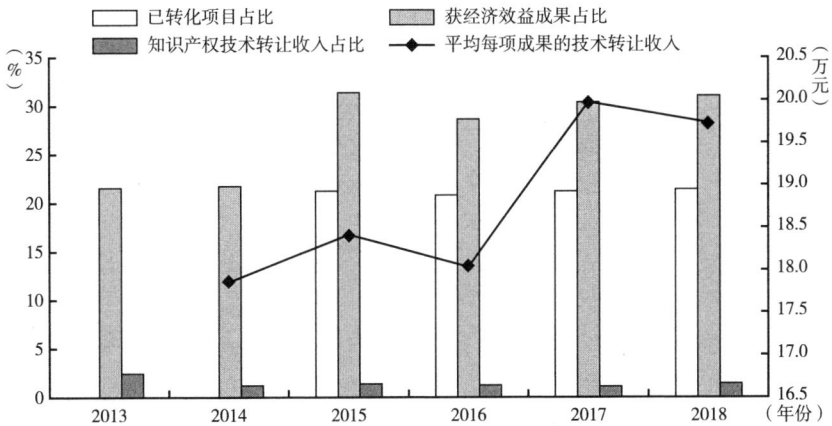

图5-3 2013~2018年我国应用技术项目转化情况统计

注：平均每项成果的技术转让收入为政府项目与社会项目的平均值计算所得，适用于右坐标，其余指标适用于左坐标。

资料来源：根据相关年份的《全国科技成果统计报告》及《全国科技经费投入统计公报》数据整理。

其次，本章还重点考察了我国大学和科研机构的成果转化现状。大学和科研机构作为国家知识生产的主要载体，其成果转化效率是各国科研转化能力的集中体现。社会各界均对我国科研部门的科技转化效率予以重点关注。如1998年全国人大常委会执法检查组关于检查《中华人民共和国促进科技成果转化法》实施情况的报告中，提到"据科技部估计，在我国每年取得的近3万项科技成果中，只有20%左右的成果转化并批量生产"。2014年，科技部对9302个结题不满三年的国家科技重大专项、973计划、国家重大科学研究计划等课题成果的转化应用情况进行了调查，结果显示有47.3%的课题成果得到了转化应用。2015年，清华大学陈劲教授团队通过面向全国682所高校开展的专项问卷调查，测算得出高校近5年的科技成果转化率平均估值为17.6%。根据2016年国家知识产权局发布的《2015年中国专利调查数据报告》，2014年我国高校和科研单位的专利实施率分别为9.9%和41.6%，专利许可及转让率分别为3.6%和9.4%。综合来看，以上统计的评价对象不一，指标也大部分以转化应用成果数占比来反映转化效率，当转化应用的统计口径存在差异时，统计结果之间的可比性就大打折扣。

为了克服这一问题，本章以OECD的许可收入强度来度量科研部门的成果转化效率。根据相关年份的《高等学校科技统计资料》及《中国研究机构创新能力监测报告》，本章整理了2009~2017年我国高校以及科研机构的研究与发展经费总支出、技术转让实际总收入，如图5-4所示。

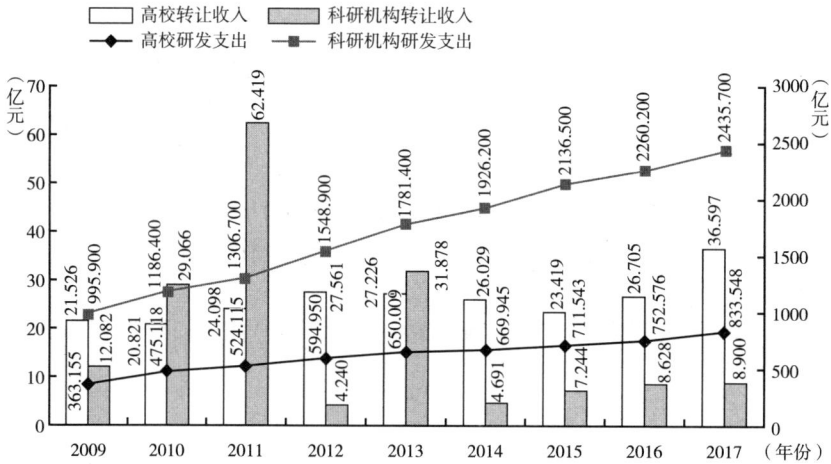

图5-4 2009~2017年我国高校及科研机构转让收入与研发支出情况

注：高校及科研机构研发支出数据适用于右坐标，其余适用于左坐标。

资料来源：根据相关年份的《高等学校科技统计资料》及《中国研究机构创新能力监测报告》整理。

根据图5-4，从2009年至2017年我国高校及科研机构的研发支出费用一直处于上升态势，尤其是科研机构的此项支出更为突出。技术转让收入的变动却不尽如人意。科研机构的技术转让收入在2012年和2014年经历了两次大幅下跌，此后未见显著回升。尽管在2015年至2017年科研机构的技术转让收入略有增长，但始终未突破9亿元。高校转让收入水平同样在2012年至2015年连续处于下滑状态，2016年才开始出现增长。同时，尽管高校的许可收入强度在2016~2017年有所增大，但受到同期科研机构表现的影响，两类部门的总体许可收入强度未能达到预期。2015~2017年，两类部门的平均许可收入强度仅从1.08%微升至1.39%（见图5-5）。

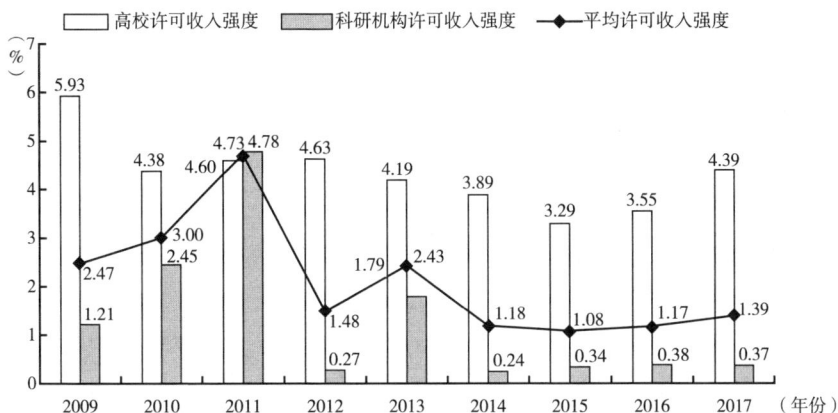

图5-5 2009~2017年我国高校及科研机构许可收入强度

了解我国自身研究成果转化效率固然重要，但也需要明晰中国与世界各国在研究成果转化中的横向差距，尤其是与发达经济体之间的差距。事实上，国际组织也注意到这一问题的重要性，并发展了许多通用评价指标。如欧洲知识转移测度专家委员会提出了，以成果的商业潜力和商业应用水平为核心的知识转移测度指标体系；OECD提出了以技术许可或转让收入占研发支出的比重，作为评价各国公共科研部门知识转移效率的观点。鉴于前述内容中所提及的使用OECD指标之优势，本章沿用这一指标来评价世界各发达经济体的科研转化能力。对此，我们整理了美国大学技术经理人协会（Association of University Technology Managers，AUTM）对美国和加拿大主要学术机构和非营利研究机构进行的技术许可调查数据（AUTM U. S. Licensing Activity Survey；AUTM Canadian Licensing Activity Survey），以及澳大利亚国家商业研究调查（Australian National Survey of Research Commercialisation）数据。使用这些国家技术许可或转让收入以及研发支出的数据，来计算出这三个国家历年许可收入强度，[1]如图5-6所示。

① 由于《中国研究机构创新能力监测报告（2019）》中记录的最新数据只到2017年，为便于比较，本书将其他国家的数据也统一更新到2017年。另，由于澳大利亚NSRC的最新数据只到2016年，因此许可收入强度也只计算到这一年。

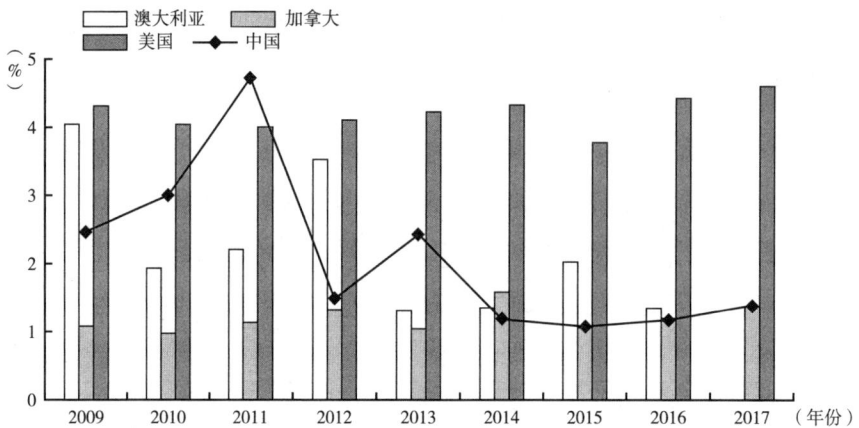

图5-6 2009~2017年澳大利亚、加拿大、美国、中国许可收入强度对比

资料来源：澳大利亚数据根据Australian National Survey of Research Commercialisation，NSRC 2000–2016 Unit Record Data数据加总计算；加拿大及美国数据，分别根据AUTM Canadian Licensing Activity Survey（2017）及AUTM Licensing Activity Survey（2014，2017）计算所得；中国数据根据相关年份的《高等学校科技统计资料汇编》及《中国研究机构创新能力监测报告》计算所得。

如图5-6所示，多年来我国与其他发达国家在科技成果转化效率上存在横向差距。第一是与科研产出大国——美国的差距。我国的许可收入强度自2011年处于历史高位后就一直低于美国。从2015年至2017年，我国许可收入强度一直保持在1.1%至1.4%之间，而同期美国的该项指标却保持在3.7%至4.6%之间。两国之间的差距并没有呈现缩小态势。第二是与澳大利亚、加拿大等的差距。2014年之前，我国在许可收入强度上还可以与澳大利亚、加拿大等相抗衡，但从2015年开始，我国在此项指标上的表现不及澳大利亚，仅与加拿大的水平相当。由此趋势来看，虽然我国的许可收入强度自2015年后逐渐加大，但增加的幅度远小于其他发达国家，科技成果转化效率仍然低于世界强国。

二 我国理论研究成果转化现状及其国际比较

随着当前新一轮科技革命和产业变革蓬勃兴起，科学探索加速演进，全球科技竞争不断向基础研究前移。为了大幅提升原始创新能力及科技竞争能力，世界主要发达国家普遍强化基础研究战略部署。我国也出台了一系列激励政策，推动基础科学研究工作。如国务院于2018年发布的《关于全面加强基础科学研究的若干意见》，为我国基础科学研究工作提供了坚实的制度基础。但在诸多努力之下，基础研究与技术研发之间的联系问题依然是我国基础研究的短板所在。因此，促进基础理论成果进入实际的技术研发过程，提高基础理论成果的转化效率，俨然成为我国构建创新型国家的核心要义。

谈到基础理论成果的转化问题，必然躲不开转化效率问题。只有准确地评估成果转化效率，才能认清现实，为探求基础研究成果的转化路径提供现实依据。为此，本章对比了我国与美国在此转化效率上的表现，以此作为后续研究的铺垫。关于基础研究成果的转化效率评估，国外较常采用专利对期刊论文的引用，来代表基础研究成果转化。通过专利引用的期刊论文平均数量，来评估基础研究成果的转化效率，本章沿用这一方法来评估我国与美在此转化效率上的表现。

本章整理了智慧芽全球专利数据库中，公开日在2022年8月15日至8月31日的中美两国专利数据，涉及中国专利298350项、美国专利3915项。对其中引用了非专利文献的专利数、非专利引用文献数进行了统计。据此计算了中美两国在这一时段内，平均每项专利引用非专利文献的数量，以及引用非专利文献的专利数在公开专利总数中所占的比重。

可以看出，无论是引用非专利文献的情况，还是在引用文献的质量上，我国的表现与美国相比还有一定的差距。我国平均每项专利引用非专利文献的数量只有0.06篇，而美国接近6篇，是我国的100倍。我国公开专利中只有3%的专利引用了非专利文献，而美国在此项上的数值达到了39%，这说明我国理论科技成果转化为实际应用的能力远落后于美国。综上，我国在理论基础研究成果和应用技术成果转化方面的表现仍有较大提升空间。

第二节　中国科技成果产权制度变革影响成果
转化的理论分析

一　我国科技体制改革历程

想要探寻我国科技成果转化低效率的根源，就需先厘清科技成果转化的一般路径。具体而言，科技成果应首先由基础研究或应用研究中产生；其次通过转让、许可、质押或出资入股等方式，来实现科技成果在企业、科研机构等不同经济实体之间的交易；再次运用技术开发手段，对科技成果进行小批量生产试验，通过中试，发现大规模投产时可能存在的问题；最后将科技成果的转化商品投入大规模生产，形成被市场普遍接受的新产品和能够服务于市场的新产业。因此，科技成果转化的一般路径为：形成阶段—商业化阶段—中试阶段—产业化阶段。

从这一路径来看，科技成果能否顺利实现产业化，并非单纯取决于一国科研机构或企业的科研能力，更重要的是一国政府统筹协调各方参与者的能力。此种统筹协调能力集中体现为如何既约束参与者行为，界定各方参与者的权益边界，又激励各方积极参与行动，促成整个成果转化链条的串联。旨在约束参与者行为的规则和秩序，即是制度安排。因此，制度安排促成激励与约束的双重实现，将是科技成果转化的关键因素。我国政府深刻认识到这一理论机理的重要性，并对此展开了持续的制度探索。20世纪80年代以后，我国科技体制改革大致经历了以下几个阶段。

一是市场化的初始阶段。自1985年《中共中央关于科学技术体制改革的决定》提出要开拓技术市场，推动科技成果应用以来，科技部相继实施了"星火计划"和"火炬计划"，以促进重大科技成果的转化应用，正式拉开了我国科技体制改革的序幕，标志着科技成果转化开始走向市场化。同期出台的《中华人民共和国技术合同法》（1987年）也旨在规范合同当事人的合法权益，推动技术转让的有序进行。

二是法治化推进阶段。20世纪90年代，我国相继出台了《中华人民共和国科学技术进步法》（1993 年）、《中华人民共和国农业技术推广法》（1993 年）和《中华人民共和国促进科技成果转化法》（1996 年）等一系列法律，推动了科技成果转化政策逐步法治化。特别是《促进科技成果转化法》首次以法律形式鼓励企业、高校与研发机构联合进行科技成果转化，明确了产学研结合模式在科技成果转化中的重要地位。

　　三是系统化改革阶段。进入 21 世纪，我国政府进一步认识到构建创新环境、发挥企业主体地位对于科技成果转化的重要支撑作用。2006 年，《国家中长期科学和技术发展规划纲要（2006—2020 年）》及其配套政策正式发布，对国家创新环境建设进行全面部署。同年出台的《中共中央　国务院关于实施科技规划纲要增强自主创新能力的决定》进一步确立了企业在科技成果转化中的主体地位。随后，科技部、教育部和中国科学院于2007 年联合制定《国家技术转移促进行动实施方案》，以加快建立以企业为主体、市场为导向、产学研相结合的技术创新体系，引导创新要素向企业集聚，推动科技成果向现实生产力转化。自 2013 年起，科技体制的系统化改革成效更加显著，特别是在科技成果产权制度改革和政府简政放权方面取得了重大突破。2015 年修订的《中华人民共和国促进科技成果转化法》明确规定，国家设立的研发机构和高校对其持有的科技成果享有自主决定权，可选择转让、许可或作价投资，收入全部留归本单位，实现了科技成果使用权、处置权和收益权的下放，标志着我国科技成果产权制度改革的跨越式进展。此外，党的十九届三中全会通过的《中共中央关于深化党和国家机构改革的决定》提出深入推进简政放权改革，减少政府对企业创新活动的干预，强化市场在资源配置中的决定性作用，降低制度性成本。2022 年，《中共中央　国务院关于加快建设全国统一大市场的意见》进一步强调要利用超大规模市场的应用场景和创新收益放大效应，通过市场需求引导创新资源配置，推动创新要素有序流动和合理配置，完善促进自主创新成果市场化应用的体制机制，破除妨碍各类生产要素市场化配置和商品服务流通的制度障碍，降低制度性交易成本。这一系列政策的出台为厘清政府与市场的边界、促进科技成果的市场化应用提供了坚实的制度保障。

二 我国科技成果产权制度改革、权利配置变迁及其对成果转化的影响

作为制度结构的核心制度，产权是制度中的基本因素与决定因素。因此，科技成果产权制度也必然成为我国科技体制改革的核心。从科技成果转化的一般路径来看，涉及科技成果产权问题的主要集中在前两个阶段。在科技成果形成阶段与商业化阶段，科研机构、科研人员以及国家是主要的利益相关者。三者对于科技成果的处置权与收益权划分是这一阶段产权制度安排的重点。为此，本章梳理了1985年实施科技体制改革以后的相关政策，并按照产权改革的内容进行了分类整理。

首先是科技人员收益权的改革。自1985年《国务院关于技术转让的暂行规定》提出将科技成果转化收入的5%至10%作为科技人员奖励以来，我国逐步开启了科技人员奖励制度的改革。此后，1996年颁布的《中华人民共和国促进科技成果转化法》进一步加大了奖励力度，规定对科技人员的奖励比例不得低于20%，并明确可以通过出资入股的方式进行奖励。2015年修订的《中华人民共和国促进科技成果转化法》进一步将此奖励比例上限提高至50%。在部分省份制定的《促进科技成果转化条例》中，甚至将科技人员的奖励比例提升至80%或100%。由此可见，科技人员收益权改革经历了从基础的收益激励到股权激励的演变，且收益激励力度逐步加大。

其次是科技人员处置权和所有权的改革。这类产权改革可追溯到1996年颁布的《中华人民共和国促进科技成果转化法》，其中规定在科研单位未能及时转化科技成果的情况下，科技人员可通过与单位协商，将成果进行转化。1999年出台的《关于促进科技成果转化的若干规定》进一步缩短了科技人员与单位协议转化的等待时间，明确单位未在一年内完成科技成果转化的，科技人员即可通过协议进行转化。2020年发布的《赋予科研人员职务科技成果所有权或长期使用权试点实施方案》则提出，在试点单位内，可将科技成果的所有权赋予成果完成人，或给予不低于10年的长期使用权。这表明科技人员的处置权改革经历了从无处置权到协议处置权，再到试点单位所有权或长期使用权的逐步演变。

再次是科研单位对科技成果使用权、处置权和收益权的"三权"改革。

一方面，科研单位与科技人员之间的处置权改革主要体现在双方通过协议分配处置权。另一方面，科研单位与政府之间的处置权分配也经历了重大改革。2002年以前，我国一直秉持政府拥有科技成果使用权、处置权和收益权的传统产权模式。自2002年和2003年分别出台《关于国家科研计划项目研究成果知识产权管理的若干规定》和《关于加强国家科技计划知识产权管理工作的规定》以来，政府逐步允许将科技成果知识产权授予项目承担单位自主实施，传统的"三权"集中模式由此受到制度冲击，2002年被视为科研成果处置权回归科研单位的制度起点。然而，2006年《事业单位国有资产管理暂行办法》将科技成果纳入国有资产管理范畴，科研成果的转化需经财政部审批，转化收益也需上缴国库。这在很大程度上限制了科研单位对科技成果的处置权和收益权，使科研单位对科技成果的实际处置权受限。此情况在财政部于2011年2月和5月发布《关于在中关村国家自主创新示范区进行中央级事业单位科技成果处置权改革试点的通知》和《关于在中关村国家自主创新示范区开展中央级事业单位科技成果收益权管理改革试点的意见》后有所缓解。前者规定科研单位对收益不超过800万元的科技成果享有自主处置权，后者规定科技成果收益可按比例分段留存。这些规定在一定程度上"松绑"了科研单位的处置权和收益权。2013年试点范围进一步扩大，并延长了试点时间。2014年，财政部、科技部和国家知识产权局出台的《关于开展深化中央级事业单位科技成果使用、处置和收益管理改革试点的通知》明确取消了试点区域内财政部门对科研单位科技成果处置权的审批，并赋予科研单位对科技成果的全部收益权。2015年修订的《中华人民共和国促进科技成果转化法》进一步将该政策扩展至全国，规定国家设立的研发机构和高校可以自主决定对科技成果的转让、许可或作价投资，且全部转化收益归本单位所有。这一政策标志着科技成果"三权"的真正下放，标志着我国科技成果产权制度改革的重大进步。综上，该改革经历了从政府集权到部分放权，再到全面放权的渐进过程。

纵观我国科技成果产权制度改革历程，其实就是分步调整科技成果产权配置的过程。第一步，部分下放科研成果处置权和收益权至单位；第二步，全面下放科技成果"三权"至单位；第三步，试点放开职务科技成果所有权或长期使用权至科研人员。根据科斯定理，在交易成本为零的情况下，不论初始权利如何配置，都能通过市场交易实现资源的最优配置。然而现实世界中交易成本无处不在，科斯定理的启示意义正在于其指出了明晰产权、降低交易成本对提升资源配置效率的关键作用。此后，以威廉姆森为代表的交易成本理论进一步界定并指出，交易成本对市场运行及资源配置的影响。本章遵循这一路径，来探讨我国科技成果产权改革中的交易费用及激励机制变迁。

第一阶段（1985年至2013年），我国科研成果产权经历了从全面管控到部分放开处置权和收益权的改革进程，同时逐步加大了对科研人员的奖励力度。这一系列措施在一定程度上激励了科研单位和科研人员，但并未显著降低交易成本。2006年，《事业单位国有资产管理暂行办法》将科技成果纳入国有资产管理范畴，科研单位在转化成果时需要经财政部门审批，从而增加了科技成果转化中的审批成本。尤其是《教育部直属高等学校国有资产管理暂行办法》规定，高校利用非货币性资产进行对外投资时，应先聘请中介机构进行资产评估，并且履行备案或核准手续。这一要求显著增加了以审批和监管成本为主的制度成本，导致制度成本作为交易成本的重要组成部分不降反升。

第二阶段（2014年至2016年），我国将科研成果的使用权、处置权和收益权"三权"全面下放至科研单位。自2014年1月北京市发布《关于印发加快推进高等学校科技成果转化和科技协同创新若干意见（试行）的通知》，赋予高校和科研单位处置权以来，各省纷纷开展高等学校科技成果处置权改革。2015年修订的《中华人民共和国促进科技成果转化法》（简称新《促进科技成果转化法》）进一步将科研单位的成果处置权上升到法律层面，明确规定科研单位对其持有的科技成果享有自主处置权，除涉及国家秘密和国家安全外，无需审批或备案，且所得收益归单位所有。这一重大制度改革不仅降低了以审批和监管成本为主的制度成本，也进一步明晰了政府与科研单位的权责边界。同时，收益权归属科研单位，极大地激发了主体追求利益的内生动力。因此，新《促进科技成果转化法》有望通过降低交易成本和激励行为主体的机制来促进科技成果转化。此外，这一促进效应在中介组织发达或创新活跃地区更为显著。这些地区拥有完善的科技成果转化中介服务体系，中介机构能够代表权利人进行成果处置，从而有效降低因委托代理带来的风险和成本。新法实施后，科研单位在此类地区能够更便利地通过中介机构推进科技成果转化，因而激励效应更为明显。此外，新法在地方高校的促进作用也可能强于部属高校。尽管新法将使用权和收益权下放至科研单位，但部属高校在利用科技成果进行对外投资时，仍需依据《教育部直属高等学校国有资产管理暂行办法》履行资产评估程序。因此，部属高校受到的制度约束较多，导致新法在降低交易成本方面的效应相对有限。

第三阶段（2016年至今），我国探索赋予科研人员科技成果所有权或长期使用权。自2016年《中共中央办公厅 国务院办公厅关于实行以增加知识价值为导向分配政策的若干意见》首次提出赋予科研人员横向委托项目成果的所有权或长期使用权以来，国家进入了全面探索将科技成果所有权下放至科研人员的制度改革阶段。为推动这一改革，先后出台了《国务院关于印发国家技术转移体系建设方案的通知》（2017年）、《国务院关于优化科研管理提升科研绩效若干措施的通知》（2018年）和《国务院关于推动创新创业高质量发展打造"双创"升级版的意见》（2018年）。2020年，科技部等九部门联合发布《赋予科研人员职务科技成果所有权或长期使用权试点实施方案》，明确在40家高校和科研机构中开展该项改革试点工作。这一制度改革的核心在于，将科技成果的所有权赋予成果创造者，真正落实"所劳即所得"。这一举措不仅提升了成果创造者的创新积极性和市场导向意识，还有效减少了作为股权奖励时的成果转让审批成本，从而降低了以制度成本和委托代理成本为主的交易成本，实现了更直接的激励效果。

第三节 "三权"下放与高校科技成果转化：
来自高校的证据

以上"三步走"战略所产生的经济效果是否如预期，这是本章关注的又一重点。对于第一步部分放开处置权和收益权的改革，由于存在国有资产管理的较大制度障碍，处置权和收益权在形式上被部分赋予科研单位，实质上仍然需要重重审核，交易成本中的制度成本问题并未得到缓解，政策效果大打折扣。另一方面，对于第三步中成果所有权或长期使用权的政策效果评估，也受到数据限制。由于成果所有权或长期使用权试点工作于2020年才正式开始，科技成果转化所需时间较长，政策效果不会在短期内显现，因此现有数据并不足以支撑该项政策效果的实证检验。综合来看，实证研究较宜针对第二步的制度改革来开展。国内外研究不乏对此产权安排进行经济效果评估的文献。如Arqué-Castells等通过对葡萄牙和西班牙的调查研究，发现现有专利许可收益的分配制度虽然对部分受访者产生了激励，但这种激励并没有转化为专利或许可收入的增长。[1]与本章最为接近的研究，不仅评估了我国各省份不同的科技人员激励政策，还分析了科技成果转化的效果差异，[2]以及"三权"下放改革试点政策对科研院所专利技术转移的影响。然而，这些研究主要集中在收益分配政策的效果，未深入探讨处置权政策的影响，且研究范围仅限于科研院所，未涵盖高校。因此，基于现有文献，本章对科技成果"三权"下放政策进行了更加全面的实证研究。

从我国"三权"下放改革试点政策的实施进程来看，各省推出相关政策的时间节点不尽相同。最早的政策可追溯至2014年1月北京市发布的《关于印发加快推进高等学校科技成果转化和科技协同创新若干意见（试行）的通知》。为全面了解各省政策实施情况，本章通过北大法宝数据库整理了我国各省关于科技成果的地方性法规，并手工查找各省首次推出"三权"下放改革试点政策的具体时间。鉴于2015年修订的《中华人民共和国促进科技成果转化法》已将这一政策推广至全国，因此，对于政策发布时间晚于2015年的省份，本章统一将其时间设定为2015年。此外，参照已有文献，将政策发布时间在上半年（包括6月）的归为上一年，6月以后发布的计入当年。

---

[1] Arqué-Castells, P., et al., "Royalty Sharing, Effort and Invention in Universities: Evidence from Portugal and Spain", *Research Policy*, 45（9），2016，pp.1858-1872.

[2] 钟卫等：《加大科技人员激励力度能否促进科技成果转化——来自中国高校的证据》，《科技进步与对策》2021年第7期。

一　数据来源与模型构建

各省政策的逐步推行，为本章使用渐进双重差分模型评估政策效果提供了良好条件。同时，本研究将分析对象进一步细化到微观层面，重点考察政策对高校科技成果转化的影响，而非省级层面。原因在于，高校的特征对当地政府是否实施政策的影响较小，然而省级层面的科技成果转化特征则是省级政府制定政策的重要参考依据，存在较强的内生性问题。相较之下，"三权"下放改革试点政策对各高校更可能形成外生冲击。因此，本章整理了《高等院校科技统计资料汇编》中我国各本科院校2010年至2017年的科技活动数据。鉴于汇编资料中各院校科技活动的详细统计仅公布至2017年，本章的研究时间也截止于该年。为确保政策实施前后数据的时序一致性，本章将政策窗口期设定为政策实施前三年，即从2010年开始。本章使用的另一数据来源为《中国科技统计年鉴》的省级层面数据。为保证数据的完整性，剔除了观察期内数据不全的高校样本，并构建了面板数据。此外，考虑到北京市内教育部直属高校数量较多，受《教育部直属高等学校国有资产管理暂行办法》的限制较大，新《中华人民共和国促进科技成果转化法》对其效果可能不如其他地区显著，本章排除了这一地区的数据样本。

借鉴钟卫等[①]的研究，构造渐进双重差分模型如下：

$$Trans_{it} = \alpha_0 + \alpha_1 Treat_{it} + \alpha \sum CV + \mu_i + \tau_t + \varepsilon_{it} \tag{5-1}$$

式(5-1)中，$Trans_{it}$代表高校i在t时期的科技成果转化水平；$Treat_{it}$表示高校i在t时期是否受到政策影响；CV为控制变量；μ_i表示个体固定效应，用来控制各高校不随时间变化的固有特征；τ_t表示时间固定效应，用来控制各年份宏观政策冲击等时变因素对于回归结果的干扰；ε_{it}为随机误差项。α_1为我们关心的关键变量，若$\alpha_1 > 0$，说明政策实施促进了高校科技成果转化。

一般来说，双重差分模型应用的前提是政策实施前，实验组（受政策影响）与控制组（未受政策影响）高校的科技成果转化水平应不存在显著

---

① 钟卫等：《加大科技人员激励力度能否促进科技成果转化——来自中国高校的证据》，《科技进步与对策》2021年第7期。

差异，即需要进行平行趋势检验。因动态效应模型能够反映每年产生的政策效果，既能作为政策前平行趋势检验，又能反映政策实施后的年度变化，因此本章还构建了动态效应模型来进行验证。模型如下：

$$Trans_{it} = \alpha_0 + \alpha_1 \sum_{k=-5}^{2} Treat_{it}^k + \alpha \sum CV + \mu_i + \tau_t + \varepsilon_{it} \qquad (5-2)$$

式（5-2）中，$Treat_{it}^k$ 用来判断高校 i 在 t 年时，与当地政策实施年份的距离是否为 k。若政策发布前 k 年内，α_1 均不显著，则表明政策实施前两组高校的科技成果转化水平不存在显著差异，从而满足平行趋势假设。

二 变量描述与统计

1.自变量与因变量

式（5-1）中，自变量 $Treat_{it}$ 为判断高校是否受到政策影响的虚拟变量。具体设置为：若 t 大于或等于高校 i 所在地区政策实施年份，则令 $Treat_{it} = 1$；否则 $Treat_{it} = 0$。式（5-2）中 $Treat_{it}^k$ 同样为虚拟变量，若高校 i 在 t 年时，距离当地政策实施年份等于 k 年时，则 $Treat_{it}^k = 1$。由于《高等学校科技统计资料汇编》中仅有高校通过技术转让方式转化科技成果的数据，未提供高校通过许可、作价投资等方式转化科技成果的数据，本章采用签订技术转让合同的数量和当年技术转让实际收入（对数）来衡量高校的技术成果转化水平。学界通常以每单位科技经费支出中转化的科技成果数作为转化效率的指标，本章参考这一方法，计算了每单位科技经费内部支出所产生的技术转让收入，以此评估各高校应用技术成果的转化率。此外，鉴于汇编资料未公布高校论文被专利引用的数据，本章以专著数量作为高校基础研究成果转化水平的替代指标。

2.控制变量

在以签订技术转让合同数（对数）及当年技术转让实际收入（对数）作为因变量时，本章控制了反映各高校科研投入的变量，如各高校研发人员全时当量（对数）、研发人员中高职称人员比例（对数）、教研人员中高职称人员比例（对数）、研发经费内部支出（对数）、各高校总科技经费（对数）等。还采用学术论文中国外发表数比例来控制高校科研能力，使用当年课题收支比来控制高校开展科研的情况。不仅如此，本章还以规模以上研发企业数（对数）、规模以上企业开发新产品项目数（对数）来控制各高校所在省份的研发能力差异。各变量描述性统计如表5-1所示。

表5-1 变量描述性统计

变量	均值	标准差	最小值	最大值	样本数
签订技术转让合同数（对数）	2.180	1.564	0	7.425	2340
当年技术转让实际收入（对数）	6.706	2.248	0	12.42	2288
转化率	0.0190	0.0610	0	0.931	4446
专著数量（对数）	1.483	1.065	0	4.595	3020
是否受政策影响	0.406	0.491	0	1	4447
各高校研发人员全时当量（对数）	11.46	0.963	6.986	13.24	4447
研发经费内部支出（对数）	17.23	1.090	11.65	19.27	4447
研发人员中高职称人员比例（对数）	0.764	0.169	0	1	4445
教研人员中高职称人员比例（对数）	0.393	0.103	0	0.777	4446
学术论文中国外发表数比例	0.246	0.196	0	1	4423
当年课题收支比	0.789	0.279	0	4.640	4446
各高校总科技经费（对数）	10.62	1.924	2.944	15.38	4446
规模以上企业开发新产品项目数（对数）	8.968	1.213	1.946	11.54	4445
规模以上研发企业数（对数）	6.616	1.420	0.693	9.948	4447

三 实证结果解析

（一）基本回归分析

本章首先结合式（5-1）中的双重差分模型，利用2010年至2017年间签订技术转让合同数不为0的本科高校数据，检验了"三权"下放改革试点政策对高校科技成果转化的影响，结果如表5-2所示。从表5-2第（1）列和第（2）列的回归结果可见，核心解释变量的系数均不显著，表明"三权"下放改革试点政策并未显著增加高校签订技术转让合同的数量，且对当年技术转让收入也无显著提升。而在表5-2第（3）列中，政策在10%的显著性水平上显著提高了高校技术成果的转化率，即政策实施后，高校每单位科技经费内部支出的科技转化水平有所提升。该结果说明政策虽未显著增加高校技术转让的总量，但有效提高了科技经费的投入产出效率，提升了科技成果转化效率。第（4）列的结果显示，政策实施后，在1%的显著性水平上显著提高了高校的专著产出数量，这表明权力下放政策对科研人员的激励效应显著，促使其在理论研究成果方面有所增加。

表5-2　"三权"下放改革试点政策对科技成果转化的影响

	（1） 签订技术转让 合同数（对数）	（2） 当年技术转让实 际收入（对数）	（3） 转化率	（4） 专著数量 （对数）
是否受政策影响	0.0848	−0.1391	0.0064*	0.2205***
	(0.69)	(−0.74)	(1.66)	(2.79)
各高校研发人员全时当 量（对数）	0.1164	−0.0947	−0.0067	−0.1676
	(0.25)	(−0.15)	(−0.44)	(−0.51)
研发经费内部支出 （对数）	−0.2599	−0.4896		−0.0333
	(−0.56)	(−0.67)		(−0.10)
研发人员中高职称人员 比例（对数）	0.2122	−0.4118	−0.0071	−0.2163
	(0.61)	(−0.77)	(−0.58)	(−1.02)
教研人员中高职称人员 比例（对数）	1.7240*	3.3479***	0.0659**	0.7337
	(1.84)	(3.09)	(2.43)	(1.46)
学术论文中国外发表数 比例	−0.1925	−0.7929**	−0.0077	
	(−0.69)	(−2.02)	(−0.82)	
规模以上企业开发新产 品项目数（对数）	0.0093	−0.1627	−0.0049	0.1969
	(0.05)	(−0.61)	(−0.74)	(1.54)
规模以上研发企业数 （对数）	0.0476	0.0599	0.0007	−0.0885
	(0.42)	(0.34)	(0.16)	(−1.13)
当年课题收支比	−0.0208	−0.1018	−0.0183**	−0.3310**
	(−0.10)	(−0.34)	(−2.38)	(−2.06)
各高校总科技经费 （对数）	0.5026***	0.3347**	−0.0089**	0.0978
	(4.18)	(2.22)	(−2.34)	(1.33)
常数项	−1.6558	12.4945	0.2473	1.8579
	(−0.27)	(1.33)	(1.50)	(0.44)
个体固定效应	Yes	Yes	Yes	Yes
时间固定效应	Yes	Yes	Yes	Yes
N	2339	2276	2339	1922
R^2_a	0.0705	0.0131	0.0272	0.0868

注：*、**、***分别表示10%、5%、1%的显著性水平。

从各控制变量的回归结果来看，结论与预期一致。首先，高职称教研人员比例的提升显著正向影响高校科技成果转化水平，即高校人力资源越丰富，其科技成果转化水平越高。其次，课题经费收支比越大，表明当年经费支出相较于拨入经费越多，课题经费约束越严重，对科技成果转化形成的资金约束也越高，对转化水平的抑制作用也越明显。此外，高校总科技经费支出越多，越能显著促进科技成果转化。对于高校在国外期刊发表学术论文的数量，通常视为基础研究能力的反映，理论上与应用研究的转化能力存在互补关系。然而，回归结果显示，两者呈现一定的替代关系，即基础研究能力越强，反而会降低高校的应用研究转化水平。这一结果可能反映了基础研究与应用研究在资源分配和研究重心上的竞争关系。

（二）动态效应分析

基于同一数据，本章使用式（5-2）的动态效应模型，验证了各年份的政策效应。若把2015年设为基期，则动态效应如图5-7所示。可以看出，在全面推出政策后的那一年，即2016年政策效果才开始显现，高校科技成果转化率才开始显著提升。说明政策效果并不会立竿见影，而是具有滞后性。并且，这种政策作用只有短暂效果，到了2017年政策效果就已经不明显。另外，从政策实施前各年份来看，政策均没有显著促进科技成果转化率的提升，满足平行趋势假定，能够采用双重差分模型来估计政策效果。

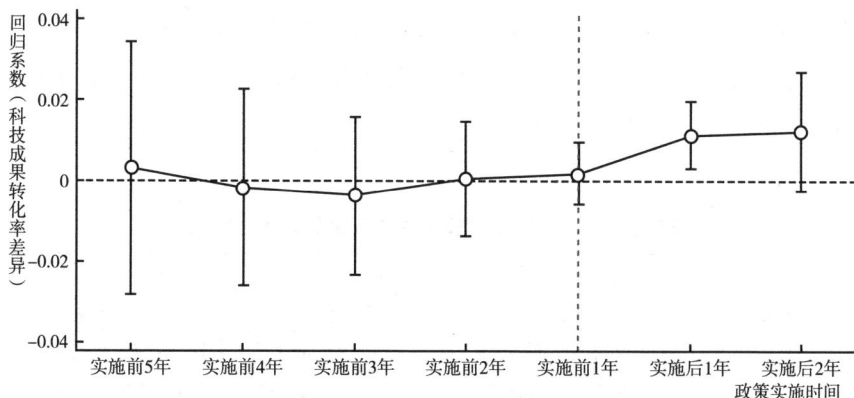

图5-7　动态效应

（三）异质性检验

由于无法获取各高校交易成本的数据，所以我们不能直接验证政策的实施使交易成本减少进而促进科技成果转化的过程。但异质性检验为我们提供了验证该作用机制的另一条路径。"三权"下放政策实施后，代理成本越低的地区，其科研人员更容易通过中介组织去完成科技成果转化，政策对科研人员产生的激励作用也更强。而代理成本较高的地区，"三权"下放政策虽然激励科研人员去转化科研成果，但由于受到较高代理成本的阻碍，科研人员"有心无力"，因此大大降低了政策在此类地区的作用效果。与此类似，政策在创新能力较强的地区也将产生更强的激励效果。由于地方高校受到国有资产管理办法的约束较小，政策之间相互制衡的情况更弱一些，因此"三权"下放政策在此类高校中所产生的激励效果应更明显。

基于此研究，首先，我们借鉴解学梅和朱琪玮[①]的研究方法，计算出我国各省份的市场化指数及其分项指数，将市场中介组织发育和法律制度环境得分高于当年全国中位数的省份划为中介组织发育程度较高地区，其余省份划为发育程度较低地区，以分别评估政策在不同地区的效果。其次，基于北京大学企业大数据研究中心发布的《2019年中国区域创新创业指数》，将指数高于全国中位数的省份划分为创新能力较强地区，其余为较弱地区，从而对不同创新水平地区的高校进行政策效果的评估。最后，将高校划分为"211"高校、省部共建高校及地方本科高校，并分样本检验政策效果。结果如表5-3所示，显示"三权"下放改革试点政策确实在创新能力较强、中介组织发育程度较高的地区以及地方本科高校中显著提升了高校科技成果转化率，符合预期。

表5-3 "三权"下放改革试点政策的异质性检验

变量	（1）	（2）	（3）	（4）	（5）	（6）
	转化率		转化率		转化率	
	高创新	低创新	高中介	低中介	省部高校	地方高校
是否受政策影响	0.0075*	0.0016	0.0130**	0.0002	−0.0030	0.0111**
	（1.67）	（0.23）	（2.30）	（0.04）	（−0.44）	（2.46）
各高校研发人员全时当量（对数）	0.0206	−0.0435*	0.0328	−0.0502*	−0.0279	0.0018
	（0.87）	（−1.79）	（1.53）	（−1.76）	（−1.08）	（0.10）

① 解学梅、朱琪玮：《合规性与战略性绿色创新对企业绿色形象影响机制研究：基于最优区分理论视角》，《研究与发展管理》2021年第4期。

续表

变量	(1)	(2)	(3)	(4)	(5)	(6)
	转化率		转化率		转化率	
	高创新	低创新	高中介	低中介	省部高校	地方高校
研发人员中高职称人员比例（对数）	−0.0002	−0.0099	−0.0016	−0.0012	0.0332	−0.0154
	(−0.01)	(−0.86)	(−0.08)	(−0.10)	(1.50)	(−1.06)
教研人员中高职称人员比例（对数）	0.0472	0.0880**	0.0769*	0.0362	0.0026	0.0883***
	(1.22)	(2.26)	(1.91)	(0.90)	(0.06)	(2.73)
学术论文中国外发表数比例	−0.0099	−0.0023	−0.0179	0.0156	−0.0143	−0.0016
	(−0.80)	(−0.16)	(−1.46)	(0.98)	(−1.00)	(−0.13)
规模以上企业开发新产品项目数（对数）	−0.0025	−0.0010	0.0029	−0.0067	−0.0245***	0.0018
	(−0.18)	(−0.12)	(0.27)	(−0.73)	(−2.90)	(0.21)
规模以上研发企业数（对数）	−0.0040	0.0220**	−0.0039	0.0096	0.0161**	−0.0059
	(−0.71)	(2.00)	(−0.74)	(0.84)	(2.26)	(−1.08)
当年课题收支比	−0.0303***	−0.0036	−0.0261**	−0.0130	0.0047	−0.0245***
	(−2.88)	(−0.32)	(−2.37)	(−1.12)	(0.53)	(−2.65)
各高校总科技经费（对数）	−0.0090*	−0.0080	−0.0075	−0.0088	−0.0063	−0.0089**
	(−1.82)	(−1.37)	(−1.50)	(−1.32)	(−0.76)	(−2.17)
常数项	−0.0459	0.4633*	−0.2676	0.6789***	0.5173*	0.1331
	(−0.18)	(1.91)	(−1.01)	(2.72)	(1.88)	(0.67)
个体固定效应	Yes	Yes	Yes	Yes	Yes	Yes
时间固定效应	Yes	Yes	Yes	Yes	Yes	Yes
N	1383	956	1388	951	619	1720
R^2_a	0.0379	0.0205	0.0394	0.0222	0.0271	0.0363

注：*、**、***分别表示10%、5%、1%的显著性水平。

第四节　制度成本与企业科技成果转化：来自企业的证据

虽然异质性检验间接验证了交易成本在制度安排与科技成果转化中的桥梁作用，但若是能直接验证降低交易成本对科技成果转化的促进作用，将使我们的实证检验更完善。我国实行的行政审批制度改革，旨在降低企业的制度性交易成本，为我们验证此机制提供了绝佳的自然实验。对此政策效果的评估，也为本章拓展实证研究范围至企业提供了契机。

我国行政审批制度改革始于20世纪90年代，以深圳市等部分地方政府的实践为起点。2001年，国务院成立了行政审批制度改革工作领导小组，并发布《国务院关于取消第一批行政审批项目的决定》，标志着全国范围内行政审批制度改革的正式启动。2004年《中华人民共和国行政许可法》的颁布实施，使行政审批制度改革进一步迈向法治化。2013年，党的十八届三中全会通过《中共中央关于全面深化改革若干重大问题的决定》，提出要进一步简政放权、创新监管方式，自此我国行政审批制度改革进入了以"放管服"改革和优化营商环境为主的新阶段。

在此改革春风之下，各地纷纷设立行政审批中心，集中审批部门，以此简化审批步骤，缩短审批时间，精简审批事项。首先，这一举措有助于降低企业审批项目所需的时间成本，使得企业可以将更多时间用于市场开拓、研发新产品、开发新业务。其次，有助于降低企业审批项目所需投入的资金成本和人力成本，从而释放因制度成本挤占的创新投资。再次，有助于削弱政府对企业的行政干预，降低企业的制度成本，使企业充分参与技术市场交易，让科研成果与市场需求接轨，从而开发出以市场需求为导向的新产品，推动科研成果商品化。最后，行政审批中心的建立也意味着审批过程更加透明化，提高了寻租成本，压缩了企业的寻租空间，从而减少了企业的非生产活动，使得企业专注于生产活动，提高创新投入。以上四条路径中的时间成本、资金成本、人力成本与寻租成本都是制度成本的重要构件。因此，行政审批中心的建立将通过降低以上几种成本，来节约企业的制度成本，并最终作用于企业科技成果转化。

一 数据来源与模型构建

基于这一理论逻辑，我们实证检验了建立行政审批中心对企业科技成果转化的影响。此部分运用四套数据，分别是毕青苗等[1]构建的行政审批数据库、国泰安上市公司数据库、国家知识产权局的专利数据，以及PPman团队运用Google Patent整理的企业专利被引数据。本章对以上四套数据进行了匹配。由于大部分城市在2000年之后才建立审批中心，

---

① 毕青苗等：《行政审批改革与企业进入》，《经济研究》2018第2期。

因此本章选取2003年到2019年的企业数据来对此进行实证检验。[1]

根据行政审批数据库的数据，我国各城市建立审批中心的时间存在差异，因此采用渐进双重差分模型进行政策评估更为合理。为此，本部分沿用式（5-1）构建渐进双重差分模型。模型中，变量$Trans_{it}$代表企业i在t时期的科技成果产出数量、转化效率及产出质量；$Treat_{it}$表示企业i在t时期是否受到政策影响的虚拟变量；CV为企业层面的控制变量；μ_j表示个体固定效应，用于控制企业的非时变特征；τ_t表示时间固定效应，用于控制各年份的不可观测因素；ε_{it}为随机误差项。

二　变量描述与统计

1.自变量与因变量

因变量包括科技成果的产出数量、质量和转化效率。具体而言，以各企业的总专利申请数及各类型专利申请数衡量科研成果的产出，以每单位研发支出产生的专利数量衡量科技成果的转化效率，并以专利被引用次数衡量科研成果产出的质量。自变量为企业是否受到政策影响的虚拟变量。参考闫永生等[2]的研究，若行政审批中心在7月或之后设立，则视为次年设立。若企业i所在城市在t时期已建立审批中心（包括设立当年），则认为企业i受到政策影响，此时$Treat_{it} = 1$，否则$Treat_{it} = 0$。

2.控制变量

分别以资产负债率、企业年龄、总资产、主营业务收入增长率、总资产净利润率、期末现金资产比例来控制企业的杠杆率、经验水平、企业规模、成长性、获利能力以及资金约束。此外，还以董事长与总经理是否兼任来反映企业两职合一的情况，以公司前十大股东持股的赫芬达尔指数来反映股权集中度。对其中部分变量进行5%缩尾后，变量描述统计如表5-4所示。

---

[1] 由于部分控制变量最早只公布了2003年的数据，因此实际回归中数据年份从2003年开始。

[2] 闫永生等：《营商环境与民营企业创新——基于行政审批中心设立的准自然实验》，《财经论丛》2021年第9期。

表5-4　变量描述性统计

变量	均值	标准差	最小值	最大值	样本量
总专利申请数（对数）	1.334	1.543	0	9.186	13000
发明型专利申请数（对数）	0.967	1.262	0	8.476	13000
设计型专利申请数（对数）	0.299	0.831	0	6.893	13000
实用型专利申请数（对数）	0.762	1.206	0	8.289	13000
是否受政策影响	0.930	0.255	0	1	13000
资产负债率	0.388	0.193	0.0920	0.759	13000
企业年龄	7.567	5.884	0	29	13000
期末现金资产比例	0.177	0.134	0.0260	0.512	13000
总资产（对数）	21.52	1.114	12.31	29.00	13000
董事长与总经理兼任	1.647	0.478	1	2	13000
主营业务收入增长率	0.172	0.283	−0.281	0.885	11000
股权集中度（HHI）	0.142	0.101	0	0.810	13000
总资产净利润率	0.0450	0.0460	−0.0650	0.134	13000
转化效率	0.287	0.451	0	1.648	10000
制度成本（对数）	19.02	1.154	12.57	24.47	13000
专利被引用次数（对数）	2.858	1.557	0	10.07	9480

三　实证结果解析

本部分基于2003年至2019年专利申请总数大于0的上市公司样本，结合式（5-1）检验行政审批中心的建立对企业科技成果产出的影响，结果如表5-5所示。表5-5第（1）列至第（4）列显示，随着行政审批中心的建立，企业专利申请总数在5%的显著性水平上得到提升，尤其以设计型专利申请数的增加为主，而发明型和实用型专利申请数未表现出显著的提升效果。在控制变量方面，分析结果还揭示了一些有趣的现象：首先，企业存在年限越长，并未因为其经验积累而增加创新产出，反而可能由于其市场份额稳定、创新动力不足，从而抑制了创新产出。这表明部分成熟企业由于无需通过创新开拓新市场获取垄断利润，创新投入相对较低。相较之下，总资产规模大的企业因资本雄厚而具备更强的创新能力，创新产出也更为显著。此外，总资产净利润率较高的企业因其较强的获利能力，创新产出水平相应更高。

表 5-5　"三权"下放试点改革政策对企业科技成果产出的影响

变量	（1）总专利申请数（对数）	（2）发明型专利申请数（对数）	（3）设计型专利申请数（对数）	（4）实用型专利申请数（对数）
是否受政策影响	0.2537**	0.1741	0.1671*	0.1376
	(2.04)	(1.17)	(1.75)	(1.03)
资产负债率	−0.0567	0.1080	0.0296	−0.0871
	(−0.30)	(0.57)	(0.19)	(−0.45)
企业年龄	−0.0730***	−0.0184	−0.0466**	−0.1093***
	(−3.33)	(−0.88)	(−2.16)	(−5.40)
期末现金资产比例	0.1296	0.3029*	−0.1010	0.0794
	(0.76)	(1.84)	(−0.71)	(0.44)
总资产（对数）	0.2765***	0.1994***	0.1159**	0.2846***
	(4.65)	(3.47)	(2.44)	(5.15)
员工数（对数）				
董事长与总经理兼任	−0.0413	−0.0334	−0.0641*	−0.0080
	(−0.82)	(−0.67)	(−1.77)	(−0.15)
主营业务收入增长率	−0.1309**	−0.1554***	−0.0511	−0.0832
	(−2.38)	(−2.93)	(−1.18)	(−1.40)
股权集中度（HHI）	−0.1398	−0.1675	0.5794	0.0679
	(−0.23)	(−0.26)	(1.42)	(0.11)
总资产净利润率	0.9003*	1.4147***	0.1749	0.7479
	(1.69)	(2.66)	(0.45)	(1.45)
常数项	−4.4553***	−3.4771***	−2.2332**	−5.5178***
	(−3.48)	(−2.69)	(−2.31)	(−4.56)
个体固定效应	Yes	Yes	Yes	Yes
时间固定效应	Yes	Yes	Yes	Yes
N	5866	5866	5866	5866
R^2_a	0.2843	0.1587	0.0700	0.2963

注：*、**、***分别表示10%、5%、1%的显著性水平。

本章进一步使用每百万元研发经费所产生的专利数来衡量企业科技成果的转化效率，并以专利被引次数来衡量科技成果的质量，将这两个指标作为式（5-1）的因变量进行回归分析，以考察政策对企业科技成果转化效率和质量的影响，结果如表5-6第（1）、（2）列所示。此外，参考闫永生等[1]的研究方法，将企业管理费用、财务费用和销售费用合并为企业的制度成本，并将其作为式（5-1）中的因变量，回归结果如表5-6第（3）列所示。结果表明，行政审批中心的设立通过降低企业制度成本显著提升了科技成果转化效率，但对科技成果质量的提升作用并不显著，符合预期。

表5-6　"三权"下放试点改革政策对企业科技成果转化绩效的影响

变量	（1）	（2）	（3）
	转化率	专利被引数（对数）	制度成本（对数）
是否受政策影响	0.3838*	0.1519	0.0653*
	(1.65)	(0.88)	(1.65)
资产负债率	0.5517	−0.0937	0.6169***
	(0.75)	(−0.48)	(9.00)
企业年龄	−0.8987	−0.1070***	0.0435***
	(−1.48)	(−4.85)	(6.48)
期末现金资产比例	0.4319	−0.2104	−0.5330***
	(0.98)	(−1.09)	(−10.18)
总资产（对数）		0.4626***	0.6721***
		(6.26)	(28.96)
员工数（对数）	−0.0986		
	(−0.65)		
董事长与总经理兼任	−0.2514*	0.0534	0.0460**
	(−1.68)	(0.84)	(2.43)
主营业务收入增长率	−3.7875	−0.0494*	−0.0002
	(−1.26)	(−1.66)	(−1.46)
股权集中度（HHI）	−0.5872	0.0454	−0.0724
	(−0.43)	(0.07)	(−0.40)
总资产净利润率	0.3838*	−0.0650	−0.0041
	(1.65)	(−0.35)	(−0.04)
常数项	9.3850	−7.5365***	3.9365***
	(1.29)	(−4.56)	(8.11)

---

[1] 闫永生等：《营商环境与民营企业创新——基于行政审批中心设立的准自然实验》，《财经论丛》2021年第9期。

续表

变量	(1)	(2)	(3)
	转化率	专利被引数（对数）	制度成本（对数）
个体固定效应	Yes	Yes	Yes
时间固定效应	Yes	Yes	Yes
N	5600	5489	5753
R^2_a	0.0884	0.2642	0.8263

注：*、**、***分别表示10%、5%、1%的显著性水平。

从高校的实证研究结果来看，我国现有的制度改革虽在"还权赋能"方面做出了诸多努力，提升了每单位科技经费支出的科技成果转化效率，但尚未对高校技术转让的总量产生显著提升。企业实证分析结果同样表明，降低制度成本有助于提高企业研发产出和转化效率，但对提升研发产出的质量影响不大。因此，有必要深入分析当前科技体制改革中的不足，以合理解释我国科研成果转化效率偏低的现象并提供改进方向。

第六章
融资发展与中国创新–产业动态化进程

党的十九大明确提出，要加快实现从"要素驱动"向"创新驱动"的经济增长模式转变，推动产业结构转型升级。产业结构转型升级不仅需要一定的资本积累，更需要资本的优化配置。作为资源配置的核心，金融体系是服务实体经济的重要血脉，而基于银行的间接融资和基于金融市场的直接融资则是经济主体外部融资的主要供给渠道。最优金融结构理论认为，在判断何种社会融资结构最优时，必须考虑一国的经济发展阶段、产业结构特征、技术创新水平与世界前沿的距离以及要素禀赋差异等因素。只有当融资结构与国家不同的发展阶段相匹配时，金融体系才能有效提升服务实体经济的效率，进而实现产业的转型升级。本章基于最优金融结构理论的视角，将传统的金融结构—经济阶段—产业增长的研究视角加以拓展，提出了融资结构—技术创新—产业结构动态化转型升级的新思路。本章将引入技术创新水平和进步水平等新型经济发展阶段的考量标准，深入探讨融资结构对产业结构动态化转型升级的作用，并通过时间异质性检验该作用的因果关系。同时，本章还将引入摩尔指数，并结合最新的结构转换计算方法，对融资结构和产业结构的动态化转型升级进行科学测算，旨在进一步丰富该领域的研究方法和研究视角。

第一节　融资结构、技术创新与产业结构动态化转型
升级的时空演变特征分析

一　融资结构的时空演变特征分析

自市场经济地位确立以来，我国融资结构经历了市场化的发展历程，融资结构的时空演变具有如下事实特征。本章融资结构数据主要源于2001~2020年各省份①《区域金融运行报告》以及EPS经济数据库等。

特征事实1：高度依赖信贷融资，直接融资比重提升缓慢。从图6-1可以看出，2001~2018年直接融资比例大致呈"S"形上升趋势，间接融资2001年占比约为91%，2018年占比约为85%，2001~2018年平均占比为84.69%，直接融资的平均占比为15.31%。直接融资占比整体呈波动上升趋势，2012年达到最高值27.08%。可以看出，长期以来中国融资结构一直以间接融资为主，尤其高度依赖银行信贷融资，直接融资比重过低。事实上，拥有成熟的直接融资体系、以直接融资为主的融资结构是发达国家金融市场的一个共同特征。

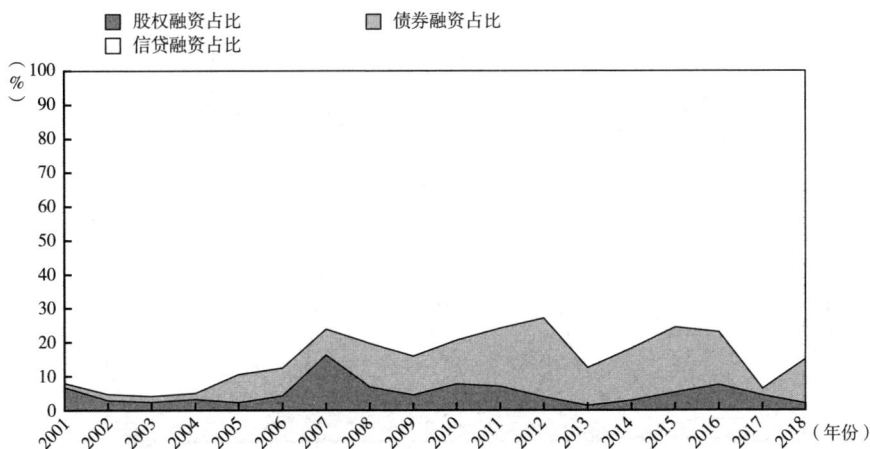

图6-1　2001~2018年全国融资结构演变

① 本书中"省份"指中国大陆31个省级行政区划单位，不含港、澳、台。

特征事实2：直接融资内部存在结构失衡的问题。从纵向对比来看，直接融资中债券融资规模由2001年的163亿元，增长到2018年的23895亿元，约增长146倍。而股权融资由2001年的199亿元，增长到2018年的3606亿元，仅增长了约17倍。2001~2018年债券融资平均以10.23%的速度增长，而股权融资的平均增长速度仅有5.08%。从横向对比来看，2001年股权融资规模是债券融资规模的1.22倍，到2018年股权融资规模是债券融资规模的0.15倍。2001~2018年，股权融资被债券融资方式超越且长期滞后。从速度对比来看，2001~2018年债券融资维持了10.23%的年均增速，而股权融资的年均增速仅有5.08%。股权融资的发展较为缓慢，导致直接融资内部结构严重失衡，完成提高直接融资比重的战略任务，关键在股权融资而非债券融资。

特征事实3：融资结构的空间差异较为显著。从图6-2可以看出，东部沿海省份的直接融资比例相对较高，中西部内陆地区则更青睐信贷融资，间接融资比例相对东部地区明显更高。但是，北京、广东、浙江、江苏等经济发达省份的债券融资规模波动较大，甚至在某些年份出现了负值。2017年北京、天津、内蒙古、辽宁、重庆、甘肃、青海、宁夏，2018年内蒙古、辽宁、黑龙江、海南、甘肃、青海、新疆的债券融资出现负值，表

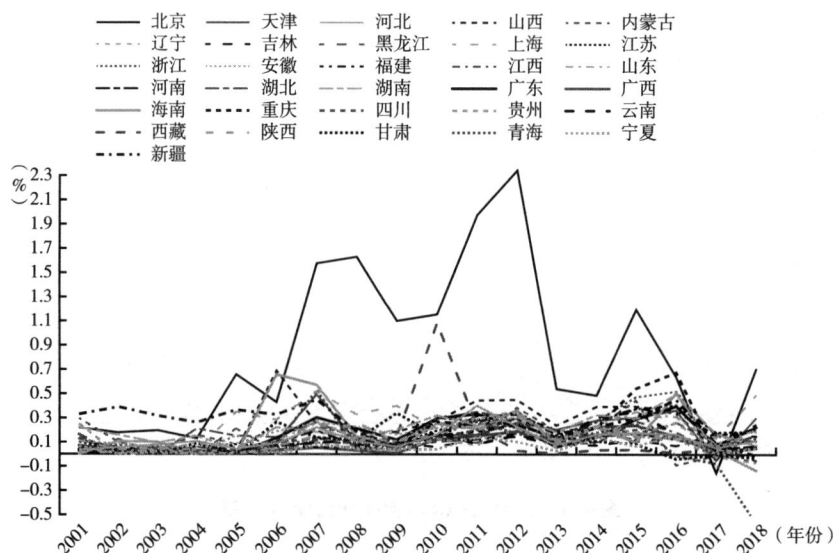

图6-2　2001~2018年全国31个省份直接融资占社会总融资比例

示企业对债券进行了逆回购操作，也称为债券负反馈循环。这必然会对生产率的提升产生不同程度的影响。

二　技术创新的时空演变特征分析

（一）技术创新水平发展现状

当前我国技术创新水平的发展呈现如下特征事实。

特征事实1：创新产出成果持续增长，国内专利申请授权总量大幅高于国外。图6-3描述了国内、国外3种专利申请授权量，从图6-3中可见，国内专利申请授权量从2001年的99278件增加到2020年的3520901件，其中2012~2020年出现大幅增长。这表明广泛实施的创新驱动发展战略颇具成效。近几年增长较为平稳，这意味着专利申请授权量已经达到一定的水平。另外，从图6-3中可以明显看出，国内3种专利申请授权量大幅领先国外3种专利申请授权量，尤其是自2012年开始，这种差距更加明显。但是，中国专利申请授权量的大幅提升并没有同步带来质量的大幅提升，我国尚未从"专利大国"转变为"专利强国"。

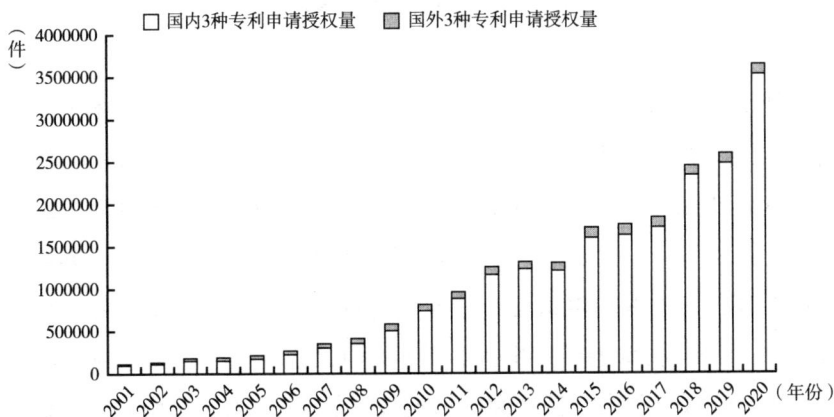

图6-3　2001~2020年国内、国外3种专利申请授权量

特征事实2：创新专利技术含量仍显不足。从图6-4专利申请授权结构可以发现，目前我国专利申请授权仍然以外观设计类和实用新型类为

主，而对创造性要求最高的发明专利申请授权量较少。虽然自2009年以来外观设计专利申请授权量有逐年减少的趋势，但增加的主要是实用新型专利申请授权量，而"含金量"最高的发明专利申请授权量占比并未出现明显的增加态势，甚至还出现了下降的趋势。我国申请难度大、技术含量高的发明专利申请授权量仍显不足，技术含量需要进一步提升。

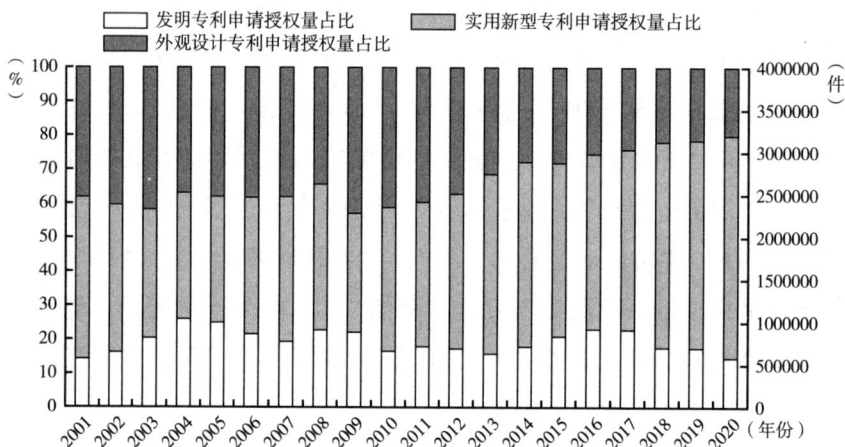

图6-4　2001~2020年专利申请授权结构

特征事实3：技术创新产出区域差异大。由图6-5可见，技术创新产出较多的省份集中在东部地区，比如广东、江苏、浙江、山东等。相对而言，西部地区，比如青海、宁夏等地技术产出较少。2020年技术创新产出排名前5的广东、江苏、浙江、山东、北京的专利申请授权量占全国专利申请授权量的57%，其中专利申请授权量最多的省份为广东，占全国专利申请授权量的20.25%。技术创新产出排名后5的西藏、青海、宁夏、海南和新疆的专利申请授权量仅占全国专利申请授权量的1%左右，其中专利申请授权量最少的省份为青海，仅占全国专利申请授权量的0.13%①。由此可见，我国各个省份的技术创新产出差异悬殊。

---

① 事实上，西藏应该是专利申请授权量最少的省份，但是缺少统计数据。根据公布的统计数据，专利申请授权量最少的省份是青海省。

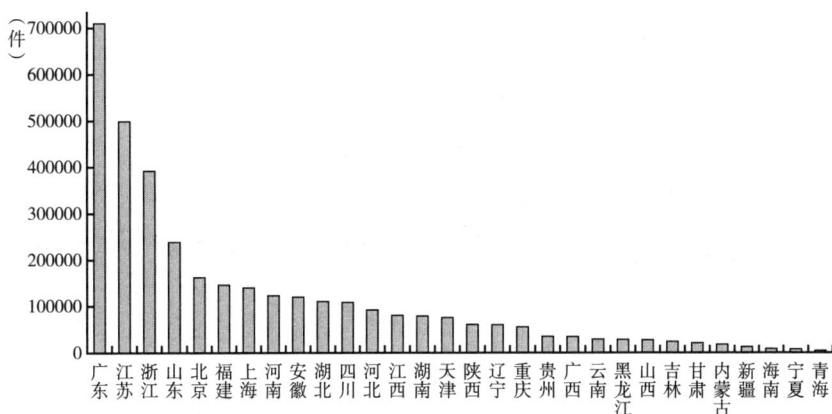

图6-5 2020年全国30个省份的专利申请授权量

（二）技术进步水平发展现状

我国技术进步水平发展呈现如下特征事实。

特征事实1：全要素生产率（TFP）保持较快的增长。图6-6展示了1980~2018年全国层面全要素生产率增长率、技术进步增长率、技术效率增长率和实际人均GDP增长率的变动情况，可以看出全要素生产率整体处于波动增长状态，全要素生产率年均增长率为2.89%，全要素生产率保持较快增长体现了中国经济的高质量发展，技术进步驱动经济和产业发展的作用显现。

特征事实2：粗放型经济增长速度明显快于集约型经济增长速度。TFP变化的分解中，技术进步较技术效率对全要素生产率增长率的拉动作用更大，说明生产点最优前沿面的移动效应大于最优前沿面的追赶效应，经济增长质量提升。但是，全要素生产率增长带来的经济增长质量提升与实际人均GDP的增长相比明显较弱，而实际人均GDP增长体现了我国经济在规模上的快速发展趋势，印证了我国粗放型经济增长速度明显快于集约型经济增长速度。同时，与发达国家相比，我国全要素生产率相关指数仍然处于较低水平，技术水平和技术效率虽然在不断靠近前沿面，但仍然存在一定的差距。

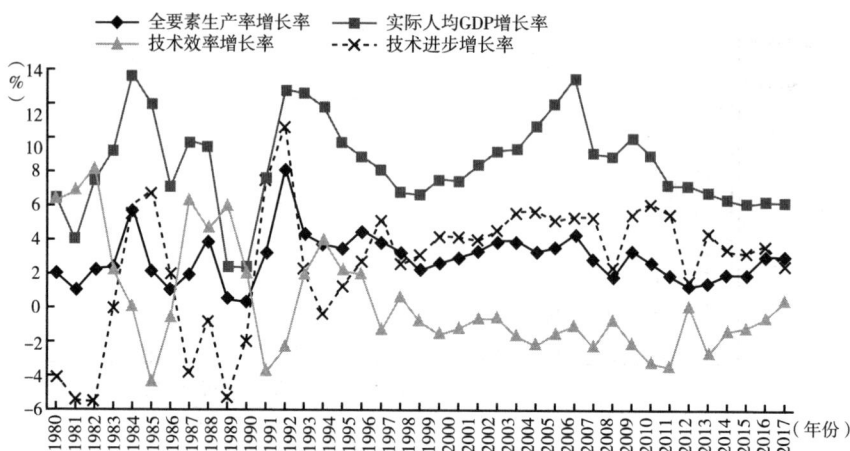

图6-6　1980~2018年全要素生产率增长率、实际人均GDP增长率、技术效率增长率和技术进步增长率的变动趋势

注：全要素生产率增长率根据DEA-Malmquist指数法计算得出。

特征事实3：各区域间全要素生产率增长率差距显著。2001~2018年全国31个省份全要素生产率指数的变动趋势见图6-7。从各个省份全要素生产率增长率的平均值、极差与标准差等可以看出，随着时间的推移，各省份间全要素生产率增长率的差距不断拉大，且呈现逐步扩大的趋势。天津、上海、江苏、北京、浙江在样本期末全要素生产率增长率较高，青海、宁夏、广西、云南、河南五省在样本期末全要素生产率增长率较低。各省份全要素生产率增长率存在显著差异，产生了明显的马太效应，即全要素生产率增长率高的省份越来越高，全要素生产率增长率低的省份越来越低，分化趋势越来越明显。同时，相对而言，位于东部沿海地区的省份全要素生产率增长率较高，但金融产业发达的北京、广东等地，其全要素生产率增长率并没有明显的优势，部分中部地区的经济增速较快，但全要素生产率增长率较低，这就更加凸显出融资结构转型的重要性。

三　产业结构的时空演变特征分析

在产业结构的动态化变迁过程中，往往会表现出产业结构由低效率、

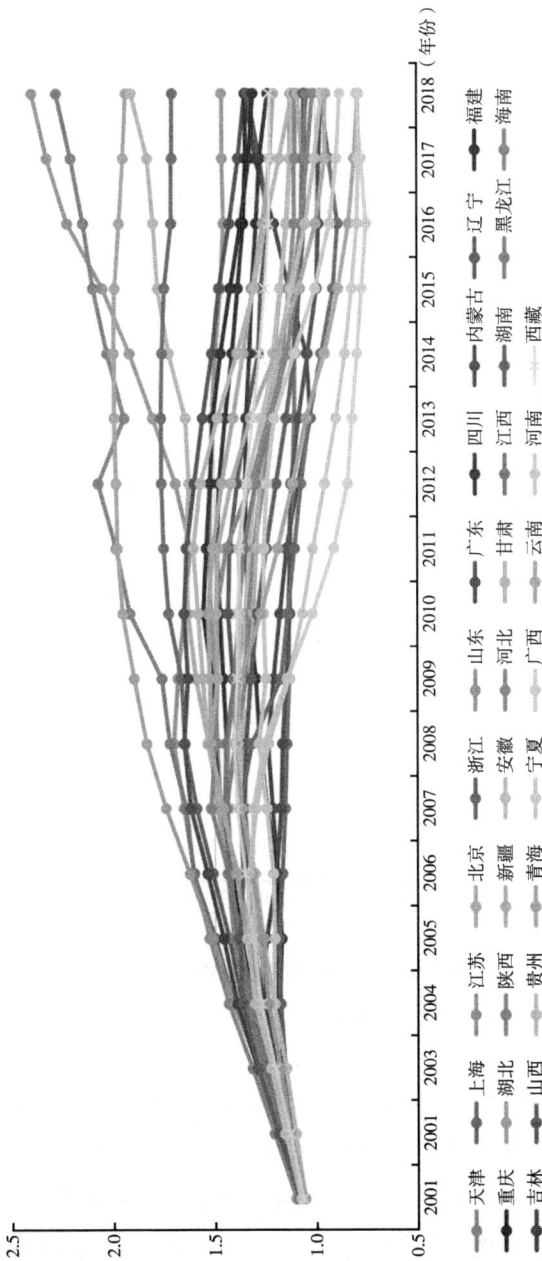

图6-7 2001~2018年全国31个省份全要素生产率指数变动趋势

注：全要素生产率指数根据DEA-Malmquist指数法计算得出。

177

低产出、低技术向高效率、高产出、高技术，以及由简单向复杂演变的特征。目前通常从产业结构高度化、产业结构合理化、产业结构转型速度3个维度衡量产业结构升级。

特征事实1：产业结构高度化水平持续上升，各省份间产业结构高度化变迁差距显著。产业结构高度化是构建高效益产业结构的过程。在产业结构的优化过程中，产业由低端向高端的发展是有规律可循的。从图6-8可以看出，2001~2020年我国总体的产业结构高度化水平呈现大幅上涨趋势。从图6-9可以看出，北京、上海、天津、江苏、福建在样本期末产业结构高度化水平较高，山西、河北、广西、黑龙江、甘肃在样本期末产业结构高度化水平较低，落后地区的产业结构高度化水平与发达地区的差距仍在不断扩大。

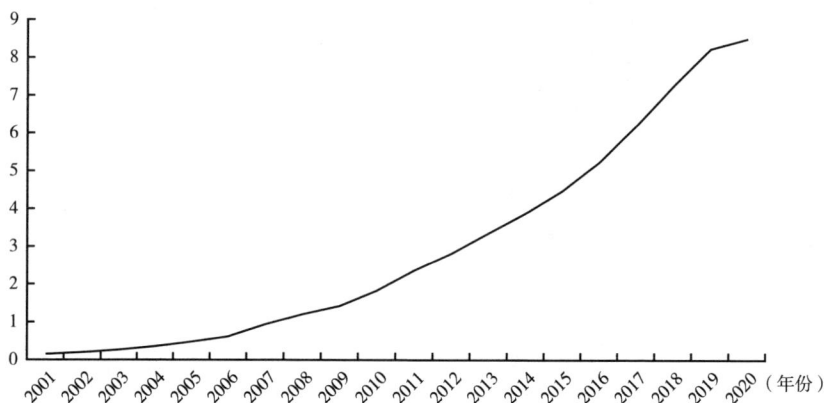

图6-8　2001~2020年全国产业结构高度化变动趋势

注：产业结构高度化指数根据本章公式（6-1）计算得出。

特征事实2：产业结构合理化水平不断提升，各省份间产业结构合理化变迁的极化趋势显著。产业结构合理化是指在现有资源条件和技术水平的约束下，调整与现有经济发展水平不相适应的产业结构，根据现有需求结构和技术水平等条件科学配置生产要素，使产业间和产业内部的要素布局趋于合理化的动态调整过程。从图6-10可以发现，2001~2020年我国总体的产业结构合理化水平不断提升，且最近几年提升趋势显著。从图6-11可

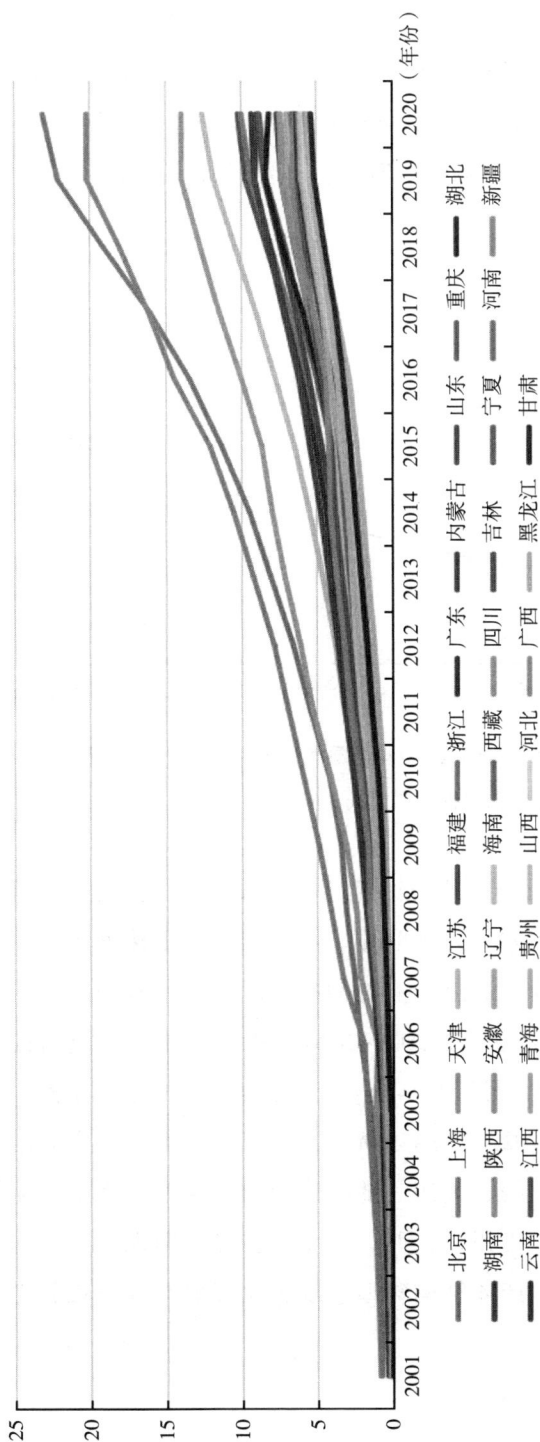

图6-9　2001~2020年全国31个省份产业结构高度化变动趋势

注：产业结构高度化指数数据本章公式（6-1）计算得出。

以看出，浙江、北京、上海、天津、广东在样本期末产业结构合理化水平较高，明显高于其他地区；云南、吉林、内蒙古、甘肃、西藏在样本期末产业结构合理化水平较低。自山东开始的后14个省份产业结构合理化水平相差不大，指数值均在3~9的数值区间，但与领先的5个省份差距很大，极化趋势明显。

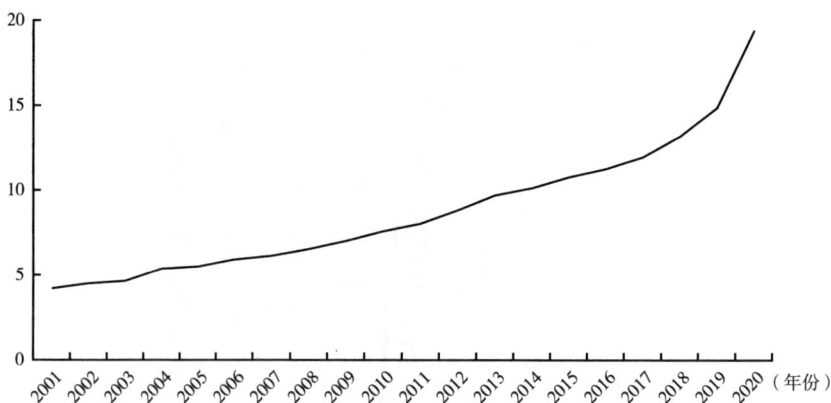

图6-10　2001~2020年全国产业结构合理化变动趋势

注：产业结构合理化指数根据本章公式（6-3）计算得出。

特征事实3：产业结构转型速度呈波动式上升趋势，除少数省份外，产业结构转型速度的差异并不明显。产业结构转型速度衡量了产业结构层次系数的变化速度，通过产业份额的相对变化来刻画三大产业的演进过程。从图6-12可以看出，2001~2020年我国总体的产业结构转型速度呈现波动式上升趋势，最近几年上升乏力，甚至出现小幅下滑。从图6-13可以看出，北京、上海、天津、浙江、广东在样本期末产业结构转型速度较快，且北京、上海、天津三地的产业结构转型速度要明显快于其他地区；新疆、云南、贵州、广西、黑龙江在样本期末产业结构转型速度较慢，其中黑龙江的产业结构转型速度相比其他地区增长乏力，甚至出现了一定幅度的下滑。

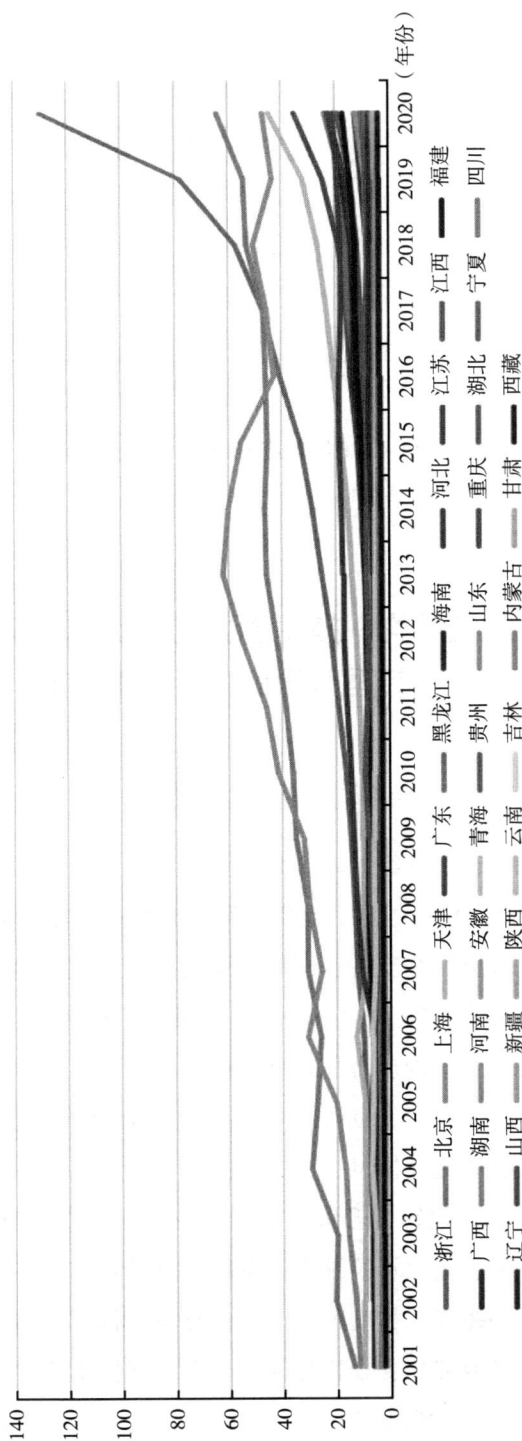

图6−11　2001~2020年全国31个省份产业结构合理化变动趋势

注：产业结构合理化指数根据本章公式（6−3）计算得出。

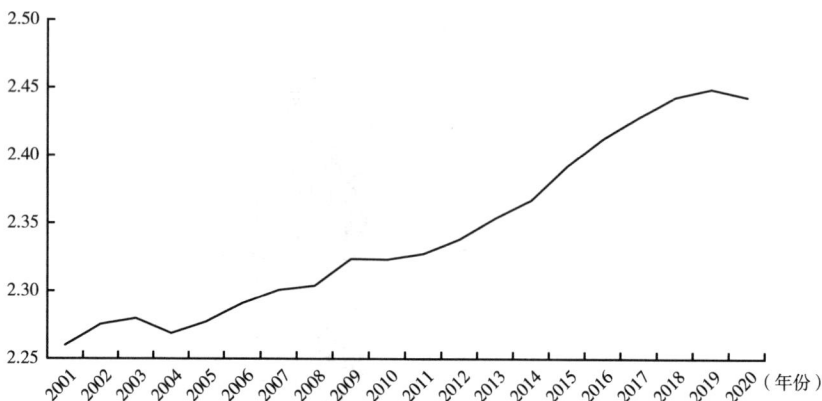

图6-12 2001~2020年全国产业结构转型速度趋势

注：产业结构转型速度指数根据本章公式（6-4）计算得出。

第二节 融资结构、技术创新与产业结构动态化转型升级的作用机制分析

一 融资结构与产业结构动态化转型升级

产业结构动态化转型升级的本质是要素禀赋更新、转移与重聚的动态过程。金融作为现代经济的核心，对资源优化配置发挥着重要的引导作用，更是各类市场主体获取资金支持、缓解融资约束、实现风险分散的重要平台，因此金融发展对产业结构动态化转型升级必然存在不可忽视的影响。但关于融资结构与产业结构动态化转型升级之间的关系，学术界却始终未能达成一致。究竟什么样的融资结构能够促进产业结构动态化转型升级？关于这一问题，已有研究大体可以分为三类。第一，银行主导型融资结构更能促进产业结构动态化转型升级。由银行主导的融资结构在动员储蓄、加速储蓄与投资转化、优化资源配置以及风险管理等方面显著优于市场主导型融资结构，能够在更大程度上减少由信息不对称引起的搭便车行为和道德风险，并且通过内部化委托代理问题极大地降低了监管成本，对产业结构动态化转型升级具有积极的促进作用。第二，部分学者得出了与上述

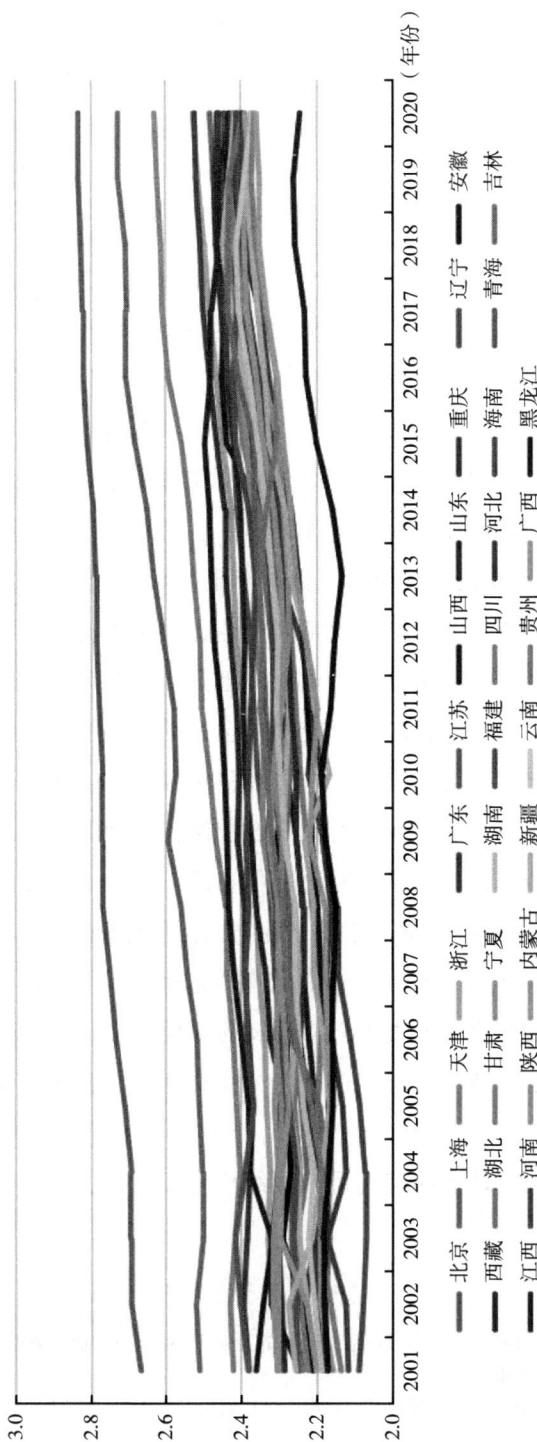

图6-13 2001~2020年全国31个省份产业结构转型速度变动趋势

注：产业结构转型速度指数根据本章公式（6-4）计算得出。

结论完全相反的结论，认为市场主导型融资结构在价格发现、缓解企业融资约束、提升企业创新能力、提升信息透明度方面具有优势，更能促进产业升级。第三，还有一些学者持中立的观点，认为无论是银行主导型融资结构还是市场主导型融资结构都有各自的优缺点，在不同发展阶段应采取适应本国经济的融资结构。[1]

一般而言，只有当融资结构转换推动了产业结构高度化和产业结构合理化时，才意味着融资结构对产业结构动态化转型升级产生了显著推动作用。所谓产业结构高度化，是指产业结构由低级形式转为高级形式，由劳动密集型的第一产业向资本密集型的第二产业，进而向技术密集型的第三产业顺次演进的过程及程度。对产业结构高度化可从量和质两个方面进行衡量，其中前者可用产业结构转型速度表示，后者可用产业结构高度化表示。[2]一方面，融资结构的转换改造了传统产业；另一方面，市场型融资结构推动了新产业的形成和发展。由此带来产业比例关系的改变和劳动生产率的提高，进而使劳动生产率高的产业比重上升，产业结构高度化水平得到提高。与此同时，融资结构的合理转换还会推动资源的合理配置，金融改革初期我国就制定了较为明确的产业发展目标和指南，从而在一定程度上避免了盲目投资行为，而这明显有利于产业结构合理化目标的达成。金融的市场化改革和转型还有助于弥补市场信息的不完全性，提高金融资源的利用效率，强化产业间的关联，加快产业结构快速转型。

假说1：融资结构转换能够加快产业结构转型速度。

假说2：融资结构转换能够提高产业结构转型质量。

假说2a：融资结构转换能够促进产业结构高度化，进而实现产业结构动态化转型升级。

假说2b：融资结构转换能够促进产业结构合理化，进而实现产业结构动态化转型升级。

---

① 林毅夫、姜烨：《经济结构、银行业结构与经济发展——基于分省面板数据的实证分析》，《金融研究》2006年第1期。

② 袁航、朱承亮：《国家高新区推动了中国产业结构转型升级吗》，《中国工业经济》2018年第8期。

二　不同技术水平下融资结构对产业结构动态化转型升级的异质性影响

产业结构升级是指产业结构从低级形态向高级形态转变的过程或趋势。产业结构升级的内在驱动力是技术进步，每一次技术进步都能够转变经济范式，新经济范式下的新兴技术往往会促使产业结构向更高水平升级，并使整个社会围绕新的产业结构发生转变。已有大量文献表明，金融市场通常关注企业价值和增长潜力的最大化，相比于银行主导型融资结构，市场主导型融资结构更有风险分散优势。目前，我国的产业比较优势已发生了根本性改变，劳动力充分供给而产生的低成本劳动力竞争优势已逐步减弱，自主创新对经济发展的贡献逐步增强。在这种情况下，金融市场的发展和完善逐渐成为我国未来产业转型升级和经济高质量发展的关键。在金融资源供给有限的前提下，对于那些亟须通过技术创新来提升竞争力的企业而言，市场主导型融资结构与其融资需求和风险特征是相匹配的，提升直接融资比例能够促进技术密集型产业的发展。

随着国内外经济环境的变化，以要素驱动为主的经济发展模式已经不可持续，技术研发和创新成为推动中国经济高质量发展的新动能。但是，技术研发和创新水平较高的企业，都具有较高的技术风险和市场风险，必然要求多样化的金融产品和更加市场化的金融体系与之匹配。[1]股权融资和债券融资在激发企业创新活力、提供创新资金支持上具有本质不同的风险偏好。股权融资只对企业剩余收益有索取权，而债券融资则需付息还本，具有更强的债务契约刚性特征，要求更高现金流，因而不利于回报周期长的创新投资，一旦发生债券违约，企业就会面临信用评级下调甚至破产还债风险。市场主导型融资结构在分散风险、提高资金利用效率方面具有比较优势，股权融资渠道能够在信息披露、企业并购、技术进步和风险分散等方面起到更大的作用，并能够通过积极引导金融资本流向效率高的生产部门，提高企业的经营效益、降低信贷风险、推动金融市场健康有序发展，从而促进产业结构的高附加值化、高技术化、高集约化发展。[2]另一方面，

---

① 佟孟华等：《金融结构影响产业结构变迁的内在机理研究》，《财贸研究》2021年第7期。

② 佟孟华等：《金融结构影响产业结构变迁的内在机理研究》，《财贸研究》2021年第7期。

我国不同省份的融资结构时空转换、创新水平以及产业转型程度有所不同，同时不同区域社会融资政策推动产业结构动态化转型升级的效果也有差异。因此，融资结构对产业结构的影响存在时空异质性。

假说3：融资结构的市场化转换能够通过技术进步的中介传导机制，促进产业结构动态化升级。

假说4：在市场主导型融资结构下，只有达到相应的技术创新水平，股权融资相对规模的扩大才能够促进产业结构动态化转型升级。

假说5：融资结构转换对产业结构动态化转型升级的影响存在时空异质性。

第三节　融资结构、技术创新与产业结构动态化转型升级的实证检验

一　变量选取及解释

本章的研究重点在于考察分别纳入股权融资、债券融资的融资结构转换能否促进产业结构动态化转型升级，测算产业结构动态化转型升级水平。

（一）核心被解释变量产业结构动态化转型升级的测算

将产业结构动态化转型升级分解为产业结构转型质量（产业结构高度化、产业结构合理化）和产业结构转型速度两大层次共三个维度，分别进行测度。

（1）产业结构高度化。一般文献根据库兹涅茨事实或克拉克定律，采用非农业产值所占比重来测算产业结构高度化。部分研究采用第二产业和第三产业产值总计与第一产业产值之比来表示，或者干脆忽略第一产业，采用第三产业和第二产业产值之比来表示。产业结构高度化表面上是不同产业的份额和比例关系的一种度量，本质上是一种劳动生产率的衡量，仅以产值比重衡量产业结构高度化存在"虚高度"问题。因此，本章在界定清晰产业转型"提质"内涵的基础上，引入劳动生产率指标，借鉴韩永辉[①]

---

① 韩永辉：《中国省域生态治理绩效评价研究》，《统计研究》2017年第11期。

的计算步骤，将产业结构高度化定义为：

$$IND\_SH_{it} = \left[\prod_{k=1}^{m} \left(\sum_{j=1}^{n} \frac{Y_{ijt}}{Y_{it}} \times \frac{Y_{ijt}}{F_{ijkt}} \right) \right]^{1/m} \tag{6-1}$$

式中，IND_SH 表示产业结构高度化，该指标取值越大，表明产业结构高度化水平越高。i 指代区域，j 表示产业部门，t 是时间，k 表示生产要素类别；Y_{ijt} 为 i 区域 j 产业部门在 t 年的增加值；F_{ijkt} 指代的是 i 区域 j 产业部门在 t 年的增加值投入 j 类生产要素；由于只考虑了劳动生产要素，则 $\frac{Y_{ijt}}{F_{ijkt}}$ 表示 i 区域 j 产业部门的劳动生产率（LP_{ijt}）。一般说来，劳动生产率是一个有量纲的数值，而产业的产值比重则是一个没有量纲的数值，为了使产业结构高度化指标不仅可用于判断工业化的进程，还可用于国际比较，借鉴 Chenery 等[1]的劳动生产率标准化公式：

$$LP_{ijt}^{N} = \frac{LP_{ijt} - LP_{ijb}}{LP_{ijt} - LP_{ijf}} \tag{6-2}$$

其中，LP_{ijt} 表示第 i 区域 j 产业部门工业化初期的劳动生产率，其计算方法为产业增加值与该产业就业人数的比值。LP_{ijb} 表示工业化开始时的劳动生产率，LP_{ijf} 表示工业化完成后的劳动生产率，其取值借鉴刘伟和蔡志洲[2]产业结构标准化模型中的数值10584美元（以2005年=100计算），这与2005年世界银行公布的发达国家人均收入标准10725美元十分接近。

（2）产业结构合理化。产业结构合理化代表产业间的聚合质量，它一方面是产业之间协调程度的反映，另一方面还是资源有效利用程度的反映，也就是说，它是要素投入结构和产出结构耦合程度的一种衡量。就这种耦合而言，研究者一般采用结构偏离度对产业结构合理化进行衡量。借鉴干春晖等[3]的做法，并对指标方向进行转换，重新定义公式为：

---

① Chenery, H., Robinson, S., and Syrquin, M., *Industrialization and Growth: A Comparative Study* (Oxford University Press, 1986).

② 刘伟、蔡志洲：《我国产业结构变动趋势及对经济增长的影响》，《经济纵横》2008年第12期。

③ 干春晖等：《中国产业结构变迁对经济增长和波动的影响》，《经济研究》2011年第5期。

$$IND\_TL_{it} = \cfrac{1}{\sum_{j=1}^{n}\left(\cfrac{Y_{ijt}}{Y_{it}}\right)Ln\left(\cfrac{Y_{ijt}}{L_{ijt}}\Big/\cfrac{Y_{it}}{L_{it}}\right)} \tag{6-3}$$

式中，IND_TL表示产业结构合理化，该指标取值越大，表明产业结构偏离度越小，产业结构合理化水平越高。Y表示产值，L表示就业，i表示区域，j表示产业，n表示产业部门数。根据古典经济学假设，经济最终处于均衡状态，各产业部门的生产率水平相同。而由定义，Y/L即表示生产率，因此当经济均衡时，$Y_i/L_i = Y/L$。同时，Y_j/Y表示产出结构，L_j/L表示就业结构，因此IND_TL同时也反映了产出结构和就业结构的耦合性，其分母值越大，表示经济越偏离均衡状态，产业结构越不合理。经济非均衡现象是一种常态，在发展中国家这种状况更为突出。

（3）产业结构转型速度。本章采用产业结构层次系数的变化来衡量产业结构转型速度，通过产业份额比例的相对变化来刻画三大产业的动态演进过程。将三次产业按层次由高到低排序，构建产业结构层次系数的计算公式，如式（6-4）所示：

$$IND\_IAS_{it} = \sum_{j=1}^{n}\theta_j Q(j) \tag{6-4}$$

其中，IND_IAS是产业结构转型速度，以产业结构层次系数表示，该指标数值越大，表明产业结构转型速度越快。θ_j为对应产业的权重，$Q(j)$为各产业增加值占GDP的比重。三次产业发展的总体趋势是：第一产业比重逐渐降低，第二产业比重先升后降，第三产业比重持续上升。这也是二战后世界各个主要国家三次产业发展的一般规律。据此赋予第三、第二、第一产业3、2、1的权重，得出各区域的产业结构转型速度。

（二）核心解释变量融资结构转换的测算

因2001~2020年数据可以用于更清晰地观察直接融资的内部结构，故主回归中采用直接融资额与间接融资额的比值（FST）指代融资结构转换。随着金融市场化改革的推进，融资结构转换过程中具有直接融资比重不断扩大的趋势，该比值越大，说明融资结构转换幅度越大。而股权融资与债券融资的规模和发展速度迥异，并在激发企业创新活力、提供创新资金支持上具有本质不同的风险偏好。为了考察直接融资的异质性，本章将股权融资占比和债券融资占比作为重要解释变量。①直接融资占比，即债券融资和股权融资占社会融资总额中的。②股权融资结构转换（EFS），采用股权融资占社会融资总额的比重来衡量。③债券融资结构转换（BFS），采用债券融资占社会融资总额的比重来衡量，债券融资包括企业债券融资和政府债券融资。

另外，为进行稳健性检验，本章借鉴Moore[①]的结构转化值方法测算融资结构转换度（CDFS），由于波动幅度相对平缓，能够避免高估融资结构的变动，因而该方法在相关研究中被广泛采用。而且，就本研究而言，Moore指数由于没有先验性地假定结构变动的方向，故能同时包含促进或抑制产业结构动态化转型升级两种可能性。具体的计算公式为：

$$M_t = \left| \sum_{i=1}^n W_{i,t} \times W_{i,t-1} \middle/ \left(\sqrt{\sum_{i=1}^n W_{i,t}^2} \times \sqrt{\sum_{i=1}^n W_{i,t-1}^2} \right) \right| \qquad (6-5)$$

$$CDFS = arccos(M_t) \qquad (6-6)$$

式中，$W_{i,t}$表示第t期整体结构中i类融资方式所占比重，$W_{i,t-1}$表示第$(t-1)$期整体结构中i类融资方式所占比重，融资结构转换度（CDFS）表示相邻两时期类型向量之间的夹角。CDFS值越大，则意味着融资结构转换度越高。

（三）核心中介变量技术进步水平的测算

本章运用DEA-Malmquist指数法分解测算技术进步水平（TPL），需要用到各省份2001~2018年的实际产出、资本投入和劳动投入等核心数据。其中各省份的实际产出，能够根据名义GDP和平减指数进行衡量。资本投入借鉴张军等[②]的研究方法，采用永续盘存法予以测算：$K_t = I_t/P_t + (1-\delta)K_{t-1}$。其中，$K_t$是$t$期的资本存量，$I_t$指代$t$期的投资额，$P_t$是投资价格指数，$\delta$为折旧率，设定值为10.96%。资本存量测算时选取的基期越早，设定不同折旧率计算资本存量的差异越小，可以很好地避免设定偏

① Moore，J. H.，"A Measure of Structural Change in Output"，*Review of Income and Wealth*，24（1），1978，pp.105-118.

② 张军等：《中国省际物质资本存量估计：1952~2000》，《经济研究》2004年第10期。

误。故选取 1952 年为基期，劳动投入选取各省份的就业人数代表，测算数据主要来源于 EPS 数据库。

（四）核心门限变量技术创新水平的测算

根据前面的理论分析可知，当创新水平达到一定的临界值时，融资结构转换对产业结构动态化转型升级的促进作用才会显现。本章采用专利申请授权量的对数值表示创新规模（INN_SCA）。同时，采用发明专利申请授权量与外观、实用新型专利申请授权量之比表示创新质量（INN_QUL），以检验技术创新的规模和质量门槛效应。

（五）控制变量集的筛选

参考杨力等[1]、佟孟华等[2]构建解释影响产业结构动态化转型升级的控制变量集。①地区经济发展水平（ln PGDP），经济发展是产业结构动态化转型升级的重要推动力量，本章选用人均国内生产总值的对数来衡量。②政府干预（FIS），作为产业政策的重要组成部分，政府干预的规模和结构都将影响产业结构动态化转型升级，本章以公共财政支出占地区生产总值的比重来表示。③对外开放（TRA），采用进出口总额占地区 GDP 的比重来衡量，反映该地区经济的对外开放程度。④国有化率（SOE），用国有经济和集体经济固定资产投资占全社会固定资产投资的比重来衡量，用于反映地区经济发展中国有经济的比重，也在一定程度上反映市场垄断程度。

二　数据来源及说明

因各省份企业债券融资起步较晚，较为完整的数据统计始于 2001 年，本章主要采用我国 31 个省份 2001~2020 年的面板数据。社会融资结构数据来源于各省份的《区域金融运行报告》，技术创新相关数据来源于国泰安数据库（CSMAR），产业结构指标以及控制变量等相关数据主要来自各省份统计年鉴和 EPS 数据库。为避免极端值对实证结果的影响，本章对所有连续变量进行了 5% 分位的双边缩尾处理。变量的描述性统计特征见表 6-1。

表6-1 变量的描述性统计特征

变量名	观测值	平均值	标准差	最小值	最大值	定义
FST	620	0.156	0.127	−0.182	0.701	融资结构转换：直接融资额与间接融资额的比值
CDFS	620	0.069	0.105	0.000	0.839	融资结构转换度，由Moore的结构转化值计算得出
EFS	620	0.049	0.054	0.000	0.520	股权融资结构转换：股权融资占社会融资总额的比重
BFS	620	0.117	0.117	−0.279	0.641	债券融资结构转换：债券融资占社会融资总额的比重
IND_SH	620	2.988	3.374	0.018	23.133	产业结构转型高级程度：产业结构高度化
IND_TL	620	8.779	11.571	1.294	129.854	产业结构转型合理程度：产业结构合理化
IND_IAS	620	2.343	0.132	2.070	2.836	产业结构转型速度
INN_QUL	620	0.176	0.118	0.000	0.757	创新质量：发明专利申请授权量与外观、实用新型专利申请授权量之比
INN_SCA	620	8.956	1.904	1.946	13.473	创新规模：专利申请授权量的对数值
TPL	620	1.019	0.065	0.782	1.418	技术进步水平
TRA	620	0.294	0.362	0.008	1.722	对外开放：进出口总额占GDP比重
FIS	620	0.243	0.189	0.062	1.427	政府干预：财政支出占GDP比重
SOE	620	0.412	0.153	0.150	1.096	国有化率：国有经济和集体经济固定资产投资占比
$\ln PGDP$	620	10.220	0.836	7.971	12.013	地区经济发展水平：人均国内生产总值的对数

三 计量模型和识别方法设定

由于融资结构的时空转换具有典型的区域特征，本章采用固定效应模型进行实证检验，而本章所使用的样本具有较长的时间序列，仅用个体固定效应模型难以捕捉随时间改变的遗漏变量。

（一）产业结构动态化转型升级与融资结构转换关系模型设定

综合以上分析，构建基本模型如下：

$$\sum_{n=1}^{3} \alpha_n IND_{i,\,t} = \alpha_n T \times FST_{i,\,t} + \sum_{m=1}^{M} \alpha_m CONTROL_{i,\,t} + \mu_i + \tau_t + \varepsilon_{i,\,t} \quad （6-7）$$

其中，$IND_{i,\,t}$ 指代产业结构动态化转型升级，主要包括三个指标——产业结构高度化（IND_SH）、产业结构合理化（IND_TL）、产业结构转型速度（IND_IAS），$FST_{i,\,t}$ 表示融资结构转换，T 是全样本的年份分组变量，$CONTROL_{i,\,t}$ 为系列控制变量。当 T 为全样本年份时，通过系数 α_1 来判断融资结构转换与产业结构动态化转型升级之间的关系。

进一步探讨直接融资中股权融资和债券融资对全要素生产率的作用差异，设立模型如下：

$$IND_{i,\,t} = \beta_0 + \beta_1 EFS_{i,\,t} + \beta_2 BFS_{i,\,t} + \sum_{m=1}^{M} \beta_m CONTROL_{i,\,t} + \mu_i + \tau_t + \varepsilon_{i,\,t} \quad （6-8）$$

在该模型中，$EFS_{i,\,t}$ 为核心解释变量股权融资结构转换，$BFS_{i,\,t}$ 为核心解释变量债券融资结构转换。通过系数 β_1 和 β_2 的对比判断不同的融资结构转换方式与产业结构动态化转型升级之间的作用机制。

进一步识别异质性直接融资结构转换与产业结构动态化转型升级间的因果关系。本章采取阶段观察验证策略，这里当 β_1 或 β_2 为子样本年份时，进行时空异质性检验，通过将样本分组为2008年及以前和2008年以后以及沿海、内陆地区来识别方向是否改变。若方向发生改变，由正转负或者转为不显著时，则表明存在融资结构市场化调整机制失灵。

（二）产业结构与融资结构转换的技术进步中介效应模型设定

为了实证检验融资结构对产业结构的作用机制，参考 Baron 和 Kenny[1]以及 MacKinnon 等[2]的中介效应模型及相关步骤，构建基于技术进步的中介效应模型如下：

---

[1] Baron, R., Kenny, D., "The Moderator-Mediator Variable Distinction in Social Psychological Research: Conceptual, Strategic, and Statistical Considerations", *Chapman and Hall*, 51 (6), 1986, p.1176.

[2] MacKinnon, D., Fairchild, A., Fritz, M., "Mediation Analysis", *Annual Review of Psychology*, 58 (1), 2007, p.593.

$$\begin{cases} TPL_{i,\,t} = \eta_0 + \eta_1 FST_{i,\,t} + \sum_{m=1}^{M} \eta_m CONTROL_{i,\,t} + \mu_i + \tau_t + \varepsilon_{i,\,t} \\ IND_{i,\,t} = \gamma_0 + \gamma_1 FST_{i,\,t} + \gamma_2 TFP_{i,\,t} + \sum_{m=1}^{M} \gamma_m CONTROL_{i,\,t} + \mu_i + \tau_t + \varepsilon_{i,\,t} \end{cases} \quad (6-9)$$

其中，中介效应模型需遵循 B-K 中介检验三步法则。首先，对式（6-7）进行回归，倘若系数值 α_1 显著，则融资结构对产业结构的直接作用路径得证；其次，对式（6-9）中公式一进行回归，倘若系数值 η_1 显著，符号与系数值 α_1 相同，则需下一步检验；最后，对式（6-9）中公式二进行计量检验，倘若融资结构依然对产业结构作用显著，符号相同，且作用系数值 γ_1 相对较小，则表明通过了中介效应检验，存在金融错配对绩效的间接影响机制，并且中介效应占总效应之比能够通过 MacKinnon 等的研究公式 $\dfrac{\gamma_2 \times \eta_1}{\alpha_1}$ 求解得出，以便进行中介效应作用大小的比较。另外，需要补充的是，假如 γ_1、γ_2、η_1 均显著，且 γ_1、η_1 与 γ_2 符号相反，则表现为遮掩效应。

（三）产业结构与融资结构的技术创新门限模型设定

前面构建的理论模型只能检验融资结构与产业结构的两两关系，不能检验融资结构在不同创新水平下对产业结构的作用效果。由此，对融资结构优劣的讨论产生分歧的重要原因是忽略了金融服务实体经济的本质规律。本章将融资服务的技术创新变量加入进来，实证检验在特定的创新规模和创新质量条件下，股权融资（或债券融资）与产业结构之间的深层关系以及股权融资（或债券融资）影响产业结构的创新路径。借鉴 Hansen[1] 的面板门限模型，对数据进行自动识别来确定门限值，以便内生划分不同的创新规模和创新质量置信区间，进而在技术创新的基础上考察融资结构与产业结构之间的非线性关系。模型设定如下：

$$IND_{i,\,t} = \theta_1 EFS_{i,\,t}(INN\_SCA \leqslant \gamma_1) + \theta_2 EFS_{i,\,t}(\gamma_1 < INN\_SCA \leqslant \gamma_2) + \cdots +$$

$$\theta_n EFS_{i,\,t}(INN\_SCA \leqslant \gamma_n) + \sum_{m=1}^{M} \theta_m CONTROL_{i,\,t} + \mu_i + \tau_t + \varepsilon_{i,\,t} \quad (6-10)$$

其中，被解释变量产业结构动态化转型升级主要采用产业结构高度化

---

① Hansen, B. E., "Threshold Effects in Non-Dynamic Panels: Estimation, Testing, and Influence", *Journal of Econometrics*, 93 (2), 1999, pp.345-368.

（*IND_SH*）、产业结构合理化（*IND_TL*）、产业结构转型速度（*IND_IAS*）依次回归，以考察股权融资对产业结构作用机制的创新规模门限效应；门限变量*IND_SCA*为创新规模；γ_n为待估门限值。

$$IND_{i,t} = \theta_1 EFS_{i,t}\left(INN\_QUL \leqslant \gamma_1\right) + \theta_2 EFS_{i,t}\left(\gamma_1 < INN\_QUL \leqslant \gamma_2\right) + \cdots +$$

$$\theta_n EFS_{i,t}\left(INN\_QUL \leqslant \gamma_n\right) + \sum_{m=1}^{M}\theta_m CONTROL_{i,t} + \mu_i + \tau_t + \varepsilon_{i,t} \quad (6\text{-}11)$$

门限变量*INN_QUL*为创新质量，使用面板门限模型的必要条件是门限效应检验，主要检验门限效应的两个方面：一是门限效应是否显著，即样本数据中是否存在会导致结构变动的机制转换，如果门限值γ_n的F统计检验拒绝原假设，则说明存在该门限；二是门限估计值是否为其真实值，即在存在门限效应的条件下，运用Bootstrap自抽样法获得其临界值。

考虑到融资结构内生于产业结构，用融资结构转换解释产业结构动态化转型升级可能存在内生性问题，因此，本章在门限效应处理时采用融资结构转换的滞后一期作为工具变量。

四 基准回归结果分析

表6-2报告了融资结构转换影响产业结构动态化转型升级的双向固定效应模型的主要检验结果。基于全样本回归结果可以发现，融资结构的市场化转换有利于产业结构的动态化转型升级，融资结构转换不仅能够对产业结构高度化、合理化产生显著的促进效应，而且对产业结构转型速度也有明显的正向影响，这验证了假说1和假说2。融资结构转换在提高产业转型质量的同时，能够加快产业转型速度。

表6-3报告了异质性直接融资（股权融资或债券融资）结构转换影响产业结构动态化转型升级的双向固定效应模型的主要检验结果。通过模型（4）~（6）可知，股权融资结构转换对产业结构高度化、合理化的促进作用并不明显。而且，股权融资结构转换降低了产业结构转型速度，对产业结构转型速度的提升呈现明显的负向冲击。由此可以判断，股权融资结构转换促进产业结构动态化转型升级确实存在多种门槛，剖析原因如下：第一，股权融资市场的发展规模仍然太小，2001~2020年股权融资年均占比仅

为4.68%，与发达国家的差距仍然较大，股权融资虽然规模增加，但占比不但没有上升，甚至出现下降，并不能充分满足急需资金的中小企业、创新型小微企业和"三农"领域的资金需求，在提升金融资源配置效率和促进产业结构快速升级方面的作用发挥不理想[1]；第二，证券市场尚处于初创期，所受约束较多，创新空间受限，一些科技创新企业依然存在融资的结构性短缺，还未形成适应不同类型、不同发展阶段产业差异化融资需求的股权市场体系，严重制约了创新资本的融资功能。

通过模型（7）~（9）可知，债券融资结构转换对产业结构动态化转型升级的3个指标均具有明显的促进作用，这证实了债券融资规模占比的提升对产业结构动态化转型升级的正向效应。债券融资结构的合理转换能够显著促进产业结构动态化转型升级，主要是凭借一部分融资成本低、期限长的优质债券资源发挥正向作用。

表6-2　融资结构转换影响产业结构动态化转型升级的回归结果

变量	（1）产业结构高度化	（2）产业结构合理化	（3）产业结构转型速度
	IND_SH	IND_TL	IND_IAS
FST	4.504***	10.939***	0.037**
	(0.726)	(2.795)	(0.018)
TRA	−1.864***	10.939***	−0.024*
	(0.304)	(2.795)	(0.013)
FIS	−1.364**	−1.593	0.067**
	(0.633)	(1.821)	(0.028)
SOE	3.940***	−6.529*	−0.023
	(0.899)	(3.733)	(0.024)
ln PGDP	3.527***	−4.239	0.070***
	(0.171)	(3.788)	(0.005)
Constant	−34.503***	3.426***	1.620***
	(1.907)	(0.718)	(0.054)

---

[1] 张超、钟昌标：《金融创新、产业结构变迁与经济高质量发展》，《江汉论坛》2021年第4期。

续表

变量	(1) 产业结构高度化	(2) 产业结构合理化	(3) 产业结构转型速度
	IND_SH	*IND_TL*	*IND_IAS*
Observations	620	620	620
R²	0.725	0.390	0.548
Number of id	31	31	31

注：***、**、*依次代表在1%、5%、10%水平下显著；id指代省份。

表6-3　股权融资与债券融资影响产业结构动态化转型升级的回归结果

变量	(4) 产业结构 高度化	(5) 产业结构 合理化	(6) 产业结构 转型速度	(7) 产业结构 高度化	(8) 产业结构 合理化	(9) 产业结构 转型速度
	IND_SH	*IND_TL*	*IND_IAS*	*IND_SH*	*IND_TL*	*IND_IAS*
EFS	−1.113	0.606	−0.079**			
	(1.534)	(5.756)	(0.035)			
BFS				6.112***	13.607***	0.080***
				(0.762)	(2.953)	(0.018)
TRA	−2.273***	−1.583	−0.031**	−1.637***	−1.168	−0.017
	(0.342)	(1.847)	(0.013)	(0.301)	(1.820)	(0.013)
FIS	−1.501**	−7.048*	0.057**	−1.066*	−6.421*	0.068**
	(0.702)	(3.775)	(0.028)	(0.624)	(3.722)	(0.027)
SOE	4.152***	−3.741	−0.027	3.619***	−5.064	−0.026
	(0.943)	(3.834)	(0.024)	(0.885)	(3.778)	(0.024)
ln PGDP	3.894***	4.400***	0.072***	3.368***	3.144***	0.067***
	(0.168)	(0.686)	(0.004)	(0.171)	(0.723)	(0.005)
Constant	−37.425***	−32.500***	1.620***	−32.895***	−20.954**	1.649***
	(1.933)	(7.998)	(0.052)	(1.899)	(8.188)	(0.054)
Observations	620	620	620	620	620	620
R²	0.572	0.344	0.431	0.735	0.356	0.603
Number of id	31	31	31	31	31	31

注：***、**、*依次代表在1%、5%、10%水平下显著；id指代省份。

五 分阶段观察识别因果关系

前面的实证估计方法采用全样本数据，可能会出现估计的"平均"效应，无法区分融资结构的时空差异。因此，本章选择以2008年世界金融危机事件为时间节点，选取2001~2008年和2009~2016年两个时间段。

对比表6-4中模型（1）（2）可发现，2009~2016年股权融资结构转换对产业结构高度化、合理化的影响系数分别在1%和5%的显著性水平下为正，这证实了股权融资结构转换在此阶段对产业结构高度化、合理化转型产生了正向作用，在这一阶段股权融资结构提高了产业结构的转型质量，减缓了产业结构的转型速度；而2001~2008年在股权融资增长不明显甚至出现负向波动的情况下，融资结构转换对产业结构动态化转型升级的影响不显著，这意味着2008年之后以创新为主导的股权融资市场方能对产业结构转型升级产生正向影响。这表明股权融资结构转换对产业结构动态化转型升级存在不同时段的异型性影响，只有达到相应的技术创新水平时，股权融资结构转换才有可能促进产业结构动态化转型升级。

表6-4 分时段检验股权融资结构转换影响产业结构动态化转型升级的回归结果

变量	(1)			(2)		
	2001~2008年			2009~2016年		
	IND_SH	*IND_TL*	*IND_IAS*	*IND_SH*	*IND_TL*	*IND_IAS*
EFS	1.571	−2.416	−0.109**	1.675***	3.766**	0.031
	(1.882)	(3.485)	(0.015)	(0.206)	(1.776)	(0.034)
TRA	−3.280***	8.366***	0.026	0.320***	10.577***	0.092***
	(0.511)	(1.951)	(0.019)	(0.079)	(0.955)	(0.022)
FIS	2.050**	−1.456	0.089	0.697***	−0.608	0.010
	(0.942)	(4.118)	(0.068)	(0.214)	(3.191)	(0.046)
SOE	−2.660**	−1.187	−0.055*	−0.337*	−2.047	0.261***
	(1.306)	(5.248)	(0.032)	(0.173)	(1.730)	(0.054)
ln PGDP	5.877***	2.821***	0.019*	0.493***	−0.302	0.063***
	(0.231)	(0.935)	(0.011)	(0.060)	(0.611)	(0.010)
Constant	−7.141***	−23.248**	2.109***	−4.357***	5.447	1.538***
	(1.631)	(10.314)	(0.117)	(0.615)	(6.366)	(0.108)

续表

变量	（1）			（2）		
	2001~2008年			2009~2016年		
	IND_SH	IND_TL	IND_IAS	IND_SH	IND_TL	IND_IAS
Observations	248	248	248	248	248	248
Adjusted R²	0.205	0.489	0.535	0.330	0.587	0.325
Number of id	31	31	31	31	31	31

注：***、**、*依次代表在1%、5%、10%水平下显著；id指代省份。

目前少有从沿海、内陆区域划分视角入手，分析股权融资对产业结构动态化转型升级影响的区域异质性研究。因此，本章将我国划分为沿海和内陆两个区域。具体而言，将辽宁、河北、天津、山东、江苏、上海、浙江、福建、广东、广西、海南11个省份划为沿海区域，而将其他省份视为内陆区域，分析股权融资对产业结构发展的不同影响。

对比表6-5中模型（1）（2）可发现，沿海地区股权融资结构转换对产业结构高度化、合理化的影响系数分别在10%和1%的显著性水平下为正，这证实了股权融资结构转换在该区域对产业结构高度化、合理化转型产生正向作用力，沿海地区股权融资结构转换提高了产业结构的转型质量，但对产业结构转型速度的作用并不显著；而内陆地区股权融资结构转换对产业结构高度化以及产业结构转型速度产生负向冲击，对产业结构合理化的影响不显著。这意味着股权融资结构转换对产业结构动态化转型升级存在不同区域的异型性影响，共同验证了假说5。沿海区域相比内陆区域在地理位置、开放程度、融资政策、创新发展等方面存在较大优势。因此，需要进一步考虑不同技术水平下融资结构对产业结构动态化转型升级的作用机制。

表6-5　分区域检验股权融资结构转换影响产业结构动态化转型升级的回归结果

变量	（1）			（2）		
	沿海			内陆		
	IND_SH	IND_TL	IND_IAS	IND_SH	IND_TL	IND_IAS
EFS	7.419*	2.984***	−0.058	−2.944***	−2.349	−0.084*
	(3.772)	(1.394)	(0.078)	(1.053)	(1.908)	(0.044)

变量	(1)			(2)		
	沿海			内陆		
	IND_SH	IND_TL	IND_IAS	IND_SH	IND_TL	IND_IAS
TRA	−4.141***	5.064	0.066***	−1.452	−1.214	−0.027
	(0.841)	(4.300)	(0.017)	(1.007)	(2.232)	(0.053)
FIS	48.102***	21.098***	1.681***	−0.763**	−0.143	0.068**
	(9.085)	(4.571)	(0.178)	(0.338)	(0.969)	(0.028)
SOE	1.090	8.253	0.095*	4.073***	−2.985**	0.011
	(2.867)	(13.442)	(0.056)	(0.596)	(1.271)	(0.030)
ln PGDP	4.102***	10.055***	0.079***	2.962***	1.381***	0.066***
	(0.698)	(3.191)	(0.013)	(0.104)	(0.208)	(0.005)
Constant	−3.194***	−6.878***	1.282***	−28.529***	−7.555***	1.634***
	(0.917)	(3.282)	(0.154)	(1.202)	(2.448)	(0.058)
Observations	220	220	220	400	400	400
Adjusted R^2	0.647	0.566	0.518	0.851	0.355	0.263
Number of id	11	11	11	20	20	20

注：***、**、*依次代表在1%、5%、10%水平下显著；id指代省份。

六　稳健性检验

为了尽可能地保证本章主要发现的可靠性，采用扩大数据样本、改进关键解释变量测算方法等策略做进一步的稳健性检验。①扩大数据样本。将数据从2001~2020年扩大到1992~2020年，其中四川和重庆的数据依据地区经济权重加总。②采用核心解释变量替代法。融资结构转换不用比例表示，重新选取包含股权融资与债券融资的直接融资对间接融资的转换度（CDFS）作为融资结构转换指标。

如表6-6所示，模型（1）~（3）选择的是稳健标准误模型检验，结果与表6-2主要回归结果呈现了较强的一致性，稳健性检验结果进一步佐证了前文核心假说1和假说2，即融资结构转换能够加快产业结构转型速度、提高产业结构转型质量。

表6-6　融资结构转换影响产业结构动态化升级的稳健性检验

变量	（1）	（2）	（3）
	IND_SH	IND_TL	IND_IAS
CDFS	0.803***	6.154**	0.012**
	(0.011)	(2.413)	(0.009)
TRA			
FIS	−1.179***	−1.399***	−0.016
	(0.275)	(0.179)	(0.014)
SOE	0.116	−6.666	0.082*
	(1.024)	(5.314)	(0.050)
ln PGDP	3.229***	3.466***	3.103***
	(0.841)	(0.810)	(0.826)
Constant	1.043***	1.024***	2.070***
	(0.061)	(0.067)	(0.064)
Observations	870	870	870
R²	0.238	0.412	0.248
Number of id	30	30	30

注：***、**、*依次代表在1%、5%、10%水平下显著；id指代省份。

七　进一步的机制分析

（一）融资结构转换促进产业结构动态化转型升级是否存在技术进步的中介机制

表6-7报告了对构建的动态面板联立方程式（1）~（4）的检验结果，尝试检验技术进步是否会在融资结构转换促进产业结构动态化转型升级的过程中起到中介传导作用。表6-7第（2）、第（3）列的参数结果显示，实证估计结果是有效的。由基准回归和中介方程系数值可以看出，中介检验三步法则得到一一验证，技术进步（TPL）在融资结构转换提升产业结构转型质量的过程中起到中介作用，假说3得到佐证。估计结果表明，技术进步能通过影响融资结构转换对产业结构高度化产生正向激励效应，其中技术进步的中介效应占总效应的15.45%$\left(\dfrac{\gamma_2 \times \eta_1}{\alpha_1} = \dfrac{2.597 \times 0.268}{4.504} = 0.1545\right)$。第（3）列回归结果显示，融资结构转换与技术进步的系数均显著，说明在控制

了技术进步后，融资结构转换对产业结构合理化的作用仍然显著，说明技术进步具有一定的传导作用，但表现为遮掩效应，即技术进步在融资结构转换影响产业结构合理化的过程中发挥了传导作用，但是这种传导作用会抑制融资结构对产业结构合理化的促进作用。而在第（4）列回归结果中，系数值 β 值并不显著，表明技术进步对产业结构转型速度没有起到中介效应。

表6-7　融资结构转换影响产业结构动态化转型升级中介效应的估计结果

变量	（1）	（2）	（3）	（4）
	TPL	IND_SH	IND_TL	IND_IAS
FST	0.268***	0.574***	0.305***	0.009*
	(0.083)	(0.031)	(0.056)	(0.010)
TPL		2.597***	−1.785***	−0.011
		(0.282)	(0.113)	(0.011)
TRA	0.078*	−1.837***	1.780	−0.016
	(0.047)	(0.279)	(1.371)	(0.014)
FIS	−0.580***	0.908	1.069	0.075
	(0.171)	(1.007)	(4.937)	(0.050)
SOE	−0.594***	3.775***	4.669***	−0.506***
	(0.107)	(0.812)	(0.842)	(0.028)
ln PGDP	−0.022	3.074***	3.434***	0.069***
	(0.021)	(0.155)	(0.565)	(0.006)
Constant	1.842***	−3.106***	−4.250***	1.633***
	(0.231)	(0.233)	(0.264)	(0.066)
Observations	620	620	620	620
R^2	0.224	0.671	0.558	0.525
Number of id	31	31	31	31

注：***、**、*依次代表在1%、5%、10%水平下显著；id指代省份。

（二）融资结构转换是否存在创新水平的门限机制

根据前文的分析，股权融资结构转换对产业结构动态化转型升级存在非线性作用路径，可能存在一个与该地区创新水平相匹配的合理融资结构，在此结构下股权融资相对规模的扩大有可能正向作用于产业结构动态化转型升级。

因此，股权融资结构转换是否有利于产业结构的动态化转型升级需要进一步通过创新水平的门限模型来验证，实证检验结果如表6-8所示。对数据样本进行门限效应检验，以此确定门限值置信区间。以创新规模（IND_SCA）为门限变量，在5%的显著性水平下股权融资结构转换对产业结构高度化存在单一门限（γ_1=10.3903），但股权融资结构转换对产业结构合理化不存在门限效应，而产业结构转型速度通过了双重门限的显著性检验（γ_1=4.4350，γ_2=11.3866）。与此同时，以创新质量（IND_QUL）为另一个门限变量，股权融资结构转换对产业结构高度化既存在单一门限（γ_1=0.3568），又存在双重门限（γ_1=0.3568，γ_2=0.6473）。股权融资结构转换对产业结构合理化的创新质量只存在10%显著性水平下的单一门限（γ_1=0.5043），股权融资结构转换对产业结构转型速度既存在单一门限（γ_1=0.2711），又存在双重门限（γ_1=0.2711，γ_2=0.5463）。

表6-8　门限效应检验（门限变量：创新规模、创新质量）

门限模型	单一门限模型 门限估计值	F统计量	双重门限模型 门限估计值	F统计量
股权融资结构转换对产业结构高度化（门限变量：创新规模）	γ_1=10.3903	157.44**	γ_1=10.3903 γ_2=10.8047	26.82
股权融资结构转换对产业结构合理化（门限变量：创新规模）	γ_1=13.4731	19.27		
股权融资结构转换对产业结构转型速度（门限变量：创新规模）	γ_1=4.4350	76.78***	γ_1=4.4350 γ_2=11.3866	10.89*
股权融资结构转换对产业结构高度化（门限变量：创新质量）	γ_1=0.3568	157.24***	γ_1=0.3568 γ_2=0.6473	21.95*
股权融资结构转换对产业结构合理化（门限变量：创新质量）	γ_1=0.5043	38.65*	γ_1=0.5043 γ_2=0.5648	5.92
股权融资结构转换对产业结构转型速度（门限变量：创新质量）	γ_1=0.2711	59.50***	γ_1=0.2711 γ_2=0.5463	10.89***

在确认存在门限效应和测度门限值的基础上，创新规模的门限回归模型结果如表6-9所示。表6-9中第（1）～（3）列给出了以股权融资结构转换为解释变量的回归结果。通过模型（1）发现，当创新规模低于等于门限值

10.3903时，股权融资结构转换对产业结构高度化存在并不显著的负向影响，但当创新规模高于门限值10.3903时，股权融资结构转换对产业结构高度化的影响转为正向且在5%的水平下显著。通过模型（2）发现，股权融资结构转换对产业结构合理化并不存在创新规模的门限效应，所得结果与前面的实证结果相同。进一步检验股权融资结构转换的双重门限效应，通过模型（3）发现，当创新规模低于等于第一个门限值4.4350时，股权融资结构转换对产业结构转型速度的影响为负向显著，当区域创新规模超过第一个门限值，且没有超过第二个门限值11.3866时，股权融资结构转换对产业结构转型速度的影响转为正向但并不显著，但当超过二重门限值时，股权融资结构转换对产业结构转型速度的影响为正，且系数变大。这些表明了股权融资市场发展与产业结构动态化转型升级的非线性关系，当前中国各地股权融资规模仍然太小，部分地区尚未越过正"U"形曲线的拐点，还未形成适应不同类型、不同发展阶段产业差异化融资需求的股权融资体系。

表6-9　融资结构转换与产业结构动态化转型升级关系的门限回归结果

（门限变量：创新规模）

变量	（1）单一门限	（2）无门限	（3）双重门限
	IND_SH	*IND_TL*	*IND_IAS*
EFS（*IND_SCA*≤10.3903）	−0.043		
EFS（*IND_SCA*>10.3903）	0.217**		
EFS（*IND_SCA*≤13.4731）		0.648	
EFS（*IND_SCA*≤4.4350）			−0.023***
EFS（4.4350<*IND_SCA*≤11.3866）			0.045
EFS（*IND_SCA*>11.3866）			0.189***
L.EFS	0.108	0.152***	0.114*
TRA	0.228***	−1.583	−0.017***
FIS	−0.0255	−7.048*	0.066***
SOE	3.998*	−4.741	−2.614
ln *PGDP*	4.113***	4.400***	−0.089***
Constant	−30.698***	−32.500***	1.855***
Observations	620	620	620
R^2	0.286	0.344	0.441
Number of id	31	31	31

注：***、**、*依次代表在1%、5%、10%水平下显著；id指代省份。

通过表6-10中的双重门限模型（1）发现，只有当各地创新质量高于门限值0.3568时，股权融资结构转换对产业结构动态化转型升级才呈现显著的促进效应；当其越过二重门限值（0.6473）时，股权融资结构转换对产业结构高度化的影响仍然显著为正。这意味着，只有当创新质量高于门限值时，股权融资结构转换对产业结构高度化才能产生正向促进作用，即当创新质量达到一定阈值之后，股权融资相对规模的扩大才有可能正向作用于产业结构动态化转型升级。

通过模型（2）可知，不论区域创新质量是否跨过单一门限值0.5043，股权融资的扩大对产业结构合理化的影响均不显著，只是影响系数值会随着创新质量水平跨过门限值后出现降低。值得注意的是，通过模型（3）可知，区域创新质量跨过一重门限值（0.2711）后，股权融资结构转换对产业结构转型速度的作用仍然为负；当其越过二重门限值（0.5463）时，股权融资结构转换对产业结构转型速度的影响虽然变成正向，但是其影响系数不显著。总体判断，跨越不同的创新质量门槛后，股权融资结构转型对产业结构转型速度的负向影响减弱，正向作用增强。

表6-10　融资结构转换与产业结构动态化转型升级关系的门限回归结果
（门限变量：创新质量）

变量	（1）单一门限	（2）无门限	（3）双重门限
	IND_SH	*IND_TL*	*IND_IAS*
EFS（*IND_QUL*≤0.3568）	−1.023		
EFS（0.3568<*IND_QUL*≤0.6473）	0.241***		
EFS（*IND_QUL*>0.6473）	0.378**		
EFS（*IND_QUL*≤0.5043）		0.466	
EFS（*IND_QUL*>0.5043）		−0.012	
EFS（*IND_QUL*≤0.2711）			−0.019***
EFS（0.2711<*IND_QUL*≤0.5463）			−0.001**
EFS（*IND_QUL*>0.5463）			0.605
L.EFS	0.167***	0.110**	0.054***
TRA	0.019	−1.153	−0.046***
FIS	−0.007	−7.249*	0.125***
SOE	1.470***	5.006	−0.714

变量	（1）单一门限	（2）无门限	（3）双重门限
	IND_SH	*IND_TL*	*IND_IAS*
ln *PGDP*	−0.074	4.228***	−0.065***
Constant	−30.146***	−23.557***	3.438***
Observations	620	620	620
R²	0.371	0.428	0.227
Number of id	31	31	31

注：***、**、*依次代表在1%、5%、10%水平下显著；id指代省份。

第四节　结论和政策启示

一　研究结论

本章在最优金融结构理论的基础上，将经典的金融结构—经济阶段—产业增长的研究视角进一步延伸拓展，发展为融资结构—技术创新—产业结构动态化转型升级的新思路，并将产业结构动态化转型升级按照"增质提速"两大层次，划分为产业结构高度化、产业结构合理化以及产业结构转型速度三个维度，即通过社会融资结构转换促进产业结构动态化转型升级，进而提升产业结构转型的质量和速度。这也是当下金融改革政策追求的核心目标。

本章以2000~2020年全国31个省份的数据样本，对融资结构、技术创新与产业结构动态化转型升级的时空演变进行了特征分析，并以此为出发点，构建了融资结构、技术创新与产业结构动态化转型升级的作用机制。最后，基于异质性直接融资的视角，对融资结构转换与技术创新、产业结构的关系进行了系统的实证研究。

特征分析发现以下事实。

（1）目前的融资结构高度依赖信贷融资，直接融资比重较低，股权融资比重的提升需要通过更多的技术进步和创新。股权融资的发展过于缓慢，直接融资内部存在整体结构失衡的问题，东部沿海区域和中西部内陆省份的融资结构存在空间差异。

（2）目前的创新产出成果虽持续增长，但创新专利技术含量仍有不足，技术创新面临质量转型。技术创新产出排名前5的省份占据了全国半数以上份额，而技术创新产出排名后5的省份仅占据全国1%左右的份额。

（3）目前的技术进步保持较快的提升。技术进步驱动经济和产业增长的作用显现，经济增长的动力正逐步向创新驱动转换。但是粗放型经济增长速度明显快于集约型经济增长速度，各区域间全要素生产率差距显著，产生明显的马太效应。

（4）目前产业结构动态化转型升级的三大维度中，产业结构高度化水平持续攀升，各省份间产业结构高度化变迁差距显著。产业结构合理化程度不断提升，各省份间产业结构合理化变迁的极化趋势显著。产业结构转型速度呈波动式上升趋势，除少数省份外，产业结构转型速度差异并不明显。

实证研究发现以下结论。

（1）融资结构转换在提高产业转型质量的同时，能够加快产业转型速度。融资结构的市场化转换有利于促进产业结构动态化转型升级，融资结构转换不仅能够对产业结构高度化、合理化产生显著的促进效应，而且对产业转型速度也有明显的正向作用。在异质性直接融资（股权融资或债券融资）结构转换对产业结构动态化转型升级的影响中，债券融资结构转换对产业结构动态化转型升级的三个指标均具有明显的正向促进作用，当前的融资结构市场化转换对产业结构动态化转型升级的正向作用更多的是凭借企业债券融资规模比例的提升。股权融资结构对产业结构转型质量提升的影响并不显著，并在一定程度上降低了产业结构转型速度，需要进一步识别。

（2）分阶段观察识别融资结构转换与产业结构动态演进的因果关系。股权融资结构转换对产业结构动态化转型升级存在不同区域和不同时段的异质性影响。东部沿海地区股权融资结构转换提高了产业结构的转型质量，但对产业结构转型速度的作用并不显著；内陆地区股权融资结构转换对产业结构高度化以及转型速度产生负向冲击，对产业结构合理化的影响不显著。2008 年及之前在股权融资增长不明显甚至出现负向波动的情况下，融资结构转换对产业结构动态化转型升级的影响均不显著。2008 年之后股权融资结构转换提高了产业结构转型质量，但减缓了产业结构转型速度。

（3）技术进步能通过影响融资结构转换对产业结构高度化产生正向激励效应，其中技术进步的中介效应占总效应的 15.45%。融资结构转换对产业结构合理化的作用仍然显著，说明技术进步具有一定的传导作用，但表现为遮掩效应。技术进步在融资结构转换影响产业结构合理化的过程中发挥了负向传导作用。另外，研究还发现技术进步对产业结构转型速度没有起到中介效应。

（4）股权融资结构转换对产业结构动态化转型升级存在非线性作用路径，存在一个与该地区创新水平相匹配的合理社会融资结构，只有在此结构下股权融资相对规模的扩大才能正向作用于产业结构动态化转型升级。以创新规模为门限变量，股权融资结构转换对产业结构高度化存在先负后正的单一门限，对产业结构合理化不存在门限效应，但对产业转型速度存在先负后不显著进而为正的双重门限效应。以创新质量作为另一个门限变量，股权融资结构转换对产业结构高度化和产业转型速度存在不同程度的双重门限效应，对产业结构合理化，创新质量只存在先负后并不显著的单一门限效应。

二　政策启示

本章的研究对于当下金融改革和融资体系的完善有如下启示。

（1）稳步推进社会融资结构的市场化转换，逐步消除传统融资结构的制度藩篱，使之能更好地作用于产业结构动态化转型升级。需要认识到当前企业债券融资对产业稳定升级的重要性，要在风险可控的前提下，充分利用债券市场，通过加大企业债务融资比例优化债务结构，不要过度依赖企业债券融资，更不能因当前可能的风险大幅降低企业债券融资的比例。

（2）加强金融机构管理，完善金融机构功能。融资结构的市场化转换对产业结构动态化转型升级的影响具有时空异质性，因此要因时制宜、因地制宜，充分考虑到各地区融资结构的现状，提出相应的金融改革和融资转型建议。对于东部沿海地区，社会融资体系相对成熟，制度相对健全，当前通过融资改革促进产业动态化转型升级的重点是培养技术进步和科技创新的能力，让股权融资结构扎根于创新的土壤，东部地区的产业结构动态化转型升级面临的更多的是"提高质量"问题。而对于目前的中西部内陆地区，仍需依靠企业债券融资，不应过快过度地向股权主导的融资结构转换，内陆地区的产业结构动态化转型升级面临的更多的是"加快速度"问题。

（3）合理引导资金流向，推动技术进步和产业结构动态化转型升级。技术进步对融资结构转换促进产业结构高度化具有正向中介作用，对产业结构合理化具有负向中介作用。因此，既要重视技术进步对产业结构高度化的关键助力，也要警惕其对产业结构失衡带来的潜在风险。正确的方法是培养相匹配的区域创新能力和营造市场化金融环境，对资金流向予以市场监管和适度引导，尽量保证社会高附加值、高集约化部门技术进步所需的资金，防止金融供给过剩引起的产业发展失衡。提高金融资源利用效率，为推动产业结构动态化转型升级"提质增速"提供新引擎。

（4）改革股权融资观念，加强创新质量的提升。股权主导的融资结构并不是万能的，需要与之匹配的创新质量和创新规模。在金融改革过程中，需重视对区域创新质量和创新规模的提升。股权结构的市场化是一个循序渐进、不断完善的过程，"揠苗助长"会产生金融抑制现象，不利于产业结构的高质量转型升级。股权融资改革，首先要重视科技创新，各级部门需加大科研投入，优化创新环境，以提高区域技术创新能力。对于东部沿海地区，应鼓励从事原创研究，以提高我国产业发展的高度和国际地位。对于中西部内陆区域，在自主创新能力相对较弱的情况下，应注重对中间技术的消化与吸收，结合本地技术创新水平，着力发展特色优势产业。

第七章
研发资源优化配置与中国自主创新水平

在创新驱动发展战略和高质量发展主题的指引下，我国正面临高研发投入与低生产率并存的困境。造成这一困境的关键因素之一是研发资源配置不合理，即研发资源错配问题。为有效识别如何通过优化研发资源配置来提升我国自主创新水平，本章将聚焦研发资源错配与中国区域创新效率之间的关系展开讨论。具体而言，将从研发资源错配的基准与统计特征、研发资源错配对区域创新效率的影响及其成因三个方面进行系统分析。这些分析将有助于全面理解研发资源错配在区域创新效率中的表现及其影响因素，为制定相关政策提供理论依据。最后，本章将结合研究结果，探讨从策略性创新向实质性创新转型的路径，以实现研发资源的优化配置，推动我国自主创新水平提升。具体措施包括分析相关制度导向及提升路径，提出切实可行的政策建议，助力中国自主创新能力和高质量发展目标的实现。

第一节　何为研发资源错配：基准与统计刻画

参考陈永伟和胡伟民[1]以及Aoki[2]的研究方法，可以测算出2000~2020年全国各省份的研发资本资源错配指数和研发劳动力资源错配指数（见图7-1和图7-2）。当指数大于0时，表示资源配置不足；反之，则表示资源配

---

[1] 陈永伟、胡伟民：《价格扭曲、要素错配和效率损失：理论和应用》，《经济学（季刊）》2011年第4期。

[2] Aoki, S., "A Simple Accounting Framework for the Effect of Resource Misallocation on Aggregate Productivity", *Journal of the Japanese and International Economies*, 26 (4), 2012, pp.473–494.

置过度。指数的绝对值越大，说明资源错配程度越严重；指数的绝对值越
小，则说明错配程度越低。图7-1显示，无论是全国的研发劳动力资源错配
指数，还是东、中、西部三个地区的研发劳动力资源错配指数，其数值均
呈现向零值收敛的趋势。东部地区的研发劳动力资源错配指数始终为正，
表明该地区研发劳动力资源配置不足；中西部地区全部年份及全国大部分
年份的研发劳动力资源错配指数为负，说明这些地区研发劳动力资源配置
过度。劳动力资源配置的改善与我国逐步放宽人口流动限制密切相关。东
部地区的快速发展导致研发劳动力资源短缺，而中西部地区则出现研发劳
动力资源过剩，促使研发劳动力资源从中西部地区向东部地区流动，从而
使全国及各地区的研发劳动力资源错配程度有所下降。

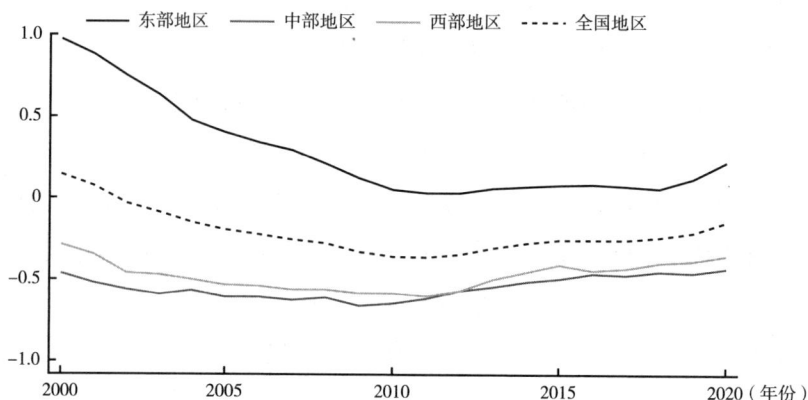

图7-1　2000~2020年全国范围研发劳动力资源错配指数
资料来源：作者计算整理。

从图7-2可以看出，总体上全国的研发资本资源错配程度呈现先下降后
上升的趋势，其中，东部地区的研发资本资源错配程度呈现平稳波动的态
势，但整体上表现出研发资本资源配置过度的情况，而中西部地区的研发
资本资源出现了明显配置不足的情况。这可能与我国区域发展不平衡有关，
中西部地区的高科技企业数量较少，难以吸引足够的研发资金和国家研发
补贴，而东部地区高科技企业集中、技术水平较高，更易得到国家政府补
贴和投资者的青睐。

综上可知，我国研发资源存在研发资本资源错配和研发劳动力资源错配的情形。

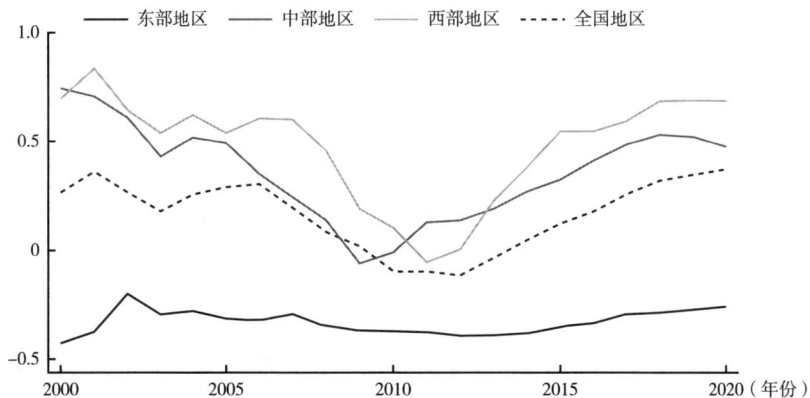

图7-2　2000~2020年全国范围研发资本资源错配指数

资料来源：作者计算整理。

为了更深入地研究研发资源错配问题，我们需要对研发资源错配的概念进行界定，构建相关的理论框架，进一步对研发资源错配进行测度与统计刻画。

一　研发资源错配的界定

在完全竞争的市场结构中，资源在"看不见的手"的引导下，按照边际效率最高原则进行配置，可以实现由低生产率部门向高生产率部门的自由流动[①]，因此可以满足帕累托最优条件，实现最优配置。然而，由于现实经济运行很难满足完全竞争市场严苛的假设条件，而往往会受到政府干预、制度安排、市场势力和信息不对称等外部因素的影响，资源不能按照效率原则充分自由流动而偏离"帕累托最优"状态，即表现为资源错配。

本章所考察的研发资源错配，指的是研发资本和研发劳动力资源因非市场因素干扰，无法在不同地区、行业、规模或产权的企业间实现帕累托

---

① 沈春苗、郑江淮：《资源错配研究述评》，《改革》2015年第4期。

最优状态的流动，未能从创新生产率低的部门转向生产率高的部门。不同部门在使用研发资源时面临差异化的研发成本，进而抑制了创新效率和产出水平的提升。在研发资本资源的配置上，政府对技术前沿的研发扶持通常存在信息不对称[1]，且难以准确把握市场需求，导致扶持政策滞后或出现偏差，不仅未能实现精准支持的效果，而且不利于研发资本市场的公平竞争，甚至助长了市场主体的"寻租"行为[2]。此外，银行信贷天然偏向国有企业和大规模企业，进一步增加了民营企业和中小企业在获取研发资本资源上的难度与使用成本，从而加剧了研发资本资源的错配。在研发劳动力资源配置上，一方面，市场势力、制度安排和信息不对称等非市场因素导致研发人员容易被分配到次优岗位，不利于其创新能力的充分发挥；另一方面，各地发展水平、生活便利性以及人才引进政策的差异也影响了研发人员的择业[3]，从而形成了研发劳动力资源配置不足与过度配置并存的现象。

二 研发资源错配的基准理论框架

参考 Aoki[4]对资源错配的衡量方法，在研发创新活动中引入含有研发资源价格扭曲的多部门一般竞争均衡模型，并基于此定义了研发资源相对扭曲系数，来分别测度我国不同地区的研发资源错配程度。

（一）基本假设

假设经济中有 N 个地区开展研发创新活动，与此同时，企业研发生产函数在同一地区内部是相同的，企业的研发生产函数在不同地区之间是不同的，从而可以将每个地区视为一个代表性企业在进行研发生产活动。假定各地区在进行研发生产活动时均投入了研发资本资源和研发劳动力资源两

① 王文、孙早：《中国地区间研发资源错配测算与影响因素分析》，《财贸经济》2020年第5期。
② 张璇等：《信贷寻租、融资约束与企业创新》，《经济研究》2017年第5期。
③ 易明、吴婷：《R&D资源配置扭曲、TFP与人力资本的纠偏作用》，《科学学研究》2021年第1期。
④ Aoki, S., "A Simple Accounting Framework for the Effect of Resource Misallocation on Aggregate Productivity", *Journal of the Japanese and International Economies*, 26（4）, 2012, pp.473-494.

种创新要素。参考 Hsieh 和 Klenow[①]对要素价格扭曲的界定，研发资本资源和研发劳动力资源的投入同样面临价格扭曲，并以从价税的形式体现在各自的投入成本上。定义研发资本资源和研发劳动力资源的投入成本分别为 $\left(1 + \tau_{RK_i}\right)r$ 和 $\left(1 + \tau_{RL_i}\right)\omega$，其中，$\tau_{RK_i}$ 和 τ_{RL_i} 分别为地区 i 企业研发资本资源和研发劳动力资源面临的扭曲税，r 和 ω 分别为不存在扭曲时地区 i 企业的研发资本资源和研发劳动力资源的竞争性价格。

设定地区 i 代表性企业的研发生产函数为：

$$RY_i = RA_i RK_i^{\alpha_i} RL_i^{\beta_i} \tag{7-1}$$

其中，RY_i 为两种研发资源投入所带来的研发产出，RK_i 和 RL_i 分别为地区 i 的研发资本资源和研发劳动力资源，α_i 和 β_i 分别为研发资本资源和研发劳动力资源对研发产出的贡献率。考虑到研发生产活动不同于一般性的生产活动，遂放宽了规模报酬不变的假定。RA_i 是研发生产活动的全要素生产率或创新效率。

地区 i 的研发生产活动同样遵循利润最大化目标，并在此目标下开展研发生产活动，地区 i 研发生产活动的利润最大化问题即为：

$$\max_{RK_i,\ RL_i} \pi_i = p_i RY_i - \left(1 + \tau_{RK_i}\right)rRK_i - \left(1 + \tau_{RL_i}\right)\omega RL_i \tag{7-2}$$

其中，π_i 为地区 i 研发生产活动的利润，p_i 为地区 i 研发产出的市场价格，对式（7-2）分别关于 RK_i 和 RL_i 求导，并令其等于零，可得一阶条件：

$$\frac{\alpha_i p_i RY_i}{RK_i} = \left(1 + \tau_{RK_i}\right)r$$

$$\frac{\beta_i p_i RY_i}{RL_i} = \left(1 + \tau_{RL_i}\right)\omega \tag{7-3}$$

（二）约束条件

由于各地区的研发产出决定整个经济的最终研发产出，从而有：

$$RY = F\left(RY_1,\ RY_2,\ \cdots,\ RY_N\right) \tag{7-4}$$

在规模报酬不变的假设下，有：

① Hsieh, C. T., Klenow, P. J., "Misallocation and Manufacturing TFP in China and India", *Quarterly Journal of Economics*, 124（4），2009，pp.1403-1448.

$$\frac{\partial RY}{\partial RY_i} = p_i \tag{7-5}$$

根据欧拉定理，可得：

$$RY = \sum_i^N p_i RY_i \tag{7-6}$$

假定研发资源是外生给定的，研发资本资源投入总量和研发劳动力资源投入总量分别为 RK 和 RL，则有研发资源约束条件：

$$\sum_i^N RK_i = RK$$

$$\sum_i^N RL_i = RL \tag{7-7}$$

将式（7-3）代入式（7-7）可得，在竞争均衡时，存在研发资源错配情形下的 RK_i 和 RL_i 分别为：

$$RK_i = \frac{\dfrac{\alpha_i p_i RY_i}{\left(1 + \tau_{RK_i}\right)r}}{\sum_j^N \dfrac{\alpha_j p_j RY_j}{\left(1 + \tau_{RK_j}\right)r}} RK = \frac{\dfrac{\alpha_i s_i}{\left(1 + \tau_{RK_i}\right)}}{\sum_j^N \dfrac{\alpha_j s_j}{\left(1 + \tau_{RK_j}\right)}} RK$$

$$RL_i = \frac{\dfrac{\beta_i p_i RY_i}{\left(1 + \tau_{RL_i}\right)\omega}}{\sum_j^N \dfrac{\beta_j p_j RY_j}{\left(1 + \tau_{RL_j}\right)\omega}} RL = \frac{\dfrac{\beta_i s_i}{\left(1 + \tau_{RL_i}\right)}}{\sum_j^N \dfrac{\beta_j s_j}{\left(1 + \tau_{RL_j}\right)}} RL \tag{7-8}$$

定义地区 i 的研发资本资源绝对扭曲系数和研发劳动力资源绝对扭曲系数分别为：

$$\mu_{RK_i} = \frac{1}{1 + \tau_{RK_i}}$$

$$\mu_{RL_i} = \frac{1}{1 + \tau_{RL_i}} \tag{7-9}$$

在竞争均衡条件下，将地区 i 的研发产出占全部研发产出的份额记为 $s_i = \dfrac{p_i RY_i}{RY}$，则研发资本资源和研发劳动力资源对整个经济研发产出的加权贡献值分别为：

$$\alpha = \sum_{i}^{N} s_i a_i$$

$$\beta = \sum_{i}^{N} s_i \beta_i \qquad (7\text{-}10)$$

从而可以定义地区 i 的研发资本资源相对扭曲系数和研发劳动力资源相对扭曲系数分别为：

$$\tilde{\mu}_{RK_i} = \frac{\mu_{RK_i}}{\sum_{j}^{N}\left(\dfrac{s_j a_j}{\alpha}\right)\mu_{RK_j}}$$

$$\tilde{\mu}_{RL_i} = \frac{\mu_{RL_i}}{\sum_{j}^{N}\left(\dfrac{s_j \beta_j}{\beta}\right)\mu_{RL_j}} \qquad (7\text{-}11)$$

将式（7-8）代入式（7-11），可得：

$$RK_i = \frac{s_i a_i}{\alpha} \tilde{\mu}_{RK_i} RK$$

$$RL_i = \frac{s_i \beta_i}{\beta} \tilde{\mu}_{RL_i} RL \qquad (7\text{-}12)$$

通过整理可得地区 i 的研发资源相对扭曲系数：

$$\tilde{\mu}_{RK_i} = \left(\frac{RK_i}{RK}\right) \Big/ \left(\frac{s_i a_i}{\alpha}\right)$$

$$\tilde{\mu}_{RL_i} = \left(\frac{RL_i}{RL}\right) \Big/ \left(\frac{s_i \beta_i}{\beta}\right) \qquad (7\text{-}13)$$

如式（7-13）所示，以研发资本资源为例，分子 $\left(\dfrac{RK_i}{RK}\right)$ 表示 i 地区研发资本资源占整个经济总体研发资本资源的实际比重，分母 $\left(\dfrac{s_i a_i}{\alpha}\right)$ 表示研发资本资源有效配置时 i 地区研发资本资源投入的理论比例，通过两者的比值可以衡量地区 i 研发资本资源的错配程度。若 $\tilde{\mu}_{RK_i} > 1$，说明相对于整个经济研发资本资源的平均投入水平而言，地区 i 研发资本资源的使用成本相对较低，从而倾向于过度配置和使用研发资本资源；若 $\tilde{\mu}_{RK_i} = 1$，说明地区 i 的研发资本资源不存在错配现象；若 $\tilde{\mu}_{RK_i} < 1$，则说明地区 i 研发资本资源的使用成本相对较高，从而倾向于出现研发资本资源配置不足的情形。

三 研发资源错配的测度与统计刻画

（一）研发资源错配的测度

采用第二部分构建的研发资源错配的基准理论框架测度研发资本资源和研发劳动力资源的错配程度，首先需要对研发资本资源和研发劳动力资源的测度指标进行选取，进而利用研发资源投入和产出数据估计出研发资本资源和研发劳动力资源对研发产出的贡献率 a_i 和 β_i。基于此，首先对研发资源投入和产出指标的选取进行相关说明。

1.研发资源投入和产出指标的选取

（1）研发资本资源投入。现有文献对研发资本资源投入通常采用科技活动经费、新产品开发经费及研发经费内部支出等指标进行衡量，结合本章研究主题，采用规模以上工业企业研发经费内部支出来衡量研发资源投入。由于《中国科技统计年鉴》2010年只有大中型工业企业研发经费内部支出数据，因而根据2009年大中型工业企业研发经费内部支出占规模以上工业企业研发经费内部支出比重，对2010年规模以上工业企业研发经费内部支出数据进行了折算。

由于研发生产活动对知识生产具有连续性影响，研发资本资源投入应转化为相应的存量指标。[1]借鉴朱有为和徐康宁[2]、牛泽东和张倩肖[3]、王文和孙早[4]的处理方式，采用永续盘存法对研发资本资源投入进行存量转化。具体地，$RK_{it} = (1 - \delta)RK_{it-1} + I_{it}$，其中：$RK_{it}$、$RK_{it-1}$ 分别为 i 地区第 t 年和第（$t-1$）年的研发资本资源存量；δ 为研发资本折旧率，将其设定为 15%[5]；I_{it} 为 i 地区第 t 年不变价的研发资本资源的实际投入量。基期即2009

① Griliches, Z., "R&D and Productivity Slowdown", *American Economic Review*, 70（2），1980，pp.343–348.

② 朱有为、徐康宁：《中国高技术产业研发效率的实证研究》，《中国工业经济》2006年第11期。

③ 牛泽东、张倩肖：《中国装备制造业的技术创新效率》，《数量经济技术经济研究》2012年第11期。

④ 王文、孙早：《中国地区间研发资源错配测算与影响因素分析》，《财贸经济》2020年第5期。

⑤ 王文、孙早：《中国地区间研发资源错配测算与影响因素分析》，《财贸经济》2020年第5期。

年的研发资本资源存量 $RK_{i0} = I_{i0}/(g_i + \delta)$，其中：$I_{i0}$ 为 i 地区基期不变价的实际研发资本资源投入量；g_i 为样本期内 i 地区实际研发资本资源投入的年均增长率。在采用上述永续盘存法测算研发资本资源投入存量前，对规模以上工业企业研发经费内部支出采用以2009年为基期的研发价格指数[①]进行平减，将其转换为实际值。

（2）研发劳动力资源投入。衡量研发劳动力资源投入的指标通常包括研发人员、科技活动人员和研发人员全时当量等。由于《中国科技统计年鉴》中规模以上工业企业相关的研发劳动力投入数据在2009年前后变化较大，2009年以前为科技活动人员，2009年及其后变为研发人员全时当量，因此采用2009年之后规模以上工业企业研发人员全时当量数据对该指标进行衡量。由于《中国科技统计年鉴》2010年只有大中型工业企业研发人员全时当量数据，因此根据2009年大中型工业企业研发人员全时当量占规模以上工业企业研发人员全时当量的比重，折算出2010年规模以上工业企业研发人员全时当量数据。

（3）研发产出。对研发产出，相关文献通常采用新产品产值、专利申请量及专利授权量等来衡量。一方面，规模以上工业企业的新产品产值数据尚未披露，而专利授权数据又极易受到制度和人为因素的影响而面临较大不确定性[②]；另一方面，本章更侧重于测度研发资源错配，作为研发投入资源更直接的输出形式，专利申请量能更好地衡量和体现研发资源的分配流向和趋势。因此，本章选择以规模以上工业企业的专利申请量来衡量研发产出。

2.数据来源

本章所采用的规模以上工业企业研发经费内部支出、研发人员全时当量及专利申请量等相关指标数据均来自《中国科技统计年鉴》。鉴于《中国科技统计年鉴》中规模以上工业企业研发劳动力资源投入数据于2009年

[①]　对研发价格指数的衡量，参考朱有为和徐康宁的处理方法，将其设定为研发价格指数 $RPI=0.75PPI+0.25CPI$，其中 PPI 为工业生产者出厂价格指数，CPI 为居民消费价格指数。

[②]　李政等：《FDI抑制还是提升了中国区域创新效率？——基于省际空间面板模型的分析》，《经济管理》2017年第4期。

前后衡量指标的变化较大，而在采用永续盘存法将研发经费内部支出数据转化为存量数据时又需要前一年的研发经费内部支出数据指标，因此最终选取时间跨度为2010~2020年的规模以上工业企业30个省份的面板数据（由于西藏数据缺失严重，因此进行剔除）。对2010年缺失的规模以上工业企业研发经费内部支出数据和研发人员全时当量数据，分别采用2009年大中型工业企业占规模以上工业企业相应指标的比重，根据其变化趋势进行了折算补充。同时，为方便下文对不同地区研发资源错配状况进行分析，将30个省份划分为东、中、西三大地区，其中，东部地区包括北京、天津、河北、辽宁、山东、江苏、浙江、上海、广东、福建、海南，中部地区包括内蒙古、黑龙江、吉林、山西、河南、安徽、湖北、湖南、江西，西部地区包括广西、陕西、甘肃、四川、贵州、重庆、云南、青海、宁夏、新疆。

3.研发资源产出的贡献率估计

在明确研发资源投入和产出指标及数据来源的基础上，为测度不同地区的研发资源错配程度，首先将前文构建的 i 地区代表性企业的研发生产函数式（7-1）左右两边取对数转化为：

$$\ln RY_i = \ln RA_i + \alpha_i \ln RK_i + \beta_i \ln RL_i \qquad (7-14)$$

通过比较各类方法，最终选择使用最小二乘法，并利用前文所选研发投入和研发产出相关指标，估计出研发资本资源投入和研发劳动力资源投入对研发产出的贡献率 α_i 和 β_i。

（二）研发资源错配的统计刻画

进一步地，利用上文测算出的不同省份规模以上工业企业研发资本资源投入和研发劳动力资源投入对研发产出的贡献率 α_i 和 β_i，测度不同地区的研发资本资源相对扭曲系数 $\tilde{\mu}_{RK_i}$ 和研发劳动力资源相对扭曲系数 $\tilde{\mu}_{RL_i}$，来分别刻画不同地区的研发资本资源错配和研发劳动力资源错配程度。通过理论框架分析，研发资源相对扭曲系数围绕1呈对称分布，因此参考王文和孙早[1]的做

---

[1] 王文、孙早：《中国地区间研发资源错配测算与影响因素分析》，《财贸经济》2020年第5期。

法，分别以0.8和1.25为分界点，将研发资源相对扭曲系数划分为3个区间，如果某省份的研发资源扭曲系数小于0.8，则认为该省份研发资源配置不足；如果某省份的研发资源扭曲系数处于大于1.25，则认为该省份研发资源配置过度；而0.8~1.25则是研发资源较为合理的配置区间。

表7-1展示了全国及东、中、西三大地区的研发资源相对扭曲系数分布。在整个样本期（2010~2020年），从全国范围来看，研发资本资源和研发劳动力资源的相对扭曲系数低于0.8的省份数量多于相对扭曲系数高于1.25的省份数量，表明样本期内多数省份面临较高的研发资源使用成本，存在研发资源配置不足的现象。研发资本资源的相对扭曲系数在合理区间（0.8~1.25）的省份数量多于研发劳动力资源相对扭曲系数在该区间的省份数量，且部分省份面临研发劳动力资源的过度配置。分区域来看，东部地区处于合理区间的省份数量多于中、西部地区，说明东部地区的研发资源配置相对更为合理。这主要归因于东部地区研发资源相对丰富，市场经济发达，通过市场配置资源的效率较高，整体上研发资源错配程度也较低。就资本资源的相对扭曲系数而言，全国和三大区域均呈现系数低于0.8的省份数量多于系数高于1.25的省份，其中西部地区的比例最高（73.64%），反映出西部地区研发资源匮乏，市场经济相对滞后，导致多数省份研发资源配置不足。就劳动力资源的相对扭曲系数而言，东、西部地区的多数省份表现为研发劳动力资源过度配置，而中部地区则以配置不足为主。这主要是由于各地政府在创新驱动和高质量发展战略下采取人才引进政策，而东部地区凭借优势条件吸引了大量人才，导致研发劳动力资源过度配置。相对而言，西部地区因基础设施薄弱、创新能力不足，难以吸纳大量研发人才；中部地区可能未获得足够的国家政策支持，因此大部分省份呈现研发劳动力资源配置不足的现象。

表7-1　研发资源相对扭曲系数分布情况

$\tilde{\mu}_{RK_i}$	东部	中部	西部	全国	$\tilde{\mu}_{RL_i}$	东部	中部	西部	全国
时期：2010~2020年									
<0.8	38	35	81	154	<0.8	33	67	48	148
	31.40%	35.35%	73.64%	46.67%		27.27%	67.68%	43.64%	44.85%

$\tilde{\mu}_{RK_i}$	东部	中部	西部	全国	$\tilde{\mu}_{RL_i}$	东部	中部	西部	全国
0.8~1.25	52	40	18	110	0.8~1.25	27	19	8	54
	42.98%	40.40%	16.36%	33.33%		22.31%	19.19%	7.27%	16.36%
>1.25	31	24	11	66	>1.25	61	13	54	128
	25.62%	24.24%	10.00%	20.00%		50.41%	13.13%	49.09%	38.79%
全部	121	99	110	330	全部	121	99	110	330
	100%	100%	100%	100%		100%	100%	100%	100%
时期：2010~2012年									
<0.8	14	11	20	45	<0.8	9	18	12	39
	42.42%	40.74%	66.67%	50.00%		27.27%	66.67%	40.00%	43.33%
0.8~1.25	12	10	7	29	0.8~1.25	6	4	3	13
	36.36%	37.04%	23.33%	32.22%		18.18%	14.81%	10.00%	14.44%
>1.25	7	6	3	16	>1.25	18	5	15	38
	21.21%	22.22%	10.00%	17.78%		54.55%	18.52%	50.00%	42.22%
全部	33	27	30	90	全部	33	27	30	90
	100%	100%	100%	100%		100%	100%	100%	100%
时期：2013~2016年									
<0.8	16	14	31	61	<0.8	12	24	17	53
	36.36%	38.89%	77.50%	50.83%		27.27%	66.67%	42.50%	44.17%
0.8~1.25	17	11	5	30	0.8~1.25	8	8	3	19
	38.64%	30.56%	12.50%	25.00%		18.18%	22.22%	7.50%	15.83%
>1.25	11	11	4	29	>1.25	24	4	20	48
	25.00%	30.56%	10.00%	24.17%		54.55%	11.11%	50.00%	40.00%
全部	44	36	40	120	全部	44	36	40	120
	100%	100%	100%	100%		100%	100%	100%	100%
时期：2017~2020年									
<0.8	8	10	30	48	<0.8	12	25	19	56
	18.18%	27.78%	75.00%	40.00%		27.27%	69.44%	47.50%	46.67%
0.8~1.25	23	16	6	45	0.8~1.25	13	7	2	22
	52.27%	44.44%	15.00%	37.50%		29.55%	19.44%	5.00%	18.33%
>1.25	13	10	4	27	>1.25	19	4	19	42
	29.55%	27.78%	10.00%	22.50%		43.18%	11.11%	47.50%	35.00%
全部	44	36	40	120	全部	44	36	40	120
	100%	100%	100%	100%		100%	100%	100%	100%

为进一步探究全国和分地区层面研发资源错配程度的演变趋势，将样本区间分成三个时间段（2010~2012年、2013~2016年及2017~2020年），重点考察处于相对合理区间（0.8~1.25）的省份占比变化。总体来看，除西部

地区外，全国层面和东中部地区的研发资源配置状况呈改善趋势。具体地，全国和中部地区层面研发资本资源相对扭曲系数处于合理区间的省份占比均是先下降后上升，总体呈改善趋势（分别是从32.22%下降到25.00%再上升到37.50%，从37.04%下降到30.56%再上升到44.44%）；中部地区的研发劳动力资源相对扭曲系数处于合理区间的省份占比呈现先上升后下降的趋势（从14.81%上升到22.22%再下降到19.44%）；东部地区的研发资源配置和全国层面的研发劳动力资源配置呈现逐步改善趋势。从西部地区来看，研发资本资源相对扭曲系数落在合理区间的省份占比先下降后上升，总体呈恶化趋势（从23.33%下降到12.50%再上升到15.00%）；研发劳动力资源相对扭曲系数落在合理区间的省份占比逐步降低，呈逐步恶化趋势（从10.00%下降到7.50%再下降到5.00%）。

第二节　研发资源错配对中国区域创新效率影响的实证分析

一　研究设计

（一）计量模型设定

基于研发资源错配的研究现状，研发资源错配必然对创新效率存在影响，为进一步考察研发资源错配对中国区域创新效率的影响，结合上文对研发资源错配的界定与统计刻画及下文变量选取，构建如下基准模型：

$$\ln tech_{it} = \alpha_0 + \beta_1 urk_{it} + \beta_2 url_{it} + \gamma X_{it} + \delta_i + \tau_t + \varepsilon_{it} \qquad (7\text{-}15)$$

其中，i 和 t 分别代表地区和时间，$\ln tech_{it}$ 为被解释变量，表示 i 省份 t 年的创新效率；urk_{it} 和 url_{it} 为核心解释变量，分别表示 i 省份 t 年的研发资本资源错配程度和研发劳动力资源错配程度；X_{it} 代表一系列控制变量；δ_i、τ_t 分别表示个体固定效应、时间固定效应，ε_{it} 为随机误差项。

（二）变量选取与测度

1.被解释变量

创新效率（tech）。创新效率是指参与创新的市场经济主体在一定的创新市场环境和研发资源配置情况下单位研发资源投入所能实现的创新产出，其值高低可以反映出地区创新研发活动水平的高低。[①]通过梳理关于创新效率评估方法的文献发现，现有文献对创新效率的测度方法主要包括以数据包络分析（Data Envelopment Analysis，DEA）为主的非参数方法和以随机前沿（Stochastic Frontier Analysis，SFA）为代表的参数方法。相比于随机前沿方法，数据包络分析可以解决研发创新的多投入多产出问题，不仅不需要事先设定特定的模型和参数，而且不需要考虑众多指标的量纲和权重问题，从而可以在极大程度上避免因主观设定函数形式和对指标量纲权重问题的主观处理而造成的测度偏差。因此，本章选择DEA方法来测度创新效率。

DEA方法通过衡量决策单元偏离相对有效的DEA前沿面的程度来评估其相对效率。传统DEA方法包括规模报酬不变的CCR模型和规模报酬可变的BCC模型。BCC模型放宽了规模报酬不变的假设，更符合研发活动中规模报酬不确定的实际情况，并可以进一步将创新效率分解为纯技术效率和规模效率，这有助于分析决策单元是否达到规模效率最优，以及识别创新效率低下的原因[②]。因此，本章最终选用DEA方法中的BCC模型测度创新效率：

$$\min[\theta - \varepsilon(e's^- + e's^+)]$$

$$
\begin{cases}
\text{s.t.} \ \sum_{i=1}^{n}\lambda_i x_{ij} + s^- = \theta x_{0j} \\
\sum_{i=1}^{n}\lambda_i y_{il} - s^+ = y_{0l} \\
\sum_{i=1}^{n}\lambda_i = 1 \\
\lambda_i \geqslant 0, \ s^- \geqslant 0, \ s^+ \geqslant 0 \\
i = 1, 2, \cdots n; \ j = 1, 2, \cdots m; \ l = 1, 2, \cdots, s
\end{cases}
\tag{7-16}
$$

其中，θ 为决策单元的效率值，n 为决策单元个数，x_{0j} 和 y_{0l} 分别为投入指标和产出指标，m 和 s 分别为其对应的指标数量，s^- 和 s^+ 为松弛变

---

① 李政、杨思莹：《财政分权、政府创新偏好与区域创新效率》，《管理世界》2018年第12期。

② 张信东等：《结构调整中的行业创新效率研究——基于DEA和SFA方法的分析》，《经济管理》2012年第6期。

量。若 $\theta=1$ 并且 $s^-=s^+=0$，则说明决策单元 DEA 有效；若 $\theta=1$ 但 s^-、s^+ 不全为 0，则说明决策单元弱 DEA 有效；若 $\theta<1$，则说明决策单元非 DEA 有效。

投入和产出指标的选择对创新效率评估至关重要。参考王惠等[①]的方法，在投入指标方面，选取研发经费内部支出作为研发资本资源的投入指标，研发人员全时当量作为研发劳动力资源的投入指标。在产出指标方面，选取专利申请量和新产品销售收入。为消除价格因素的影响，新产品销售收入使用以 2009 年为基期的工业生产者出厂价格指数进行平减。

2.解释变量

研发资源错配（rm）。研发资源错配主要包括研发资本资源错配（urk）和研发劳动力资源错配（url）。由于存在研发资源的配置不足（$\tilde{\mu}_{RK_i}<1$，$\tilde{\mu}_{RL_i}<1$）和过度配置（$\tilde{\mu}_{RK_i}>1$，$\tilde{\mu}_{RL_i}>1$）两种情形，为准确衡量研发资源错配程度，便于后文开展计量分析，参考季书涵等[②]的做法，对 $\tilde{\mu}_{RK_i}$、$\tilde{\mu}_{RL_i}$ 进行减 1 后取绝对值处理，以此作为衡量研发资本资源错配程度和研发劳动力资源错配程度的指标，即 $urk=|\tilde{\mu}_{RK_i}-1|$、$url=|\tilde{\mu}_{RL_i}-1|$，其值越大，表示研发资本资源错配程度和研发劳动力资源错配程度越高。

3.控制变量

参考现有文献，选取以下控制变量，以控制地区特征因素对地区创新效率的影响。

（1）基础设施水平（infr）。地区基础设施的好坏对地区创新活动的开展至关重要，地区基础设施越好越有利于创新资本和创新人才的集聚[③]，从而形成创新水平不断提升的良性循环。本章采用固定资产投资完成额占GDP 的比重来度量地区基础设施水平。

①　王惠等：《地理禀赋、对外贸易与工业技术创新效率——基于面板分位数的经验分析》，《管理评论》2017 年第 3 期。

②　季书涵等：《产业集聚对资源错配的改善效果研究》，《中国工业经济》2016 年第 6 期。

③　王仁祥、白旻：《金融集聚能够提升科技创新效率么？——来自中国的经验证据》，《经济问题探索》2017 年第 1 期。

（2）政府支持力度（*gsup*）。地区创新活动一般具有正外部性，其社会效益往往大于私人收益。政府对创新活动的支持往往会促进地区企业的创新活动，促使企业不断增加科研投入，提升创新水平，但政府与企业的创新目标不一致性又有可能对创新效率产生抑制作用。[1]本章采用科学技术支出占一般预算支出的比例衡量政府支持力度。

（3）人力资本水平（*hum*）。作为创新活动的主体，人力资本可以通过干中学、创新实践活动等手段改进技术，对创新效率的提升起到基础性作用。[2]本章采用人均受教育年限来衡量地区人力资本水平。

（4）对外开放水平（*open*）。地区对外开放水平越高，往往越有利于技术和人才的流动，外商投资的流入也往往会给当地带来技术和知识溢出效应，提升当地科技水平。[3]本章采用实际利用外商直接投资总额占地区生产总值的比重测度对外开放水平。

（5）行业规模（*ids*）。熊彼特指出垄断与创新效率有密切关系，行业集聚化水平越高，越容易刺激企业开展创新活动以获取更多的垄断利润。本章采用各地区规模以上工业企业数量衡量地区行业规模。

（6）金融发展水平（*fin*）。地区金融发展水平越高，越有利于市场创新主体创新资本的融通，从而支撑创新活动的进行。本章采用金融机构贷款余额占GDP的比重衡量地区金融发展水平。

（7）信息化水平（*info*）。地区信息化水平本身是一地科技水平的体现，信息化水平越高代表地区创新基础越好，也越有利于新技术和新知识的传播，从而产生溢出效应。本章采用地区人均电信业务量测度地区信息化水平。

（三）数据来源与描述性统计

本章被解释变量创新效率所使用的研发投入和产出变量中，除新产品销售收入外，其他变量的数据来源和处理已在前文进行了相关说明，本部分将着重对"新产品销售收入"及其所用到的控制变量的数据来源进行说明。同样选取2010~2020年30个省份规模以上工业企业的面板数据（由于

---

① 赵庆：《产业结构优化升级能否促进技术创新效率？》，《科学学研究》2018年第2期。

② 陈继勇等：《知识溢出、自主创新能力与外商直接投资》，《管理世界》2010年第7期。

③ 吕承超、王媛媛：《金融发展、贸易竞争与技术创新效率》，《管理学刊》2019年第4期。

西藏数据缺失严重，因此进行剔除）。新产品销售收入数据来源于《中国科技统计年鉴》，金融机构贷款余额数据来源于各省统计年鉴，其余控制变量数据均来源于《中国统计年鉴》。对2010年缺失的规模以上新产品销售收入数据，采用2009年大中型工业企业占规模以上工业企业相应指标的比重，根据其变化趋势进行了折算补充。对各变量所用到的数据，采用以2000年为基期的GDP指数、工业生产者出厂价格指数进行了平减。开展分地区分析时，同样将30个省份划分为东、中、西三大地区，其中，东部地区包括北京、天津、河北、辽宁、山东、江苏、浙江、上海、广东、福建、海南，中部地区包括内蒙古、黑龙江、吉林、山西、河南、安徽、湖北、湖南、江西，西部地区包括广西、陕西、甘肃、四川、贵州、重庆、云南、青海、宁夏、新疆。

各变量的描述性统计结果如表7-2所示，运用DEAP 2.1软件测算出我国创新效率的平均值为0.678，与吕承超和王媛媛[1]、王惠等[2]的测算结果较为接近，表明我国创新效率仍有很大的提升空间。

表7-2　变量说明与描述性统计

变量	变量说明	观测数	平均值	标准差	最小值	最大值
tech	创新效率	330	0.678	0.212	0.220	1.000
urk	研发资本资源错配	330	4.164	17.600	0.006	119.488
url	研发劳动力资源错配	330	2.860	4.728	0.002	24.593
hum	人力资本水平	330	9.153	0.927	6.764	12.681
open	对外开放水平	330	0.020	0.016	0.000	0.101
gsup	政府支持力度	330	0.021	0.015	0.004	0.068
infr	基础设施水平	330	0.781	0.255	0.093	1.480
ln*ids*	行业规模	330	8.841	1.199	5.814	11.072
fin	金融发展水平	330	1.377	0.458	0.655	2.759
info	信息化水平	330	0.316	0.319	0.056	1.484

---

[1]　吕承超、王媛媛：《金融发展、贸易竞争与技术创新效率》，《管理学刊》2019年第4期。

[2]　王惠等：《地理禀赋、对外贸易与工业技术创新效率——基于面板分位数的经验分析》，《管理评论》2017年第3期。

二 实证检验与结果分析

（一）基准回归

为考察研发资源错配对中国区域创新效率的影响，基于前文构建的研发资源错配的基准理论框架所测算出的研发资源相对扭曲系数（包括研发资本资源相对扭曲系数和研发劳动力资源相对扭曲系数）和基于DEA方法中的BCC模型测算出的我国各省份的创新效率，利用基准模型进行估计。同时，考虑到可能的遗漏变量产生的影响并为增强模型回归结果的稳健性，采取"一般到特殊"的建模原则，在基准模型的基础上，采取逐步引入控制变量的方法进行考察分析，实证回归结果如表7-3所示。具体来看，从逐步引入控制变量的模型1到模型8来看，研发资本资源错配和研发劳动力资源错配对我国区域创新效率的影响方向一致，且影响系数和显著性水平差别不大，表明回归结果是稳健可靠的，研发资本资源错配和研发劳动力资源错配分别在1%和5%的水平下显著抑制了我国区域创新效率的提高。具体从包含所有控制变量的模型8来看，研发资本资源错配程度和研发劳动力资源错配程度每提高一个单位，我国区域创新效率将分别下降0.005个单位和0.029个单位，表明研发资源错配不利于我国区域创新效率的提高，这符合理论预期和传统认知，而且与吴佐等[1]、陈子韬等[2]的研究结论是一致的。作为市场主体开展创新活动的基础，无论研发资源配置不足还是配置过度都是对市场规则的违背，这会扰乱正常创新活动的进行，从而不利于创新效率的提升。从控制变量来看，对外开放水平（*open*）对我国区域创新效率的影响系数显著为正，表明当前阶段地区对外开放水平的提高确实促进了技术和人才的流动，可以为当地带来显著的技术和知识溢出效应，从而促进当地创新效率的提升；行业规模（*ids*）的影响系数显著为正，表明地区行业集聚化水平的提高的确刺激了企业通过开展创新活动来获取更高的垄断利润，从而间接提升了区域创新效率。

---

[1] 吴佐等：《所有制结构、研发资源错配与研发回报率的相互关系——基于2005—2007年中国工业企业的经验数据》，《统计与信息论坛》2014年第2期。

[2] 陈子韬等：《政府资助、创新人力资源错配与区域创新绩效：基于门槛效应的检验》，《科技进步与对策》2022年第22期。

表7-3　基准回归结果（逐步引入控制变量）

变量	模型1	模型2	模型3	模型4	模型5	模型6	模型7	模型8
urk	-0.005***	-0.004***	-0.006***	-0.006***	-0.006***	-0.006***	-0.005***	-0.005***
	(-3.98)	(-3.84)	(-5.15)	(-5.03)	(-4.44)	(-4.27)	(-4.46)	(-4.09)
url	-0.032**	-0.031**	-0.031**	-0.033**	-0.033**	-0.033**	-0.029**	-0.029**
	(-2.30)	(-2.26)	(-2.34)	(-2.50)	(-2.58)	(-2.64)	(-2.36)	(-2.49)
hum		-0.040	-0.040	-0.028	-0.028	-0.034	-0.010	-0.017
		(-0.72)	(-0.83)	(-0.59)	(-0.58)	(-0.69)	(-0.21)	(-0.38)
open			3.463***	3.117**	3.145***	2.438*	2.632**	2.670**
			(3.15)	(2.75)	(2.82)	(2.02)	(2.14)	(2.13)
gsup				3.049	3.100	1.521	1.819	2.031
				(1.16)	(1.17)	(0.64)	(0.78)	(0.94)
infr					-0.011	-0.062	-0.093	-0.090
					(-0.11)	(-0.67)	(-1.05)	(-0.98)
lnids						0.140*	0.158**	0.143*
						(1.98)	(2.38)	(1.92)
fin							0.140	0.146
							(1.36)	(1.36)
info								0.125
								(0.58)
_cons	0.833***	1.283**	1.156**	0.868	0.871	-0.104	-0.857	-0.746
	(27.13)	(2.05)	(2.18)	(1.58)	(1.57)	(-0.11)	(-0.82)	(-0.73)
省份	Yes	Yes	Yes	Yes	Yes	Yes	Yes	Yes
年份	Yes	Yes	Yes	Yes	Yes	Yes	Yes	Yes
R^2	0.747	0.748	0.769	0.773	0.773	0.780	0.787	0.789
N	330	330	330	330	330	330	330	330

注：表中均为聚类在省级层面的稳健标准误；*、**和***分别表示在10%、5%和1%的水平下显著，括号中为t值。下表同。

（二）稳健性检验

为进一步增强模型回归结果的稳健性，在基准回归部分逐步引入控制变量的基础上，本部分将继续采取将变量缩尾后再检验和分地区进行异质性分析的方法来与基准回归结果进行对比分析。

1.变量缩尾后再检验

考虑到指标可能存在异常值而对模型回归结果产生影响，借鉴陈强远等[①]

---

① 陈强远等：《中国技术创新激励政策：激励了数量还是质量》，《中国工业经济》2020年第4期。

的经验做法，将所有指标进行1%的双边缩尾后重新进行回归。从表7-4呈现的缩尾后的回归结果发现，与基准回归结果相比，无论是研发资本资源错配还是研发劳动力资源错配对我国区域创新效率的影响系数大小和显著性水平均变化不大，表明基准回归结果具有较强的稳健性。在控制变量中，地区对外开放水平（open）和行业规模（ids）对我国区域创新效率的影响也与基准回归结果保持一致。

2.分地区异质性分析

不同地区的发展水平差异导致创新基础不尽相同，从而使得研发资源错配对各区域创新效率的影响表现出明显的异质性。为探究研发资源错配对我国创新效率的区域影响的异质性，本章按照常用的划分方法将我国30个省份分为东、中、西三大地区。各地区的异质性影响回归结果详见表7-4。

对三大地区来说，研发资本资源错配对各自创新效率的影响均在1%的水平下显著为负，这与基准回归结果保持一致，但对比影响系数的大小发现，东部地区和西部地区研发资本资源错配对创新效率的不利影响明显增大，尤其是对东部地区的负向影响最大。这可能是由于东部地区虽然创新基础较为优越，市场经济也最为发达，但因此也使得创新效率对研发资本资源错配最为敏感，东部地区要更加注重研发资本资源的合理配置。西部地区的影响系数也明显大于基准回归结果，这可能是由于西部地区创新资源严重稀缺，研发资源的配置不足自然不利于创新效率的提升。从研发劳动力资源错配角度来说，东、中部的影响系数均不显著，西部地区的影响系数则在1%的水平下显著为负。这可能是由于相比于东、中部地区来说，西部地区面临更严重的研发人才短缺，因此抑制了创新效率的提升。

表7-4 稳健性检验结果

变量	缩尾后再检验	分地区		
		东部地区	中部地区	西部地区
urk	−0.005***	−0.189***	−0.005***	−0.019***
	（−3.93）	（−7.94）	（−5.15）	（−2.95）
url	−0.032**	−0.007	0.010	−0.076***
	（−2.69）	（−0.60）	（1.06）	（−9.49）

变量	缩尾后再检验	分地区		
		东部地区	中部地区	西部地区
hum	−0.010	0.052	−0.015	−0.055
	(−0.24)	(1.16)	(−0.18)	(−0.71)
open	2.890**	1.374*	−6.968	6.736*
	(2.15)	(2.05)	(−1.70)	(2.17)
gsup	2.440	3.995*	−1.797	2.014
	(1.09)	(2.18)	(−0.48)	(0.26)
infr	−0.111	−0.229*	0.041	0.107
	(−1.25)	(−1.90)	(0.54)	(1.81)
ln*ids*	0.142*	0.209*	0.313	−0.188
	(1.93)	(1.94)	(1.84)	(−1.65)
fin	0.154	0.178**	0.518*	−0.123
	(1.46)	(2.26)	(2.27)	(−1.35)
info	0.117	−0.097	0.540	0.429
	(0.55)	(−0.59)	(1.55)	(1.39)
_cons	−0.846	−2.032	−2.852	2.734*
	(−0.85)	(−1.57)	(−1.44)	(2.14)
省份	Yes	Yes	Yes	Yes
年份	Yes	Yes	Yes	Yes
R^2	0.792	0.861	0.895	0.834
N	330	121	99	110

第三节　研发资源错配的成因分析

关于研发资源错配对中国区域创新效率影响的实证结果显示，研发资本资源错配和研发劳动力资源错配均显著抑制了我国区域创新效率的提升，那么究竟是哪些因素导致了区域研发资源的错配呢？本章将针对研发资源错配的成因展开研究。

一　研究设计

为实证检验各种潜在的因素对研发资源错配的影响程度，根据下文的变量选取，分别构建以研发资本资源错配和研发劳动力资源错配为被解释变量，以各影响因素为解释变量的计量模型：

$$urk_{it} = \alpha_0 + \beta_1 gov_{it} + \beta_2 sfin_{it} + \beta_3 mar_{it} + \beta_4 ind_{it} + \beta_5 infr_{it} + \\ \beta_6 ids_{it} + \beta_7 urr_{it} + \beta_8 fin_{it} + \mu_i + \varepsilon_{it} \tag{7-17}$$

$$url_{it} = \alpha_0 + \beta_1 gov_{it} + \beta_2 sfin_{it} + \beta_3 mar_{it} + \beta_4 ind_{it} + \beta_5 infr_{it} + \\ \beta_6 ids_{it} + \beta_7 urr_{it} + \beta_8 fin_{it} + \mu_i + \varepsilon_{it} \tag{7-18}$$

其中，i 和 t 分别代表地区和时间，urk_{it} 和 url_{it} 为被解释变量，分别表示 i 省份 t 年的研发资本资源错配和研发劳动力资源错配；解释变量则为研发资源错配的一系列影响因素，详见下文指标选取部分；μ_i 表示个体效应，包含一些未观测到的时间等因素；ε_{it} 为随机误差项。

现有关于研发资源错配影响因素的文献主要针对一般性生产要素，但仍对我们关于研发资源错配的成因分析提供了重要启示。一般认为，作为两大资源配置的手段，政府干预和市场化水平是影响要素资源配置的两大重要因素，考虑到区域创新环境的差别也必然会影响到研发资源的错配程度，本章从政府干预、市场化水平及区域创新环境三方面选取研发资源错配的影响因素进行实证分析。

（1）政府干预。政府干预主要从政府支持力度（gov）和国企信贷比重（$sfin$）两个角度进行衡量。政府支持力度采用规模以上工业企业研发经费内部支出中政府资金所占比重进行测度；由于现有公开数据中并未发现直接涉及国企信贷比重的相关数据，因此对国企信贷比重参考张军和金煜[1]的方法进行估算。具体用到的指标包括"金融机构贷款余额占GDP的比重"和"国有控股工业企业营业收入占规模以上工业企业营业收入的比重"。

（2）市场化水平（mar）。市场化水平的高低对研发资源的配置存在重要影响。对市场化水平的衡量，采用王小鲁等[2]公布的《中国分省份市场化指数报告（2018）》中各省份的市场化指数来进行，由于分省份的市场化指数报告只截至2016年，因此采用平均增长率对2017~2019年的市场化指数予以补充。

（3）区域创新环境。对区域创新环境的衡量，采用以下几个因素：产

① 张军、金煜：《中国的金融深化和生产率关系的再检测：1987—2001》，《经济研究》2005年第11期。
② 王小鲁等：《中国分省份市场化指数报告（2018）》，社会科学文献出版社，2019。

业结构（*ind*）采用各地区第三产业增加值与第二年产业增加值的比值衡量；地区基础设施（*infr*）采用各地区固定资产投资完成额占 GDP 的比重来衡量；行业规模（*ids*）采用各地区规模以上工业企业的数量衡量；城镇化水平（*urr*）采用各地区城镇人口占总人口的比重来衡量；金融发展水平（*fin*）采用各地区金融机构贷款总额占 GDP 的比重来衡量。

本章被解释变量研发资本资源错配和研发劳动力资源错配的指标数据来源和处理已在前文进行了相关说明，本部分将着重对研发资源错配的影响因素所用到的指标的数据来源进行说明。剩余变量同样选取 2010~2020 年我国 30 个省份的面板数据（由于西藏数据缺失严重，因此进行剔除）。政府干预因素中政府支持力度采用规模以上工业企业研发经费内部支出及政府资金数据，国企信贷比重中用到的国有控股工业企业营业收入及规模以上工业企业营业收入数据来自于《中国科技统计年鉴》，金融机构贷款余额数据来源于各省统计年鉴，市场化水平所用到的市场化指数数据来源于《中国分省份市场化指数报告（2018）》并根据其平均增长率对缺失年份进行了补充，其他指标所用到的数据均来源于《中国统计年鉴》。对 2010 年缺失的规模以上工业企业研发经费内部支出及政府资金数据，采用 2009 年大中型工业企业占规模以上工业企业的相应指标的比重，根据其变化趋势进行了折算补充。对各变量所用到的数据采用以 2000 年为基期的 GDP 指数、工业生产者出厂价格指数进行了平减。

二　实证检验及结果分析

为了验证前文所选取的影响因素对研发资源错配的具体影响程度，进而识别出究竟是哪些因素导致了研发资本资源错配和研发劳动力资源错配，采用混合 OLS 和 GLS 方法进行估计，具体回归结果如表 7-5 所示。研究发现，混合 OLS 和 GLS 回归结果在影响系数和显著性上均较为一致。接下来将以 GLS 回归结果为依据进行分析，并以混合 OLS 结果为参照。

具体地，在政府干预方面，政府支持力度（*gov*）和国企信贷比重（*sfin*）对研发资本资源与劳动力资源错配的影响在方向和显著性上表现出明显差异。研究表明，政府干预显著抑制了研发资本资源的错配，但同时促进了研发劳动力资源的错配。这意味着在样本期内，政府干预有助于提升资本资源的配置效率，但不利于提升劳动力资源的配置效率。这一结果与王文和孙早[①]的研究不同，可能是由于当前中国正处于复杂的科技创新环境和国际竞争压力下。政府干预作为弥补市场失灵的关键手段，能够集中有限的研发资本资源投入核心关键领域，因此在研发资本资源配置效率上发挥了积极作用。然而，在政府资金倾斜的引导下，研发劳动力资源的流动呈现盲目性，大量研发人才集中于政策支持的领域，降低了配置效率。与此相对，市场化水平（*mar*）对两类资源的错配产生了相反的影响：一方面，市场化提升了研发劳动力资源的配置效率；另一方面，却加剧了研发资本资源的错配。在当前科技创新背景下，我国市场机制尚不足以合理高效地配置研发资本资源，需要通过政府政策引导来弥补市场失灵。而研发劳动力资源更需依赖市场调节，以避免人才过度集中于政府政策支持的领域，从而实现资源的合理配置与优化。

在区域创新环境方面，产业结构（*ind*）中第三产业产值越高，越会加剧研发资本资源的错配，而对研发劳动力资源错配则表现出不显著的抑制效果。当前，第三产业尤其是金融业存在较为明显的融资歧视，增加了非国有及小规模企业的融资难度和成本，进而加深了研发资本资源的错配程度，而产业结构升级可能有助于提高研发劳动力资源的配置效率。[②]基础设施水平（*infr*）对研发劳动力资源错配有显著的抑制作用，表明基础设施越完善，越能吸引高素质研发人才的流入，促进劳动力资源的合理流动与有效配置，而对研发资本资源错配的影响则不显著。就行业规模（*ids*）而言，行业规模越大、竞争越激烈，则越有利于研发资源配置效率的提升，特别是对研发劳动力资源的配置效率影响更为明显。城镇化水平（*urr*）显著抑制了研发资本资源的错配，但对研发劳动力资源的错配具有促进作用。这可能是因为随着城镇化水平的提高，研发资本资源更加充裕，有利于其合

① 王文、孙早：《中国地区间研发资源错配测算与影响因素分析》，《财贸经济》2020年第5期。

② 秦佳虹等：《中国资源错配的时空演变及其影响因素分析》，《统计与决策》2021年第10期。

理流动，但同时也可能导致劳动力因追求福利待遇而集中流向发达地区，从而加剧了劳动力资源的配置不合理。金融发展水平（*fin*）对研发资本资源和研发劳动力资源错配均具有显著的抑制作用，表明金融发展水平越高，越能降低融资歧视，进而越有助于提升研发资源的配置效率。

表7-5　研发资源错配影响因素回归结果

变量	*urk*		*url*	
	混合 OLS	GLS	混合 OLS	GLS
gov	−20.545	−20.545	13.907**	13.907***
	(−0.90)	(−0.93)	(2.53)	(2.61)
sfin	−14.886**	−14.886**	2.220	2.220
	(−2.33)	(−2.40)	(1.44)	(1.48)
mar	1.702*	1.702*	−1.012***	−1.012***
	(1.70)	(1.75)	(−4.17)	(−4.30)
ind	8.213***	8.213***	−0.569	−0.569
	(3.06)	(3.15)	(−0.88)	(−0.90)
infr	2.845	2.845	−4.404***	−4.404***
	(0.47)	(0.49)	(−3.04)	(−3.13)
ids	−0.0001	−0.0001	−0.00007***	−0.00007***
	(−1.24)	(−1.27)	(−2.81)	(−2.89)
urr	−32.611**	−32.611**	23.219***	23.219***
	(−2.05)	(−2.11)	(6.03)	(6.21)
fin	−13.070***	−13.070***	−2.542***	−2.542***
	(−3.90)	(−4.01)	(−3.13)	(−3.23)
_cons	24.915**	24.915**	3.231	3.231
	(2.44)	(2.52)	(1.31)	(1.35)
年份	Yes	Yes	Yes	Yes
R^2	0.122		0.289	
N	330	330	330	330

第四节　从策略性创新向实质性创新转型：
强化制度导向

从前文关于研发资源错配的成因分析中可以发现，政府干预、市场失灵及区域创新环境因素均可能导致研发资源错配程度的加重，导致有限的研发资源未能按照效率原则进行配置，即流向了创新效率较低的企业。其中一个典型的现象是，企业为获得更多的政府研发资金补贴、税收优惠及国有机构投资者的信赖，往往更倾向于将所获得的研发资金投向一些周期短、见效快、重"数量"的策略性创新，而忽略了对企业价值提升作用更大的重"质量"的实质性创新。[①]为了验证这一现象，参考周煊等[②]的研究，构建以下计量模型：

$$pnp_{i,\,t+1} = \alpha_0 + \beta_1 \mathrm{ln}ipatent_{it} + \beta_2 \mathrm{ln}nipatent_{it} + \gamma X_{it} + \mu_i + \varepsilon_{it} \qquad (7\text{-}19)$$

其中，i 和 t 分别代表地区和时间，$pnp_{i,\,t+1}$ 为被解释变量，表示 i 省份未来三期规模以上工业企业的市场价值，采用规模以上工业企业新产品销售收入占规模以上工业企业营业收入的比重表示；$\mathrm{ln}ipatent_{it}$ 和 $\mathrm{ln}nipatent_{it}$ 为解释变量，分别表示实质性创新和策略性创新，分别采用 i 省份 t 年规模以上工业企业发明专利申请数和实用新型及外观设计申请数来表示；μ_i 表示个体效应，包含一些未观测到的时间等因素；ε_{it} 为随机误差项。

表7-6呈现了企业创新策略与企业价值的实证检验结果，考虑到专利申请对企业价值的影响可能呈现较为明显的滞后效应，将企业价值的未来三期纳入计量模型予以考察。具体来看，以发明专利申请数为代表的实质性创新的未来三期每一期无论在显著性水平还是影响系数的大小上均显著大于以实用新型及外观设计申请数为代表的策略性创新，表明更加注重创新"质量"的实质性创新对企业价值的提升作用的确明显大于注重"数量"的策略性创新，策略性创新可以满足特定利益，但对企业长期价值的提升作用有限[③]企业为"寻扶持"而开展的策略性创新的确会影响研发资源的流动方向，耗费了特定的研发资源，却无法带来相应程度的企业价值的提升，这无疑会加剧研发资源的错配程度。

---

① 黎文靖、郑曼妮：《实质性创新还是策略性创新？——宏观产业政策对微观企业创新的影响》，《经济研究》2016年第4期。

② 周煊等：《技术创新水平越高企业财务绩效越好吗？——基于16年中国制药上市公司专利申请数据的实证研究》，《金融研究》2012年第8期。

③ 黎文靖、郑曼妮：《实质性创新还是策略性创新？——宏观产业政策对微观企业创新的影响》，《经济研究》2016年第4期。

表7-6　企业创新策略与企业价值

	企业价值		
	*pnp*1	*pnp*2	*pnp*3
ln*ipatent*	0.020**	0.022***	0.020**
	(2.54)	(2.65)	(2.32)
ln*nipatent*	0.013*	0.013*	0.016**
	(1.76)	(1.76)	(2.08)
控制变量	控制	控制	控制
_cons	−0.140***	−0.157***	−0.168***
	(−6.02)	(−6.38)	(−6.22)
N	300	270	240
R²	0.587	0.611	0.624

　　总体来说，当前我国的研发投入水平已然达到了中等发达国家水平，但无论是从创新效率还是全要素生产率角度来说，与西方发达国家相比均有较大差距。这无疑与我国区域研发资源错配存在莫大的联系，而作为其中一种典型现象，研发资源向策略性创新的流向的确无法带来可观的企业价值提升，只有高质量的实质性创新才能最终实现企业价值的长效增长。

　　事实上，研发资源向策略性创新的流动无疑是政府干预和市场失灵双重因素导致的，因此未来要实现从策略性创新向实质性创新转型，根源在于强化制度导向。第一，坚定落实"强化企业创新主体地位"这一基本基调，并将其当作必须长期坚持的创新制度予以执行，促使企业自主进行研发决策，并引导其将研发资源更多投向注重"质量"的实质性创新，进一步提升企业价值。第二，坚持和完善社会主义基本经济制度，厘清政府和市场发挥作用的边界，强化落实"使市场在资源配置中起决定性作用，更好发挥政府作用"的同时，切实转变政府职能，依靠"有为政府"和"有效市场"的结合优化研发资源的配置。通过前期甄别，加大对高创新效率企业的研发补贴和政策倾斜力度。通过后期监督，对企业的阶段性创新成果进行评估，以防企业通过策略性创新手段过度吸引创新资源，加剧研发资源错配，降低企业创新质量和企业价值。只有不断强化策略性创新向实质性创新转型的制度导向作用，才能不断降低我国区域研发资源错配程度，切实提高企业创新效率和市场价值。

第八章
创新采购与创新–产业动态化的需求激励

　　需求是诱导创新的重要动力来源，每个技术范式都建立在特定知识基础之上，并以此界定了新兴产业的边界，而市场需求则在引导新技术发展方向上发挥着关键作用。需求激励的高度异质性，体现在需求规模、结构及市场细分等方面的不同，这些因素影响了消费者的认知和行为，进而深刻影响了技术变革、新企业进入以及产业的动态化进程。在创新形成的过程中，"需求拉动"与"技术推动"分别扮演着不同的角色，技术创新速度的不同也源于需求增速的差异。需求方对创新过程的深入参与，还会影响新技术标准的制定和新产品设计，决定不同发明范式的形成，如"用户发起的创新"以及"用户–制造商的互动创新"。国家"市场创造"对创新–产业动态化的作用，已经在学界达成了一定共识，并成为各国创新政策的重要关注点之一。然而，关于政府采购如何激励前沿技术创新、如何利用政府创新采购促进创新–产业动态化等问题，仍需学者和决策者深入探索。尤其是在全球科技竞争加剧的背景下，政府如何通过市场创造机制推动技术进步和产业升级，成为亟待探讨的重要议题。本章首先进行文献综述，梳理市场需求引致技术创新的发现及国际经验证据，探讨需求如何驱动技术进步和产业变革。其次，分析创新采购、需求激励与本土市场效应，评估我国创新采购的现状及有效性，探讨其在推动我国创新–产业动态化进程中的优势与制约因素。最后，提出加强创新采购的制度保障措施，旨在为国家创新战略的实施提供理论支撑和政策建议。

第一节　创新采购、需求激励与本土市场效应：作用机理与国际经验

一　创新采购影响前沿技术创新的作用机理

作为本土市场需求的重要组成部分，政府采购是一个国家或地区中产品或服务市场重要的需求力量，尤其是在大国之中政府采购行为往往关系着特定产业发展的成败。创新是一项过程复杂且结果不确定的创造性活动，按照创新过程及其各阶段面临的风险特征划分，政府创新采购在不同阶段发挥着异质性作用：创新前期（创新实施前），技术创新活动面临决策风险，而政府创新采购具有需求牵引效应；创新中期（创新实施中），技术创新活动面临技术风险和资源匮乏风险，而政府创新采购具有风险分摊效应和资源聚合效应；创新后期（创新实施后），技术创新活动面临市场风险，而政府创新采购具有引导效应。

创新采购的需求牵引效应。经济主体决策需要权衡成本与收益，只有预期收益大于预期成本，企业才有动力实施计划。在企业决定是否进行创新活动时，不仅需要权衡未来的收益流是否大于成本流，而且需要考虑创新带来的收益是否能够被自己全部吸收。与其他生产活动相比，创新活动具有一个显著特点——正外部性，其创新成果容易外溢，被其他企业模仿，造成企业预期收益与社会收益分离，降低企业创新的积极性。政府创新采购作为一种公共政策，能够较好地纠正创新外部性带来的市场失灵问题：一方面，与政府签订创新采购协议，能够提高决策者关于企业创新产品或服务的预期市场需求规模，进而提高企业的市场预期利润，弥补创新正外部性带来的预期收益损失；另一方面，政府与企业签订创新采购协议，可以在一定程度上赋予该企业特定的未来市场垄断地位，为其他潜在竞争对手进入这一市场设置壁垒，以防止潜在竞争对手因模仿其技术成果而分享创新收益。

创新采购的风险分摊效应。在一项颠覆性技术诞生之初，由于人们拥有的新技术知识信息相对缺乏，掌握的新技术相对粗糙、不完善，因此对

于这一项技术最终能否开发成功的预测是不确定的。与此同时，创新活动前期需要投入大量资源，研发周期长，前期无收益，存在创新收益时滞。由于技术创新存在高度不确定性，任何机构或企业花费巨额沉没成本从事技术创新都面临极大的创新风险，从而不利于激发企业增加创新投入的积极性。而政府的创新采购（尤其是政府对基础科学研究活动给予资助和参与购买）可以充当一种风险承担机制，让政府代表国民与研发者共同承担创新结果的不确定性风险，将企业创新活动失败的风险限定在一定的范围之内，激发机构或企业增加创新投资的动力。

创新采购的资源聚合效应。从资本的视角看，创新活动本质上是一种未来预期收益高且结果具有不确定性的迂回生产过程。迂回生产过程的增多意味着从最高阶财货（原材料）到最终商品之间生产链条的延伸，每一次迂回生产的深化都需要投入前期节省积累下来的资本。技术创新的实施需要借助大量的资本将各种资源结合在一起实现要素的重新组合或构建新的生产函数，因此充足的资本是保证创新活动顺利进行的必要条件。与此同时，根据创新理论，引起经济结构发生颠覆性变化的破坏性创新往往是由新企业或小企业完成的，而新企业或小企业经常处于资本积累的初期阶段，缺乏充足的资本从事创新活动，面临融资难和融资贵困境。政府采购可以在一定程度上为创新企业形成资源聚合效应，引导社会各种创新资源进入企业进行重组，尤其是资本要素，由此创新采购可以缓解创新企业在资本市场上遇到的资源错配问题：一方面，在资本机构中进行融资时新企业或小企业往往会因为信用问题受到限制，与政府签订创新采购协议可以提高企业的信用水平，在一定程度上化解企业与银行之间的信息不对称；另一方面，政府创新采购本身能够扩大市场需求规模，为企业带来更多利润，加速企业资本原始积累，加大企业对创新活动的投入力度。

创新采购的消费引导效应。由于市场接受程度的不确定性要远高于技术的不确定性[1]，并非所有的创新产品或服务都能被市场选择并存活下来。

---

① Freeman, C., *Technology Policy and Economic Performance Lessons from Japan* （London Pinter Press, 1987）.

虽然政府定向采购在技术创新的市场选择中发挥着重要作用，但政府的选择逻辑必须让位于市场的选择逻辑（消费者的认同），政府选择技术创新也必须服从于市场选择技术创新的内在规律。[①]所以，市场的选择最终决定了一项新兴技术的成功与否。新产品或服务投入市场一般会面临市场扩散困境，消费者往往对新产品或服务采取拒绝购买使用或等待观望的态度。其原因有二：一是消费者缺乏对新产品性能等相关知识信息的认识和了解，只有极少数人出于求新猎奇的动机进行尝试性购买，大部分消费者不愿承担购买风险；二是对已有产品或服务形成路径依赖，更换新产品或服务存在较大转换成本。虽然长期来看政府创新采购并非创新产品或服务成败的关键性因素，但是政府本身具有公共主体特征，广受大众的关注和模仿，因此政府采购可以凭借政府公信力为创新产品或服务进行"背书"、宣传或代言，帮助消费者认识创新产品或服务，引导消费者的市场选择。

二　创新采购影响前沿技术创新的国际经验

在国际上，政府为支持技术进步而制定公共采购政策一般分为两类：其一，与公共采购或者其他明确阐明的公共目标相联系的政府研究开发政策；其二，政府直接采购政策，包括采购有形的商品和无形的服务。二战后，经过多年的探索与实践，发达国家创新采购政策日臻完善，为后发国家利用政府采购促进本国企业技术创新提供了宝贵的经验。

（一）美国

美国是世界上第一个认识到政府采购具有创新促进效应的国家，同时也是最为典型的利用创新采购推动科技进步的国家。美国制定的创新采购计划有力地促进了高新科学技术的发展，支撑其在二战以后始终保持着全球科技领先地位。对美国高新技术发展最具意义的创新采购计划是二战后期及与苏联冷战期间与军事相关的技术研究开发和产品采购，如计算机、半导体以及集成电路产业的最初建立和发展均受益于政府采购的培育和扶持。

（1）计算机。二战期间，为了破译敌方密码、提高弹道导弹发射的精

---

① 〔美〕约瑟夫·熊彼特：《经济发展理论——对于利润、资本、信贷和经济周期的考察》，何畏等译，商务印书馆，1990。

确度以及进行氢弹研究，美国军方弹道研究实验室通过资助的方式委托宾夕法尼亚大学摩尔电子工程学院的埃克特和莫契利联合普林斯顿大学高等研究院的冯诺依曼共同研制高速计算器，并最终在1946年研制出第一台十进制计算机ENIAC；二战后，弹道研究实验室与普林斯顿大学高等研究院签订了一份新的50万美元采购订单，向其购买一台性能更为优越的二进制计算机。随着计算机应用领域的不断扩展，第二代计算机的政府采购主体开始多元化，经过第一代、第二代计算机技术的发展，计算机开始出现了商业化需求，小型计算机市场的政府采购订单逐渐减少，但是那些性能好、规模大、处于技术前沿的大型计算机的订单客户依旧是美国政府。据统计：在大型计算机市场中政府采购（尤其是美国国防部）占比70%，为计算机技术不断取得新突破提供了充足的研发资金，这也使美国计算机行业在全球市场中始终保持领先地位。[1]

（2）半导体。半导体是二战后美苏军事竞赛的产物，是当时诸多军事武器必备的关键性零部件。在半导体发展初期，美国政府采购的重要性十分突出。作为一种新兴产品，半导体开始进入市场时面临严重的需求不足问题，而美国的政府创新采购为其提供了一个巨大的本土市场，成为激励半导体行业快速成长的重要手段，有效降低了早期半导体产品进入市场的风险。1955年美国政府购买了当时全国40%的半导体，到1960年这一比例上升至60%；经过前期的发展，20世纪六七十年代半导体技术不断成熟，并开始大批量生产，逐渐实现民用化和商业化，半导体产业也逐步走向成熟，政府对半导体的采购数量也随之下降，到1970年时政府采购比例下降至10%。再以集成电路为例，1960年集成电路产品在美国刚刚面市，美国政府收购了所有集成电路产品，两年之后收购比例仍然高达98%，直到1968年集成电路市场中的政府采购份额才下降至37%。[2]

（3）基础科学研究。签订技术开发合同是政府购买无形技术服务的重

---

[1] National Research Council, *Funding a Revolution： Government Support for Computing Research* (Washington, D.C.： The National Academies Press, 1999), p.106.

[2] 王宏、骆旭华：《美国政府技术采购促进战略性新兴产业发展分析》，《商业研究》2010年第11期。

要表现形式，是一种特殊的创新采购方式。美国联邦政府通过签订合同来资助基础科学研究活动，由大学或私营研究机构（如工业企业实验室）组织研究开发活动。资料表明，从第二次世界大战结束到20世纪70年代初，美国政府资助了全国65%的研究开发费用，但只承担15%的研究开发活动，其余绝大部分由联邦政府委托给了私营研究机构或大学。政府研发合同制为承担科研任务的机构提供了充足的资金和稳定的市场，有效地促进了技术创新与生产的结合。[1]

（二）欧盟

相较于美国政府通过创新采购推动军事技术和军用产品的开发，欧洲各国政府的创新采购主要致力于培育新兴高新技术产业，以推动二战后经济重建。通过大规模的政府采购，欧洲国家为前沿技术的研发与突破以及高新技术产品的生产创造了广阔的本土市场，有力支持了欧洲各国的技术创新活动，为国民经济的恢复与高速发展奠定了坚实的基础。

（1）民用飞机。为打破美国波音公司对全球民用飞机市场的垄断，1967年，英国、法国和德国决定联合成立空中客车工业公司，共同研发空客A300。这一机型在多个飞行制造前沿技术方面实现了突破，并于1972年成功实现批量生产。然而，面对波音在市场中的主导地位，空客在成立后的25年内长期处于亏损状态。对此，欧洲多国政府通过技术研发资助和巨额采购等多种形式给予大力扶持，使空客的亏损逐步缩小，市场规模不断扩大，全球市场份额从1974年的1.7%增长至2020年的38%。[2]

（2）航天技术。阿丽亚娜航空公司是一家提供卫星发射服务的商业化航空技术公司，其发展壮大得益于欧洲多国政府的创新采购政策。在阿丽亚娜航空公司成立之前，全球航空运输市场由美国公司主导。为摆脱对美国的依赖并发展自主空间技术，欧洲十多个国家于1975年联合成立欧洲航天局，集中人力、物力、财力共同研发空间卫星运输技术，1979年成功完成研制并于1980年创建了阿丽亚娜航空公司。此后，欧洲多个国家通过持

---

① 封凯栋等：《国家创新系统转型的比较研究》，《今日科苑》2018年第7期。
② 吕越、毛诗丝：《欧盟参与全球价值链分工的现状及决定因素分析》，《欧洲研究》2020年第2期。

续采购卫星发射服务，推动了阿丽亚娜航空公司的快速发展，逐步打破了美国在该领域的市场垄断。到21世纪初，阿丽亚娜航空公司在全球市场的份额已达50%；2020年，欧洲多个国家进一步与阿丽亚娜航空公司签署了总额达10亿欧元的合同，以支持其重复使用运载火箭技术的开发。[①]

（3）电信技术。瑞典、法国和意大利的电信技术发展显著受益于政府创新采购政策的推动。首先，瑞典的爱立信公司是全球最大的移动通信设备供应商，其早期发展得益于政府的采购支持。1881年，爱立信在与美国贝尔公司竞争瑞典地方政府电话系统安装项目的招标中获胜。这一里程碑事件标志着爱立信在通信领域具备与世界领先企业竞争的实力，为其打开了国内市场，并奠定了国际市场的基础。此后，爱立信不断获得瑞典政府的采购订单，支撑了公司在通信设备技术方面的持续迭代，使其始终保持国际领先地位。其次，法国政府始终高度重视电信技术的发展，通过创新采购政策扶持国内通信技术产业，逐步打破了国外企业在法国市场的垄断，为本土企业的崛起创造了有利条件。最后，20世纪七八十年代，意大利的通信技术相对落后，为缩小与法国的差距，意大利政府出台了一系列扶持政策，通过采购激励本土电信技术的发展，最终逐步赶上了法国。[②]

（三）日本

二战后，日本将工作重心全面转向经济重建，引进西方发达国家的先进技术，积极建立和发展本国的民族工业体系。然而，当时日本在前沿技术方面基本处于"跟随"状态，日本企业面对来自发达国家企业的激烈竞争。在此背景下，日本开始通过创新采购政策支持本国企业对国外先进技术的吸收与再开发。

在计算机和互联网产业方面，日本政府的采购政策推动了技术创新。二战后，特别是美国，计算机技术在政府支持下迅速发展并开始主导国际市场，而此时日本的计算机技术仍处于引进和吸收阶段。为支持国内计算

[①] 张成新、郑华：《欧盟在太空时代的角色生成：进程、挑战及启示》，《德国研究》2019年第4期。

[②] 王玉柱：《数字经济重塑全球经济格局——政策竞赛和规模经济驱动下的分化与整合》，《国际展望》2018年第4期。

机技术的发展，日本在20世纪七八十年代出台了一系列采购政策，要求政府部门、国有企业、高校以及交通与通信部门优先选用本国企业生产的计算机。据统计，1982年日本政府各级部门和机构在国内计算机市场需求中的占比高达19%，而国内市场需求量占总产量的90%以上；在这一过程中，前四大计算机生产商向政府部门的销售比例均超过30%。同时，计算机软件也是政府创新采购的重点支持对象，各级政府和机构采购的本土软件占国内总产量的一半以上。90年代，通过政府采购政策，日本计算机制造商在高性能计算机领域保持了国际领先地位。[①]

（1）计算机产业。为促进本土计算机技术的创新发展，日本政府在20世纪七八十年代出台了一系列政策，要求政府部门和公共机构优先采购国产计算机设备。这一政策为国内企业提供了稳定的市场支撑。

（2）互联网产业。进入21世纪，日本政府进一步推动互联网和IT产业发展，2000年推出了"E-Japan"工程，旨在建立全国性电子政务网络，并计划在2003年基本建成。该项目的政府采购总额达数十万亿日元，显著增加了硬件和软件设备的市场需求，加速了IT行业的发展。通过统一的采购程序，日本政府在各部门大力推广互联网技术，拓展了技术采购的广度和深度，为IT产业的成熟与创新提供了重要支持。[②]

（3）汽车产业。面对美国流水线生产商用汽车的全球化影响，日本政府在二战后推出政策支持本土汽车产业的发展，早在20世纪50年代政府就要求各级部门和机构优先采购国产汽车，政府机构的用车100%由本土品牌提供。这一政策为本土汽车企业创造了稳定的市场需求，有力地支持了日本汽车工业的快速崛起。此举使日本在较短时间内成长为全球主要汽车生产国，并在销量上超越美国。[③]

综上，我们可以总结关于创新采购的国际经验如下：第一，政府创新采购不仅是前沿技术研发资金的提供者，而且是技术开发方向要求者，塑

---

① 黄军英：《发达国家利用政府采购支持创新的政策及启示》，《科技管理研究》2011年第17期。

② 汪晓文、宫文昌：《国外数字贸易发展经验及其启示》，《贵州社会科学》2020年第3期。

③ 徐充、姜威：《日本汽车产业的发展及其对我国的启示》，《现代日本经济》2007年第3期。

造着前沿技术发展的方向；第二，政府创新采购为前沿技术的发展提供了巨大的本土市场需求规模，为前沿技术产业化发展提供了先决条件；第三，政府创新采购为本国技术创新发展提供了本土保护。

第二节　中国创新采购的现状和有效性：实证分析

一　研究设计

（一）数据来源及处理

本章数据来源于世界银行2012年中国企业调查数据库，该数据库调查主体为北京、上海、武汉、成都、西安等25个城市，覆盖东、中、西部地区的2848家企业（包括148家国有企业、2700家私营企业），被访谈的人员为企业内部经理、人力资源部负责人等，涉及食品加工业、批发和零售业、IT业等20类制造业和7类服务业，调查问题类型包括营商环境（基础设施供给、政企关系、办事便利性）、创新、雇佣关系等。删除关键变量缺失信息的企业后，最终获得2795家样本企业。

（二）模型构建

借鉴陈志刚和吴丽萍[①]的研究，构建以下计量估计模型：

$$Innovation_i = \alpha_0 + \alpha_1 Gov_{it} + \beta X_{it} + s_i + v_i + \xi_i \tag{8-1}$$

其中，$Innovation_i$ 为 i 企业技术创新；Gov_{it} 为 i 企业获得的政府采购；X_{it} 为控制变量向量（既影响其获得政府采购又影响其创新的一系列企业特征变量）；s_i 为行业固定效应，v_i 为地区效应；ξ_i 为干扰项。

（三）变量设定

被解释变量：企业技术创新。借鉴陈明明等[②]的研究方法，拟采用问卷中"企业是否推出新的产品或服务"这一问题作为衡量企业创新活动的指标：回答"是"，取值为1；回答"否"，取值为0。

---

① 陈志刚、吴丽萍：《政府采购、信贷约束与企业技术创新》，《科技管理研究》2021年第6期。

② 陈明明等：《用工形式灵活性对企业创新的影响机理与实证检验》，《财经论丛》2019年第4期。

核心解释变量：政府采购。借鉴陈劲等[①]的研究方法，调查问卷设置了"企业是否获得过政府的订单合同"问题，拟将其作为衡量政府采购的刻画指标：回答"是"，取值为1；回答"否"，取值为0。

控制变量：借鉴现有研究，为了保证估计结果的无偏和有效，需要对反映企业其他特征的变量加以控制。企业规模：采用企业员工数量的对数进行衡量，并且考虑到企业创新活动与企业规模之间可能存在倒"U"形关系，将其二次项加入计量回归模型。企业年龄：采用企业成立年限（2012年减去成立时间）的对数来进行刻画，同样将其二次项加入回归模型。企业员工人力资本：采用技术员工数量占总员工数量之比来衡量。出口状况：采用是否存在海外市场来衡量（若销售份额中直接出口与间接出口比例之和不为零，取值为1；否则，取值为0）。企业成长能力：采用市场销售总额增长速度来衡量。企业高管工作经验：采用企业经理工作年限的对数来衡量。企业高管性别：企业经理人为女性，取值为1；否则，取值为0。各变量的描述性统计结果如表8-1所示。

表8-1　各变量的描述性统计

变量名称	符号	样本数	均值	标准差	最小值	中位值	最大值
技术创新	*Innovation*	2839	0.464	0.499	0	0	1
政府采购	*Gov*	2803	0.157	0.364	0	0	1
企业规模	*Size*	2847	4.182	1.397	1.386	4.159	10.82
企业年龄	*Age*	2766	2.429	0.522	0	2.398	4.890
人力资本	*HR*	1715	0.350	0.218	0	0.294	0.959
企业出口	*Export*	2844	0.233	0.423	0	0	1
企业成长	*Growth*	2686	0.110	0.267	−7.601	0.0720	4.535
高管性别	*Gender*	2844	0.890	0.313	0	1	1
高管工作经验	*Experience*	2782	2.691	0.491	0	2.708	4.007

资料来源：根据世界银行《2012年中国业企业调查数据》整理。

[①] 陈劲等：《政府采购、腐败治理与企业双元创新》，《吉林大学社会科学学报》2022年第1期。

二 实证结果

(一) 基准结果

在基准回归估计中，采用最小二乘OLS估计和二值选择Probit估计两种回归方法，并均采用稳健性回归估计方法，基准回归结果如表8-2所示。表8-2第（1）、（2）列为未加入控制变量、行业固定效应以及地区固定效应的OLS估计和Probit估计结果；第（3）、（4）列为加入控制变量但未控制地区和行业固定效应的OLS估计和Probit估计结果；第（5）、（6）列为控制变量、地区与行业固定效应同时控制的OLS估计和Probit估计结果。从结果来看，无论是最小二乘OLS估计，还是二值选择Probit估计，政府采购估计系数均在1%的水平上显著为正，即政府采购对企业技术创新具有显著正向促进作用。以第（6）列为例，政府采购回归估计系数为0.3615，通过边际效应计算后，得到政府创新采购对企业技术创新促进的边际效应为10.8%，换句话说，相比于没有获得政府订单的企业，获得政府订单的企业进行技术创新活动的概率高10.8%。这表明政府采购所表现出来的巨大本土市场需求规模效应降低了技术创新的风险、增加了技术创新的回报，有效地支撑和促进了企业的技术创新活动。

表8-2　基准回归结果

	(1) OLS	(2) Probit	(3) OLS	(4) Probit	(5) OLS	(6) Probit
Gov	0.1566*** (0.0256)	0.3956*** (0.0659)	0.1130*** (0.0392)	0.2962*** (0.1036)	0.1132*** (0.0375)	0.3615*** (0.1222)
Size			0.1379*** (0.0397)	0.3779*** (0.1154)	0.0871** (0.0376)	0.2889** (0.1323)
Size²			−0.0086** (0.0040)	−0.0239** (0.0116)	−0.0039 (0.0038)	−0.0124 (0.0132)
Age			0.2975** (0.1316)	0.8000** (0.3813)	0.1767* (0.1051)	0.6142* (0.3653)
Age²			−0.0668*** (0.0257)	−0.1801** (0.0751)	−0.0461** (0.0211)	−0.1607** (0.0735)

续表

	（1） OLS	（2） Probit	（3） OLS	（4） Probit	（5） OLS	（6） Probit
HR			−0.0082	−0.0201	−0.0628	−0.1518
			（0.0558）	（0.1482）	（0.0601）	（0.1953）
Export			0.1093***	0.2820***	0.0760***	0.2424***
			（0.0281）	（0.0723）	（0.0276）	（0.0861）
Growth			0.1097*	0.2821*	0.0858	0.2608
			（0.0659）	（0.1679）	（0.0609）	（0.1765）
Gender			−0.0329	−0.0929	−0.0213	−0.0585
			（0.0465）	（0.1199）	（0.0456）	（0.1423）
Experience			0.0654**	0.1776**	0.0887***	0.2905***
			（0.0270）	（0.0734）	（0.0280）	（0.0947）
常数项	0.4406***	−0.1494***	−0.4817**	−2.6455***	0.0127	−1.7449***
	（0.0102）	（0.0259）	（0.1975）	（0.5683）	（0.1866）	（0.6204）
行业固定效应	未控制	未控制	未控制	未控制	控制	控制
地区固定效应	未控制	未控制	未控制	未控制	控制	控制
样本量	2，795	2，795	1，544	1，544	1，544	1，544
R²	0.0130	0.0094	0.0634	0.0474	0.2862	0.2344

注：回归估计系数为原始值而非边际效应值；*、**、***分别表示10%、5%、1% 的显著性水平；小括号中的数值为稳健性标准误。本章下同。

从控制变量来看，企业规模（Size）与企业年龄与企业技术创新具有倒 "U" 形关系，在企业规模和年龄达到一定临界水平之前，企业规模和年龄 的增加提高了企业进行技术创新活动的概率，但是达到临界值之后，企业 规模和年龄的增加会抑制企业进行技术创新的积极性；企业出口越多、企 业成长能力越强、高管工作经验越丰富、男性高管越多都会促进企业进行 技术创新活动，与已有研究结论相一致。

（二）稳健性分析

为了检验结果的可靠性，需要对上述回归计量模型进行稳健性检验。 借鉴现有研究方法，拟采用更换被解释变量、更换回归估计方法以及剔除 异常值三种方法进行稳健性检验。第一种稳健性检验：被解释变量为企业 技术创新活动，可以采用问卷中"是否存在研发投入"作为原有被解释变量的替代变量，回归结果如表8-3第（1）列所示，政府采购估计系数为0.1979，在10%的水平上显著，与基准结果一致；第二种稳健性估计方法：鉴于Logit估计模型也是二值选择回归方法，故采用该方法对基准模型进行重新回归，回归结果如表8-3第（2）列所示，政府采购系数在1%的水平上显著为正，为0.6457；第三种稳健性估计方法：为了消除样本中异常值对基准回归结果的干扰，拟采用双侧1%缩尾方法进行数据处理，回归结果如表8-3第（3）列所示，政府采购估计系数在1%的水平上显著为正。综上所述，无论采用更换变量法与估计方法，还是采用异常值处理法，稳健性回归估计结果均显示，获得政府采购的企业比没有获得政府采购的企业进行技术创新活动的概率更高，验证了政府采购对企业技术创新有显著促进效应这一结论，表明基准回归结果是稳健和可靠的。

表8-3 稳健性回归结果

	（1）更换被解释变量	（2）更换估计方法	（3）缩尾处理
Gov	0.1979*	0.6457***	0.3626***
	(0.1148)	(0.2102)	(0.1228)
Size	0.7645***	0.5037**	0.2667*
	(0.1441)	(0.2284)	(0.1500)
$Size^2$	−0.0540***	−0.0228	−0.0101
	(0.0143)	(0.0227)	(0.0155)
Age	0.1951	1.0706*	0.9040*
	(0.4499)	(0.6292)	(0.4752)
Age^2	−0.0711	−0.2763**	−0.2201**
	(0.0886)	(0.1275)	(0.0961)
HR	−0.2762	−0.2960	−0.1528
	(0.1936)	(0.3365)	(0.1973)
Export	0.3611***	0.3916***	0.2365***
	(0.0835)	(0.1473)	(0.0862)
Growth	0.3540	0.4776	0.5549**
	(0.2175)	(0.3481)	(0.2216)
Gender	−0.0017	−0.1039	−0.0505
	(0.1377)	(0.2491)	(0.1428)

	（1） 更换被解释变量	（2） 更换估计方法	（3） 缩尾处理
Experience	0.2688***	0.4979***	0.3193***
	（0.0973）	（0.1672）	（0.0971）
常数项	−2.3626***	−3.0368***	−2.1457***
	（0.7023）	（1.0733）	（0.7424）
行业固定效应	控制	控制	控制
地区固定效应	控制	控制	控制
拟合度	0.224	0.235	0.237
样本量	1543	1544	1544

三 内生性问题处理

基准回归模型中可能存在因互为因果而出现的内生性问题。由于政府采购具有一定的政策扶持导向，基于扶持企业技术创新的政府采购政策往往会向创新能力较强的企业倾斜，所以企业技术创新可能会反作用于企业获得政府采购，即技术创新能力越强的企业，获得政府采购的概率越大，进而导致基准回归模型因互为因果关系而存在内生性问题，使基准回归结果有偏。为了解决内生性问题，拟采用两阶段工具变量方法对模型重新进行回归估计。鉴于企业能否获得政府采购与其政企关系存在密切联系，即存在政企关系的企业更容易获得政府采购，而企业技术创新又难以影响企业政企关系，因此可以采用企业的政企关系作为政府采购的工具变量。借鉴陈劲等[1]的研究方法，可以采用调查问卷中"政府人员在与企业交往过程中，是否存在索贿行为"来衡量企业的政企关系（*Association*），回归结果如表8-4所示。

表8-4第（1）、（2）列为未加入控制变量、地区与行业固定效应的工具变量回归估计，表8-4第（3）、（4）列为加入控制变量、地区与行业固定效应的工具变量回归估计。由表8-4中第一阶段结果可知，工具变量政企关系

---

[1] 陈劲等：《政府采购、腐败治理与企业双元创新》，《吉林大学社会科学学报》2022年第1期。

（*Association*）估计系数在1%的水平上显著为正，且通过 Wald 检验，说明工具变量政企关系与政府采购高度相关且是有效的。从第二阶段回归结果可以发现，政府采购估计系数在1%的水平上显著为正，与基准回归结果一致——相比于未获得政府采购的企业，获得政府采购的企业进行技术创新的概率更高。这说明在控制了双向因果关系引起的内生性问题后，仍然检验了上文结论：政府采购有效促进了企业的技术创新活动。

表8-4　工具变量回归结果

	(1) *Gov*	(2) *Innovation*	(3) *Gov*	(4) *Innovation*
Association	0.1372*** (0.0331)		0.1131*** (0.0391)	
Gov		1.7495*** (0.4499)		2.5677*** (0.3810)
Size			−0.0069 (0.0415)	0.0892 (0.1505)
Size²			0.0058 (0.0041)	−0.0087 (0.0155)
Age			0.1517 (0.1120)	0.1821 (0.4491)
Age²			−0.0333 (0.0220)	−0.0480 (0.0933)
HR			−0.0197 (0.0497)	0.2104 (0.1764)
Export			0.0488** (0.0242)	0.0658 (0.1151)
Growth			−0.0014 (0.0457)	0.1124 (0.1569)
Gender			0.0174 (0.0427)	−0.1263 (0.1465)
Experience			0.0141 (0.0259)	0.0857 (0.1008)
常数项	0.1741*** (0.0100)	−0.3308*** (0.0880)	−0.2487 (0.1812)	−0.7157 (0.8083)
行业固定效应	未控制	未控制	控制	控制

	（1）	（2）	（3）	（4）
	Gov	*Innovation*	*Gov*	*Innovation*
地区固定效应	未控制	未控制	控制	控制
Wald 检验	5.27 [0.0217]		8.33 [0.0039]	
样本量	1656	1656	928	928

四　异质性检验

为了检验基准回归结果是否会因条件的改变而存在异质性，拟对基准回归进行分组回归检验。

首先，地区异质性检验。将样本企业按照地理位置划分为南方企业与北方企业，秦岭—淮河以北的企业为北方企业，秦岭—淮河以南的企业为南方企业，回归结果如表8-5第（1）、（2）列所示。由表可知，无论是南方企业还是北方企业，政府采购均能促进各地区企业的技术创新。

其次，行业异质性检验。将样本企业按照行业类型划分为技术型行业企业与非技术型行业企业，定义Ⅰ行业、精密仪器仪表制造业、电子器件制造业企业为技术型行业企业，其他行业企业为非技术型行业企业，回归结果如表8-5第（3）、（4）列所示。由表可知，无论是技术型行业中的企业，还是非技术型行业中的企业，企业技术创新都受益于政府采购。

最后，所有制异质性检验。将样本企业按照所有制形式划分为非国有企业与国有企业两类，国有资本比重不为零的企业为国有企业，国有资本为零的企业为非国有企业，回归结果如表8-5第（5）、（6）列所示。由表可知，无论是非国有企业还是国有企业，相对于没有获得政府采购的企业，获得政府采购的企业进行技术创新的概率更大一些。

综上所述，政府采购对企业技术创新的促进作用在不同地区、不同行业以及不同所有制企业中未表现出差异性特征，说明本章回归结果和研究结论具有较强的稳健性和有效性。

表8-5　异质性检验回归结果

	地区		行业		所有制	
	（1）	（2）	（3）	（4）	（5）	（6）
	南方	北方	技术型	非技术型	非国企	国企
Gov	0.3104*	0.3502*	1.6834***	0.3489***	0.2684**	1.6033***
	（0.1640）	（0.1915）	（0.6097）	（0.1291）	（0.1248）	（0.5088）
Size	0.1680	0.5038***	1.8795***	0.2508*	0.2808*	0.5354
	（0.1927）	（0.1884）	（0.5869）	（0.1389）	（0.1511）	（0.4958）
$Size^2$	−0.0011	−0.0285	−0.1458***	−0.0094	−0.0108	−0.0383
	（0.0196）	（0.0184）	（0.0504）	（0.0139）	（0.0156）	（0.0380）
Age	0.6806	0.8080	4.2566*	0.5325	0.4626	−2.1116
	（0.4786）	（0.6180）	（2.5309）	（0.3672）	（0.3847）	（1.6380）
Age^2	−0.1858*	−0.1784	−1.1217**	−0.1376*	−0.1200	0.1859
	（0.1018）	（0.1165）	（0.5454）	（0.0736）	（0.0789）	（0.2854）
HR	0.0571	−0.4295	1.1171	−0.2550	0.0092	−1.2880
	（0.2642）	（0.3269）	（1.1688）	（0.2053）	（0.2019）	（0.9009）
Export	0.2091*	0.2586*	−0.6390	0.2724***	0.2226**	0.6642
	（0.1132）	（0.1428）	（0.4707）	（0.0909）	（0.0881）	（0.5416）
Growth	0.4491	0.1004	2.2443*	0.2454	0.2559	−0.6307
	（0.3082）	（0.1930）	（1.3547）	（0.1817）	（0.1767）	（1.8650）
Gender	0.2468	−0.8068***	0.9841*	−0.0884	−0.0215	−1.5848
	（0.1769）	（0.2585）	（0.5656）	（0.1507）	（0.1447）	（1.2007）
Experience	0.3341**	0.2827**	1.3720**	0.2761***	0.2241**	1.5663***
	（0.1409）	（0.1415）	（0.5498）	（0.0981）	（0.0936）	（0.5983）
常数项	−1.9899**	−2.8503***	−14.4968***	−1.5013**	−1.5452**	−0.5197
	（0.8376）	（0.9906）	（4.4910）	（0.6307）	（0.6554）	（2.6615）
行业固定效应	未控制	未控制	控制	控制	控制	控制
地区固定效应	未控制	未控制	控制	控制	控制	控制
拟合度	0.2392	0.2602	0.4290	0.2304	0.2273	0.4666
样本量	930	596	98	1401	1449	92

五 机制检验

由上文理论分析可知，政府采购对企业技术创新具有需求牵引效应、风险分担效应、资源聚合效应以及消费引导效应四种效应，其中需求牵引效应与消费引导效应属于本土市场销售端，风险分担效应与资源聚合效应属于要素供给端。换句话说，政府采购通过影响企业本土市场销售以及要素供给而作用于企业的技术创新活动，因此市场需求与要素供给是政府采购影响企业技术创新的中介。

（一）作用机制检验之一：市场需求

首先实证检验政府采购通过影响市场需求而作用于企业技术创新的作用机制。由于政府采购属于本土市场需求的重要组成部分，故将企业本土市场规模作为中介变量，结合世界银行调查问卷问题内容，拟采用调查问卷中"企业产品或服务市场销售总额"与"企业产品或服务国内销售份额"之积来刻画本土市场规模。在此基础上，采用三步法对政府采购、本土市场规模与企业技术创新之间的关系进行检验，回归结果如表8-6所示。

表8-6第（1）、（2）、（3）、（4）列分别为未加入和加入控制变量、地区与行业固定效应的回归结果。第（1）、（3）列为本土市场规模对政府采购的回归估计，估计系数均在10%的水平上显著为正，表明政府采购显著地扩大了企业的本土市场需求规模；第（2）、（4）列为企业技术创新对本土市场规模的回归估计，估计系数显著为正，这表明本土市场规模的扩大能够有效促进企业技术创新活动。综上所述，机制实证检验显示，政府采购通过扩大本土市场规模（需求牵引效应+消费引导效应）进而促进了企业的技术创新活动。

表8-6 机制检验回归结果之一

	(1) *Demand*	(2) *Innovation*	(3) *Demand*	(4) *Innovation*
Gov	0.8798*** (0.0987)		0.3420*** (0.0844)	

续表

	（1） Demand	（2） Innovation	（3） Demand	（4） Innovation
Demand		0.0901*** （0.0142）		0.0634* （0.0345）
Size			0.8823*** （0.1205）	0.2969** （0.1345）
Size²			0.0086 （0.0127）	−0.0184 （0.0131）
Age			−0.4207 （0.3534）	0.6466* （0.3747）
Age²			0.0731 （0.0692）	−0.1601** （0.0746）
HR			−0.2194 （0.1591）	−0.1257 （0.2028）
Export			−0.3972*** （0.0681）	0.3031*** （0.0891）
Growth			0.3833 （0.2417）	0.2762 （0.1825）
Gender			0.0916 （0.1043）	−0.1149 （0.1498）
Experience			0.2977*** （0.0717）	0.2527*** （0.0941）
常数项	16.4221*** （0.0349）	−1.5755*** （0.2372）	11.7992*** （0.5642）	−2.6051*** （0.7589）
行业固定效应	未控制	未控制	控制	控制
地区固定效应	未控制	未控制	控制	控制
拟合度	0.0342	0.0113	0.6200	0.2324
样本数	2709	2744	1496	1512

（二）作用机制检验之二：要素供给

实证检验政府采购通过影响要素供给而作用于企业技术创新的机制。正如理论分析的那样，由于资本投资是企业进行技术创新时面临的最重要的要素约束之一，故将融资约束作为中介变量，结合世界银行调查问卷问题内容，拟采用调查问卷中"企业是否能够获得金融机构的贷款或信用额度"来刻画融资约束（*Resources*）：回答"是"，赋值为1；回答"否"，赋值为0。同样采用三步法对政府采购、融资约束与企业技术创新之间关系进行检验，回归结果如表8-7所示。

表8-7　机制检验回归结果之二

	（1） *Resources*	（2） *Innovation*	（3） *Resources*	（4） *Innovation*
Gov	0.1590***		0.1009***	
	（0.0258）		（0.0355）	
Resources		0.3773***		0.3031***
		（0.0521）		（0.0956）
Size			0.2536***	0.2652**
			（0.0343）	（0.1333）
Size^2			−0.0192***	−0.0121
			（0.0035）	（0.0131）
Age			0.0980	0.6880*
			（0.1002）	（0.3852）
Age^2			−0.0200	−0.1763**
			（0.0202）	（0.0777）
HR			−0.0279	−0.1731
			（0.0569）	（0.1980）
Export			0.1147***	0.2310***
			（0.0258）	（0.0859）
Growth			0.1207***	0.2323
			（0.0449）	（0.1785）
Gender			−0.0101	−0.0802
			（0.0399）	（0.1445）
Experience			0.0400	0.2668***
			（0.0271）	（0.0953）
常数项	0.2849***	−0.2203***	−0.8158***	−1.7163***
	（0.0095）	（0.0292）	（0.1701）	（0.6504）
行业固定效应	未控制	未控制	控制	控制
地区固定效应	未控制	未控制	控制	控制
拟合度	0.0158	0.0140	0.3413	0.2329
样本数	2699	2725	1505	1516

表8-7第（1）、（2）、（3）、（4）列分别为未加入和加入控制变量、地区与行业固定效应的回归结果。第（1）、（3）列为融资约束对政府采购的回

归估计，估计系数均在10%的水平上显著为正，表明政府采购有效地缓解了企业的融资约束；第（2）、（4）列为企业技术创新对融资约束的回归估计，估计系数显著为正，这表明融资约束的缓解能够促进企业技术创新活动。综上所述，机制实证检验显示，政府采购通过缓解融资约束（资源聚合效应+风险分担效应）进而促进了企业的技术创新活动。

第三节　推动中国创新采购的优势与制约因素

一　推动创新采购的优势

（一）大国优势

前沿技术的创新活动前期需要投入大量生产性资源，在技术取得突破后又需要重置新的专用化资产，基于前沿技术产品与服务的生产一开始就形成了巨大的固定成本，因此新产品与服务的生产具有规模经济的特点，生产成本会随着产量或市场销售量的增加逐渐降低。换句话说，市场需求越大越有利于前沿技术突破和商业化的成功。因此，市场需求的稳定性及规模化对前沿技术创新及其引发的产业结构变迁具有重要影响。一般来说，市场需求是由居民、政府及国外消费者构成，在新产品面市初期，本国居民和国外消费者会对不熟悉的新产品和服务持观望态度，需求量较小，因此政府需求规模就成了新产品或服务成功的关键性力量。

大国较大的政府采购规模通常会为前沿技术创新带来本土市场规模优势。我国经济发展处于快速上升期，拥有显著的大国优势：国土面积960万平方公里，仅次于俄罗斯和加拿大，位居世界第三；2021年GDP17.7万亿美元，经济总量仅次于美国全球排名第二，人均国内生产总值1.2万美元，国内市场规模庞大；同年，财政收入高达20.25万亿元，比上年增长10.7%。我国是发展迅速的大国的基本国情决定了政府需求具有规模优势，财政部公布的数据显示，2020年全国政府采购金额高达36970.6亿元，较上年增加3903.6亿元，增长11.8%，占全国财政支出和GDP的比重分别为10.2%和

3.6%。规模如此之大的政府采购，对于扶持和培育特定技术或产业的发展具有无可比拟的优势。

（二）制度优势

虽然大国可以为前沿技术创新及其产品生产带来本土市场规模优势，但大国创新采购的规模优势需要在一定条件下才能发挥出来：第一，全国范围的政府采购需求能够实现集中统一管理；第二，政府采购需求决策高效。这两个条件是保障大国创新采购政策发挥规模效应的必要条件。

我国是具有中国特色的社会主义国家，拥有独一无二的制度优势。可以有效避免政府创新采购遇到的分散化和低效率问题：首先，在利用创新采购培育和发展前沿技术和新兴产业时，中央政府可以集中统一管理各级政府部门及机构的创新采购需求，有利于形成政府采购的规模效应；其次，由于我国实行民主集中的领导制度，决策是经过集体充分讨论后形成的，体现的是集体智慧的结晶，有助于政府采购政策的高效实施，及时捕捉前沿技术发展的机会窗口，助力相关经济主体的前沿技术突破。

（三）政策优势

我国政府创新采购政策经过发展期、调整期、深化期后逐渐趋于完善。

发展期：1996年，我国选择深圳和上海作为政府采购的试点城市，试点之后初步建立了一套较为完善的政府采购体系；2006年12月，科学技术部、国家发展和改革委员会以及财政部联合发布《国家自主创新产品认定管理办法（试行）》，将自主创新产品纳入政府优先采购重点对象；2007年4月份，财政部相继出台了《关于自主创新产品政府采购预算管理办法》《自主创新产品政府采购评审办法》《自主创新产品政府采购合同管理办法》三份政府创新采购文件，逐步形成了创新采购的基本政策框架。

调整期：为了遵循世贸组织规则和我国对外承诺，2012年和2016年国务院办公厅分别出台《关于深入开展创新政策与提供政府采购优惠挂钩相关文件清理工作的通知》《关于进一步开展创新政策与提供政府采购优惠挂钩相关文件清理工作的通知》，对政府创新采购政策进行调整，规定政府采购不能以创新作为歧视性门槛。

深化期：2018年，中央全面深化改革委员会颁布《深化政府采购制度改革方案》，明确提出健全符合国际规则的政府采购政策，加大对关键技术领域自主创新产品的采购力度；2020年，财政部发布《中华人民共和国政府采购法（修订草案征求意见稿）》，明确提出，政府采购应当支持应用科技创新，发挥政府采购市场的导向作用，促进产学研用深度融合，推动创新产品研发和应用。

由此可见，我国创新采购政策体系经过多年不断修改和完善逐渐走向成熟，这为利用创新采购促进前沿技术突破和新兴产业培育发展提供了有利条件。

二 推动创新采购的制约因素

（一）政府创新采购规模小

作为一种有效需求手段，我国政府采购有力地保障了经济发展目标的实现，但是相对于发达国家来说，我国政府创新采购规模偏小，在国民经济中的占比较低，支撑本土技术创新和高新技术产业发展的力度有待进一步提高。根据财政部国库司统计数据，1998~2020年，我国政府采购规模从31亿元增长至36971亿元，增长了近1200倍。但是从国际经验来看，发达国家的政府采购范围较为宽泛，其规模占国内生产总值的比重为10%~15%，占财政支出的比重为30%~50%，而我国2020年政府采购规模占国内生产总值的比重仅为3.6%，比发达国家的水平低6~11个百分点，占财政支出的比重仅为10.2%，比发达国家的水平低20~40个百分点。由此可见，我国实际采购规模与潜在采购规模还存在较大差距，因此引致的本土前沿技术创新推动效应还有很大的提升空间。尤其值得注意的是，当前我国经济增速下行压力较大，政府采购规模有所缩减，将对我国前沿技术及新兴产业的发展产生不利影响。

（二）政府创新采购政策不完善

我国政府创新采购政策经过多年的发展已经趋于完善，但是相对于发达国家水平仍存在较大差距。具体表现为以下几个方面。第一，技术创新识别与评价机制缺失。政府利用创新采购政策扶持前沿技术研发和新兴产业发展的前提是准确识别哪些创新产品和产业属于真正的创新、哪些创新活动是伪创新，而政府创新采购体系缺乏行之有效的识别机制，还未建立一套完整的创新企业评价标准和创新产品认证制度。第二，相关配套政策措施缺失。《政府采购法》仅是构建了我国政府采购的基本框架，只有制定和出台与之相配套的具体政策才能使《政府采购法》真正落地生根，发挥应有的法律效力和政策效力；相关配套措施的缺失，使我国政府创新采购组织实施可操作性、针对性、专业性、前瞻性不强，挫伤市场创新主体参与的积极性和动力。第三，监督机制欠缺。由于政府采购监督机制及采购标准不健全，政府实施创新采购具有一定的随意性和主观性，降低了政府创新采购对前沿技术与高新技术产业发展的促进作用。

（三）发达国家的限制

政府创新采购是各国政府促进和培育本国前沿技术创新以及新兴产业发展的一种有效手段，美国等发达国家高度重视政府采购，用以促进本土前沿技术创新，而全球化进程要求各国取消贸易保护、降低贸易壁垒以实现全球贸易自由化，这使政府创新采购往往被视为一种带有歧视性的贸易保护政策，容易招致贸易伙伴的质疑与责难。为了进一步抓住WTO优惠政策带来的发展机会，我国正加快推进加入《政府采购协定》（GPA）进程，扩大政府采购开放程度。在这一进程中，欧美国家往往从透明度、公平性角度对我国政府采购政策提出质疑，不仅不利于我国顺利加入GPA，而且不利于我国利用国际创新采购支持本土企业进行前沿技术创新以及推动高技术产业发展，因此需要有效应对。

第四节　加大创新采购力度的制度保障

一　建立与完善政府创新采购评价体系

构建完善的政府创新采购评价体系是保障政府需求政策真正发挥作用的关键。完善的政府创新采购评价体系应包括事前识别机制与事后评价体系。事前识别机制是要在创新市场上辨别出哪些创新活动是真创新、哪些是伪创新，尤其是要甄别具有颠覆性的创新活动，避免创新采购政策失效以及公共资源的错配。从制度角度说，应及时出台和修正前沿技术产品认证标准和评价体系，制定政府创新产品与服务采购名录；从人力角度说，政府部门不仅要成立创新产品认证人才专家队伍，而且应加强政府采购队伍对创新活动识别、评价等的上岗培训。事后评价体系的作用在于督促和监督经济主体创新活动，以保证创新采购政策效用的发挥。

二　构建集中统一的政府创新采购制度

规模效应是确保政府创新采购能够有效促进前沿技术和高新技术产业发展的重要原因之一。规模化的政府采购，不仅有利于政府降低采购成本、提高采购效率、形成标准化的采购程序，而且有利于创新企业扩大创新产品的生产量，带来规模经济效应，进而促进自身技术发展。相对于规模化的政府采购，分散的政府采购会大大缩减政府采购需求，降低政府采购的创新牵引效应，使企业难以有效利用政府采购政策突破前沿技术。根据财政部公布的统计数据，2020年，在我国三种政府采购组织形式（政府集中采购、部门集中采购、分散采购）中，政府集中采购总额为12385.1亿元，占全国政府采购规模的33.5%，部门集中采购总额为4086.7亿元，占全国政府采购规模的11.1%；分散采购总额高达20498.8亿元，占全国政府采购规模的55.4%。因此，有必要构建一套集中统一的政府创新采购体系：首先，构建集中统一的政府创新采购协调机制；其次，创造公平、公正的政府采购环境，避免地方保护主义造成市场分割。

三　构建差异性的政府创新采购制度

技术创新程度及其重要性会因企业规模、性质、发展战略以及市场定位等特征不同而表现出巨大的差异，因此政府应结合不同类型企业的技术水平分门别类地制定灵活多样的创新采购政策，避免一刀切的做法。从规模上来说，企业被划分为大、中、小三种类型，根据熊彼特的颠覆性创新往往发生在新的小企业的观点，应大力发挥政府采购政策对中小企业创新活动的培育与扶持作用；从所有制性质上来说，企业被划分为国企、私企以及外企，由于国企具有资本雄厚的特点，资本对其创新活动的约束性较小，而外资企业研发活动往往发生在境外的母公司，对本土技术发展或溢出的效应有限，因此政府创新采购政策应重点向私企倾斜；从技术重要程度上来说，技术被划分为一般性技术与关键性技术，重要领域中关键性技术创新以及战略性新兴产业对整个国民经济发展具有重要的引领性和基础性作用，政府创新采购政策应通过首购、优先采购、强制预留采购等模式为重大科技成果的产业化试验提供市场。[1]从产业发展上来说，产业被划分为战略性新兴产业与成熟产业，战略性新兴产业是指技术尚处于开发阶段、报酬呈现递增特征的、能为未来经济高质量发展奠定基础的产业，成熟产业是那些技术发展已成熟并进入规模报酬递减阶段的产业，因此政府创新采购政策应发挥对战略性新兴产业的引导和培育作用，重点支持信息产业、新能源汽车、生物医药、高端装备制造、节能环保等影响国计民生、国家经济和军事安全的重大产业。[2]

四　构建开放性的政府创新采购制度

前沿技术创新与新兴产业的培育不仅需要本国政府采购的引导，而且要善于借助外国政府采购市场带来的市场规模效应。我国政府创新采购存在一定的局限性，如采购品种单一、采购规模小、采购范围狭窄、采购机制不健全性等。当我国创新企业能够参与到世界其他国家政府的采购时，全球需求将会带来更大的市场规模倍增效应，不仅可以将全球多样化的市场需求与我国多样化的创新供给相匹配，牵引范围更广的前沿技术创新活动，而且可以通过国际交流吸收更多前沿技术的外溢效应，加速本国前沿技术和高新技术产业发展。在国际贸易采购背景下，为了能让我国企业参与世界范围的政府采购，需要构建更加开放的采购政策体系：首先，以竞争性策略机制为基础，进一步完善公平、透明、竞争等制度原则，提高政府采购效率；其次，积极申请加入世贸组织框架下的《政府采购协定》，在确保维护国家根本利益的前提下，按照协定要求对我国《政府采购法》以及《政府招投标法》进行改革，推动我国政府采购市场与国际接轨。

---

① 周代数：《创新产品政府采购政策：美国的经验与启示》，《财政科学》2021年第8期。
② 王曙光、徐余江：《政府采购与技术创新：政府市场关系视角》，《经济研究参考》2020年第21期。

第九章
数字化转型与创新−产业动态化进程：以制造业为例

随着大数据、人工智能、云计算等新一代信息技术的蓬勃发展，数字经济在全球化和互联网发展的背景下，已成为国民经济的重要组成部分。数字化转型不仅通过改变传统产业的生产和组织方式，推动传统产业的全方位改造，还催生了制造业，特别是高端制造业中的新业态，引领制造业进入数字化生存时代，进而促进了产业结构的动态化升级。因此，加速制造业的数字化转型已成为推动创新与产业动态化进程的重要路径。数字化转型是在"互联网+"背景下，数字化信息技术广泛应用于各产业并形成新的技术创新的过程。制造业的数字化转型以数字化、网络化、共享化和智能化为特征，通过各类制造产业与数字化信息技术的深度融合，推动制造业产业的动态化升级。本章一方面构建经济转型阶段制造业产业转型升级的四维理论框架，从"规模−结构""内循环−外循环"四个维度系统全面地分析工业化后期制造业产业动态化转型的逻辑；另一方面从微观角度探讨数字化是否成为制造业产业升级的动力，以及数字化转型如何影响制造业的产业动态化进程。

第一节　数字化与制造产业动态化升级的四维理论体系构建

制造业产业结构升级涉及较丰富的内容，主要包括以下几个方面：一是，利用狭义的经济增长质量概念不仅可以有效评价发展水平，而且能够准确量化，避免从广义上测量因指标相对较多而无法准确量化的问题；二是，利用全要素生产率评价制造业的转型升级无法规避指标单一且测度难度较大的问题；三是，在经济转型发展的新阶段，制造业参与国际价值链的情况应该被纳入制造业高质量发展的考评中。已有少数学者开始将生产率提升和嵌入全球产业链环节的价值增值和技术结构等指标纳入制造业高质量发展评价体系中。赵玉林和谷军健[1]采用全球价值链视角下的经济地位以及出口增加值视域下的技术含量，对中美制造业高质量发展指数进行了测算分析。汪芳和石鑫[2]以中国制造业27个行业为研究对象，并将27个行业划分为高技术、中技术、低技术三大类，利用行业绿色发展效率、出口技术结构两大指标系统测算了2001~2017年的制造业发展水平。杜鹏程和洪宇[3]利用灰色评价模型，从经济"双循环"的视角筛选出制造业研发强度、制造业贸易竞争力、制造业新产品产值等指数对制造业高质量发展进行测评。

任何事物的发展都是规模与结构的统一。制造业的发展则从提升产值比重的数量型发展模式向数量和质量双注重的高质量发展模式转型。由此，制造业高质量发展，按照高量和高质的理论逻辑，则是制造业的规模提升和结构优化。数字化转型有利于制造业提升产品品质，改善经营绩效，从而扩大生产规模。在经济全球化发展的背景下，我国的开放经济正在从以劳动密集型为主的外向型制造经济向创新驱动的高层次开放经济转型，以产品内分工、模块化分工方式取代原来的产业内分工方式，逐步形成更为严密的全球生产网络。产业结构理论也从关注产业内部的调整优化转到产业链价值升级，那么以技术创新驱动制造业产业内结构升级也转向了以技术创新驱动全球价值链地位的攀升上。

然而，随着国内中间产品生产技术的提高和产量的大幅增加，国内生产对国际中间产品产生了替代效应，制造业参与全球生产的规模增长出现了拐点，即全球价值链参与度出现倒"U"形下降发展趋势。数字化有可能

---

① 赵玉林、谷军健：《中美制造业发展质量的测度与比较研究》，《数量经济技术经济研究》，2018年第12期。

② 汪芳、石鑫：《中国制造业高质量发展水平的测度及影响因素研究》，《中国软科学》2022年第2期。

③ 杜鹏程、洪宇：《"双循环"新发展格局下中国制造业结构改善与高质量发展：测度及其政策含义》，《科学学与科学技术管理》2021年第11期。

助推制造业全球产业链链主的数字垄断、数字贸易壁垒，使其面临不确定性国际经济环境，面对这种情况，中国2020年5月做出"推动双循环，构建发展新格局"的战略选择。制造业全球价值链参与度的发展曲线不仅体现了高质量发展阶段的结构调整、增速放缓的内在规律，也体现了国际市场向国内市场转向的"以国内大循环为主"的战略导向。

在不确定性经济环境下，将制造业高质量发展的"规模−结构"双维度理论体系拓展为"规模−结构"与"国内循环−外循环"四维度理论体系（见图9-1）。具体内涵如下：内循环，制造业高质量发展体现为制造企业绩效提升和技术创新能力增强，二者互为支撑；外循环，制造业高质量发展体现为在全球价值链下制造业的不断升级，其中价值链升级表现为全球价值链参与度倒"U"形转型和全球价值链地位的攀升，二者互为支撑。

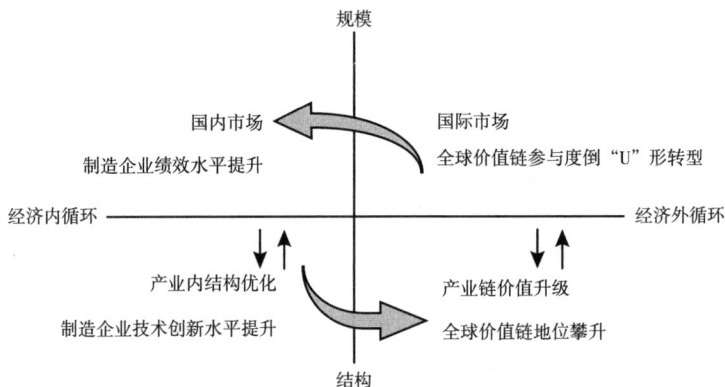

图9-1 制造业"规模−结构"与"内循环−外循环"四维度高质量发展理论体系

第二节 数字化赋能制造业的多维路径：
创新、绩效与价值链

一 数字化的创新赋能效应

（一）制造业数字化的人力资本结构优化效应

人力资本是指附着在劳动者身上具有经济价值的知识、技能和体力等的总和。根据创新扩散理论、知识基础理论和组织学习理论[1]，制造企业通过数字化投资，构建企业内外部数字化知识共享平台提升知识整合能力，有利于增加人力资本存量和提升人力资本质量。一方面，制造业的数字化、网络化、智能化发展会引致先进机器设备对低级重复劳动的替代[2]，增加对具备数字知识、数字技能的高学历、高技能劳动者的需求，从而增加人力资本存量；另一方面，数字技术可以促进制造企业内部知识的分享和流动，进而提升人力资本质量。[3]高质量的资本结构能够融入企业生产、经营、销售各个环节，产生知识外溢、知识转化和技术扩散效应，从而提高制造业创新水平。[4]数字经济有助于推动就业结构朝着制造化、高技术化和高技能化方向调整，从而提高制造业的人力资本水平。人力资本水平的提高可以直接促进技术创新，在企业数字化发展和制造业技术创新两者间产生正向的中介效应。

（二）制造业数字化的融资成本效应

制造企业技术创新是持续的过程，需要大量资金投入，同时由于创新具有高风险和周期长的特点难以获取足够的外部资金投入，面临资金约束。对于制造企业融资约束和技术创新的内在关系，众多学者已经验证得出相对一致的结论，即制造企业融资成本降低将显著促进企业技术创新或全要素生产率提升。郎香香等实证验证了数字普惠金融的发展能够持续破除中小型企业的创新融资约束，降低负债对创新的负向作用进而提升企业创新水平。[5]那么，制造企业数字化转型是否可以降低融资成本、缓解融资约束呢？本章认为制造企业数字化转型可以产生显著的融资成本效应。首先，数字化转型改善了企业内外部信息不对称问题，提升了市场的正面预期，从而抑制了企业的短借长投行为和金融杠杆加码行为，并强化企业内部财

① 童红霞：《数字经济环境下知识共享、开放式创新与创新绩效——知识整合能力的中介效应》，《财经问题研究》2021年第10期。
② 孙早、侯玉琳：《工业智能化如何重塑劳动力就业结构》，《中国工业经济》2019年第5期。
③ 张骞、李长英：《信息化对区域创新绩效的直接效应和间接效应——兼论人力资本非线性中介作用》，《现代经济探讨》2019年第2期。
④ 刘维刚、倪红福：《制造业投入服务化与企业技术进步：效应及作用机制》，《财贸经济》2018年第8期。
⑤ 郎香香等：《数字普惠金融、融资约束与中小企业创新——基于新三板企业数据的研究》，《南方金融》2021年第11期。

务稳定和内控水平，这些改变都有助于企业降低融资成本。其次，开展数字化变革的制造企业更可能引进和研发先进的生产技术，缓解融资约束。[1]最后，数字技术有利于强化制造企业的供应链金融网络信任关系，进而增加供应链融资，缓解融资约束。[2]

（三）制造业数字化的动态能力增强效应

制造企业动态能力不仅包含整合企业组织内外部多种资源的能力，而且包括应对不稳定环境实现持续增长的能力。[3]一方面，在数字经济时代，对数字技术的应用必将对企业的营销渠道、交易成本、知识获取、资源整合、战略管理等产生影响，锤炼与提升企业的动态能力。[4]另一方面，动态能力是驱动企业技术创新（尤其是颠覆式创新）的重要因素之一。[5]动态能力是连接数字化与技术创新的重要机制，动态能力主要包含创新能力和吸收能力。创新能力是指企业系统性地完成与创新关联活动的能力。制造企业开展资产数字化、业务数字化、流程数字化、管理数字化、供应链数字化等变革会形成数据池，再运用深度学习框架对非结构化数据进行联合分析[6]，也可以利用区块链技术加强数字信任保障、自发式创新，主动捕捉创新机遇。[7]吸收能力是指企业识别、获取、吸纳、转化以及开发利用内外部知识的能

---

① 高雨辰等：《企业数字化、政府补贴与企业对外负债融资——基于中国上市企业的实证研究》，《管理评论》2021年第11期。

② 宋华、韩思齐、刘文诣：《数字技术如何构建供应链金融网络信任关系？》，《管理世界》2022年第3期。

③ Wang, H., Feng, J., "Influences of Dynamic Capability on Breakthrough Innovation: Evidence from China's Manufacturing Industry", *Chinese Management Studies*, 14 (3), 2020, pp.565–586.

④ Warner, K. S. R., Wäger, M., "Building Dynamic Capabilities for Digital Transformation: An on Going Process of Strategic Renewal", *Long Range Planning*, 52 (3), 2019, pp.326–349.

⑤ Rialti, R., Marzi, G., Silic, M., et al., "Ambidextrous Organization and Agility in Big Aata Era: The Role of Business Process Management Systems", *Business Process Management Journal*, 24 (5), 2017, pp.1091–1109.

⑥ Rialti, R., Marzi, G., Silic, M., et al., "Ambidextrous Organization and Agility in Big Aata Era: The Role of Business Process Management Systems", *Business Process Management Journal*, 24 (5), 2017, pp.1091–1109.

⑦ 张吉昌等：《我国产业技术创新战略联盟研究进展——基于CSSCI（2007—2016年）期刊论文的科学计量分析》，《科技与经济》2018年第6期。

力。数字技术在提升企业吸收能力中发挥了关键作用，制造企业在数字化转型过程中会推进企业内部知识库更新，推动异质性知识的碰撞和溢出。同时，快速链接外部信息源，扩展信息的广度和深度，以此精准获取和吸收客户需求相关信息，积极研发满足或超越客户体验的新技术和新产品。

（四）制造业数字化的商业模式创新效应

制造企业数字化转型，还涉及业务模式、运营模式、流程体系等的数字化变革。随着数字技术的不断嵌入，制造业原有的商业模式将被颠覆，形成新的价值主张、价值创造以及价值推广路径，实现商业模式创新，提高制造业技术水平。一方面，数字化可以从创新链角度赋能创新创业活动，为创新创业机会识别和转化提供路径。[1]数字化转型过程也是企业研发体系变革的过程，在这一过程中，制造企业可以打造开放式创新创业平台，聚集和整合各类创新创业资源，鼓励新技术、新产品、新模式研发，推进盈利模式优化和用户体验提升。例如，海尔集团打造海创汇在线孵化平台，聚集政府资源、渠道资源、制造资源、金融资源等各方资源为创客构建覆盖投资、培训、供应链、营销渠道、空间、厂房、科技等的一站式创孵平台，打造自主可控的开放式创新模式。另一方面，数字化可以促进制造业与生产性服务业融合发展，特别是制造业与互联网的融合将催生新动能、新手段和新业态。一是网络化协同制造模式。制造企业凭借网络技术、大数据和工业云平台，实现供应链链内、链间的集中采购、协同设计和智慧制造，既能有效加强协同生产，优化生产调度，也能降低生产经营成本，提升制造企业的整体竞争力。二是规模个性定制模式。制造企业通过"数字化工厂"和"个性化设计"两种手段提出定制新模式，即将用户个性化的需求转化为大规模、小批量生产排单，实现以用户为中心的定制生产，既能有效解决需求个性化与大规模生产之间的矛盾，又能保障产销的动态平衡。三是服务型制造模式。在数字智能新时代，服务型制造是制造业和服务业融合形成的现代产业体系。在这一模式中，传统制造企业可以利用工业互联网等新一代信息技术从企业自身建立的制造基础出发，大力开展

---

[1]　刘志阳等：《数字创新创业：研究新范式与新进展》，《研究与发展管理》2021年第1期。

制造网络平台、供应链管理、标准定制服务、数字化后台、文化赋能服务等业务，助推制造企业突破传统束缚向服务型制造转型，重点孕育服务型制造的新格局、新业态以及新模式，促进制造业价值链的全方位升级。

二　数字化的效率提升效应

（一）制造企业数字化的信息不对称经济效应

随着互联网、大数据、人工智能、云计算、区块链等数字技术与制造业的深度融合，制造企业内外部的信息不对称将得到缓解，产业上下游、不同领域之间将打破"信息孤岛"，实现互联互通、集成共享。（1）制造企业可以更加准确和及时地获取内外部信息进行精准的战略目标分解，制定市场细分策略、投融资决策、生产计划安排，提高资源配置效率。[1]（2）制造企业内部信息化水平的提升有助于提升企业声誉、形象和影响力，更容易向市场释放正面预期，促使企业不断完善经营管理流程，从而对绩效形成显著的驱动效应。（3）数据挖掘与智慧运营有助于数据驱动，从而持续提升包括感知能力、把控能力以及整合能力在内的企业动态能力，提高企业的内控质量和业绩水平。

（二）制造企业数字化的成本章约效应

企业数字化转型既能降低企业成本也需要投入大体量成本。一方面，由于数字化生产的边际成本具有长尾效应和互联网消费的网络外部性效应，制造企业利用数字化可以大幅提高运营水平，产生成本章约效应。首先，数字技术的广泛应用可以催生新的生产工具，激发新的生产力，如利用智能硬件基于智能传感互联、"云+端"的典型架构对传统设备进行智能化改造，可以简化生产操作流程、实时检测设备状态、在线诊断故障，从而缩短作业切换时间和交货周期、降低作业成本以及提升产品品质。[2]其次，制造企业在研发设计、生产流程、批发采购、仓储物流以及渠道销售等环节会产生海量数据，利用大数据、云计算、5G等数字技术对商品质量、客户

---

① 任碧云、郭猛：《基于文本挖掘的数字化水平与运营绩效研究》，《统计与信息论坛》2021年第6期。

② 闫德利等：《数字经济：开启数字化转型之路》，中国发展出版社，2019。

需求、工序节拍等数据信息进行集成和挖掘，有助于产业链上下游实现互联互通，打通产业链供应链堵点，优化配置整个供应链的资源。再次，数字技术的日益进步能降低消费者与生产者的信息搜寻成本和履约成本，有效解决交易中的信息不完美、不对称问题[1]，并能在跨境数据信息黏合效用下，降低制造企业进出口中的交易成本。最后，数字经济的发展也有助于提升会计信息的可比性，从而降低企业的代理成本。[2]

另一方面，企业在数字化转型过程中也需要大量的投资，甚至在引入数字技术后会给整个运行带来冲击。数字化转型的成本不容忽视，5G、大数据、工业互联网、人工智能、云计算等数字新型基础设施成本居高不下，电子商务等数字平台成本逐步上升，数字化人才培养、数字化系统开发等数字化改造投资成本高、见效周期长[3]，都是需要考虑的因素。

根据赵宸宇等的测算，企业数字化程度提高可以帮助企业降低总成本[4]，从总体上看，制造企业的数字化转型可能表现出成本章约效应，从而提升运营绩效。

三　数字化的价值链升级效应

（一）数字化转型对制造业出口企业的价值增值效应

数字技术的广泛应用能够通过数据集成、资源对接和信息共享帮助跨国企业参与国际标准化运作，而数字平台的构建则可以通过网络效应重组企业的库存、销售和生产网络，在全球范围内采购原材料和零配件，搭建全球化的供应链网络。另外，数字经济的日益发展能够通过技术替代效应、协同渗透效应提升本国在全球价值链中的地位，掌握数字核心科技的国家能够以更高的生产效率和更低的成本对价值链进行优化升级。在跨国贸易中，云外包、远程教育、智慧物流、远程医疗、远程维修、跨境支付等新业态的涌现拓展了国际贸易的空间；电子签名、电子合同、电子单证等内

---

[1]　裴长洪等：《数字经济的政治经济学分析》，《财贸经济》2018年第9期。
[2]　聂兴凯：《企业数字化转型会影响会计信息可比性吗》，《会计研究》2022年第5期。
[3]　王磊、杨宜勇：《数字经济高质量发展的五大瓶颈及破解对策》，《宏观经济研究》2022年第2期。
[4]　赵宸宇等：《数字化转型如何影响企业全要素生产率》，《财贸经济》2021年第7期。

容的标准化、信息化显著提升了贸易过程的效率。另外，积极打造货物贸易外贸协同数字平台，可以将货物贸易的各类海关审查纳入平台的标准化框架中。因此，数字化转型能够缩短贸易时间、简化贸易流程、提升贸易效率，减少贸易的不确定性，扩大企业出口贸易规模。[①]龙帼琼等发现制造企业数字化转型程度越高，其绩效水平和利润水平也越高。[②]

（二）数字化转型对制造业出口企业的价值创造效应

在制造业价值链攀升的过程中，制造企业的智能化发展会使传统上"程序化"的低技能劳动力被机器自动化设备取代，增加企业对高技能劳动力的用工需求，重塑劳动力就业结构。而伴随劳动力素质、技能的提升，知识变现能力将融入生产经营全过程，形成直接的技术学习效应，提升制造企业研发水平和创新能力[③]，推动制造企业向"微笑曲线"两端攀升。同时，数字投入作为一种全新的生产要素，给企业带来的价值增值效应不容忽视。企业生产数据以及由此产生的信息和知识，是企业决策或企业管理的重要依据。基于云计算产生的数据有利于实现规模经济和范围经济，从而创造新的价值，推动企业在新的规模和层级上实现长效发展。总的来看，数字化通过知识溢出，提升创新水平，为制造企业嵌入全球价值链带来价值创造效应。

第三节　中国制造业数字化转型特征分析

一　研究设计与数据来源

企业数字化转型是一个系统化的演进过程，因此准确测度微观企业层面的数字化程度也是极富挑战的过程。现有研究多是从宏观视角出发，普遍使用行业或者区域层面的数字经济发展指数测度数字化水平。当前，微

---

① 郭周明、裘莹：《数字经济时代全球价值链的重构：典型事实、理论机制与中国策略》，《改革》2020年第10期。

② 龙帼琼等：《土地财政、城市扩张与城市房价——基于257个地级市的经验证据》，《华东经济管理》2022年第6期。

③ 刘维刚、倪红福：《制造业投入服务化与企业技术进步：效应及作用机制》，《财贸经济》2018年第8期。

观企业层面的实证研究资料不多，研究者们更多地从信息化应用、信息化密度以及信息系统建设等视角予以量化。例如，王永进等利用世界银行企业调查数据展开研究，主要基于频繁运用计算机的工人数量以及接受过IT技能培训的工人数目，反映调查企业的信息化程度。[1]利用这类指标可以基本统计企业的网络设备表现，但数据覆盖面有限。Legner等基于信息技术投资或数字化无形资产占比等数据测算企业的信息化密度，但容易出现选择性偏误。[2]王立彦和张继东研究认为，ERP系统能够整合企业内部的制造行为和供应链的外部资源，并将信息系统建设与数字发展关联起来。[3]此外，还有一部分研究成果运用文本挖掘法反映企业的数字化进程。总体来说，这些测算方法相对简单，测算指标单一，蕴含的信息有限，未能准确反映企业尤其是制造业企业数字化全貌。[4]

鉴于上述情况，本章基于数字化转型的科学内涵，借鉴戚聿东和蔡呈伟[5]的数字化转型理论框架，系统考虑制造业数字化转型的技术内涵，选择人工智能、区块链、云计算、大数据、商业模式五大数字化核心模块，借助文本分析法对制造企业数字化程度进行测算。首先，从变量设计的技术实现视角出发，借助Python3.10爬取在巨潮资讯网站沪深交易所A股上市公司的年度报告，在Pdfplumber库的帮助下提取所有文本内容，进一步通过Jieba库中文切词技术获取年报词典，并以此作为数据池供后续进行特征词筛选及词频统计。其次，结合政策文本与典型企业文本分析锁定制造企业数字化的高频特征词，形成高频关键词词典。最后，依照"数字技术—商业模式"展开结构化分类，对制造企业数字化特征词进行分类，选择数字

① 王永进等：《信息化、企业柔性与产能利用率》，《世界经济》2017年第1期。

② Legner, C., et al., "Digitalization: Opportunity and Challenge for the Business and Information Systems Engineering Community", *Business and Information Systems Engineering*, 59（4），2017，pp.301-308.

③ 王立彦、张继东：《ERP系统实施与公司业绩增长之关系——基于中国上市公司数据的实证分析》，《管理世界》2007年第3期。

④ 袁淳等：《数字化转型与企业分工：专业化还是纵向一体化》，《中国工业经济》2021年第9期。

⑤ 戚聿东、蔡呈伟：《数字化对制造业企业绩效的多重影响及其机理研究》，《学习与探索》2020年第7期。

化技术和数字化技术应用共同构建制造企业数字化转型的综合测评指数。本章的样本期限选定于2011~2019年，在制造业上市公司中删除2011年后上市和2020年前已经退市的公司，最终获得9年间1259家制造业上市公司共计11331条数据作为研究样本。相关数据来自CSMAR、Wind等数据库以及上市公司公布的年报。

二 中国制造业数字化转型特征分析

（一）制造业总体特征现状

我们对中国所有A股制造业上市公司的年报文本的数字化关键词词频进行挖掘统计，获得中国制造业企业数字化指数值，结果如表9-2所示，相应的折线图如图9-2所示。数字化总指数从2011年的1.283上升到2019年的2.666，上升幅度较大，且呈现逐年递增之势。这表明9年间尤其2015年后制造业数字化转型步伐明显提速，主要得益于近年来政策的指引和数字技术的日趋成熟。

在已经开展数字化转型的企业中，其人工智能技术应用方面成绩斐然，指数值增长了近1倍，大数据技术和商业模式转型紧随其后。但云计算技术的建设应用停滞不前，指数由2011年的1.228上升到2019年的1.305，上升幅度很小，仅为6.27%。区块链技术应用指数在2012年到达峰值后，出现较大幅度的波动，这表明区块链技术仍然在发展初期，企业的实践应用停留在试水层面。从指数中可以看出制造企业已逐渐走上数字化转型之路，正在形成以人工智能技术赋能企业运营为支撑、以重塑商业模式为核心的转型态势，但仍然存在系统性成长滞后、全面转型水平有待提升及整体生态质量不高的困境。

表9-2 2011~2019年中国制造业数字化总指数与分项指数

年份	数字化总指数	人工智能技术	区块链技术	云计算技术	大数据技术	商业模式
2011	1.283	1.029	0.248	1.228	0.453	0.900
2012	1.325	1.003	0.659	1.268	0.381	0.957
2013	1.524	1.117	0.193	1.142	0.541	1.077

续表

年份	数字化总指数	人工智能技术	区块链技术	云计算技术	大数据技术	商业模式
2014	1.703	1.144	0.238	1.156	0.659	1.289
2015	2.052	1.376	0.185	1.190	0.896	1.468
2016	2.221	1.544	0.355	1.267	0.968	1.521
2017	2.401	1.785	0.567	1.270	1.005	1.531
2018	2.544	1.926	0.638	1.316	1.038	1.555
2019	2.666	2.008	0.539	1.305	1.073	1.650

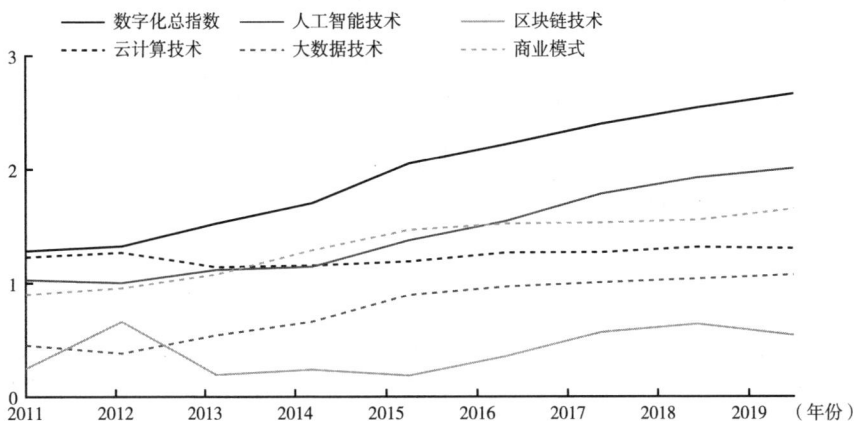

图9-2 2011~2019年中国制造业数字化总指数与分项指数变化趋势

（二）省际制造业数字化转型现状

进一步采用Stata16.0分析中国制造业数字化分布趋势，数值为2011~2019年各个指数的平均值。当下，制造业的数字化不同于东中西部的"俱乐部效应"，各个区域都在从不同方向竞逐数字赋能的"新赛道"。例如，江西、湖北等中部省份以及重庆、内蒙古、西藏、云南、广西等西部省份更重视数字化商业模式的发展，商业模式指数位于前列，这主要是因为这些中西部地区上市公司数量少，更倚重数字化商业模式，所以指数值更高。数字化总指数处于第一梯队的是北京、广东、湖北、天津、辽宁，第二梯队包括上海、福建、陕西、江苏。第三梯队依次为浙江、河南、内蒙古、江西、四川、山东、湖南、河北、甘肃、海南。第四梯队依次是安徽、贵州、宁夏、吉林、重庆、云南、山西、新疆、黑龙江、广西、青海、西藏。因此，总体来说，制造业数字化转型呈现东部向中西部扩散的特征，而中西部地区制造业的数字化潜能正在释放，不断缩小与沿海地区的差异。从地区分布来看，在数字化转型新赛道上，中西部地区虽有短板，但也不乏亮点，为东西部数字协同发展奠定了基础条件。

（三）不同制造行业数字化转型现状

接下来，对细分行业进行剖析，以探讨制造业行业数字化转型成效，计算不同行业2011~2019年数字化及ABCDE五个模块的转型均值。我们按从高到低的顺序对不同行业的数字化转型指数进行排列，结果如表9-3所示。仪器仪表制造业，计算机、通信和其他电子设备制造业，文教、工美、体育和娱乐用品制造业数字化转型指数最高，转型最具典型性。医药制造业，石油加工、炼焦及核燃料加工业，皮革、毛皮、羽毛及其制品和制鞋业数字化转型指数排名靠后，转型较慢。

表9-3　2011~2019年不同制造行业数字化转型指数均值

行业代码	行业类别	数字化指数	A技术	B技术	C技术	D技术	E模式
C40	仪器仪表制造业	3.071	2.061	1.757	2.449	0.741	1.671
C39	计算机、通信和其他电子设备制造业	2.711	1.988	1.417	1.621	0.559	1.585
C24	文教、工美、体育和娱乐用品制造业	2.684	1.807	1.336	3.138	0.667	1.451
C35	专用设备制造业	2.390	1.953	0.949	0.937	0.784	1.430
C38	电气机械及器材制造业	2.371	1.834	1.009	1.298	0.335	1.466
C34	通用设备制造业	2.356	1.989	0.984	1.253	1.828	1.374
C21	家具制造业	2.269	1.903	0.912	0.000	0.000	1.188
C23	印刷和记录媒介复制业	2.187	1.478	0.703	1.800	1.395	1.419
C33	金属制品业	2.055	1.595	0.530	0.690	0.077	1.415
C36	汽车制造业	1.999	1.595	0.582	0.890	0.173	1.369
C18	纺织服装、服饰业	1.997	1.355	0.746	0.566	0.520	1.324

行业代码	行业类别	数字化指数	A技术	B技术	C技术	D技术	E模式
C37	铁路、船舶、航空航天和其他运输设备制造业	1.876	1.385	0.569	0.639	0.000	1.529
C42	废弃资源综合利用业	1.819	0.872	0.000	1.683	0.000	1.785
C13	农副食品加工业	1.743	0.957	0.907	0.509	0.154	1.350
C17	纺织业	1.722	1.151	0.611	0.959	0.231	1.393
C31	黑色金属冶炼及压延加工业	1.682	1.191	0.568	0.596	0.087	1.324
C22	造纸及纸制品业	1.678	0.931	0.539	1.394	1.099	1.353
C29	橡胶和塑料制品业	1.668	1.246	0.516	0.899	0.000	1.283
C30	非金属矿物制品业	1.655	1.178	0.430	0.661	0.288	1.245
C26	化学原料及化学制品制造业	1.623	0.958	0.590	0.863	0.177	1.394
C14	食品制造业	1.588	1.132	0.771	0.490	0.000	1.259
C20	木材加工及木、竹、藤、棕、草制品业	1.587	1.000	0.520	0.000	0.000	1.272
C28	化学纤维制造业	1.569	1.245	0.570	0.725	0.000	1.465
C41	其他制造业	1.530	0.619	0.798	0.994	0.000	1.260
C32	有色金属冶炼及压延加工业	1.507	0.906	0.475	0.495	0.000	1.365
C15	酒、饮料和精制茶制造业	1.494	1.008	0.509	0.294	0.275	1.267
C27	医药制造业	1.490	0.876	0.587	0.557	0.112	1.318
C25	石油加工、炼焦及核燃料加工业	1.457	0.747	0.108	0.231	0.000	1.388
C19	皮革、毛皮、羽毛及其制品和制鞋业	1.238	0.347	0.244	0.000	0.000	1.354

注：制造业行业分类依据国民经济制造行业分类（CIC）2位码进行划分。

（四）不同所有制制造企业数字化转型现状

接下来考察不同所有制制造企业之间数字化转型的差异。本章将样本中的上市企业划分为国有企业、民营企业和外资企业，将国有独资或国有控股企业归类为国有企业类别，将民营独资或民营控股企业归类为民营企业类别，将外资独资或外资控股企业归类为外资企业类别。在1259家制造业企业样本中，国有企业507家、民营企业780家、外资企业53家。具体指数结果见表9-4所示。

表9-4　2011~2019年不同所有制制造企业数字化转型指数均值

所有制 类别	数字化指数	A技术	B技术	C技术	D技术	E模式
国有企业	1.891	1.380	0.763	1.151	0.257	1.393
民营企业	2.108	1.575	0.981	1.319	0.574	1.416
外资企业	2.009	1.451	0.885	1.059	0.836	1.422

　　表9-4和图9-3分别刻画了不同所有制制造企业数字化转型指数均值和时间趋势，从中可以看到数字化指数均值以及人工智能技术、大数据技术、商业模式指数均值中民营企业最高、外资企业次之，国有企业数字化水平最低；云计算技术指数中民营企业最高、国有企业次之、外资企业最低；区块链技术指数中外企最高、民营企业居中、国有企业最低。在整个样本期间，国有企业、民营企业、外资企业的数字化均值均有显著提升，提升幅度为100%~160%；外资企业提升幅度较大，整体的波动也最为明显，国有企业发展虽然相对慢，但整体增长最为平稳。最后，截至样本期末，国有企业、民营企业和外资企业三大类型制造企业数字化均值已经非常接近，不同所有制间的差异不断缩小，整体呈现高质量追赶之势。

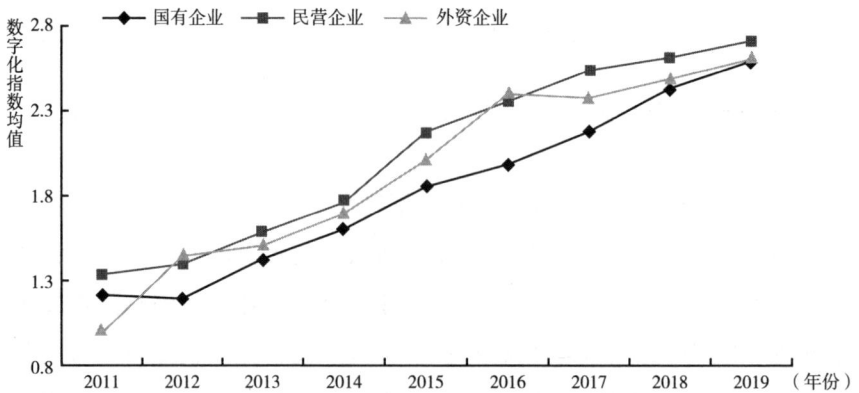

图9-3　2011~2019年不同所有制造企业数字化转型指数均值变化趋势

第四节　制造业数字化转型与产业动态化升级

一　数字化创新赋能效应的实证分析

制造业产业转型升级靠技术创新来驱动，技术创新水平提升是中国跻身世界制造强国的重要支撑。中国制造业在依靠劳动、资本要素拉动的粗放式发展过程中容易陷入"低端锁定"的创新困境。数字化转型作为制造业的新增长点仍未形成颠覆性竞争优势。制造业如何在全球数字化机遇窗口中获得创新赋能效应，打破"低端锁定"，实现"中国制造"到"中国智造"和"中国创造"的华丽转变仍需要不断探索和研究。基于理论和现实背景，本章试图探讨制造业数字化转型的创新赋能效应，并回答如下问题：（1）数字化转型是否对制造业技术创新产生了正向赋能效应；（2）数字化转型是促进了不同经济发展水平地区的制造业创新水平逐渐趋同，还是因"雪球效应"而产生数字鸿沟；（3）数字化在哪些行业赋能显著，而在哪些行业效果不佳；（4）所有制不同如何影响数字化的创新赋能效应。

（一）模型建立和数据说明

1.模型建立

为了检验数字化对制造业技术创新的赋能效应，本章参考赵宸宇等[①]的研究构建了直接效应检验模型，如式（9-1）所示：

$$Innov_{i,\,t} = \alpha_0 + \alpha_1 Dig_{i,\,t} + \sum_{j=2}^{n} \alpha_j CVs_{i,\,t} + \sum \alpha_k Year + \sum \alpha_l Firm + \varepsilon_{i,\,t}$$

$$(9-1)$$

其中，被解释变量是制造业创新水平（$Innov$），主要是创新产出（$\ln patents$）；核心解释变量是数字化程度指数（Dig），表征制造企业数字化程度；CVs 表示控制变量集，是影响制造业创新水平的其他因素，包括企业规模、企业年龄、资产负债率、股权集中度、总资产收益率、权益乘数、财务杠杆、流动资产周转率等。进一步地，为了减轻内生性扰动，本章还

[①] 赵宸宇等：《数字化转型如何影响企业全要素生产率》，《财贸经济》2021年第7期。

在模型中引入年份（*Year*）和企业（*Firm*）的虚拟变量，以尽可能吸收年份、企业层面不可观测因素的影响。*i*代表具体上市企业唯一识别的id，即证券代码，*t*代表业务数据统计的年份，*ε*是模型的随机误差项。

2.数据说明

核心解释变量：企业数字化程度，以运用文本挖掘方法所得的企业数字化指数表示。

被解释变量：制造企业创新水平。目前关于创新水平的度量，主要有创新投入和创新产出两个角度。由于创新投入是否能有效转化存在较大的不确定性，因此本章选用创新产出来衡量制造业技术创新水平。衡量创新产出常用的指标有专利申请数量和专利授权数量，而根据专利授权数量可以精准把握创新产出能力，确认创新成果。制造企业专利授权的数据来源于CSMAR数据库。

控制变量：为了最大限度地克服遗漏变量问题带来的模型估计偏误，本章在回归模型中纳入了一系列影响制造企业创新水平的其他因素，形成控制变量集，具体包括以下几个变量。（1）企业规模。总资产是制造企业发展的根基，营业收入规模是制造企业开展再生产业务的资金保障，员工人数是制造企业劳动力投入的人员保障。因此制造企业规模既考察了总资产情况，又吸纳了营业收入和员工人数指标。（2）企业年龄。企业年龄代表企业发展成熟度，年龄越大的企业往往发展更成熟，更能有效驱动数字化转型活动开展，因此本章选取企业设立年龄作为企业年龄的控制指标。（3）资产负债率，以负债合计与总资产比值表示。同时，短期负债率和长期负债率是否存在异质性也纳入考察。（4）股权集中度，即前五大股东股权集中度。（5）流动资产周转率，以主营业务收入净额与平均流动资产总额比值衡量。（6）权益乘数，表示总资产是所有者权益的倍数，衡量总体负债水平。（7）财务杠杆，反映企业通过负债调节收益的风险，财务杠杆达到一定程度之后，表现对企业技术创新的异质作用。（8）总资产收益率，制造企业的绩效越好，越有利于技术创新。

此外，在检验地区异质性时加入东中西部地区①调节变量；在考察所有

---

① 东部地区：北京、天津、河北、辽宁、上海、江苏、浙江、福建、山东、广东、海南；中部地区：山西、安徽、江西、河南、湖北、湖南、黑龙江、吉林；西部地区：内蒙古、重庆、广西、四川、贵州、陕西、甘肃、云南、新疆、青海、宁夏、西藏。

制异质性时，加入股权所有制调节变量；在分析行业异质性时，加入行业结构调节变量；在分析市场异质性时，加入市场结构调节变量，市场结构以常用于描述市场集中度的赫芬达尔指数（H指数）表示，H指数越大，表明产业集中度越高，市场垄断力量越强。以上控制变量和调节变量基本涵盖了企业特征、企业治理、地区特质、行业特质、市场集中度差异对制造企业创新水平的影响。

表9-5是变量名称规范、定义和相关说明。

表9-5　变量名称规范、定义和相关说明

变量性质	变量名称	符号	变量定义
被解释变量	创新产出	lnpatents_l	以专利授权总数的自然对数表示
核心解释变量	数字化总指数的对数	lndigital	通过文本挖掘方法获得
核心解释变量	人工智能的对数	lnai	通过文本挖掘方法获得
核心解释变量	大数据的对数	lnbd	通过文本挖掘方法获得
核心解释变量	云计算的对数	lncloud	通过文本挖掘方法获得
核心解释变量	区块链的对数	lnblockclain	通过文本挖掘方法获得
控制变量	总资产收益率	roa	以年报中总资产净利润率表示
控制变量	资产负债率	tl	以负债合计与总资产比值表示
控制变量	权益乘数	eqmultiplier	权益乘数=资产总计／所有者权益合计
控制变量	长期负债率	ll	长期负债率=长期负债合计/总资产
控制变量	财务杠杆	finleverage	财务杠杆 = $\dfrac{净利润 + 所得税费用 + 财务费用}{净利润 + 所得税费用}$
控制变量	流动资产周转率	caturnover	流动资产周转率=主营业务收入净额/平均流动资产总额
控制变量	公司规模1	size	公司规模1=ln（总资产）
控制变量	员工人数的对数	lnempnum	上市公司员工人数的对数
控制变量	公司规模2	Lnsale	公司规模2=ln（营业收入）
控制变量	股权集中度	shrcr	公司前5位大股东持股比例之和
调节变量	企业年龄	age_estbyear	企业年龄=2022-企业建立年份+1
调节变量	股权性质	equitynatureid_p	所有制性质分为国有企业、民营企业、外资企业，以控股股权所有制划分
调节变量	行业大类	sic_da	制造业门类C13~C42
调节变量	地区	area	东中西部地区

（二）实证结果与讨论

1.基准回归

表9-6报告了数字化对制造业技术创新影响的基准回归结果。表9-6列（1）是没有加入控制变量且固定个体效应的回归结果，可以得出数字化总指数对企业创新产出的影响显著为正，且数字化对企业技术创新的系数高达15.16%，意味着数字化每提高1%，制造企业创新产出将增加15.16%。表9-6第（2）、（3）、（4）列分别为单向固定效应回归结果、双向固定效应回归结果和随机效应回归结果。模型（3）的组内调整R为0.046，高于模型（2）的0.036，意味着双向固定效应模型比固定个体效应模型拟合效度更优。比较固定效应和随机效应模型的拟合效度，通常参考豪斯曼检验，如果豪斯曼检验P值显著，则选择固定效应模型更合适。模型（4）和模型（3）的豪斯曼检验中P值为零〔系数变异chi^2（21）=205.35〕，意味着固定效应模型更为合适。故本章在模型上选择构建个体和年份双向固定效应模型，在后面的分组回归中直接采用该模型的分析结果。尽管双向固定效应模型降低了数字化影响制造业创新水平的系数，但系数仍在1%的统计水平上显著，这意味着在充分考虑影响制造业创新产出的其他因素情况下，数字化仍能解释4.25%的创新产出增加。从控制变量看，总资产收益率高、资产负债率低、长期负债率低、权益乘数低、股权集中度低、财务杠杆低、总资产规模高、员工人数多、企业年龄大的制造企业具有更多的创新产出专利成果。

表9-6　数字化对制造企业技术创新的基准影响

变量	（1） mmx_lnpatents_l	（2） mmx_lnpatents_l	（3） mmx_lnpatents_l	（4） mmx_lnpatents_l
mmx_lndigital	0.1516***	0.0778***	0.0425***	0.1348***
	(0.015)	(0.015)	(0.015)	(0.014)
roa		0.0066	0.0060	−0.0016
		(0.029)	(0.029)	(0.028)
tl		−0.0554**	−0.0446	−0.0452*
		(0.027)	(0.027)	(0.023)
eqmultiplier		−0.0019	−0.0013	−0.0042*
		(0.003)	(0.003)	(0.003)

变量	(1) mmx_lnpatents_l	(2) mmx_lnpatents_l	(3) mmx_lnpatents_l	(4) mmx_lnpatents_l
ll		−0.0998**	−0.0683	−0.0836**
		(0.044)	(0.043)	(0.041)
finleverage		−0.0012	−0.0003	−0.0019
		(0.002)	(0.002)	(0.002)
caturnover		−0.0162**	−0.0155**	−0.0264***
		(0.007)	(0.007)	(0.006)
mmx_size		0.2755***	0.0995	0.1190*
		(0.073)	(0.079)	(0.062)
mmx_lnempnum		0.0701	0.1044**	0.1253***
		(0.048)	(0.050)	(0.037)
mmx_lnsale		0.0012	0.0390	0.0316
		(0.076)	(0.079)	(0.066)
mmx_shrcr		−0.0611**	−0.0154	−0.0410**
		(0.026)	(0.027)	(0.019)
mmx_age_estbyear		0.0172	0.0444***	0.0177
		(0.012)	(0.014)	(0.012)
常数项	0.1752***	0.1221***	0.0987***	0.1380***
	(0.004)	(0.028)	(0.029)	(0.018)
年份固定	不控制	不控制	控制	不控制
个体固定	控制	控制	控制	不控制
样本数量	11331	11331	11331	11331
组内调整 R^2	0.018	0.036	0.046	0.334
制造企业数量	1259	1259	1259	1259

注：组间回归系数差异性检验（SUEST检验）是东部地区和西部地区两组样本之间系数差异检验结果；括号中值为稳健标准误，"***"表示 $p<0.01$，"**"表示 $p<0.05$，"*"表示 $p<0.1$。本章下同。

2.数字技术异质性

数字化转型主要通过人工智能、大数据、区块链、云计算等技术赋能制造业技术创新。为了考察不同数字技术对制造业技术创新水平提升效应的影响，分别用人工智能、大数据、区块链、云计算技术指数对制造业创新产出进行双向固定效应回归。表9-7报告了回归结果，可以发现，只有人工智能技术指数在现阶段产生了强烈的正向创新驱动效应，统计显著性为1%，影响系数为9.5%；而大数据技术和云计算技术的影响系数虽然为正，但不具有统计显著性；然而，区块链技术指数对制造业的技术创新提升产生了显著的抑制作用。从理论上来说，区块链技术通过赋能制造企业、学研机构不同创新主体协同①，整合配置分散或闲置的制造资源，促进供应链金融发展，实现生产制造创新效率的提升和价值传递。实践中，区块链技术率先在数字票价、跨境支付等金融领域应用，现已与实体经济融合，如与制造业供应链管理、智能生产、库存管理等的融合，为工业互联网构建"信用网"，同时，打通"数据孤岛"实现产业数据共享。在制造企业数字化转型的过程中，进行区块链的底层核心技术研发以及自主可控的区块链平台和应用将耗费巨大的研发成本和等待周期，由此，制造业与区块链技术之间的融合创新效应可能呈现先抑制后促进的非线性过程。从表9-7第（3）列的区块链技术系数显著为负可以推测，中国制造业区块链技术融合尚处于抑制创新的初期阶段。

表9-7　数字技术对制造企业技术创新的回归结果

变量	(1) mmx_lnpatents_l	(2) mmx_lnpatents_l	(3) mmx_lnpatents_l	(4) mmx_lnpatents_l
mmx_lnai	0.0950*** (0.024)			
mmx_lnbd		0.0083 (0.027)		
mmx_lnblockclain			−0.1180*** (0.043)	
mmx_lncloud				0.0098 (0.028)
roa	0.0055 (0.029)	0.0065 (0.029)	0.0064 (0.029)	0.0066 (0.029)
tl	−0.0474* (0.027)	−0.0454* (0.027)	−0.0430 (0.028)	−0.0452 (0.027)

① 曹阳春等：《基于政府驱动的区块链产业协同创新演化博弈研究》，《软科学》2021年第11期。

续表

变量	（1） mmx_lnpatents_l	（2） mmx_lnpatents_l	（3） mmx_lnpatents_l	（4） mmx_lnpatents_l
eqmultiplier	−0.0010 （0.003）	−0.0014 （0.003）	−0.0015 （0.003）	−0.0014 （0.003）
ll	−0.0642 （0.043）	−0.0692 （0.043）	−0.0691 （0.043）	−0.0691 （0.043）
finleverage	−0.0005 （0.002）	−0.0003 （0.002）	−0.0002 （0.002）	−0.0003 （0.002）
caturnover	−0.0153** （0.007）	−0.0156** （0.007）	−0.0158** （0.007）	−0.0156** （0.007）
mmx_size	0.0907 （0.079）	0.1038 （0.079）	0.1115 （0.079）	0.1040 （0.079）
mmx_lnempnum	0.0990** （0.050）	0.1077** （0.050）	0.1062** （0.050）	0.1079** （0.050）
mmx_lnsale	0.0375 （0.079）	0.0409 （0.079）	0.0374 （0.079）	0.0406 （0.079）
mmx_shrcr	−0.0127 （0.027）	−0.0164 （0.027）	−0.0188 （0.027）	−0.0165 （0.027）
mmx_age_estbyear	0.0443*** （0.014）	0.0446*** （0.014）	0.0448*** （0.014）	0.0445*** （0.014）
常数项	0.1016*** （0.029）	0.1009*** （0.029）	0.1013*** （0.029）	0.1008*** （0.029）
个体固定	控制	控制	控制	控制
年份固定	控制	控制	控制	控制
样本容量	11331	11331	11331	11331
组内调整 R^2	0.048	0.045	0.045	0.045
制造企业数量	1259	1259	1259	1259

3.地区异质性

在经济数字化的过程中，东中西部地区由于掌握和应用数字化信息与网络通信技术程度不同，往往会出现信息落差、知识隔离以及贫富差距加大等两极分化现象，这被称为"数字鸿沟"。区域差异是数字经济差异的主要来源[①]，在数字经济时代成为实现经济追赶的主阵地，因此各省均将制造业数字化战略

[①]　刘传明等：《中国数字经济发展的区域差异及分布动态演进》，《中国科技论坛》2020年第3期。

表9-8　地区异质性对制造企业数字化绩效提升的影响

变量	（1） roa 东部	（2） roa 中部	（3） roa 西部	（4） roe 东部	（5） roe 中部	（6） roe 西部	（7） opr 东部	（8） opr 中部	（9） opr 西部
$mmx\_lndigital$	0.0087*	−0.0092	0.0236**	0.0312***	−0.0064	0.0457*	0.0153	−0.0045	0.0635**
	（0.005）	（0.009）	（0.010）	（0.011）	（0.020）	（0.023）	（0.014）	（0.022）	（0.028）
$mmx\_lngovsub$	0.0220***	0.0065	−0.0035	0.0285*	0.0385	−0.0067	−0.0704***	−0.1065**	−0.0491
	（0.006）	（0.014）	（0.012）	（0.015）	（0.031）	（0.035）	（0.018）	（0.043）	（0.037）
mmx_size	−0.1054***	−0.0886***	−0.1135***	−0.1758***	−0.2063***	−0.2123***	0.0172	0.0978	0.0046
	（0.012）	（0.027）	（0.026）	（0.033）	（0.064）	（0.073）	（0.042）	（0.073）	（0.090）
mmx_lnsale	0.1777***	0.1840***	0.1693***	0.3528***	0.4015***	0.3271***	0.2812***	0.2284***	0.2204**
	（0.013）	（0.027）	（0.027）	（0.036）	（0.072）	（0.069）	（0.049）	（0.076）	（0.098）
$mmx\_lnempnum$	−0.0286***	−0.0232	−0.0064	−0.0639***	−0.0427	0.0233	−0.1051***	−0.0788**	−0.0941**
	（0.009）	（0.016）	（0.017）	（0.021）	（0.041）	（0.046）	（0.023）	（0.038）	（0.047）
tl	0.0047	0.0020	−0.0142	0.0163	−0.0102	−0.0455*	−0.0041	−0.0181	−0.0545
	（0.009）	（0.018）	（0.013）	（0.018）	（0.052）	（0.027）	（0.026）	（0.043）	（0.035）
$eqmultiplier$	−0.0011	−0.0003	−0.0011	−0.0018	−0.0011	−0.0011	0.0009	0.0038	−0.0025
	（0.001）	（0.001）	（0.001）	（0.003）	（0.003）	（0.002）	（0.003）	（0.005）	（0.003）
$shrcr$	0.0000	−0.0004*	−0.0000	0.0003	−0.0012**	−0.0005	0.0001	−0.0010*	−0.0004
	（0.000）	（0.000）	（0.000）	（0.000）	（0.001）	（0.000）	（0.000）	（0.001）	（0.001）
$caturnover$	−0.0031	0.0027	−0.0042	−0.0032	−0.0062	−0.0098	−0.0026	0.0090	−0.0107
	（0.002）	（0.004）	（0.003）	（0.005）	（0.009）	（0.006）	（0.005）	（0.009）	（0.009）
常数项	−0.0037	0.0009	0.0216	−0.0519***	0.0100	0.0270	−0.0031	0.0260	0.0852*
	（0.009）	（0.016）	（0.015）	（0.018）	（0.045）	（0.032）	（0.025）	（0.044）	（0.045）
个体效应	控制	控制	控制	控制	控制	控制	控制	控制	控制
年份效应	控制	控制	控制	控制	控制	控制	控制	控制	控制
样本数量	7371	2196	1764	7371	2196	1764	7371	2196	1764
组内调整 R^2	0.060	0.062	0.058	0.048	0.062	0.049	0.037	0.045	0.027
企业数量	819	244	196	819	244	196	819	244	196
组间回归系数差异性检验	Chi² （1） =38.83 Prob>Chi²=0.000			Chi² （1） =42.65 Prob>Chi²=0.000			Chi² （1） =64.17 Prob>Chi²=0.000		

写入"十四五"规划。制造业数字化地区差异会影响制造业数字化绩效，产生"数字鸿沟"效应。为了验证这种异质性影响的存在，我们进行了东中西部地区异质性检验，检验结果详见表9-8。

表9-8分别汇总了东部、中部、西部地区制造业数字化绩效，且均进行了组间回归系数差异性检验。在模型（1）~（3）中，东部地区的制造企业数字化在10%的统计水平上可以显著提升总资产利润率；中部地区的制造企业数字化对总资产利润率的提升效应不显著；但是西部地区不仅在5%的统计水平上显著，而且其总资产利润率提升效应大于东部地区（0.0236>0.0087）。在模型（4）~（6）中，东部地区和西部地区制造企业数字化净资产收益率提升效应显著，但数字化系数西部更大（0.0457>0.0312）；中部地区仍然没有检验出显著的数字化绩效提升效应。在模型（7）~（9）中，仅有西部地区制造企业数字化营业利润率提升效应显著。通过归纳上述检验结果可以发现，无论绩效目标是什么，西部地区的制造企业数字化绩效提升效应均显著，且效果最好，东部地区次之，这意味着西部地区制造业进行数字化转型存在绩效提升的"赶超效应"。值得注意的是，中部地区制造业在数字化绩效提升效应中表现为"中部塌方"，即三个绩效指标的提升效应均不显著。

4.行业异质性

不同制造业行业由于要素密集程度不同、开展数字化程度不同，数字化的绩效提升效果也不同。为了验证行业异质性影响的存在，本章按照2017年国民经济行业划分标准将制造业行业划分为C13~C43。我们对31个制造业行业中的29个展开了分样本回归检验。同时，参照OECD技术属性将制造业划分为低端、中端和高端三类，以反映不同技术类别制造业行业的差异，其中高端制造业包括中高端和高端两类。为了更直观地展现各制造业行业数字化绩效提升效应的显著性和方向，本章将行业异质性回归结果呈现在表9-9中。

表9-9分别报告了异质性行业制造业数字化的绩效提升效应。回归结果显示，高端和低端制造业行业更易获得数字化绩效提升，而中端制造业几乎不能获得数字化绩效提升。具体来看，汽车制造业，铁路、船舶、航空航天和其他运输设备制造业，电气机械和器材制造业，计算机、通信和其

他电子设备制造业等高端制造业以及纺织服装和服饰业，皮革、毛皮、羽毛及其制品和制鞋业，印刷和记录媒介复制业，文教、工美、体育和娱乐用品制造业，酒、饮料和精制茶制造业等低端制造业实施数字化战略能够显著改善绩效指标，而农副食品加工业、食品制造业、橡胶和塑料制品业、非金属矿物制品业、金属制品业、化学原料和化学制品制造业、化学纤维制造业等行业没有出现显著的绩效改善。造纸和纸制品业，废弃资源综合利用业，石油加工、炼焦和核燃料加工业等行业数字化战略实施出现绩效的抑制作用。部分行业数字化绩效提升作用不显著或产生抑制作用可能的原因是，这些行业数字化程度普遍较低（低于数字化指数测算的行业均值），与数字技术的融合还处于浅度阶段，尚未跨越数字化水平门槛。

表9-9　行业异质性对制造业数字化创新赋能效应的影响

类别	行业代码	行业名称	创新	渐进式创新	颠覆式创新
低端	C13	农副食品加工业	+	+	+
	C14	食品制造业	+	+	
	C15	酒、饮料和精制茶制造业	+		
	C17	纺织业			
	C18	纺织服装和服饰业			
	C19	皮革、毛皮、羽毛及其制品和制鞋业			
	C20	木材加工和木、竹、藤、棕、草制品业			
	C21	家具制造业			
	C22	造纸和纸制品业		+	+
	C23	印刷以及记录媒介复制业		+	
	C24	文教、工美、体育和娱乐用品制造业		+	
	C41	其他制造业			
	C42	废弃资源综合利用业			

类别	行业代码	行业名称	创新	渐进式创新	颠覆式创新
中端	C25	石油加工、炼焦和核燃料加工业			
	C29	橡胶和塑料制品业	+	+	
	C30	非金属矿物制品业			
	C31	黑色金属冶炼和压延加工业		+	
	C32	有色金属冶炼和压延加工业	+	+	+
	C33	金属制品业		+	
高端	C26	化学原料和化学制品制造业	+	+	
	C27	医药制造业	+	+	+
	C28	化学纤维制造业	+	+	+
	C34	通用设备制造业	+	+	
	C35	专用设备制造业	+	+	+
	C36	汽车制造业			
	C37	铁路、船舶、航空航天和其他运输设备制造业	+	+	
	C38	电气机械和器材制造业	+	+	
	C39	计算机、通信及其他电子设备制造业	+	+	
	C40	仪器仪表制造业			

二 数字化绩效提升效应的实证分析

制造企业往往囿于数字化转型成本高企而"不愿转"、由于转型周期过长而"不敢转"、受限于数字化基础设施薄弱而"不能转"的实际境遇。以新一代信息技术为代表的数字技术与制造业深度融合是制造业产业转型升级的重要路径，对其释放的融合效应-绩效提升效应进行测度是探索制造业转型发展路径的重要内容。基于理论和现实背景，本章试图探讨制造业数字化转型的绩效提升效应，并回答如下四个问题：（1）数字化对制造企业的绩效是否存在提升效应；（2）数字化转型是促进了不同经济发展水平地区的制造企业绩效逐渐趋同，还是产生了数字鸿沟；（3）数字化在哪些行业率先获得正向绩效提升效应，而哪些行业效果不佳；（4）所有制不同如何影响数字化的绩效提升效应。

（一）模型建立和数据说明

1.模型建立

为了检验数字化对制造业绩效的提升效应，本章参考戚聿东和蔡呈伟[①]的做法构建了直接效应检验模型，如式（9-2）所示：

$$Per_{i,\ t} = \alpha_0 + \alpha_1 Dig_{i,\ t} + \sum_{j=2}^{n} \alpha_j CVs_{i,\ t} + \sum \alpha_k Year + \sum \alpha_l Firm + \varepsilon_{i,\ t}$$

$$(9-2)$$

其中，被解释变量是制造企业绩效（Per），即总资产净利润率（roa）。核心解释变量是数字化转型指数（Dig），表征制造企业转型程度。CVs表示控制变量集，是影响制造企业绩效的其他因素，包括资产负债率、流动资产周转率、股权集中度、权益乘数、企业规模和企业年龄等。进一步地，为了减少内生性扰动，本章还在模型中引入年份（Year）和企业（Firm）的虚拟变量，以尽可能吸收年份、企业层面不可观测因素的影响。i代表具体上市企业唯一识别的id，即证券代码，t代表业务数据统计的年份，ε是模型的随机误差项。

2.数据说明

核心解释变量：制造企业数字化程度数据，以采用文本挖掘方法所得的制造企业数字化指数表示。

被解释变量：制造企业绩效，选取企业总资产净利润率（roa）作为衡量制造业绩效的主要指标，反映制造企业自身的赢利能力，即制造业绩效水平。

控制变量如下。（1）企业规模，总资产是制造企业发展的根基，营业收入规模是制造企业开展再生产业务的资金保障，员工人数是制造企业劳动力投入的人员保障。因此制造企业规模既考察了总资产情况，又吸纳营

---

① 戚聿东、蔡呈伟：《数字化对制造业企业绩效的多重影响及其机理研究》，《学习与探索》2020年第7期。

业收入和员工人数指标。（2）资产负债率，以负债合计与总资产比值表示。（3）股权集中度，前五大股东股权集中度。（4）流动资产周转率，以主营业务收入净额与平均流动资产总额比值衡量。（5）权益乘数，以资产总计与所有者权益比值来衡量。

此外，在检验地区异质性时加入东西部地区调节变量，在考察所有制异质性时，加入股权所有制调节变量，在分析行业异质性时，加入行业结构调节变量。以上控制变量和调节变量基本涵盖了企业特征、企业治理、地区特质、行业特质性差异对制造企业绩效的影响。

表9-10　变量名称规范、定义和相关说明

变量性质	变量名称	符号	变量定义
被解释变量	制造企业绩效1	*roa*	以年报中总资产净利润率表示
核心解释变量	数字化总指数的对数	ln*digital*	通过文本挖掘方法获得数字化相关关键词词频合计数值的对数
控制变量	公司规模1	*size*	以总资产的自然对数表示
控制变量	公司规模2	ln*sale*	以营业收入的自然对数表示
控制变量	公司规模3	ln*empnum*	上市公司员工数量的对数
控制变量	资产负债率	*tl*	以负债合计与总资产比值表示
控制变量	权益乘数	*eqmultiplier*	权益乘数=资产总计／所有者权益合计
控制变量	流动资产周转率	*caturnover*	流动资产周转率 $= \dfrac{主营业务收入净额}{平均流动资产总额}$
控制变量	股权集中度	*shrcr*	公司主要股东（前5）持有的股份占比加总
控制变量	政府补助	ln*govsub*	以政府补贴的对数表示
调节变量	股权性质	*equitynatureid_p*	所有权性质分为国企、民营、外资，以控股股权所有制划分
调节变量	行业大类	*sic_da*	制造业门类C13-C42
调节变量	地区	*area*	东中西部地区

表9-11　变量描述性统计

变量名称	符号	样本数量	均值	方差	最小值	最大值
总资产净利润率	roa	11331	0.0353	0.0630	-0.4270	0.2449
数字化总指数的对数	lndigital	11331	1.7247	1.4025	0.0000	7.3871
公司规模1	size	11331	22.1244	1.1941	19.3713	25.9501
公司规模2	lnsale	11331	21.5343	1.4077	17.7806	25.5191
员工人数的对数	lnempnum	11331	7.8534	1.1542	4.9345	11.0299
资产负债率	tl	11331	0.4168	0.2057	0.0325	1.1364
权益乘数	eqmultiplier	11331	2.0549	1.3440	-1.3288	13.2978
流动资产周转率	caturnover	11331	1.3101	0.8837	0.1479	5.8075
股权集中度	shrcr	11331	51.2223	14.9237	6.9522	94.0449
政府补贴的对数	lngovsub	11331	17.2009	1.6338	11.8996	21.6346

（二）实证结果与讨论

1.基准回归

根据表9-12可知，第（1）~（3）列分别显示了被解释变量为总资产净利润率（roa）、净资产收益率（roe）和营业利润率（opr）的回归结果。结果表明：（1）数字化程度（mmx_lndigital）对总资产净利润率的回归系数为正，且在5%的统计水平上显著，说明制造企业开展数字化能够正向促进运营绩效的提升；（2）当净资产收益率作为被解释变量时，数字化程度系数为正，且在1%的统计水平上显著，说明制造企业开展数字化与企业净资产收益率的绩效存在正向关系；（3）当营业利润率作为被解释变量时，数字化程度系数为正，但是在统计上不显著。不同企业绩效目标、固定效应模型检验结果存在差异，原因可能如下。第一，数字化与营业利润率的关系不显著。可能的解释是：营业利润率是营业利润与营业收入的比值，营业利润率越高说明制造企业商品销售额带来的利润越多、赢利能力越强。但是以营业利润率代表的绩效变量，更加注重考虑营业成本，而制造企业数字化过程可能因系统变革营业成本不减反增，尤其是在数字化初期阶段。第二，数字化在净资产收益率的回归模型中比在总资产净利润率的回归中更大、更为显著。总资产净利润率是企业净利润与平均总资产的比值，该指标直接反映了总资产的赢利能力。而净资产收益率是净利润占平均股东权益的比值，该指标反映股东权益的收益水平；净资产收益率与总资产净利润率相比，减少了对负债水平的考量，以数字化赋能净资产从而创造价值。可见，以数字技术促进制造业资产数字化、以数字化资产驱动制造业的价值创造是实现制造业转型升级的有效路径。[1]

表9–12　数字化对制造企业绩效的基准影响

变量	（1）
	roa
mmx_lndigital	0.0086**
	(0.004)
tl	0.0007
	(0.007)
eqmultiplier	−0.0010
	(0.001)
mmx_size	−0.0964***
	(0.010)
mmx_lnsale	0.1774***
	(0.011)
mmx_lnempnum	−0.0215***
	(0.007)
shrcr	−0.0000
	(0.000)
caturnover	−0.0021
	(0.002)
常数项	0.0046
	(0.007)
个体效应	控制
年份效应	控制
样本数量	11331
调整 R^2	0.054
F统计量	28.21*** (0.000)
样本数量	1259
Hausman检验（固定效应）	157.68*** (0.000)

[1]　王雍君：《增长、平等和稳定视角下的数字经济、数字企业与数字税观》，财新网，2021年1月12日。https://opinion.caixin.com/2021-01-12/101649694.html? originReferrer=caixinsearch_pc.

2.地区异质性

区域差异是数字经济差异的主要来源，在数字经济时代制造业数字化成为经济追赶的主阵地，各省份均将制造业数字化战略写入"十四五"规划。由此，可以推断地区差异会影响制造业数字化绩效可能产生"数字鸿沟"效应。为了验证这种异质性影响的存在，展开东部、中部、西部地区异质性检验，检验结果如表9-13所示。

表9-13分别汇总了东部、中部、西部地区对制造业数字化三种不同绩效的影响，且均通过了组间回归系数差异性检验。在模型（1）~（3）中，东部的制造企业通过数字化在10%的统计水平上可以显著提升总资产净利润率的绩效；中部地区数字化的总资产净利润率提升效应不显著；但是西部地区不仅在5%的统计水平上显著，而且其总资产净利润率提升效应强于东部地区（0.0236>0.0087）。在模型（4）~（6）中，东部和西部地区制造企业数字化净资产收益率提升效应显著，不同的是，东部地区更为显著，但数字化系数依然是西部更大（0.0457>0.0312）；中部地区仍然没有检验出显著的数字化绩效提升效应。在模型（7）~（9）中，仅有西部地区制造企业数字化营业利润率提升效应显著。通过归纳上述检验结果发现，无论绩效目标是什么，西部地区制造企业数字化绩效提升效应均最为显著，且效果最好，东部地区次之，这意味着西部地区制造业进行数字化转型存在绩效提升的"赶超效应"。值得注意的是，中部地区制造业在数字化绩效提升效应中表现为"中部塌方"，即三个绩效指标的提升效应均不显著。

3.行业异质性

制造业不同行业由于要素密集程度不同、开展数字化程度不同，数字化的绩效提升效应也不同。为了验证行业异质性影响的存在，本章按照2017年国民经济行业划分标准，将制造业行业划分为C13~C43。我们对31个制造行业中的29个[1]展开了分样本回归检验。同时，参照OECD的技术属性将制造业划分为低端、中端和高端三类，以反映不同技术类别制造业行业的差异，其中高端制造业包括中高端和高端两类。为了更直观地展现各

---

① 烟草制品业（C16）和金属制品、机械和设备修理业（C43）两个行业没有获得数据样本。

表9-13　地区异质性对制造业数字化绩效提升的影响

变量	（1） roa 东部	（2） roa 中部	（3） roa 西部	（4） roe 东部	（5） roe 中部	（6） roe 西部	（7） opr 东部	（8） opr 中部	（9） opr 西部
mmx_lndigital	0.0087* （0.005）	−0.0092 （0.009）	0.0236** （0.010）	0.0312*** （0.011）	−0.0064 （0.020）	0.0457* （0.023）	0.0153 （0.014）	−0.0045 （0.022）	0.0635** （0.028）
mmx_lngovsub	0.0220*** （0.006）	0.0065 （0.014）	−0.0035 （0.012）	0.0285* （0.015）	0.0385 （0.031）	−0.0067 （0.035）	−0.0704*** （0.018）	−0.1065** （0.043）	−0.0491 （0.037）
mmx_size	−0.1054*** （0.012）	−0.0886*** （0.027）	−0.1135*** （0.026）	−0.1758*** （0.033）	−0.2063*** （0.064）	−0.2123*** （0.073）	0.0172 （0.042）	0.0978 （0.073）	0.0046 （0.090）
mmx_lnsale	0.1777*** （0.013）	0.1840*** （0.027）	0.1693*** （0.027）	0.3528*** （0.036）	0.4015*** （0.072）	0.3271*** （0.069）	0.2812*** （0.049）	0.2284*** （0.076）	0.2204** （0.098）
mmx_lnempnum	−0.0286*** （0.009）	−0.0232 （0.016）	−0.0064 （0.017）	−0.0639*** （0.021）	−0.0427 （0.041）	0.0233 （0.046）	−0.1051*** （0.023）	−0.0788** （0.038）	−0.0941** （0.047）
tl	0.0047 （0.009）	0.0020 （0.018）	−0.0142 （0.013）	0.0163 （0.018）	−0.0102 （0.052）	−0.0455* （0.027）	−0.0041 （0.026）	−0.0181 （0.043）	−0.0545 （0.035）
eqmultiplier	−0.0011 （0.001）	−0.0003 （0.001）	−0.0011 （0.001）	−0.0018 （0.003）	−0.0011 （0.003）	−0.0011 （0.002）	0.0009 （0.003）	0.0038 （0.005）	−0.0025 （0.003）
shrcr	0.0000 （0.000）	−0.0004* （0.000）	−0.0000 （0.000）	0.0003 （0.000）	−0.0012** （0.001）	−0.0005 （0.000）	0.0001 （0.000）	−0.0010* （0.001）	−0.0004 （0.001）
caturnover	−0.0031 （0.002）	0.0027 （0.004）	−0.0042 （0.003）	−0.0032 （0.005）	−0.0062 （0.009）	−0.0098 （0.006）	−0.0026 （0.005）	0.0090 （0.009）	−0.0107 （0.009）
常数项	−0.0037 （0.009）	0.0009 （0.016）	0.0216 （0.015）	−0.0519*** （0.018）	0.0100 （0.045）	0.0270 （0.032）	−0.0031 （0.025）	0.0260 （0.044）	0.0852* （0.045）
个体效应	控制	控制	控制	控制	控制	控制	控制	控制	控制
年份效应	控制	控制	控制	控制	控制	控制	控制	控制	控制
样本数量	7371	2196	1764	7371	2196	1764	7371	2196	1764
调整R²	0.060	0.062	0.058	0.048	0.062	0.049	0.037	0.045	0.027
企业数量	819	244	196	819	244	196	819	244	196
组间回归系数差异性检验	Chi²（1）=38.83 Prob>Chi²=0.000			Chi²（1）=42.65 Prob>Chi²=0.000			Chi²（1）=64.17 Prob>Chi²=0.000		

制造业行业的数字化绩效提升效应的显著性和方向，本章将行业异质性回归结果呈现在表9-14中。

表9-14分别报告了异质行业制造业数字化的绩效提升效果。回归结果发现，高端和低端制造业行业更易获得数字化绩效提升，而中端制造业几乎不能获得数字化绩效提升。具体来看，汽车制造业，铁路、船舶、航空航天和其他运输设备制造业，电气机械和器材制造业，计算机、通信和其他电子设备制造业等高端制造业以及纺织服装和服饰业，皮革、毛皮、羽毛及其制品和制鞋业，印刷和记录媒介复制业，文教、工美、体育和娱乐用品制造业，酒、饮料和精制茶制造业等低端制造业实施数字化战略能够显著改善绩效指标，而农副食品加工业、食品制造业、橡胶和塑料制品业、非金属矿物制品业、金属制品业、化学原料和化学制品制造业、化学纤维制造业等行业没有出现显著的绩效改善。造纸和纸制品业，废弃资源综合利用业，石油加工、炼焦和核燃料加工业等行业数字化战略实施出现绩效的抑制作用。部分行业数字化绩效提升作用不显著或产生抑制作用可能的原因是，这些行业数字化程度普遍较低（低于数字化指数测算的行业均值），与数字技术的融合还处于浅度阶段，尚未跨越数字化水平门槛。

表9-14 行业异质性对制造业数字化绩效提升的影响

类别	行业名称	行业代码	roa	roe	opr
低端	农副食品加工业	C13			
	食品制造业	C14			
	酒、饮料和精制茶制造业	C15	+	+	
	纺织业	C17			+
	纺织服装和服饰业	C18	+	+	+
	皮革、毛皮、羽毛及其制品和制鞋业	C19	+	+	+
	木材加工和木、竹、藤、棕、草制品业	C20			+
	家具制造业	C21	+		
	造纸和纸制品业	C22			−
	印刷和记录媒介复制业	C23	+	+	+
	文教、工美、体育和娱乐用品制造业	C24	+		+
	其他制造业	C41			
	废弃资源综合利用业	C42	−	−	−

续表

类别	行业名称	行业代码	roa	roe	opr
中端	石油加工、炼焦和核燃料加工业	C25	−	−	
	橡胶和塑料制品业	C29			
	非金属矿物制品业	C30			
	黑色金属冶炼和压延加工业	C31			+
	有色金属冶炼和压延加工业	C32			
	金属制品业	C33			
高端	化学原料和化学制品制造业	C26			
	医药制造业	C27	+		+
	化学纤维制造业	C28			
	通用设备制造业	C34		+	
	专用设备制造业	C35			
	汽车制造业	C36	+	+	+
	铁路、船舶、航空航天和其他运输设备制造业	C37		+	+
	电气机械和器材制造业	C38	+	+	
	计算机、通信及其他电子设备制造业	C39	+		+
	仪器仪表制造业	C40		+	

4.所有制异质性

对于上市制造企业所有制属性特质展开异质性检验，将国有独资或国有控股企业归类为国有企业类别，将民营独资或民营控股企业归类为民营企业类别，将外资独资或外资控股企业归类为外资企业类别。在制造企业1259家企业样本中，国有企业507家、民营企业780家、外资企业53家。从分样本回归结果来看，无论绩效指标是总资产净利润率（roa）、净资产收益率还是营业利润率，均表现出同样的结果：数字化对制造业绩效的影响在国有企业和民营企业中显著；通过组间回归系数差异性检验可以发现，国有企业数字化系数显著区别于民营企业，国有企业的数字化系数均小于民营企业（0.0042<0.0098；0.0107<0.0340；0.0085<0.0239）。与民营企业相比，国有企业拥有制度、资金、规模等优势，在实施数字化转型战略上理应发挥自身优势，成为数字化转型的企业翘楚，但是实际上却表现出数字化绩效提升作用小于民营企业，产生这一结果的可能原因如下：一是国有企业因政府参与决策，决策环节多，效率损失更为严重；二是数字化转型需要大范围改造和

表9-15　所有制异质性对制造业数字化绩效提升的影响

变量	(1) roa 国企	(2) roa 民企	(3) roa 外企	(4) roe 国企	(5) roe 民企	(6) roe 外企	(7) opr 国企	(8) opr 民企	(9) opr 外企
mmx_lndigital	0.0042*	0.0098**	0.0018	0.0107**	0.0340***	0.0472	0.0085*	0.0239*	0.0111
	(0.003)	(0.005)	(0.023)	(0.008)	(0.011)	(0.049)	(0.005)	(0.014)	(0.062)
mmx_lngovsub	0.0224**	0.0124*	−0.0244	0.0487**	0.0121	−0.0359	−0.0243	−0.1041***	−0.1025
	(0.009)	(0.007)	(0.035)	(0.020)	(0.017)	(0.083)	(0.024)	(0.020)	(0.097)
mmx_size	−0.1113***	−0.1016***	−0.0764	−0.2244***	−0.1620***	−0.2583	−0.0182	0.0652	0.0685
	(0.018)	(0.013)	(0.063)	(0.045)	(0.035)	(0.185)	(0.059)	(0.041)	(0.193)
mmx_lnsale	0.1993***	0.1620***	0.2363***	0.4093***	0.3154***	0.6066**	0.2618***	0.2514***	0.3639
	(0.018)	(0.013)	(0.085)	(0.049)	(0.034)	(0.285)	(0.062)	(0.050)	(0.244)
mmx_lnempnum	−0.0316***	−0.0169*	−0.0845	−0.0516*	−0.0367*	−0.2189*	−0.0830***	−0.1058***	−0.1811
	(0.012)	(0.009)	(0.044)	(0.028)	(0.022)	(0.128)	(0.030)	(0.023)	(0.112)
tl	0.0067	−0.0047	0.0181	0.0185	−0.0142	0.0930	0.0020	−0.0219	0.0042
	(0.012)	(0.010)	(0.037)	(0.032)	(0.020)	(0.099)	(0.031)	(0.027)	(0.083)
eqmultiplier	−0.0006	−0.0013	−0.0031*	−0.0011	−0.0026	−0.0014	0.0011	0.0002	−0.0024
	(0.001)	(0.001)	(0.002)	(0.002)	(0.002)	(0.006)	(0.003)	(0.003)	(0.005)
shrcr	0.0000	−0.0000	−0.0010**	0.0001	0.0000	−0.0042***	0.0002	−0.0002	−0.0015
	(0.000)	(0.000)	(0.000)	(0.000)	(0.000)	(0.001)	(0.000)	(0.000)	(0.002)
caturnover	−0.0021	−0.0011	−0.0336**	−0.0014	−0.0062	−0.0706*	−0.0010	−0.0016	−0.0459
	(0.003)	(0.002)	(0.016)	(0.005)	(0.005)	(0.040)	(0.006)	(0.005)	(0.042)
常数项	−0.0119	0.0030	0.0991**	−0.0666**	−0.0170	0.2606**	−0.0239	0.0347	0.1103
	(0.013)	(0.008)	(0.038)	(0.028)	(0.020)	(0.100)	(0.035)	(0.025)	(0.148)
个体效应	控制	控制	控制	控制	控制	控制	控制	控制	控制
年份效应	控制	控制	控制	控制	控制	控制	控制	控制	控制
样本量	4246	6706	379	4246	6706	379	4246	6706	379
调整 R^2	0.065	0.052	0.079	0.064	0.042	0.085	0.029	0.037	0.069
企业数量	507	780	53	507	780	53	507	780	53
组间回归系数差异性检验	Chi² (1) =52.87 Prob>Chi²=0.000			Chi² (1) =34.12 Prob>Chi²=0.000			Chi² (1) =41.23 Prob>Chi²=0.000		

大规模投资于数字技术、信息系统以及智能制造，在面临新事物、新的重大变革时，国有企业因其自身的委托代理问题，表现出风险规避行为决策偏向，若国有企业主观数字化创新意愿不足，仅依靠外部条件推动难以实现数字化转型；三是民营企业本身面临硬性融资约束，市场资源匮乏，进行数字化创新的意愿相对强烈，可以更快地对市场做出响应。此外，在外资企业样本中，数字化对外资制造企业绩效提升效应不显著，这可能与外资制造企业在A股上市的数量有关，外资企业样本数据相对有限，也可能是在中国的外资制造企业对中国数字化政策与数字化改造的了解和重视程度不同。

三　数字化价值链升级效应的实证分析

在经济全球化背景下，产品内分工、模块化分工成为制造业参与国际贸易的主要方式，一国制造业产业高质量发展的重要体现是产业结构升级由产业内升级转向全球价值链（GVC）升级。改革开放以来，中国制造业嵌入全球价值链，长期凭借劳动、土地等资源要素禀赋，形成制造业价值链"两头在外、中间在内"的加工贸易发展模式，GVC低端锁定、路径依赖等问题不断凸显。[1]与此同时，在数字技术深入赋能条件下，全球贸易从贸易驱动、金融资本驱动向数据要素驱动以及数字技术驱动的全球价值链时代转型，数据要素作为链接全球资源的纽带，重塑了全球价值链的分工形态以及分工地位。数字技术对整个制造业的价值链形成与传递环节产生全面的赋能效应，能够实现研发设计数字化、生产制造自动化、智能化以及销售品牌的服务化，使制造业从封闭块状价值链向开放的价值网络转型。[2]本章基于此开展数字化是否能够提升中国制造业全球价值链地位的实证分析。

（一）模型建立和数据说明

1. 模型建立

为了检验数字化转型对制造业全球价值链地位的影响，本章借鉴李馥

---

①　王振国等：《全球价值链视角下中国出口功能专业化的动态变迁及国际比较》，《中国工业经济》2020年第6期。

②　阳镇等：《数字经济时代下的全球价值链：趋势、风险与应对》，《经济学家》2022年第2期。

伊[①]的研究并结合样本数据的信息含量和可得性，设定以下直接效应检验计量回归模型：

$$GVC_{i,\,t} = \alpha_0 + \alpha_1 Dig_{i,\,t} + \sum_{j=2}^{n}\alpha_j CVs_{i,\,t} + \sum\alpha_l Ind + \varepsilon_{i,\,t} \qquad (9\text{-}3)$$

其中，被解释变量是制造业全球价值链（GVC），即 GVC 地位（GVC_pos）。CVs 表示控制变量集，是影响制造业 GVC 升级的其他因素，包括行业研发水平、行业内企业数量、行业规模等。进一步地，为了减少内生性扰动，本章还在模型中引入行业（Ind）的虚拟变量，以尽可能吸收行业层面不可观测因素的影响。i 代表具体行业唯一识别的 id，即行业代码 N1-N14，t 代表业务数据统计的年份，ε 是模型的随机误差项。

2. 数据说明

核心解释变量：制造业行业数字化程度由制造企业数字化指数汇总至亚行 MRIO 分类的行业层面得到。具体而言，在测算的制造企业数字化关键词词频统计基础上进行自然对数化处理，再根据行业连接将制造业行业类别重新划分为亚洲开发银行 MRIO 分类标准，最后求取行业内企业数字化的平均密度，并以此代表具体行业平均数字化程度，形成 2011~2019 年年份_行业面板数据。

被解释变量：GVC 地位。贸易增加值分解是全球价值链分析的重要一环。本章基于亚洲开发银行多区域投入产出表数据库（ADB-MRIO 数据库），参考 WWYZ 分析框架分解了 2007~2020 年总出口数据，在此基础上测算了全球价值链地位指标。

控制变量：为了最大限度地克服遗漏变量带来的模型估计偏误，本章在回归模型中纳入了一系列影响制造业全球价值链升级的其他因素，形成控制变量集，具体包括以下指标。（1）行业研发支出。该指标采用分行业研发支出的自然对数来衡量。研发投入越多，技术革新越快，越有利于促进全球价值链升级。该数据来源于国泰安（CSMAR）数据库。（2）行业创新产出。该指标以分行业专利授权数量的自然对数表示。专利授权数量越

[①] 李馥伊：《数字经济与制造业全球价值链攀升：理论、实践与政策》，中国社会科学出版社，2021。

多，越有利于促进全球价值链升级。（3）行业内企业数量。行业部门内企业数量越多，市场竞争力越强，越有利于经济系统进行前沿性生产。该数据来源于国泰安（CSMAR）数据库。（4）行业规模。该指标采用总资产的自然对数来衡量。行业部门的总资产规模越大，总体生产规模越大，则行业更多的出口增加值会为他国所用，进而嵌入全球价值链参与国际分工越深。该数据来源于国泰安（CSMAR）数据库。

此外，在检验数字技术异质性时加入大数据、人工智能、云计算和区块链等技术的调节变量，在分析行业异质性时，加入劳动密集型、技术密集型和资本密集型等行业结构调节变量。以上调节变量的加入可以更方便地分析行业特质对制造业全球价值链升级的影响。变量的详细介绍参见表9–16。

表9–16　变量名称规范、定义和相关说明

变量性质	变量名称	符号	变量定义
被解释变量	GVC地位	gvc_pos	以投入产出表计算的GVC地位指数表示
核心解释变量	数字化程度	$lndigital$	以利用文本挖掘方法得到的企业数字化指数汇总到行业层面表示
核心解释变量（替代）	数字化投入	$digital\_input$	将企业无形资产中数字化无形资产占比汇总到行业层面
控制变量	行业研发支出	$lnrdspendsum$	分行业研发支出的自然对数
控制变量	行业创新产出	$lnpatents$	分行业专利授权数的自然对数
控制变量	行业内企业数量	$lnnoentprs$	分行业企业个数的自然对数
控制变量	行业规模	$size$	总资产的自然对数

从表9–17的变量描述性统计可以看出，样本观察年份为2011~2019年，因此每个变量统计到126个样本观测值。而在稳健性回归中，样本观察年份扩展为2007~2020年，故数字化的替代变量（$digital\_i$）统计到196个样本观测值。具体来看，全球价值链地位（gvc_pos）的最小值为0.576，最大值为14.12，表明样本制造业嵌入全球价值链的地位在行业方面表现出较大的差异，而在观测全球价值链参与度（gvc_pat）时，可以发现中国制造业后向参与度均值（0.152）大于前向参与度均值（0.130），且波动幅度更大。

表9-17　变量描述性统计

变量名称	符号	样本数量	均值	标准差	最小值	最大值
GVC地位	*gvc_pat*	126	0.281	0.088	0.103	0.502
数字化程度	*lndigital*	126	1.818	0.669	0.454	3.548
数字化投入	*digital_i*	196	4.219	3.261	0.000	14.427
行业内企业数量	*lnnoentprs*	126	9.820	0.869	7.49	11.151
行业研发支出	*lnrdspendsum*	126	15.122	1.236	11.947	17.224
行业创新产出	*lnpatents*	126	8.917	1.431	5.366	11.7
行业规模	*size*	126	10.501	0.960	8.357	11.973

（二）实证结果与讨论

1.基准回归

表9-18汇总了数字化影响制造业全球价值链升级的总体检验结果。表9-18第（1）列为数字化影响制造业全球价值链地位的回归结果，数字化程度（*mmx_lndigital*）的系数0.036在5%的统计水平上显著，表示中国制造业数字化转型的快速发展助推了中国制造业全球价值链地位的攀升。

表9-18　数字化对制造业全球价值链地位和参与度的基准影响回归结果

变量	*mmx_gvc_pos*
mmx_lndigital	0.036**
	（0.017）
控制变量	控制
行业效应	控制
样本数量	126
调整 R^2	0.333
行业规模	14

2.行业异质性

数字化程度在不同行业存在一定的差距，数字化投入在不同行业亦表现出转化能力的差异，哪些制造业行业能够率先获得数字化的价值链升级效应并带动产业链其他行业发展一直具有争议。由于年份_行业层面的数据样本量较少，本章根据投入要素密集类型将制造业行业归类为资本要素密集型、技术要素密集型和劳动要素密集型，并进行行业异质性实证验证。结果显示：（1）劳动和技术要素密集型行业的数字化程度系数分别在10%和5%的显著性水平上为正，这表示样本期内，无论是在劳动还是在技术要素密集型行业中，数字化对全球价值链地位的攀升都产生助推作用，且对后者的助推作用更强。由于数字技术具有与人力资本天然融合的特性，数字经济的绩效提升效应和价值创造效应在劳动和技术要素密集型行业中会发挥更好的助推效果，从而推升GVC地位。（2）资本密集型行业的数字化核心解释变量系数不显著（-0.0196），说明在2011~2019年的样本期内，制造企业数字化转型尚未获得全球价值链地位攀升的效应。资本密集型制造业数字化程度相对较高，但数字化投入的转化能力相对较差。究其原因，一是资本密集型行业与数字技术融合尚处于浅度阶段，表现为数字化转型仅获得较少的正向绩效提升效应，而且难以获得创新赋能效应，尤其是颠覆式创新赋能效应。机械及设备制造业、炼焦及石油加工业、金属制品业和非金属矿物制品业等制造业行业附加值低、自主创新能力弱，是资本密集型制造业数字化投入吸收转化效果差的代表。二是资本密集型行业引入高端数字技术受到发达国家核心技术或关键部件的制约，创新难度升级，而依靠自主研发需要积累一定的周期。

表9-19　行业异质性影响制造业 GVC 地位的回归结果

变量	（1） *mmx_gvc_pos* 劳动密集型	（2） *mmx_gvc_pos* 技术密集型	（3） *mmx_gvc_pos* 资本密集型
mmx_lndigital	0.0480* （0.027）	0.0657** （0.015）	−0.0196 （0.045）
控制变量	控制	控制	控制
行业效应	控制	控制	控制
样本数量	54	36	36
调整 R^2	0.169	0.304	0.016
行业规模	6	4	4

第五节 中国制造业数字化转型的优势、难点与制度选择

一 中国制造业数字化转型的优势

首先，中国制造业体量大，门类齐全。中国具有联合国产业分类所列全部工业门类，是世界上工业体系最健全的国家。中国制造业增加值自2010年起一直位居世界第一，并且40%以上的工业产品种类保持世界第一，制造业大国地位牢固。

其次，数字化技术发展迅速，中国数字经济具有规模优势。中国在移动物联网、云计算、物联网、区块链、人工智能等技术发展上位于世界前沿，数字化基础设施建设持续推进，数字网络相对完善。2019年，中国的数字经济规模达到35.8万亿元，仅次于美国。中国数字经济规模占GDP比重为36.2%，并且以名义增长率超过15%的增速发展。其中，产业数字化占GDP的比重由2005年的约7%上升到2019年的29%。[①]相比其他产业而言，数字经济具有国际比较优势，成为推动中国制造业实现技术赶超的"快车道"。

最后，产业政策支持力度大，数字化改造的市场需求旺盛。中国发布的"十四五"规划纲要明确提出建设"制造强国"和"数字中国"，需要利用海量数据和丰富的应用场景，实现制造业在全价值链中的高质量转型升级。国家发改委等17个部门联合推行普惠性"上云用数赋智"服务，持续培育数字经济新产业、新业态。工信部部署了"两化融合"和"制造业数字化转型行动计划"，制定行业数字化转型路线图。国资委提出了国有企业数字化转型的规划目标，强化关键核心技术突破，培育数字产业领军企业。在政策驱动和需求导向下，数字化转型成为当前政学业三界共同关注和推进的工作任务。

---

① 中国信通院：《中国数字经济发展白皮书（2020年）》，第3页。

二　中国制造业数字化转型的难点

第一，传统制造设备数字化改造难度大。制造业生产活动数字化成本较高，短时间内难以获得正向转型绩效提升效应。传统制造设备数字化需投入大量成本且周期长，容易掉入"数字化绩效陷阱"。

第二，数据安全保障有待健全。工业数据的安全要求远高于消费数据。工业数据涵盖设备、产品、运营、用户等多个方面，一旦泄露，会给企业和用户带来严重的安全隐患。数据如果被篡改，可能导致生产过程混乱，甚至会威胁城市安全、人身安全、关键基础设施安全乃至国家安全。

第三，前沿核心数字技术仍需攻关。我国核心数字技术虽发展迅速，但与发达国家前沿技术仍有一定差距。受数字贸易壁垒的影响，模仿式创新的难度加大，自主研发数字技术越发重要。

第四，制造业仍存在数字鸿沟。传统产业数字化发展不平衡不充分问题突出，大多数中小制造企业数字化水平低，网络化、智能化基础薄弱，尽管有强烈的愿望，但受人力、资金约束，普遍"心有余而力不足"，大中小企业存在数字鸿沟。

第五，数字化人才培养供给缺口大。数字化转型需要"全才"，即兼具业务能力、数字化理念和技能的人才。当下，相关领域人才极为欠缺，培养周期与难度大，外部招聘又难以准确定义；在缺乏这类人才的状况下，制造企业很难充分释放数字技术的价值。

三　推进中国制造业数字化转型的制度保障

根据数字化影响制造业转型发展的理论探索和实证研究，数字化是中国制造业转型升级的新动能，但依然存在总体转型水平不高，转型不够深入和非均衡发展，数字化转型的绩效提升效应、技术创新赋能效应和价值链升级效应作用条件不同、效果差异大和机制阻塞的问题，其中蕴含着丰富的政策启示。

第一，重视数字化转型对制造业转型升级的驱动作用，强化数字基础设施建设。制造企业数字化转型可以获得绩效提升效应、创新赋能效应及价值链地位攀升效应。但数字化转型总指数不高，尤其是数字技术与生产端制造业融合尚处于浅度阶段。解决上述问题可从以下几个方面着手。（1）持续攻克人工智能、区块链、云计算、大数据、5G、物联网、机器学习等关键技术，掌控核心数字技术，为制造业数字化转型提供持续创新驱动力。数字技术研发前期投入大、周期长、风险大，不易获得转型绩效提升效应，但建成后能够以长尾边际成本服务于制造业转型，因此应由国有资本主导攻克关键数字技术。（2）应加大数字化转型战略公共产品的财政投入力度，构建高速、移动、泛在、安全的新一代信息基础设施，加强电网、水网、交通运输网等智能化改造，加大数字公共产品供给力度。（3）搭建数据驱动制造业协作新平台，促进高端生产型服务创新，提升制造端与数字端的互渗度，以大规模企业带动供应链快速迭代，驱动制造企业基于工业互联网大数据进行网络协同制造和加快新业态、新模式的孵化。

第二，打通数字化转型的传导机制，引导和帮助制造企业深化数字化转型。从数字化影响制造企业的绩效和创新的中介机制可知，信息不对称水平改善、人力资本提升、商业模式创新、融资成本降低等有助于发挥中介效应。可采用以下具体措施。（1）进一步完善制造业信息传导机制，提升信息披露标准，增强信息披露的透明度和可靠性，提升企业内外部信息传导质量和效率。（2）加大数字化人才培养力度。一方面加大力度引进具备数字化知识的高端人才，另一方面强化高校、科研院所对数字化专业人才的培养。（3）营造良好的数字化创新环境。（4）推动数字金融改革，降低融资环节信用信息不对称程度，改善融资环境，缓解融资约束，释放数字化转型红利。

第三，根据数字化转型效应的行业、所有制、市场结构差异，制定和执行精细化和差异化的产业政策，具体措施如下。（1）最大限度地发挥制造业数字化投入正向效应和提高数字化投入转化率。对于能够获得积极的转型绩效提升效应和创新赋能效应的制造业应加大数字化投入，对于数字化转型效应差的制造业减少数字化投入或者采取措施提升数字化投入的转化效果。（2）营造公平竞争的市场环境，制定针对民营制造企业的筛选培育机制。（3）政府应防止数字资本无序扩张、过度集中带来的垄断问题，推动数字平台履行监管义务，出台治理行业垄断的政策措施。（4）机械及设备制造业、炼焦及石油加工业、金属制品业和非金属矿物制品业等资本密集型制造业数字化转型程度相对较高，但价值链地位攀升效应不显著。资本密集型制造业需加快与数字技术融合，强化自主创新，从而提高价值链环节附加价值。

第四，解决"数字鸿沟"问题，缩小中西部地区与东部地区发展差距以及区域内部发展差距，使中西部地区与东部地区协调发展。地区数字化程度差距以及数字化经济效应差距是"数字鸿沟"产生的两类主要原因。从实证结果可以发现，地区数字化发展差距在扩大，并且中部地区制造业在数字化绩效提升效应方面表现为"中部塌方"，中西部地区制造业创新与东部地区差距扩大产生"数字鸿沟"。中西部地区制造业需打破承接东部地区转移产业路径依赖，建立高端制造产业，抓住"东数西算"工程机遇，建设新型算力网络体系，促进制造业数字化转型的赶超。

第五，加快促进资源要素合理流动和优化配置，强化数字化转型对产业结构高质量升级的作用，在强调各产业提高生产率的同时，注重提升各产业的生产质量。同时，进一步加大对数字化知识产权以及相关专利的保护力度，完善数字化研发创新激励机制。加大对企业数字化创新的财政支持力度，制定完善数字化创新领域的税收优惠政策，激发企业提高数字化创新能力的积极性。进一步地，提升高校数字化水平，鼓励高校与企业搭建数字化创新、产业结构升级的学术与实践合作平台，持续深入开展合作。

第六，加强顶层设计，加快数字经济和传统制造产业融合发展。出台数字化助推传统产业转型发展的政策，积极搭建传统制造业与数字化融合发展的服务平台，鼓励传统制造业引入适合自身需求的数字化技术，促进数字化技术与传统制造业的高效融合，促进制造产业新业态、新模式发展。借助数字化转型发展的时代契机，积极开展大数据赋能行动，加快传统制造业产业链上游供给与下游需求的有效对接，变革"高投入、低回报"的生产模式，对传统产业进行改造升级，促进形成新兴产业。加强数字化技术的综合应用，通过数字化技术生产、数字化销售、数字化售后服务提高产业的全要素生产率等。最终，营造出良好的数字经济发展环境，加大关键核心技术研发投入力度，进一步加快数字经济与实体经济的融合发展，推动制造业实现数字化转型。

第十章
竞争性产业组织变迁与中国
创新–产业动态化

在一个经济体的发展过程中，产业组织通常会经历多次重要的结构变迁，这是经济发展方式转变和经济实力提升的重要标志。与发达国家中成熟的市场经济相比，发展中国家或转型经济体常常面临不可预测和动荡的环境。[①]在产业政策选择上，一些发展中国家会采取直接干预市场、限制竞争的管制性措施，并具有计划经济色彩。在我国，个别产业组织存在产业集中度过低、产能过剩以及市场运作绩效不佳等问题[②]，成为制约经济结构转型升级的障碍。从本质上看，产业组织的变迁是企业依据一定的效率准则不断适应和改进技术的结果。这一过程必然伴随企业进入与退出的动态调整，进而带来产业结构的持续改善和市场绩效的不断提升。在这个过程中，充分发挥市场竞争机制的作用，引导企业合理进入与退出，显得尤为关键。然而，在当前全球经济不确定性加剧以及国内经济面临转型升级的复杂环境下，我国产业组织仍然面临进入壁垒失效和退出壁垒过高等困境。这使部分产业出现了竞争过度或竞争不足的局面，进一步阻碍了产业结构优化和经济转型升级。本章将基于现有的创新–产业动态化相关文献的研究成果，从企业进入与退出的视角，揭示产业组织变迁的机制及其对产业发展的影响。同时，针对我国产业组织现存的问题，本章将探讨如何通过合理的政策引导和制度保障，有序推进企业资源配置的优化，并推动产业组织的健康变迁。

---

① Schmitz, H., *Flexible Specialization*: *A New Paradigm of Small-Scale Industrialization*? (Institute of Development Studies Press, 1989).

② 唐晓华、刘春芝：《我国产业组织的进入与退出壁垒分析》，《经济管理》2002年第6期。

第一节　企业进入与退出：推动产业组织
变迁的机制

产业组织对于企业的生产率和创新水平具有重要的影响，是产业竞争优势的关键来源。我国产业组织在变迁演进的过程中存在结构不合理、转型迟缓等困境，制约了产业结构升级和经济高质量发展。产业组织是一个具有复杂性和多样性且不断演变的动态系统，其中技术创新扮演着核心枢纽的作用。因此，要想探索产业组织变迁的路径和方向，需从创新主体的市场活动——企业的进入与退出——这个微观角度来整合与深化产业组织变迁的推动机制。

主流产业组织理论往往是基于均衡和静态的新古典经济学分析框架来研究产业组织变迁的内生性和动态性，显然缺乏足够的现实意义。在非主流产业组织分析中，如熊彼特的"创造性毁灭"理论框架，企业是创新主体，企业家精神是知识创造和发现的源泉，其目的在于通过熊彼特竞争获得垄断利润，而这也是以创新利润为基础进行市场份额和资源的再配置过程，伴随着新企业的进入、在位企业的成长以及失败企业的退出、整个产业组织形式的不断演化，表现为动态演变的产业生命周期过程。此外，新的产业组织形式也能够为知识产生、技术扩散等企业创新行为提供适宜性条件，依靠竞争机制淘汰难以适应新技术范式的旧企业，引入具有创新潜力的新企业。由此可见，创新与产业组织之间存在相互作用的正向反馈机制，正是这种动态机制促使产业组织持续变迁，整体竞争力持续提升。本章基于相互循环的"创造性毁灭"机制对产业组织的变迁过程（见图10-1）进行深入剖析。

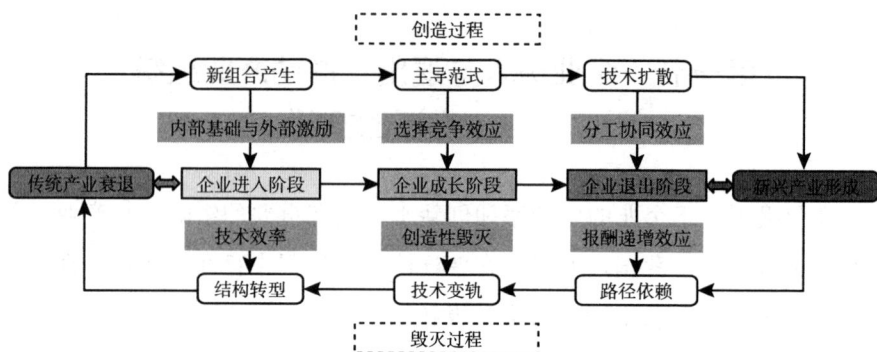

图10-1　产业组织变迁机制

一　创造机制：新组合产生与主导范式的形成

熊彼特指出创新是生产要素和生产条件的新组合，包含五个方面：采用新的产品、采用新的生产方法、掠取或控制原材料或半制成品、新的供应来源、形成新的组织。然而，新企业想要进入市场参与技术创新，不仅要依赖企业本身的内部知识基础，适宜的外部市场激励也是不可或缺的。新进入企业和在位企业之间的创新差异主要在于知识储备水平和技术转化能力的不同，具有更强知识基础的企业在市场竞争中拥有创新优势，能够积极发现与应用新知识，并以新颖的组合方式对既有禀赋进行再创造，实现高效创新企业对低效创新企业的替代。但是，除了拥有基础创新能力，企业外部还存在市场激励以提供潜在的创新机会。出于对垄断利润和垄断地位的追逐，产业内部各个企业在生产、经营等领域展开创新竞争，这在一定程度上扩大了要素组合边界，促进了持续的异质性创新的产生。

随着新组合和新技术在熊彼特式竞争过程中的持续产生，经济系统的局部创新最终会导致整个产业发生革命性变化，形成一种可以解决所选择的技术经济问题的模式——技术范式[①]，但技术范式并不总是固定不变的，而是存在着一个高度复杂的动态演化过程。最初，在位企业的技术范式处

---

① Dosi, G., "Technological Paradigms and Technological Trajectories: A Suggested Interpretation of the Determinants and Directions of Technical Change", *Research Policy*, 11 (3), 1982, pp.147-162.

于主导地位，规模报酬递增、学习效应等特征使得技术具有较强的路径依赖性、稳定性和不可逆性，进而锁定在位企业的竞争优势[1]，难以被后来的新技术所替代。然而，随着技术范式发展至轨道的拐点（"自然极限"），投入产出绩效达到最高后逐渐降低，此时技术突变会打破原有连续的、渐进的技术范式，引发技术轨道的间断和范式危机的出现，大量的企业进入和退出行为会推动产业组织发生技术革命，由此产生的新技术范式具有更强的创新能力和适应能力，在市场选择和竞争机制下逐步取代旧技术范式，成为具有"广泛适用性"的主导范式。

二　传播机制：技术扩散与新兴产业的形成

在主导范式确立后，参与新技术的力量不断壮大，但由于存在创新能力的差异，不同企业间通过分工与协作促进新技术在产业内不断传播、共享与应用，加速了生产与服务的专业化，使得新技术不断升级以满足实际需求，从而实现知识的商业化应用。在这个过程中，收益递增效应强化了技术外溢性，形成了企业创新成长的规模效应与范围经济。技术扩散的速度取决于技术输出方的研发水平、技术接受者的吸收能力、新技术本身的复杂程度、旧技术的路径依赖性等内部因素，以及技术势差、市场规模、制度环境等外部因素，这些因素促进技术扩散的速度越快，技术扩散的自发性与放大效应也就越强。

随着主导范式的确立、扩散和广泛应用，新技术范式也在不断改进中走向成熟，可编码化知识体系与标准化的产品工艺随之形成，原有的市场势力将被重新分割，市场规则、机制与理念发生重大变革，新兴行业应运而生。创新成功的企业拥有更高的组织能力与技术水平，在市场需求增长的基础上，其规模经济与范围经济迅速扩张，从而使得上下游企业间的联结更为紧密。在主导范式的选择与竞争效应下，技术水平低的企业会选择模仿创新或者被高技术企业并购而直接退出市场，与此同时，低效率的生产技术也被市场机制淘汰。新兴行业的形成使得产业组织的专业化和组织化程度不断提高，同时有助于提升组织效率与竞争力。

---

[1]　Arthur, W. B., "Competing Technologies, Increasing Returns, and Lock-in by Historical Events", *The Economic Journal*, 99 (394), 1989, pp.116-131.

三 选择机制：路径依赖与技术变轨

在主导范式确立后，企业的技术遵循确定路径发展，并在主导范式的基础上进行渐进式改进，而这常常会产生路径依赖效应。这一现象可以从供给和需求两个层面进行解释。在供给层面，随着企业产量的增加，干中学的效应降低了企业的生产成本，提升了企业的竞争优势，形成了规模效应与生产成本之间的正反馈效应。在需求层面，随着市场规模的扩大，消费者从技术中获得的价值会伴随着该技术使用用户数量的增加而提高，这被称为网络效应。在这种报酬递增效应的自我强化下，企业逐渐形成了路径依赖，进而实现对现有技术和优势地位的"锁定"与强化。因此，由于高额的转换成本，即使在更高效率的技术范式出现后，企业仍然会锁定次优技术，从而错失实现技术进步的机会窗口。

主导范式与新兴行业的出现会迫使难以适应新技术范式的企业加速退出。当新进入企业采取非连续创新与在位大型企业展开竞争时，后者可能失去其市场领先地位。技术变轨的本质是一种技术范式的不连续转变，既具有创造性和建设性的一面，又具有破坏性和替代性的一面，常常伴随着旧技术的衰退和企业的退出。同时，技术变轨的高度不确定性、非线性和不连续特征也为新企业的进入和新产业的形成提供了重要机会。当面临未定型的新兴产业时，在位企业往往碍于新路径巨大的市场和技术风险，忽略或者放弃新兴的技术范式，而选择维护其所主导的现有技术（渐进式技术创新），陷入路径依赖（或创新惯性）陷阱。此时，新进入企业面临的进入壁垒较低，技术变轨的机会成本也较低，往往会选择跨轨道式的根本性创新，而这也是后发国家实现经济超越的重要途径。

四 竞争机制：结构转型与传统产业的衰退

在技术变轨的过程中，较强的路径依赖效应往往会阻碍技术范式的革新与产业结构的转型。在传统产业中，竞争程度较低、进入壁垒与退出壁垒较高的组织特征使得企业面临较低的生存压力，选择较低效率的技术轨道，从而形成路径依赖效应，缺乏技术创新活力。因此，要实现创新与产业组织的正反馈机制以促进结构转型，需要有适宜的创新环境与组织特征。在熊彼特式竞争的初始阶段，累积性创新的差异造成了产业内市场势力的不对称，这种不对称特征将企业划分为拥有垄断利润的领导者与持续创新的追赶者，且两者的地位可以相互转换，在这个过程中产业组织始终保持着非平衡的动态特征，为新组合的产生与产业组织内生演进提供动力，与此同时也带动产业整体劳动生产率的提高，但由于技术创新存在偏向性，要素边际生产率在产业部门间存在差异，生产要素由生产率低的传统产业持续流向生产率高的新兴产业，加速了新兴产业的扩张与传统产业的衰退。

值得一提的是，结构转型并不仅指产业结构依次由第一产业向第二产业、第二产业向第三产业的规模扩张，而且指各个产业技术效率的依次提升。新兴行业所采用的技术多为通用型技术，扩散性与替代效应也更强，能够促进制造业与服务业中低技术行业的技术革新，优化产业结构的"质量"。随着技术效率的提升，企业将改进或淘汰传统生产模式，自主创新或模仿引进新技术，新产品的生产种类不断增加，生产规模不断扩大，由此原有的市场需求结构与供给结构被改变，产业加速成长，不断扩张，从而带来产业结构"数量"的提升。

五　产业组织变迁

在组织学习的过程中，企业会在其拥有竞争优势的技术领域进行探索，通过行业内知识、技能和经验的共享，从简单协作到复杂分工，基于现有的技术范式对产品、组织等生产要素和生产条件进行重新组合，在熊彼特式竞争中逐渐形成主导范式。其中，主导范式的扩散和模仿会使企业间知识和资源的交互性不断增强，由此促进产业组织的形成，这种组织形式引导要素资源由低生产率的传统产业向高生产率的新兴产业重新配置和优化，使产业组织结构发生质的变化（如从蒸汽时代的纵向一体化演变为信息时代的模块化组织）[1]，从而最大限度地提升技术的生产效率和产业的组织效率。然而，

---

[1]　张勋等：《数字经济、普惠金融与包容性增长》，《经济研究》2019年第8期。

产业组织变迁并非一蹴而就，随着需求市场在现有技术范式下达到饱和，相对生产率和绝对生产率出现下滑，直至新技术、新产品和新组织方式出现，组织中的生产模式和管理模式发生创新，呈现多样化和精细化趋势，从而彻底颠覆旧的产业组织。进一步地，罗斯托指出，产业演变和结构调整是经济增长阶段性变化的表现形式，而经济增长率的提高主要是由主导产业部门的相对扩张与其他产业部门的被动模仿创新共同促成的。由此可见，"创新−产业动态化"过程是经济体实现人均收入和产出持续增长的重要因素。后发国家要想成功追赶发达国家，"结构红利"是促进全要素生产率增长的主要来源，即主要依靠要素在不同部门之间的分配来实现产业结构的合理化和高级化，从而引导经济增长由粗放式向集约式转型。

第二节　产业组织变迁的两极："僵尸企业"与"专精特新企业"

目前，尽管我国拥有世界上最为完整且规模最大的产业链，但相当一部分产业处于全球价值链的中低端，呈现低端过剩、高端不足的结构性失衡问题。一方面，"僵尸企业"的存在是产能过剩的重要原因。[1]传统产业中存在大量的"僵尸企业"，由于企业自身因素、银行信贷支持、政府过度干预等无法正常退出市场[2]，甚至出现"劣胜优汰"的逆淘汰现象。尤其在经济增速放缓和结构转型的关键时期，大量"僵尸企业"的落后产能和同质化产品难以满足技术进步与消费者多样化的需求，由于外在力量未被市场机制淘汰，进而导致市场资源配置效率低下。另一方面，"专精特新企业"则面临难以进入市场的困境。"专精特新企业"的良好发展有助于供给结构和质量的优化，提升我国产业链的核心竞争力[3]，但一直以来，这些企业在突破"卡脖子"的核

---

① 申广军：《比较优势与僵尸企业：基于新结构经济学视角的研究》，《管理世界》2016年第12期。

② 程虹、胡德状：《"僵尸企业"存在之谜：基于企业微观因素的实证解释——来自2015年"中国企业−员工匹配调查"（CEES）的经验证据》，《宏观质量研究》2016年第1期。

③ 刘宝：《"专精特新"企业驱动制造强国建设：何以可能与何以可为》，《当代经济管理》2022年第8期。

心技术时会受限于国内市场中的技术、资本和制度等门槛，市场竞争力不强。

由熊彼特的创新理论可知，在可以自由进入和退出的市场中，随着颠覆式技术创新的产生，大量企业会进入与退出，新进入企业可以迅速替代不能适应新技术范式的在位企业，同时潜在进入企业也能迫使主导企业继续增加创新投入、改进现有技术以维持现有的垄断地位。在这种市场机制下，既没有限制新企业进入的行业壁垒，也不存在阻碍在位企业退出的沉没成本，产业组织能够按照适应经济发展的形式变迁。然而，现实中往往存在各式各样的进入与退出壁垒，如以规模经济、绝对成本优势和产品差异化等形式存在的"进入壁垒"，或表现为沉没成本的退出壁垒。因此，即使在进入者生产成本更低的情况下，较高的沉没成本也会使在位企业难以退出市场，而选择与进入企业展开低效率的价格竞争。[①]这表明，相对于"僵尸企业"，尽管"专精特新企业"拥有更低的生产成本和更高的技术效率，但由于各式各样的进入与退出壁垒的存在，也无法在市场中进行有效竞争，充分发挥企业家精神和比较创新优势。完善"僵尸企业"的市场退出机制、为"专精特新企业"营造良好的市场进入环境，有助于引领我国产业组织不断向技术前沿靠拢，为我国经济高质量发展奠定良好的创新基础，提高效能。基于此，有必要对企业的发展现状展开分析，概述"僵尸企业"形成的原因和"专精特新企业"进入的困境，以及两类企业产生的经济影响。

一　"僵尸企业"与"专精特新企业"的发展现状

（一）"僵尸企业"的发展现状

扣除非经常损益后，每股收益连续三年为负数的企业被认定为"僵尸企业"，由此得到2009~2021年上市企业中"僵尸企业"的数量与占比，如图10-2和图10-3所示。2009~2021年，上市企业中"僵尸企业"数量逐步上升，由2009年的175家上升至398家，年平均增长率为7.09%，而"僵尸企业"占上市企业比重有所起伏。这种变化趋势分为两个阶段，第一阶段为2009~2014年，受国际金融危机的影响，"僵尸企业"的数量与占比有所

① Lipczynski, J., Wilson, J. O. S., Goddard, J. A., *Industrial Organization*: *Competition*, *Strategy*, *Policy*（Pearson Education Press，2005）.

下降，但达到最低点（153家和6.13%）后，经历两年的快速增长反超原有水平。第二阶段为2015~2021年，2015年12月"去杠杆"政策提出后，"僵尸企业"数量快速增长趋势得到遏制，与占上市公司比重同时呈现下降趋势，但此后这一趋势并未有效维持。分行业来看，2021年"僵尸企业"中的制造业占比最高（60.55%），其次为信息传输、软件和信息技术服务业（9.30%）与批发和零售业（4.52%）等行业。

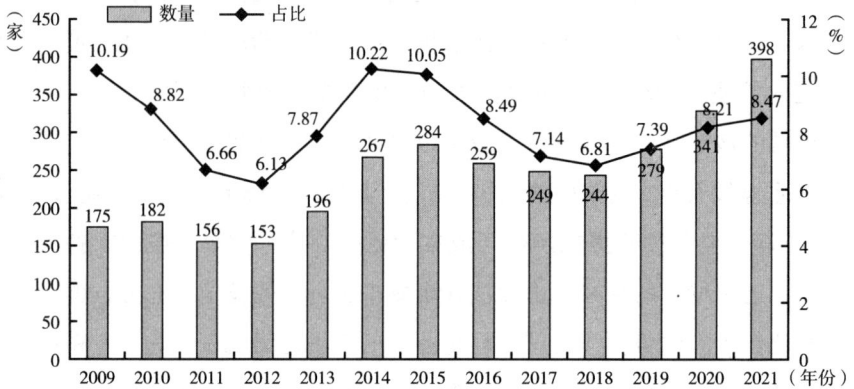

图10-2　2009~2021年上市企业中"僵尸企业"数量与占比

资料来源：国泰安数据库。

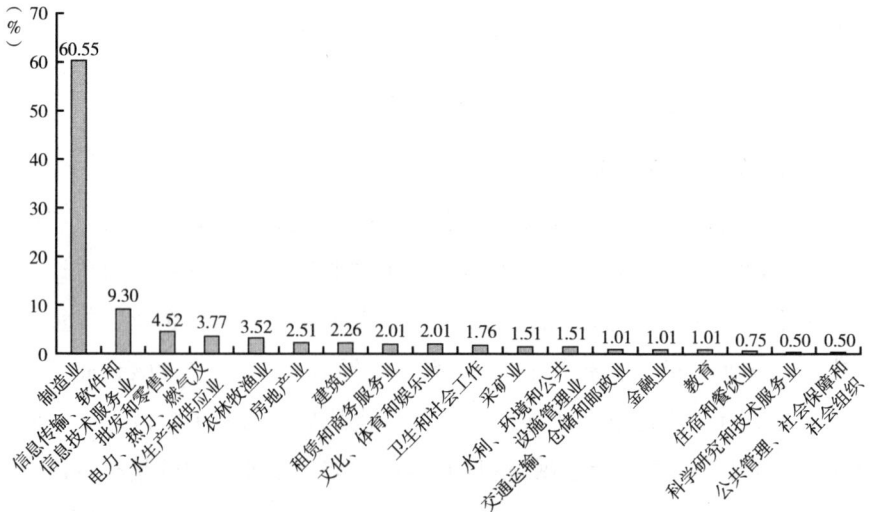

图10-3　2021年上市企业中"僵尸企业"行业分布

资料来源：国泰安数据库。

总体而言，在国际金融危机发生和"去杠杆"政策提出后，虽然"僵尸企业"的数量与占比有所下降，但幅度较小且不久后又快速上升，这表明"僵尸企业"的退出更多的是由外生冲击所引起的，而非产业组织的内生机制，这一现象反映出目前企业退出的市场机制存在较大缺陷，导致"僵尸企业"难以正常退出市场，甚至在一定程度上有助于"僵尸企业"的滋生，尤其在制造业行业中。

（二）"专精特新企业"的发展现状

截至2022年9月28日，工信部共公布了四批国家级专精特新"小巨人"企业名单，累计9022家，行业分布与成立年限如图10-4和图10-5所示。从行业分布来看，机械设备行业的专精特新"小巨人"企业数量最多（2293家），占总量的25.42%，其次为综合行业（1662家、18.42%）、计算机行业（1295家、14.35%）和化工行业（888家、9.84%）等。其中，机械设备行业与计算机行业的专精特新"小巨人"企业中上市企业数量最多，分别为420家和310家。从成立年限来看，平均成立年限为16.24年，4696家（52.05%）专精特新"小巨人"企业的成立年限位于10~20年，其次为20~30年（2479家、27.48%）、不足10年（1576家、17.47%）等。由此可见，大部分"专精特新企业"分布于高新技术行业，且行业集中度较高。此外，相对于平均成立年限只有3年的中小企业来说，成为"专精特新企业"需要更长时间的专业技能积累。

（三）企业进入与退出的现状分析

从2021年1月至2022年6月企业进入与退出的现状（见图10-6、图10-7）来看，除2021年6月外，工业企业退出新设比基本维持在50%左右，即工业企业进入数量基本保持为退出数量的2倍。2022年，工业企业的新设与退出数量同比增速持续下滑，较上年已连续4个月负增长。2022年6月，新设与退出企业数量分别约为5.29万家和2.60万家，同比下降1.30%和46.9%。这说明市场流动性不足，工业企业缺乏竞争力，面临较大的市场压力，如何优化市场结构、全面激发产业竞争活力已成为产业组织变迁的重中之重。

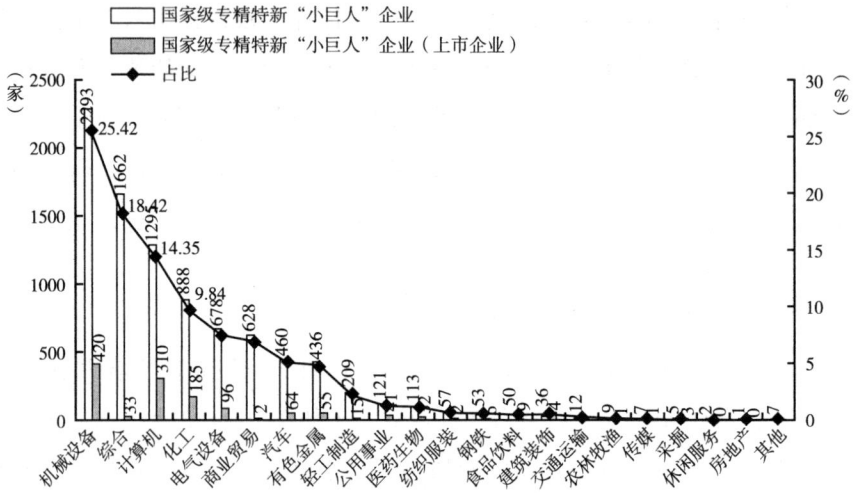

图10-4　国家级专精特新"小巨人"企业行业分布

资料来源：根据"企业预警通"相关整理。

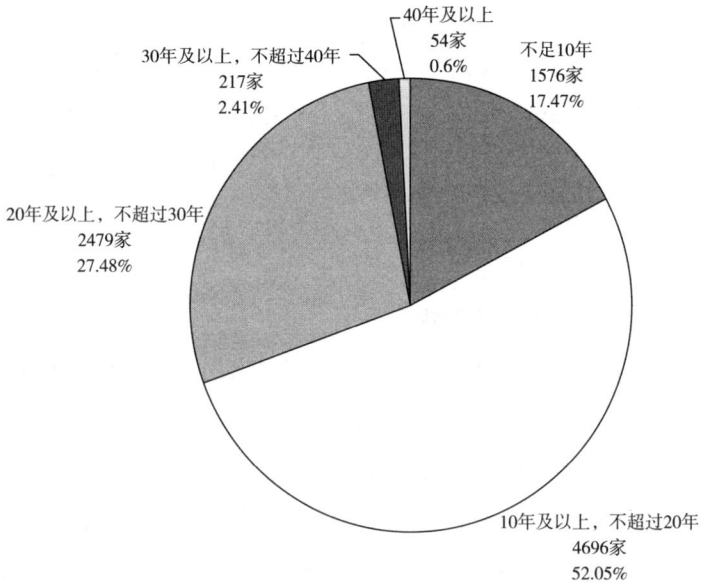

图10-5　国家级专精特新"小巨人"企业成立年限

资料来源：根据"企业预警通"相关数据整理。

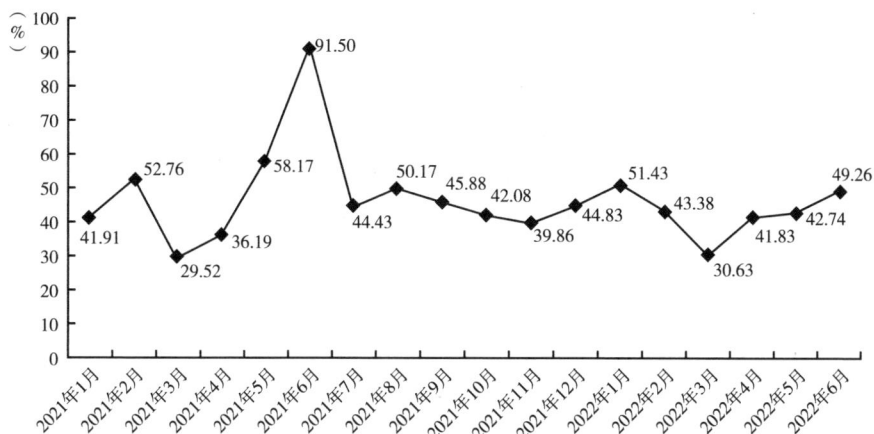

图10-6 2021年1月至2022年6月工业企业退出新设比

资料来源：国务院发展研究中心企业研究所。

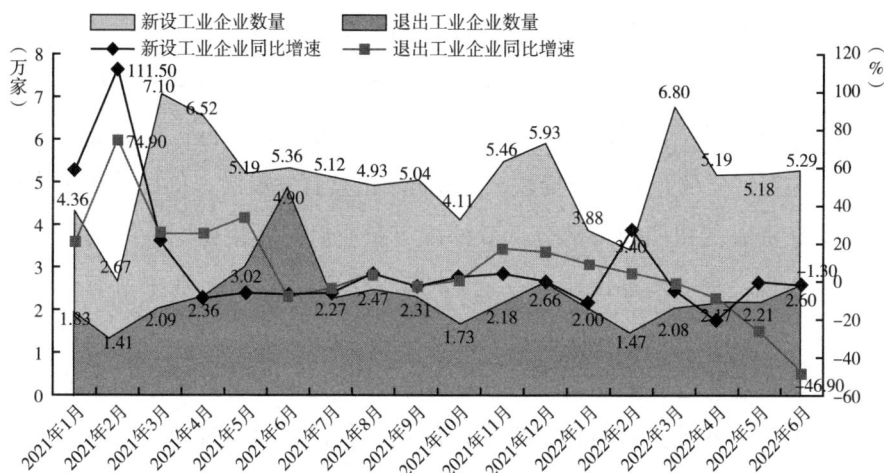

图10-7 2021年1月至2022年6月新设工业企业与退出工业企业数量与同比增速

资料来源：国务院发展研究中心企业研究所。

二 "僵尸企业"形成的原因和影响效应

（一）"僵尸企业"形成的原因

一是企业自身因素。长期以来，我国大部分制造企业以模仿创新为主，缺乏内生技术创新能力，在产品市场上存在大量的同质竞争，企业经营绩效和利润被大幅压缩。此外，由于受路径依赖以及信息不完全等因素的影响，这些生产相似产品的企业往往容易陷入"囚徒困境"，仅在广告、要素成本、价格等领域开展低效率竞争，而放弃提升产品和服务的质量。在这种"集群式"和"潮涌式"的生产行为下，企业的创新动力严重不足，缺乏企业家精神，再加上面临经济结构转型与要素边际产出递减的双重压力，消耗大量劳动、资本为代价生产大量同质产品，供给远超市场有效需求，企业大面积亏损在所难免，最终形成"僵尸企业"。

二是银行的不良动机。对于银行来说，如果企业进入破产清算环节将导致出现大规模不良贷款，这意味着银行需要提高风险准备金，势必会影响银行本身的资本充足率和利润水平。因此，出于防范系统性风险和避免坏账损失的考虑，银行机构往往会选择继续为资不抵债的企业"输血"，提供更低利率和更长期限的信贷，以期这些企业能够在未来扭亏转盈。但研究表明，利率的降低虽然减轻了企业的财务压力，却在道德风险和逆向选择的作用下促进了"僵尸企业"数量的增加。此外，银行机构更加偏向于为具有国有性质的企业提供贷款①，而非真正具有发展潜力的民营或中小企业，金融资源的扭曲使得部分低效的国有企业以"新债还旧债"的形式延续经营，也会进一步加深非国有企业的融资约束，降低行业中所有企业的生产效率和利润水平，从而催生大量的"僵尸企业"。

三是政府的过度干预，一方面在GDP是衡量地方官员绩效的重要指标的情况下，一些地方官员为了任期内的短期利益，会通过产业政策、政府补贴和税收优惠等措施吸引大量投资，扶持各类产业发展，以行政干预替代市场主体进行资源配置，促进地区经济增长，这种自上而下的经济发展方式会带来重复建设、过度投资、盲目扩张等严重后果，加剧"僵尸企业"的形成。另一方面，地方政府为了稳定税收与避免大量失业，也会对"僵尸企业"的正常退出进行干预。当企业面临经营困难甚至连年亏损时，地

---

① 卢树立、何振：《金融市场扭曲对僵尸企业形成的影响——基于微观企业数据的实证研究》《国际金融研究》2019年第9期。

方政府难以辨别企业是否具备发展前景，但为了维持既定的经济目标和社会稳定，往往会通过直接补贴或政策性贷款持续为"僵尸企业""输血"，以阻止其正常破产。

（二）"僵尸企业"的影响效应

一是占有大量生产资源，抑制正常企业的创新活力。"僵尸企业"的生产效率低于正常企业，虽占据劳动力、资本和信贷等宝贵的要素资源，但缺乏将其转化为实际产出的生产能力，这些资源大多会被用于偿还原有债务和维持基本经营活动，进行低效率、大规模的扩张，而非用于促进企业生产效率的提升。相比之下，正常企业在开展技术项目时往往受到"僵尸企业"造成的资源约束、信贷扭曲和非公平竞争等渠道的挤出效应的影响[1]，难以从外部获得应有的创新资源，不仅会降低要素资源的使用效率，也会制约正常企业的创新发展。

二是拥有大量过剩产能，阻碍产业结构调整升级。推动供给侧结构性改革的关键之一是消除过剩产能，实现生产要素的有效分配。根据产业发展的规律，产能的供给会随着产品需求依据市场自发调节机制进行调整，多余的、落后的产能可以在一段时间内被转移或淘汰。但"僵尸企业"的存在会破坏产业动态化过程中市场竞争机制发挥作用。[2]在政府和银行的救助下，"僵尸企业"在市场中积压了大量过剩产能，阻碍要素资源在行业间自由流动，无法为产业结构升级提供资源优化配置和技术进步的必要条件。

三是过度负债，系统性风险加大。"僵尸企业"通常面临着居高不下的债务且不具备相应的偿债能力，但长期以来政府、银行持续通过隐性担保、信贷补贴等"输血式"帮扶措施维持"僵尸企业"的存续，这种与企业收益不相匹配的低成本融资方式，一定程度上诱发了正常企业"脱实向虚"[3]，拉升了行业的整体杠杆水平，使经济面临较大的系统性风险。不仅

---

[1] 王永钦等：《僵尸企业如何影响了企业创新？——来自中国工业企业的证据》，《经济研究》2018年第11期。

[2] 肖兴志、黄振国：《僵尸企业如何阻碍产业发展：基于异质性视角的机理分析》，《世界经济》2019年第2期。

[3] 姚鹏等：《企业"脱实向虚"的一种解释：基于僵尸企业负外部性的视角》，《当代财经》2022年第7期。

如此，在现代商业信用体系下，不仅银行和企业间建立了较为密切的商业联系，企业之间也易于形成信用关联和互相担保，一旦某一家企业的资金链断裂，可能会造成多家企业同时倒闭的局面，极易引发整个行业的危机。

三 "专精特新企业"的进入困境与经济效益

(一)"专精特新企业"的进入困境

一是融资困境。由于我国融资体系不发达，企业自身资信不足，"专精特新企业"在创新融资的过程中常常遭遇融资难、融资贵的困境。首先，金融机构缺乏相应的金融产品和服务。相对于大型龙头企业而言，"专精特新企业"规模小、无形资产占比高，在以流动资金、固定资产作为企业贷款抵押的传统审批体系下，金融机构无法提供个性化、专业化的金融产品和服务来满足"专精特新企业"实际的研发资金需求。其次，"专精特新企业"普遍缺少融资所需的有效抵押物。"专精特新企业"将大量资金投入知识产权等无形资产的研发中，但受制于估值难、处置难和变现难等因素的影响，银行倾向于将无形资产作为抵押物的补充，而非采用以无形资产作为主体的单一信用结构，这使"专精特新企业"往往面临有限的融资渠道，或承担更高的融资成本。最后，技术创新是一种回报周期长、不确定性高的投资行为，银企之间容易出现道德风险、信息不对称等现象，会进一步限制"专精特新企业"的外部融资能力。

二是平台困境。在以技术创新为主导的行业中，构建资源、信息与技术的共享平台尤为重要。在我国，产业链分工协同体系尚未形成，大部分企业仍然停留在要素资源竞争的层面，在技术研发层面"各自为政"，行业间缺乏合作的创新生态，"专精特新企业"难以与上下游企业形成有效衔接，难以获得发展所需的资源、信息与技术，面临较高的行业准入门槛，不利于"专精特新企业"融入、改造与重塑传统产业组织。不完善的共享合作机制使得"专精特新企业"难以与同行业企业展开公平竞争，很大程度上制约了其发展壮大，无法有效在产业链中发挥核心价值和引领作用。

三是市场困境。即使在耗费高额成本突破核心技术将产品研发出来后，"专精特新企业"在市场应用阶段仍然存在极大的不确定性。在由产业政策或自然垄断而形成大企业占垄断地位的行业中，如交通、能源、电力、金融、互联网等行业，"专精特新企业"难以从中获得足够的市场份额，普遍具有市场竞争力弱、市场品牌价值低的特征。对比国有企业和大型企业，"专精特新企业"在开拓市场的过程中面临诸多困难，如产品或服务难以被市场接纳认可、行业经验匮乏、营商环境有待完善等，这容易导致"专精特新企业"在国内外市场竞争中处于弱势地位，企业发展空间被限制，创新活力被打压。

（二）"专精特新企业"的经济效益

一是提升创新基础能力。我国已经建立了最为完备的产业体系，但很多采用的是可复制、可模仿的低端技术，在关键材料、元器件等核心基础部件的供给领域具有较强的对外依赖性，创新基础仍然十分薄弱，因此，我国在提升国际产业链地位的过程中常面临高端技术"卡脖子"问题。而解决这一困境的关键在于培育"专精特新企业"，"专精特新企业"聚焦于产业链中的特定环节进行技术攻关，专业化和分工程度高，自主创新能力强，有助于弥补我国产业链关键领域的短板，发挥创新的"鲇鱼效应"，提升行业的竞争实力和韧性。

二是促进产业结构转型。"专精特新企业"是经济结构转型和未来产业布局的关键。一方面，"专精特新企业"具有较强的竞争性，能够对传统企业产生潜在竞争威胁，可以有效发挥专业化和差异化的比较优势，通过"创造性毁灭"机制重塑产业组织，提升行业整体生产率。另一方面，"专精特新企业"具有较强的成长性，能够快速成为行业的主力军，为未来产业发展形成良好的创新导向，通过发挥引领作用和示范效应推动产业转型。

三是提高经济发展质量。在以往重量轻质的粗放式经济发展阶段，为推动经济规模的快速增长，催生了一批以规模大、成本低、价格低、品种少为特征的基础工业和重工业企业，这种发展模式虽满足了当时生产能力快速增长的需求，但也引发了经济发展可持续性不足、产品竞争力弱、对外依赖性强等诸多问题。进入新发展阶段，质量和效率逐渐替代数量和规模成为经济发展的重点。作为创新创业的核心力量，"专精特新企业"具有专业化、精细化、特色化、新颖化的特征，更加符合新发展理念的要求，对于推动经济高质量发展与建设现代化经济体系具有重要的支撑作用。

第三节　有序推进中国企业资源再配置路径：
竞争导向与转型便利性

从"僵尸企业"到"专精特新企业"的转变，是我国企业资源优化配置的关键。"僵尸企业"占用了过多的生产资源，生产效率却较为低下，在银行和政府对市场的干预下无法有效退出，进而导致产能过剩。相反，"专精特新企业"拥有更强的创新性、竞争性与成长性，却面临融资、市场和平台困境，难以跨越市场进入壁垒。这种市场资源错配现象使得"专精特新企业"的新技术范式无法通过熊彼特竞争替代"僵尸企业"的旧技术范式实现"创造性毁灭"，不利于结构转型过程中适用性范式的形成和扩散。

随着我国由远离技术前沿阶段向准技术前沿阶段进发，进行大规模投资从而模仿国外先进技术的追赶导向型技术进步模式将面临潜在的"技术追赶陷阱"，但目前市场中仍存在大量以模仿式创新为主的"僵尸企业"，以自主创新为主的"专精特新企业"相对匮乏。扩大竞争有助于激励企业向竞争导向型技术模式转变①，通过提升市场竞争程度，引导大量具有潜在创新意识的"专精特新企业"进入市场替代在位的低效率"僵尸企业"，提升结构转型的便利性，进而实现由"创造性毁灭"引致的企业资源再配置、产业结构的新旧更替。由此可见，构建竞争导向型产业组织以及提升结构转型便利性是推进我国企业资源再配置的重要路径。

一　构建竞争导向型产业组织

（一）实施竞争型产业政策，提升市场竞争活力

长期以来，我国产业政策一直表现出政府过度干预、限制市场竞争的特征，在挑选重点发展产业、项目、企业后，政府通过财政补贴、税收优惠、低息贷款等措施给予扶持，如钢铁和光伏等领域，使得在位企业依靠低成本获得垄断利润，并维持较高的产品价格。这往往会扭曲资源配置，

---

① 黄先海、宋学印：《准前沿经济体的技术进步路径及动力转换——从"追赶导向"到"竞争导向"》，《中国社会科学》2017年第6期。

造成大量过剩产能，损害市场竞争活力。这种选择性产业政策适用于经济发展水平较低的早期阶段，垄断型的市场结构更有利于快速缩小与发达国家的经济差距。随着经济发展到较高水平，进行大规模资金扶持，对其他市场主体造成了政策性歧视，因此也失去了相应的理论基础和逻辑依据。在经济发展新阶段，产业政策应摒弃扭曲市场竞争的做法，让市场在资源配置中起决定性作用，引导更多的企业自由进入市场，消除政策性进入壁垒，激发市场竞争活力。

一是实施竞争性补贴。对于处在初创期或者新兴行业的企业，其在成长过程中缺乏可模仿的对象，往往需要付出较高的试错成本才能确立成熟的生产模式和技术范式。因此，应当给予这些企业更加广泛、均衡的补贴覆盖，鼓励具有发展潜力的新企业进入行业，弥补市场风险和正外部性，由市场机制筛选出行业领头羊。

二是打破行政性垄断。相较于市场内生的经济性垄断，市场外生的行政性垄断对市场竞争活力具有更为直接和强烈的破坏力，损害了经济循环的效益和效率。有些地方政府出于地方保护主义的考虑，滥用行政权力割据行业和市场，将经营许可权授予指定企业，使得少数市场参与者享有多数行业资源要素，形成了封闭的市场环境。行政性垄断极大地降低了企业进入市场和自主创新的积极性。打破行政性垄断需从两方面入手：第一，明确政企边界，政府的行政权力属于公共物品，其目的在于公共利益最大化，应避免政府代替企业的"越俎代庖"行为，放松对市场的行政管制力度；第二，在法律上约束行政权力的滥用，打破行政性垄断需要一个具有权威性、专业性的独立机构来执行监管职能，推进简政放权，优化营商环境。

（二）推动创新要素自由流动，促进市场公平竞争

2022年3月，中共中央、国务院发布《关于加快建设全国统一大市场的意见》，其中提到要加快建设高效规范、公平竞争、充分开放的全国统一大市场，包括土地和劳动力市场、资本市场、技术和数据市场、能源市场等要素资源市场。人才、资金、技术与数据等创新要素的自由流动有助于不同市场主体享有平等的发展机会，营造公平竞争的市场环境，优化资源配置，进而发挥市场机制的最大效用。

在缓解融资压力方面，构建多层次资本市场，畅通企业融资渠道。如科创板和北交所的设立，更加重视为创新型企业提供高质量金融服务，解决了"专精特新企业"因缺乏足够抵押物而面临金融排斥的困境，进一步扩大金融市场服务企业的覆盖面和加深深度。不仅如此，还可以通过引入数字技术发挥金融科技的作用，打破传统金融的时空限制，构建企业信息共享和征信管理平台，简化贷款审批流程，减轻银企之间的信息不对称程度，降低融资过程中的交易成本和代理成本，为更多民营企业和中小企业提供便利性、个性化的信贷支持，避免国有企业和大中型企业低效占用大量金融资源，从而减少规模歧视和所有制歧视，使所有企业都成为公平竞争的独立市场主体。

在构建创新平台方面，重视创新生态体系，培育企业自主创新能力。通过与高校、科研院所合作开展产学研协同创新，攻克关键领域的前沿技术，打破国外技术封锁的现状。同时，搭建和完善公共服务示范平台和要素共享平台，充分发挥资金、技术、人才和数据等创新资源的集聚能力和平台效应，促进市场创新主体之间的合作交流，实现上下游产业链的协作配套，强化行业中龙头企业与中小企业的技术互补，构建产业链全局良好的协同分工创新生态。另外，加强不发达地区的基础设施和公共服务建设，如高铁交通、大数据共享平台、5G基站等，充分促进地区优势创新资源的跨境流动。

在开拓新市场方面，积极引导企业开辟新的市场，提升产品核心竞争力。"专精特新企业"更多的是在市场中以产品质量竞争，而非以价格竞争，因此，如何为优质产品开拓市场成为创新型企业确立市场地位的关键。首先，重视品牌建设，与大企业融合树立市场地位，提升"专精特新企业"的品牌价值和市场识别度。其次，政府应当给予"专精特新企业"更多的市场机会，在政府投资的重大项目工程和政府采购项目中，鼓励在同等质量下优先采用国内自主设计的设备和材料等。最后，积极融入全球产业链，主动与国际市场接轨，开辟海外市场，不断提高企业的国际竞争力。

（三）引进国际前沿技术，提升企业竞争实力

目前，我国本土企业的技术与国外前沿技术仍有一定差距，实现技术追赶不仅需要先进技术的溢出效应，还需依靠以此形成的竞争创新效应。因此，国外前沿技术的引进并不仅是模仿和学习，而且在于形成良好的"引进—吸收—激励—创新"氛围[1]，提升企业的自主创新能力和市场竞争实力。

一是提升技术引进的便利性。一方面，政府可以通过税收优惠、费用减免等政策引入外商投资，优化外企服务水平，放宽行业准入条件，提升国内市场开放程度，同时注重知识产权的管理和保护，尤其是高新技术行业。另一方面，国内企业也可以寻求主动融入全球分工体系的机会，通过政府购买等方式，积极引导国内企业与国外知名企业展开竞争与合作，搭建"走出去，引进来"的技术交流平台，从而更好地嵌入国际技术创新网络，提升和维持企业的核心竞争优势。

二是提高前沿技术的吸收能力，引进适宜性和适用性技术。在引进技术的同时增强技术的吸收能力，发挥企业技术引进的真正效益。在引进国际前沿技术时，企业需具备一定的创新基础条件，如对研发人员的培养和营造创新制度环境，有针对性地引进适宜的技术，优先选择符合我国现阶段发展水平且层次较高的先进技术，由此才能促进先进技术更加便捷和充分地转化为实际生产能力，完全吸收国际前沿技术的溢出效应。

三是激励企业自主创新，防止形成对外技术依赖。引进外企外资，有助于企业引进和吸收国外先进技术，以较低的成本和较短的时间提升企业绩效，但与此同时，企业也应注重培养自主创新能力，避免落入技术依赖的陷阱。因此，企业在攻克核心技术时，应注重国外技术吸收以促进创新研发能力的提升，提高自主研发经费支出，重视科研人员的培养，推动国际人才交流与合作，逐步在国际市场上形成绝对技术优势，避免关键领域被国外技术"卡脖子"，实现企业的高水平创新。

---

[1]　马永军等：《技术引进、吸收能力与创新质量——来自中国高技术产业的经验证据》，《宏观质量研究》2021年第2期。

二 提升结构转型的便利性

（一）健全市场退出机制，维护市场竞争秩序

企业自身创新动力不足、银行不良动机和政府过度干预等因素，使得本应该被淘汰出局的"僵尸企业"在市场上存续，无法将要素资源释放给生产效率更高的企业，市场竞争秩序被严重破坏，这对正常企业的创新、投资和经营产生了挤出效应，导致资源配置扭曲和市场退出机制失位，对产业升级具有显著的阻碍作用。[①]

一是构建有效识别机制，持续监测企业的"僵化"风险。处置"僵尸企业"的首要任务是精准识别"僵尸企业"，但由于企业"僵化"的原因是多重而复杂的，因此一直以来，对于"僵尸企业"的认定尚未形成统一标准，缺乏有效的识别和监测机制。应当基于优胜劣汰的市场机制，以大数据方式实现部门间的信息共享，构建"僵尸企业"数据库，形成企业生产效率的动态监测机制，持续跟踪企业的生产能力和发展能力，在出现"僵化"风险时及时发出预警信息，准确快速地识别"僵尸企业"。

二是构建预防机制，从源头上遏制"僵尸企业"的形成。首先，从企业自身出发，违背要素禀赋和技术的比较优势更容易成为"僵尸企业"[②]，故企业应当选择契合自身比较优势的资源要素和生产技术，以较低的成本追求利润最大化，形成良好的自生能力。另外，企业还需重视企业家精神的培养，在面对财务困境时从企业内部展开积极自救，主动探索转型升级的创新路径。其次，银行应做到定期清查坏账，并如实反映不良贷款率，提高对"僵尸企业"信贷资格的审查标准，重点加强对信贷资金流向的管控和企业经营风险的评估，抑制"僵尸企业"的道德风险行为。最后，政府应对财政补贴程序进行严格审批，有针对性地为缺少资金但具有发展潜力的企业提供财政补贴，提升财政补贴的"造血能力"，防止"僵尸企业"

[①] 王贤彬、陈博潮：《僵尸企业与产业升级——来自中国工业企业的证据》，《中央财经大学学报》2022年第8期。

[②] 申广军：《比较优势与僵尸企业：基于新结构经济学视角的研究》，《管理世界》2016年第12期。

过度依赖地方政府"输血"。

三是构建分类处置机制，实现企业市场化退出。并非所有的"僵尸企业"都对结构转型具有完全的消极意义，应该根据具体情况分批次救助或使之退出市场。对于因外部环境而暂时陷入经营困难的"僵尸企业"，可以通过技术转型、战略方向调整、多元化经营等方式继续发挥经济效益。对于过度负债和管理不善的企业，应以债务重组、并购重组和托管经营为主要手段，尤其对于国有企业，应积极推进混合所有制改革，大力引入民营资本，提高管理水平和市场竞争力。对于空壳公司或营利性极差的企业，应停止银行信贷和政府补助，通过司法程序进行破产重整，引导企业尽快退出市场。

（二）构建动态创新网络，促进产业协同演进

在实现"创新-产业动态化"和结构转型过程中，新技术的形成、扩散和成为主导范式是不同市场主体之间相互协作形成的结果，与此同时，创新网络也随着企业间知识、资源和技术的交互而发生动态变化。动态创新网络的构建有助于企业在复杂、不确定和开放式的创新环境中降低市场风险、建立创新优势，是决定技术一致性水平的充要条件，能够快速地实现旧技术范式的淘汰、新技术范式的适应、主导范式的确立，提高经济结构的转型便利性和国家追赶能力。动态创新网络具有以下三个特征。

一是网络化。在知识经济时代，技术创新具有高度的复杂性和不确定性，传统的企业创新模式囿于知识和资源获取的有限性，难以适应新技术的发展，需构建新的网络化创新模式来实现知识资源的组织间流动和共享，为新范式的形成、扩散和持续创造合适的经济和技术结构。网络化是市场主体间交互学习、资源获取和信息共享而形成的特定组织形式，网络化外在表现为交易成本不断降低、市场逐步成熟以及竞争优势的持续演进。同时，各市场主体在创新合作过程中也会对网络结构进行不断改造，寻求有利的创新环境。

二是创新性。创新性是产业保持竞争优势、实现可持续发展的根本特征，创新主体在网络中的互动就是创新形成的源泉。在动态创新网络中，资源配置和组织模式的创新赋予企业超越自身知识边界进行技术创新的能力，这种无形能力被创造出来后，通过网络中的技术整合、技术扩散和技术联盟等措施进一步扩大，在网络传导机制中持续积累和优化，从而将尚未挖掘的潜在价值转变为新的现实价值。动态创新网络中的市场行为都是以创新为导向，包括企业、金融机构、政府、科研院所在内的自我创新和交互创新构造了整个复杂创新系统。

三是动态性。动态创新网络是个开放式系统，随着技术进步、产业调整和经济发展的不断演进，新旧技术、企业、产品不断涌入和淘汰，最终达到相互协调的动态平衡。这主要是由于创新网络所依托的内生技术和外生环境存在高度不确定性与不可预测性，从而引致网络中各市场主体之间的相互联系不断变化和发展，而其中的生产要素、知识和信息在流动过程中也在持续更新，使动态创新网络的形成过程始终处于"创造性毁灭"的往复状态中。此外，创新网络的动态性不仅表现为产业层面新企业的进入与旧企业的退出，还包括企业适应技术变革并重新获取竞争优势的动态能力，正是这种动态创新能力引起了新知识的创造、资源要素的再配置和产业的协同演化。

第四节　推动中国产业组织变迁的制度保障

以诺斯为代表的新制度学认为，制度因素是经济增长的决定性因素。同样，产业动态化和变迁的模式在很大程度上是由行业特有的制度所决定的。[①]如知识产权保护的强弱、金融体系的发达程度等，能够通过改变行业竞争形势和选择方向，影响市场主体的创新优势和竞争者模仿的成本，对不同产业的动态演进和变迁产生重要影响。不仅如此，政府政策也能通过扶持新企业或通过促进技术扩散和技术变革来改变行业进入率，从而影响整个产业组织变迁的方向和速度。有效的制度保障能够为"技术一致性"的实现创造良好条件，其关乎后发国家是否能把握住新一轮技术革命的机会窗口，继而推行新技术，发展主导产业。相反，不完善的制度将导致技

---

① Malerba, F., Pisano, G. P., "Innovation, Competition and Sectoral Evolution: An Introduction to the Special Section on Industrial Dynamics", *Industrial and Corporate Change*, 28（3）, 2019, pp.503-510.

术形成缺乏激励，从而错失占领新技术制高点的机会窗口。因此，为推动产业组织变迁提供有效的制度保障是我国追赶发达国家技术前沿的关键起点。

一 建立健全公平严格的产权保护制度

产权保护制度是市场经济下促进技术创新、维护市场秩序、推动产业结构升级的基本法律制度。首先，公平保护不同所有制产权。通过法律手段平等保护不同所有制下所有企业的经营权和管理权，公平对待国有企业和民营企业，有助于减少由地方政府财政支持而产生的"僵尸企业"，破除包括所有制歧视、政策性歧视在内的各项隐性壁垒。其次，构建知识产权管理制度。在企业内部设立的专门知识产权管理部门，对技术研发、专利申请和管理保护等进行全面的统筹规划，引进专业的管理人才和第三方机构，提升知识产权管理的水平和效益，提高知识产权的利用率和商业价值。最后，加大产权保护力度。企业进行创新的激励在于获得垄断利润，而利润的保障在于强有力的产权保护。实施严格的产权保护制度有助于激发企业家精神，激励更多的市场主体参与创新研发，与在位企业展开高质量的创新竞争。针对目前我国知识产权侵权成本较低的问题，应尽快建立有关专利权、商标权等知识产权侵权的惩罚机制，在执法过程中严格落实，确保创新主体获得应有的创新收益。

二 健全金融体系，提高资本配置效率

金融体系既是现代经济发展的血液，也是产业组织发展和转型强有力的支撑。一方面，优化金融结构，提高直接融资服务供给。从金融结构上来看，稳定的银行体系有助于在经济发展早期实施模仿创新，高效的金融市场体系能够促进经济发展成熟阶段的自主创新。[1]此外，以银行为主导的间接融资机构往往为了隐瞒自身不良贷款，而选择给"僵尸企业"持续"输血"，易于陷入流动性困境而导致系统性风险。因此，要想提升企业自

---

[1] Lin, J. Y., Wang, W., Xu, V. Z., "Distance to Frontier and Optimal Financial Structure", *Structural Change and Economic Dynamics*, 60, 2022, pp.243-249.

主创新能力，降低国民经济僵化风险，构建"创新-产业动态化"机制，应积极推进债券市场和股票市场发展，扩宽企业直接融资规模和渠道，尤其是民营企业和中小企业。另一方面，提高金融服务实体经济的效率和质量。在我国金融发展的过程中，普遍存在配置效率低下的问题，阻碍了产业的健康发展。应加强金融监管，遏制过度投机行为，防止金融资源持续流向失去"造血"能力的产业，提升金融配置的有效性，将更多的金融资源导向实体经济，充分发挥去杠杆、去产能的作用，从而促使产业结构趋向高级化和合理化。

三 制定市场竞争制度，完善公平准入与市场退出机制

发挥市场机制在资源配置中的决定性作用是维护竞争中性原则的重要前提，减少政府干预，由市场决定企业的进入与退出，构造竞争导向型产业组织。首先，维护市场公平竞争制度。公平对待所有市场主体，彻底消除行政性垄断，加快制定与反垄断、反不当竞争相配套的法规制度，健全市场竞争审查机制，优化企业创新环境。其次，制定统一的市场准入标准。加快落实统一的市场准入负面清单制度，尤其是战略性新兴产业，放宽民营企业的市场准入门槛，促进资源要素自由流动，着力降低市场进入壁垒，激发企业的创新积极性。最后，实现企业市场有序退出，完善企业破产清算制度。通过市场选择机制淘汰落后产业，坚持市场出清，降低"僵尸企业"对正常企业的挤出效应。简化破产清算程序，提高"僵尸企业"的处置效率，降低退出市场成本和退出壁垒。

第十一章
技术能力、社会能力与中国创新-
产业动态化进程

　　尽管各国在提升技术和创新水平方面付出了巨大努力，但在经济增长绩效上仍然存在显著差异。仅有少数发展中国家成功跨越"中等收入陷阱"，在保持竞争力的同时实现了持续的经济增长；而大多数发展中国家尽管在某一阶段实现了经济增长，但由于在技术提升和创新促进方面面临诸多困难和阻碍，未能成功跨越"中等收入陷阱"，导致长期经济增长停滞甚至倒退。[1]为了揭示技术进步和创新发展的内生机制，学者们对不同发展阶段所需的多种能力进行了深入研究。[2]随着研究的深入，学者们逐渐超越了单一能力的分析框架，开始综合考察技术能力和社会能力对国家竞争力和创新发展的多重影响。本章首先对社会能力和技术能力理论进行溯源，阐释"能力缺口"命题的由来及其重要意义。在系统评述经典文献的基础上，本章构建了一个综合的理论分析框架，探讨技术能力和社会能力如何相互作用并影响创新和产业动态化的发展。为进一步验证该理论框架的有效性，本章将对2000~2020年我国31个省份的社会能力、技术能力及创新-产业动态化指数进行测算，并分析社会能力和技术能力对中国创新-产业动态化的影响。在实证结果的基础上，本章将深入探讨提升我国技术能力和社会能力的对策，并提出相应的制度保障建议。

---

　　① Vivarelli, M., "The Middle-income Trap: A Way out Based on Technological and Structural Change", *Economic Change and Restructuring*, 49（2），2016，pp.159‑193.

　　② Lee, J.-D., Baek, C., Maliphol, S., and Yeon, J.-I., "Middle Innovation Trap", *Foresight and STI Governance*，13，2019，pp.6‑18.

第一节 "能力缺口"命题及意义

盖勒从人类发展史的角度出发，认为环境变化和技术创新推动了人口增长，促使人类适应新栖息地与新工具[①]；反过来，这种适应又提升了人类改造环境和研发新技术的能力。这种正向循环是理解人类发展历程及破解增长难题的关键。换言之，要理解人类经济增长的历史，不仅要关注促进经济增长的经济因素，还应重视非经济因素，尤其是能力。对发展中国家而言，能力建设是实现赶超的核心因素。Gerschenkron提出，后发国家可以学习和借鉴先发国家的成功经验，通过引进先进技术和设备加速工业化进程，享受"后发优势"而避免重复先发国家的失误。然而，后发国家能力的欠缺常常阻碍这种优势的实现。Gerschenkron认为，处于工业化门槛的欠发达国家在弥补其所缺的"工业迅速增长的先决条件"时，往往缺乏创造性适应能力。因此，后发国家要发挥后发优势，首先需要建设特定类型的能力。[②]Ames和Rosenberg进一步指出，后发国家对领先国家的技术赶超并非自动发生，成功的技术赶超离不开广泛的能力建设和相应的制度变革。[③]由此，Gerschenkron不仅探讨了后发优势，更分析了实现该优势的必要条件，尤其关注能力建设以及公共和私人参与者在能力发展中的作用。[④]他对主流经济增长理论提出质疑，认为不存在普适的工业化先决条件。事实上，后发国家的能力决定了其吸收、转化和利用先进技术的水平，摆脱低发展陷阱并实现持续经济增长需要多种能力支撑，包括社会能力[⑤]和技术能

---

① 〔以〕奥戴德·盖勒：《人类之旅：财富与不平等的起源》，余江译，中信出版社，2022，第5页。

② Gerschenkron, A., *Economic Backwardness in Historical Perspective*：*A Book of Essays* (Cambridge, MA：Belknap Press of Harvard University Press, 1962).

③ Ames, E. D., Rosenberg, N., "Changing Technological Leadership and Industrial Growth", *Economic Journal*, 73, 1963, pp.13‑31.

④ Gerschenkron, A., *Economic Backwardness in Historical Perspective*：*A Book of Essays* (Cambridge, MA：Belknap Press of Harvard University Press, 1962).

⑤ Abramovitz, M., "Catching up, Forging ahead, and Falling behind", *The Journal of Economic History*, 46 (2), 1986, pp.385-406.

力。①历史经验也表明，那些成功实现长期经济增长并摆脱"中等收入陷阱"的国家，往往伴随着能力的不断提升；而未能发展出适当能力及其互补条件的国家则往往继续滞后。②

根据能力发展理论，包括技术能力在内的多种能力是各国竞争优势的主要来源。这不仅是因为能力决定了企业在产品和服务市场中的竞争力，更在于能力一旦形成，便具有难以模仿和替代的特性，源于企业的历史渊源和特有的演化路径。此外，一国企业能力的集合决定了该国经济活动的类型和范围，直接反映在产品结构和产业结构中，呈现"高端"或"低端"生产和产品的分野，进而影响该国在全球经济与产业体系中的定位。因此，能力是企业、产业乃至国家经济获得持久竞争力的核心源泉和扩展动力，不仅驱动企业成长，还在国际产业竞争中助推国家经济增长。③

能力发展观不同于以往以生产要素积累为核心的传统发展观，强调持续增长必须具备相应的能力基础。这意味着，在技术、知识、教育、商业管理和金融体系等方面需具备必要的先决条件，以支持长期经济增长。能力具有累积性，其通过不断积累推动新的创新，是一个动态且非均衡的概念。能力是在与资本、知识和技术的互动与积累中逐步形成的，既支持经济发展，又受益于经济发展。④此外，能力提升是一个充满不确定性的演进过程，无法通过最优化行为或最优选择来简单解释，而是一个逐步学习与积累的过程。⑤因此，能力是多维的，初始投资成本高，且表现出互补性。初始阶段的收益往往较低，只有在充分积累形成广泛能力后，才能获得显著成效。因此，依赖能力积累的增长过程往往较为缓慢且旷日持久。

能力发展观对经济增长的最大影响在于将经济增长的重心从资本积累

---

① Kim, L., *Imitation to Innovation*; *The Dynamics of Korea's Technological Learning* (Boston: Harvard Business School Press, 1997), p.3.

② Bon Ho Koo, Dwight H. Perkins, *Social Capability and Long-Term Economic Growth* (MacMillan Press, 1995), p.3.

③ Alfred, D., Chandler, *Scale and Scope: The Dynamics of Industrial Capitalism* (Harvard University Press, 1990).

④ Abramovitz, M., "Catching up, Forging ahead, and Falling behind", *The journal of economic history*, 46 (2), 1986, pp.385-406.

⑤ 路风：《新火》，中国人民大学出版社，2020。

转向能力积累。对于发展中国家而言，落后的原因不再是传统资源观中的"资本缺口"，而是能力观中的"能力缺口"。路风和余永定指出，中国在经济发展过程中形成了能力缺口，并与对外资的依赖相互作用，阻碍了产业升级，使粗放式发展模式顽固延续甚至恶化，也使中国经济更易受外部因素影响。①在全球经济环境发生重大变化的关键时刻，若不能在技术能力、组织能力和制度建设等方面取得显著进展，外资依赖和能力缺口可能对中国经济发展造成严重影响。因此，能力的成长被视为中国转变经济发展方式的关键，即"能力缺口"命题。这一命题得到了Lee的验证。Lee认为，将中国改革开放初期的潜在后发优势转化为实际赶超能力的关键，在于改革开放前积累的技术和知识，以及在此基础上对先进技术和知识的学习，远胜于单纯的资本积累。②这包括技术能力和组织能力的提升，以及资本和劳动力的高效利用。技术学习、组织变革和制度改革在不同层面上相互促进，共同推动了中国整体能力的提升，从而实现了广泛的动态增长回报。

"能力缺口"命题虽然针对中国提出，但适用于所有发展中国家。研究表明，发展中国家若仅依赖技术引进，则难以实现持续的技术进步。完全依靠外来技术会导致发展中国家停留在引进技术的应用上，陷入路径依赖。若发展中国家希望从技术引进中持续获益，必须理解所引进技术背后的因果逻辑，具备吸收、转化和利用该技术的能力，并在此基础上产生新的知识以提升技术水平。实现这一目标的前提是发展中国家在引进技术前拥有一定的技术研发经验和社会能力。因此，能力基础是技术得到有效利用的关键。如果存在能力缺口，就无法充分吸收和转化外来技术，从而陷入路径依赖的困境。

Kim和Nelson强调，仅依靠资本投资不足以推动发展中国家的经济发

---

① 路风、余永定：《"双顺差"、能力缺口与自主创新——转变经济发展方式的宏观和微观视野》，《中国社会科学》2012年第6期。

② Lee, K., "Capability Failure and Industrial Policy to Move beyond the Middle-income Trap: From Trade-based to Technology-based Specialization", in Joseph E. Stiglitz, Justin Yifu Lin, eds., *The Industrial Policy Revolution I: The Role of Government Beyond Ideology* (Palgrave Macmillan Press, 2013), pp.244-272.

展。①尽管获取和吸收先进技术需要物质和人力资本的投入，但高投资率并不必然促进有效的技术学习和能力提升。能力的提升直接影响技术学习的成效，而能力提升又受到企业家精神和政府政策等因素的影响。因此，经济发展本质上不是简单的资本积累，而是在一定的社会能力基础上持续提升技术能力，将这些能力转化为创新产品和工艺的过程。②

实际上，技术能力从低水平向高水平的跃迁不可能是无意识、无成本的。技术转移的有效性依赖于发展中国家具备一定的能力基础，并在引进技术的过程中致力于促进本土能力的发展。尤其是由于技术和知识具有显著的缄默性，无法像公共物品那样自由流通，通常只能通过工作或培训等经验性活动加以获得。③即使是一个组织吸收外部技术知识的能力，也依赖于其现有的知识基础和技术学习强度。④正因为技术具有缄默性和累积性，发达国家的产品、工艺以及企业特定的知识、技能、经验和诀窍向发展中国家的转移才面临巨大困难。困难不在于技术来源的可获得性，而在于发展中国家在技术学习中已有的能力基础，即"能力缺口"直接影响其对先进技术的吸收、转化和利用。

除上述意义之外，"能力缺口"命题的提出还具有以下两个重要意义。

首先，"能力缺口"命题表明，发展中国家在经济增长过程中面临着对能力进行动态重构的问题。"能力缺口"是一个动态概念，不同国家在不同发展阶段所具备的能力及其缺口各不相同，因此需要针对不同的发展阶段对已有能力进行重构。能力的重构离不开对先进技术的吸收、转化和利用，技术学习与技术努力是发展中国家提升本国竞争力的重要手段。通过技术学习，技术能力和社会能力相互作用、共同提升。在此过程中，一方面，发展中国家与领先国家之间的技术差距是客观存在的，但并非所有先进技术都适合本国。

① Kim, L., and Nelson, R. R., *Technology, Learning, and Innovation: Experiences of Newly Industrializing Economies* (Cambridge: Cambridge University Press, 2000).

② Kim, L., and Nelson, R. R., *Technology, Learning, and Innovation: Experiences of Newly Industrializing Economies* (Cambridge: Cambridge University Press, 2000).

③ Nelson, R. R., Winter, S. G., *An Evolutionary Theory of Economic Change* (Cambridge: Harvard University Press, 1982).

④ Cohen, W. M., and Levinthal, D. A., "Absorptive Capacity: A New Perspective on Learning and Innovation", *Innovation*, 35, 1990, pp.128 - 152.

技术引进需与本国的社会能力相匹配，只有符合本国最低社会能力门槛的技术，才能有效实现吸收、转化和利用，从而持续提升本国技术能力。同时，本土技术能力的提升离不开对研发（R&D）的投入，本土 R&D 不仅直接创造新的知识，还能提升本国对其他企业研发成果的吸收能力，从而促进社会能力的不断提高。通过本土 R&D 投入，技术能力与社会能力之间形成良性互动循环。因此，技术引进和技术学习是技术能力与社会能力相互提升的过程。在这一过程中，需对两者进行同步重构，确保其随着经济发展而协调演进。否则，任何方面能力的缺陷都将阻碍发展中国家经济的持续增长。

其次，能力缺口命题指出，发展中国家若要实现创新发展，必须优先进行能力建设。创新通常源于颠覆性技术的出现，而颠覆性技术因其非连续性，常促进新兴产业和全新知识体系的形成，推动技术范式转变。此过程需要在开发现有知识和能力的同时，积极探索新知识与新技能之间的平衡。[1]通过社会能力与技术能力的重新组合，发展中国家方能吸收、转化并利用颠覆性技术，从而突破技术进步和经济增长的路径依赖。因此，能否利用颠覆性技术实现创新发展，关键在于现有的能力基础。Tushman 和 Anderson 将技术不连续性对能力的影响分为两类：能力提升型和能力破坏型。[2]能力提升型创新依赖现有知识和能力，不破坏现有体系；而能力破坏型创新则需要全新的技能、能力和知识。因此，能力建设不仅要整合内外资源以提升技术能力，还需通过制度改进来增强社会能力。能力基础的建设应聚焦技术和社会能力的协同提升，以实现能力的替代和转化，为创新发展奠定坚实的基础。

因此，"能力缺口"命题将发展中国家发展的重心从关注资本积累转向能力积累，对应的发展研究的重点则从资本缺口转向能力缺口。加强能力建设，而不是关注短期增长率，可以更好地激励发展中国家经济的持续增长。

---

[1]　Malerba, F., Orsenigo, L., "Innovation and Market Structure in the Dynamics of the Pharmaceutical Industry and Biotechnology: Towards a History-friendly Model", *Industrial and Corporate Change*, 11 (4), 2002, pp.667-703.

[2]　Michael L. Tushman and Philip Anderson, "Technological Discontinuities and Organizational Environments", *Administrative Science Quarterly*, 31 (3), 1986, p.439.

第二节　技术能力与社会能力：创新发展的能力基础

对创新的研究可以追溯到熊彼特1912年在《经济发展理论》中提出的创新理论，并通过熊彼特式的经济周期阐释了创新与发展之间的关系。熊彼特式的经济周期始于一种或多种基本创新的发生，新技术最初仅由少数公司使用，但一旦其他公司看到获得更高利润的机会就会采用它。熊彼特周期的上升时期正是新方法或新技术开始扩散到其他公司的阶段。当模仿者群体变得更普遍时，对整个经济的影响也更大，增长速度不断提升，经济周期从上升阶段进入繁荣阶段。这也是经济结构发生根本性变化的时期：随着新方法或新技术的扩散，新的行业成为主导，旧的行业逐渐衰落。因此，"创造性破坏"贯穿这一过程，公司之间的竞争主要由技术因素推动。然而，随着这一过程的继续，获得更高利润的机会越来越少，随着新技术的成熟和新企业数量的增加，竞争变得以价格为导向，经济增长速度将逐渐放缓，经济衰退的迹象开始显现。当经济衰退变得更为严重时，企业利润率接近零，萧条阶段就开始了。在衰退和萧条阶段企业开始寻找一套新的创新，这些创新一旦推出，可能会引领经济进入新一轮增长周期。因此，长期增长是累积式创新的结果，每个创新者都站在"巨人的肩膀上"。①

熊彼特的创新发展理论得到了经济史学家的回应，后者认为经济增长是一个复杂的演化和转变过程，而不是沿着稳定增长路径的简单过渡，这种长期转型过程是由技术、经济、制度和社会因素之间复杂的相互作用决定的。受熊彼特主义和经济史学家的影响，新熊彼特主义在20世纪80年代蓬勃发展，从多个维度阐述了技术能力和社会能力对创新发展的影响。

新熊彼特主义认为，一国经济系统由"技术经济"子系统和"社会制度"子系统构成，这两个子系统相互影响、共同演化，从而决定该国的发展模式。新熊彼特主义强调，引进新技术本身并非关键，关键在于这些新技术与本国既有技术体系的关联性，即其应能应用于多个经济部门，推动

①　〔法〕菲利普·阿吉翁、〔法〕赛利娜·安托南、〔法〕西蒙·比内尔：《创造性破坏的力量》，余江、赵建航译，中信出版社，2021，第13页。

各部门的技术进步与产业发展。这种一系列相互联系的新技术被称为"技术范式"。[1]当一种新技术范式出现时，技术经济子系统内存在着采用高赢利前景新技术的强大动力，从而迅速推动技术能力的提升。然而，社会制度子系统则可能需要时间进行调整以适应新技术范式。这两个子系统间的适配性不足会阻碍新技术范式的大规模推广，使其传播成为一个缓慢且艰难的过程。这一过程依赖于两个子系统的动态协调，因此，在采用新技术范式之前，往往需要社会、组织和制度的必要变革。[2]

一般而言，技术经济子系统较易适应新的技术范式，但新范式的采用与推广仍受到一国若干关键技术特征的影响：（1）技术的相互关联性，即该国对旧技术范式的投入程度，这直接影响向新范式跃迁的难度；（2）教育水平；（3）自然资源与要素禀赋；（4）企业家群体的技能水平。这些因素至关重要，因为它们决定了本国既有的技术能力以及采用新范式所需的时间。相比之下，社会制度子系统的变革较为缓慢。社会制度子系统反映了一国经济和社会制度的整体特征，同样受多种因素的影响，包括：（1）对外开放程度；（2）商业、工业和金融机构的发展水平；（3）影响经济活动的政治和社会特征；（4）科学与技术的互动关系等。这些社会、文化和制度因素构成了 Abramovitz 所称的"社会能力"。

不同国家的经济社会特征导致了各自不同的技术与制度演进路径。一个国家很难在已有的制度与技术轨道上迅速转变，适应不同的经济与社会条件，建立全新的制度和技术体系。现有的文化、社会规范、组织形式及制度框架对先进技术和制度的调整与适应既是不自动的，也并非一帆风顺。[3]只有当社会制度子系统针对新技术范式实施相应变革时，新范式才能在整个经济体系中扩散，由此催生出一种新的发展模式：新技术被众多企业和行业模仿与应用，推动了劳动力市场、就业结构、工资体系、产业布

[1]　Freeman, C., Clark, J., Soete, L., *Unemployment and Technical Innovation* (London: Pinter Press, 1982).

[2]　Freeman, C., and Louçä, F., *As Time Goes by: From the Industrial Revolutions to the Information Revolution* (Oxford: Oxford University Press, 2001).

[3]　Abramovitz, M., "Catching up, Forging ahead, and Falling behind", *The Journal of Economic History*, 46 (2), 1986, pp.385-406.

局等的转型，进而沿自然轨迹实施渐进式创新，借助规模经济实现经济增长与繁荣。这一过程是将资源迅速从旧模式再分配到新模式，从衰退行业快速转移至增长行业的过程。该过程越迅速强劲，一国长期生产率增长的潜力就越大。

因此，追赶、前进与落后的过程反映了各国适应新技术范式的结果。各国采取新技术范式的时机取决于其技术能力，而新范式的扩散速度与能否成为主导则取决于社会能力。当技术能力与社会能力能够快速协调演化时，一国构建新的发展模式的可能性越大，其在长期增长中取得更优经济表现的可能性也越大。Castellacci研究了每一主导技术在特定历史和社会制度背景下促进转型的过程，并采用新熊彼特主义方法解释各国增长率的差异。Castellacci通过研究1890~1990年21个经合组织（OECD）国家发现，技术差距直接影响了各国采用新技术范式的时机，而新范式传播的速度与广度则取决于社会、文化和制度等社会能力因素。[1]Castellacci进一步指出，技术范式的采用和社会能力的积累都是一个渐进过程。[2]只有当社会能力与新技术范式实现匹配时，国家才能真正实现经济起飞与赶超。因此，技术能力与社会能力较高的国家能够更快完成追赶，提升其在全球经济中的竞争力。

技术能力与社会能力的相互作用对创新发展至关重要，除新熊彼特主义外，许多学者也支持这一观点。Fagerberg基于熊彼特理论构建了一个包含创新、模仿及技术商业化活动的实证模型，认为这些因素共同推动经济增长。[3]他的研究表明，赶超或收敛并非必然结果，而是取决于创新与模仿的平衡、实现难度以及各国所具备的能力。Panda和Ramanathan指出，新技术的采用受到多种内外部因素影响：内部因素包括企业的技术获取能力、文化、规模、战略以及组织结构和管理体系；外部因素则涵盖宏观经济规

①　Castellacci, E., Polieri, T., "Antalgic Effect and Clinical Tolerability of Hyaluronic Acid in Patients with Degenerative Diseases of Knee Cartilage: An Outpatient Treatment Survey", *Drugs under Experimental and Clinical Research*, 30 (2), 2004, pp.67-73.

②　Castellacci, E., Polieri, T., "Antalgic Effect and Clinical Tolerability of Hyaluronic Acid in Patients with Degenerative Diseases of Knee Cartilage: An Outpatient Treatment Survey", *Drugs under Experimental and Clinical Research*, 30 (2), 2004, pp.67-73.

③　Fagerberg, J., "International Competitiveness", *Economic Journal*, 98 (391), 1988, pp.355-374.

模与增长速度、价格稳定性、贸易体制、政府的财政金融政策、生产要素市场环境、相关或支持性产业状况及市场竞争等。[①]James 和 Romijn 强调，一国的总体经济环境、竞争程度、市场结构、国际技术前沿的变革速率、政府的外贸与财政金融政策调整、公共研发投入以及对劳动力的技术教育投资等基础设施，都是影响一国技术进步的重要因素。[②]

Lee 和 Kim 分析了韩国六个行业的技术赶超历程，发现技术赶超的早期阶段可以通过消化吸收国外成熟技术来快速缩小与发达国家的技术差距[③]；但随着本国技术能力的提高，要保持长期的市场竞争力，必须在新旧技术范式转换期积极推动技术赶超。充分利用新技术范式的关键在于持续提升韩国的社会能力。社会能力的提高使市场主体（包括个人和企业）能够快速学习、使用和改进现有技术，以适应不断变化的经济环境，从而建立促进创新和投资的激励结构，并增强市场主体对这些激励的响应能力。Fagerberg 和 Srholec 认为，一国的经济增长依赖技术能力的提高，而社会能力是成功培育技术能力的必要条件。[④]社会能力通过多种方式支持技术能力的提升。因此，发展中国家若希望赶上发达国家，必须不断积累技术能力，而其赶超目标能否实现，很大程度上取决于经济、社会、制度和政治等广泛因素，即取决于其社会能力。通过对 1995~2013 年 114 个国家技术能力与社会能力关系的分析，他们发现实现赶超的国家通常具备较高的初始技术水平，并保持技术发展优势，同时拥有完善的教育、治理和金融体系，即这些国家的技术能力与社会能力均得到了显著提升。

综上所述，社会能力作为一国经济社会特征的体现，对其技术能力的提升和新技术的采用产生重要影响，两者相互作用，共同决定了一国的技术进

① Panda, H., Ramanathan, K., "Technological Capability Assessment of a Firm in the Electricity Sector", *Technovation*, 16（10），1986，pp.561-588.

② James, M. J., and Romijn, H. A., "The Determinants of Technological Capability：A Cross-country Analysis", *Oxford Development Studies*, 25（2），1997，pp.189-205.

③ Lee, K., Kim, B.-Y., "Both Institutions and Policies Matter but Differently for Different Income Groups of Countries：Determinants of Long-run Economic Growth Revisited", *World Development*, 37（3），2009，pp.533-549.

④ Fagerberg, J., Srholec M., "Capabilities, Economic Development, Sustainability", *Cambridge Journal of Economics*, 41（3），2017，pp.905-926.

步与创新发展。Lee 和 Kim 指出，不同国家在不同发展阶段采用的增长机制有所不同：低收入阶段的经济增长主要依赖基础政治制度和人力资本，而中上收入或高收入阶段则更多依赖创新能力和高等教育。[①]中等收入国家往往难以通过技术进步与创新实现持续增长，这主要归因于其相对滞后的社会能力。许多中等收入国家虽曾依赖技术能力的快速提升实现了经济增长，但当前面临增长停滞风险。[②]因此，创新发展和产业动态化是技术能力与社会能力共同作用的结果，而非仅靠引进国外技术所能实现。正因如此，许多发展中国家即便引进了先进技术并实施了制度改革，仍未能实现经济的持续增长。

第三节　技术能力与社会能力作用于创新–创业动态化的内在机制

推动长期经济增长的关键要素随着时间推移不断演变，对越来越多国家而言，创新正逐渐成为经济增长的主导动力，也是推动产业结构优化升级的核心因素。产业升级的实质是通过产业创新生产出更高附加值产品的过程。技术进步推动了新工艺和新产品的诞生，并带动新的生产部门和行业的兴起。这些新兴部门凭借技术优势，迅速集聚资源、扩张规模，并在市场中占据主导地位，甚至形成垄断。同时，传统工业部门因技术更新缓慢，加上生产要素流失和市场份额快速下降，逐渐退出市场。[③]因此，研发和创新驱动的产业优化升级过程，实际上是熊彼特所提出的"创造性破坏"在经济中的体现。创新带来的颠覆性技术在整个经济系统中得到广泛应用，促使新兴产业迅速崛起，取代旧产业部门，从而引发产业结构的重组与调整。

技术能力和社会能力相互作用影响创新发展和产业动态化的机制是多样的。Ernst 和 Kim 提出一个分析框架来研究全球生产网络（GPNs）对本地能力形成及创新发展的中介作用，他们认为基于全球生产网络的国际经济

---

① Lee, K., Kim, B.-Y., "Both Institutions and Policies Matter but Differently for Different Income Groups of Countries: Determinants of Long-run Economic Growth Revisited", *World Development*, 37（3），2009，pp.533–549.

② Barry Eichengreen, Donghyun Park and Kwanho Shin, "Growth Slowdowns Redux", *Japan and the World Economy*，32，2014，p.65.

③ 李政：《创新与经济发展：理论研究进展及趋势展望》，《经济评论》2022年第5期。

活动，通过促进当地供应商的技术学习和知识创造，打造全球市场上显性和隐性信息的有效知识转化渠道，以在增进本国社会能力的基础上提升技术能力，进而实现创新发展。[1]Morrison 等则研究了参与全球价值链（GVC）对东道国能力发展和经济增长的作用，强调东道国的学习和创新是伴随着技术能力增长的内生过程，因为当前国际市场上分布的技术知识往往通过全球价值链转移，并参与全球化生产体系或进入全球市场，通过动态和复杂的技术学习过程影响一国技术能力的提升。[2]

学术界普遍认为，现代经济中的技术能力发展并非外生或自我维持的，而是全球市场中通过技术搜索和学习所付出努力的结果。只有通过技术适应与内生同化过程，这种知识和技术获取的机会才能在经济增长中发挥作用，即技术能力的提升必须与本国的社会能力相一致，才能真正实现。[3]早在20世纪80年代，Rostow便指出，经济增长取决于对现有和新兴知识的吸收速度，而这种吸收速度依赖于熟练技工和资本的有效配置。中等收入国家加速增长的原因在于积累了大量熟练的人力资本（包括企业家），从而加快了知识吸收。[4]对此，Abramovitz也强调，长期经济增长需要在个人和组织两个层面上积累知识，这些知识既包括个人通过教育和培训正式获得的部分，也涵盖了集体与组织掌握的经验，如大型企业的管理、社会分工以及制度规范等。[5]因此，知识在技术能力、社会能力与创新发展的关系中居于核心地位。技术落后的国家或地区可以通过吸收他国开发的先进知识而受益。对于发展中国家而言，实现对领先国家的经济赶超的关键在于对先进技术和知识的吸

---

[1] Ernst, D., and Kim, L., "Global Production Networks, Knowledge Diffusion, and Local Capability Formation", *Research Policy*, 31 (8), 2002, pp.1417–1429.

[2] Morrison, A., Pietrobelli, C., and Rabellotti, R., "Global Value Chains and Technological Capabilities: A Framework to Study Learning and Innovation in Developing Countries", *Oxford Development Studies*, 36 (1), 2008, pp.39–58.

[3] Radosevic, S., and Yoruk, E., "Technology Upgrading of Middle-income Economies: A New Approach and Results", *Technological Forecasting and Social Change*, 129, 2018, pp.56–75.

[4] Rostow, W.W., *Why the Poor Get Richer, and the Rich Slow Down: Essays in the Marshallian Long Period* (MacMillan, New York, London, 1980), pp.267–277.

[5] Abramovitz, M., "Catching up, Forging ahead, and Falling behind", *The Journal of Economic History*, 46 (2), 1986, pp.385–406.

收、转化与利用，即技术能力的提升程度，而社会能力则决定了其在开放条件下吸收领先国家先进技术和知识的效果。技术能力与社会能力相互作用，共同影响一国的技术进步。要实现赶超，发展中国家必须在不断吸收、转化和利用先进知识的同时，基于已有知识进一步创新，创造新的知识与技术。

一　技术能力、社会能力与知识的关系

Abramovitz 提出，社会能力指的是凝聚在人力和制度中的知识，即经济活动主体所拥有的知识、规范和行为方式的集合。他认为，知识传播渠道，如国际技术交流、跨国公司投资和国际贸易等，构成了社会能力发展的关键制约因素。[①]Fagerberg 和 Srholec 进一步扩展了 Abramovitz 关于社会能力与技术一致性的分析，指出发展是多维度、互补性知识增加的过程，是社会行动者获取、吸收和使用知识的过程。他们强调，知识是发展中国家实现对领先国家赶超的核心要素，而那些面临知识差距的发展中国家可以通过模仿领先国家的先进知识获益。[②]但这种赶超潜力的实现依赖于各国已有的知识基础，尤其在与前沿知识的差距缩小后，创造新知识的能力相对重要性将显著上升。Fagerberg 和 Srholec 认为，社会能力对于知识吸收和创造至关重要，其差异导致了各国在知识发展上的差距。[③]在全球知识经济快速变动的背景下，希望实现赶超的发展中国家亟须持续投资于以知识为核心的社会能力建设。[④]当前，发达经济体掌握了全球大部分知识存量，而发展中经济体则试

---

① Abramovitz, M., "The Elements of Social Capability", in Bon Ho Koo, Dwight H. Perkins, eds., *Social Capability and Long-term Economic Growth* (MacMillan Press, 1995).

② Fagerberg, J., Srholec, M., "National Innovation Systems, Capabilities and Economic Development", *Research Policy*, 37 (9), 2008, pp.1417–1435.
Abramovitz, M., "Catching up, Forging ahead, and Falling behind", *The Journal of Economic History*, 46 (2), 1986, pp.385–406.

③ Fagerberg, J., Srholec, M., "National Innovation Systems, Capabilities and Economic Development", *Research Policy*, 37 (9), 2008, pp.1417–1435.

④ Michiko Iizuka and Luc Soete. "Catching up in the 21st Century: Globalization, Knowledge and Capabilities in Latin America, a Case for Natural Resource Based Activities", *Learning, Capability Building and Innovation for Development*, eds. Gabriela Dutrénit, Keun Lee, Richard Nelson, Alexandre O. Vera-Cruz and Luc Soete (Palgrave MacMillan Press, 2013), p.113.

图加以利用，但其能力受到知识传播渠道及对新知识的吸收和适应能力的限制。随着一国接近全球技术前沿，知识吸收速度逐渐放缓，外部知识获取难度增加，对创新能力的要求也更为严苛。此时，以本土知识的积累、利用和投资为核心的社会能力建设，将成为实现经济持续发展的根本保障。①

Fagerberg 和 Srholec 从知识的视角分析了技术能力、社会能力与创新之间的关系，指出创新不仅包括通过新技术和新工艺生产新产品，还涵盖物流、分配和营销等领域的改进，反映出创新的核心在于知识的掌握与商业化应用。②因此，即便是低技术产业，发展中国家也可能通过大量创新带来显著的经济效益。他们认为，从知识角度来看，技术能力是指企业在生产商品和服务过程中创造和利用知识的能力，这一能力往往具有企业特定性，但也受到经营环境的影响。社会能力则指企业共享的社会环境特征，直接影响企业的运作，是技术能力所需资源的重要来源。那些成功发展出强大创新能力和良好治理体系的国家，更有可能在经济上表现优异。Fagerberg 和 Srholec 进一步指出，发展中国家要掌握先进技术和知识，需充分利用已有知识基础，将发达国家的技术和制度进行适应性改进，以符合本国需求。③发展中国家与发达国家的差距不仅体现在资本获取上，还体现在知识获取上的不足，而这种知识差距源于两国在知识创造能力上的差异，即社会能力的差距。这也解释了为何尽管许多发展中国家能够利用发达国家的大量现有知识，并且随着知识交流和转让成本的降低，仍未能有效利用这些知识实现经济的快速增长。

各国经济增长的历史经验表明，经济增长表现与知识水平提升之间存在显著而稳固的统计关系。成功实现追赶的国家高度重视知识层面的发展，尤其体现在两个方面：一是积极从其他国家或地区引入理念、技术和知识；二是利用全球市场需求，为本国产品开拓广阔且具有弹性的市场。知识的

---

① Criscuolo, P., Narula, R., "A Novel Approach to National Technological Accumulation and Absorptive Capacity: Aggregating Cohen and Levinthal", *European Journal of Development Research*, 20 (1), 2008, pp.56-73.

② Fagerberg, J., Srholec, M., "National Innovation Systems, Capabilities and Economic Development", *Research Policy*, 37 (9), 2008, pp.1417-1435.

③ Fagerberg, J., Srholec M., "Capabilities, Economic Development, Sustainability", *Cambridge Journal of Economics*, 41 (3), 2017, pp.905-926.

引入极大地提升了这些经济体的生产潜力，而国际市场的需求则将这种潜力转化为实际增长动力。概括而言，它们"引进国际所知，输出国际所需"。因此，对发展中国家而言，追赶发达国家的关键不在于资本积累，而在于提升自身知识的创造与应用能力，尤其是各国在科技知识生产和传播方面的能力，即社会能力，是经济持续增长和实现赶超的基础。

综上所述，社会能力可视为一国运用外部资源创造财富的知识积累，既包括个人通过教育和培训掌握的知识，也包括集体掌握的知识，如企业的技术和管理经验、政府的制度和规范。发展中国家要有效提升本国的技术能力，关键在于能否成功获取、吸收、转化并利用发达国家的知识，而这在根本上取决于其社会能力。

二　以知识为核心技术能力与社会能力相互作用影响创新的内在机制

以知识为核心，发展中国家提升技术能力涉及四个重要步骤。一是获取知识。通过对外开放，包括国际贸易、外国投资和技术许可等方式发掘并采用世界领先国家已有的知识。二是吸收知识，吸收新知识建立新的产业体系，或者利用新知识改造已有产业，同时建立本土知识体系。三是传播知识。普及基础教育，支持高等教育，创造终身教育和学习的机会，并保证所有人都能获得知识，同时完善通信和交通等基础设施，完善知识传播的渠道。四是协调知识。政府提升治理效率，促进知识在各部门之间的流通，降低信息不对称，提高知识利用效率，同时通过完善制度提升政府本身的知识和利用知识的能力。上述四个步骤是一国提升技术能力通常所经历的环节，涉及社会能力四个重要影响因素：开放程度、结构转型、社会包容和治理效率。社会能力这四个重要影响因素与技术能力提升的四个步骤相互作用实现创新-产业动态化的内在机制如图11-1所示。

首先，图11-1（A）表示一国具有一定的知识基础：经济结构、创新体系、产业结构、基础设施、制度和治理等都是该国已有知识的表现，并影响着对先进知识的吸收、掌握和利用。已有的知识基础是本国社会能力的体现，它们影响获取和利用知识的四个环节，同样四个环节也会作用于已有的知识基础，它们存在双向互动的关系。

创新-产业动态化

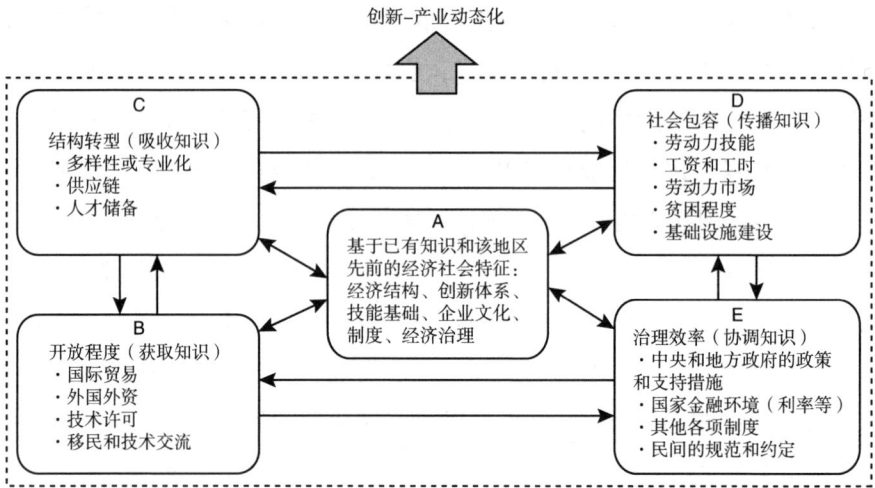

图11-1　以知识为核心社会能力、技术能力相互作用影响创新-产业动态化的内在机制

其次，图11-1（B）、（C）、（D）和（E）反映了获取和利用知识的四个步骤和社会能力四个影响因素之间的对应关系。图11-1（B）表示开放程度，是一国获取知识的重要渠道。对发展中国家而言，获取知识主要有两个渠道：一是通过自身技术水平的积累，进行大量的研发投入来推动本国技术水平的提升，这种模式虽然能提升本国的技术能力，但是投入大、耗时长，特别是随着信息通信技术的不断普及，技术更新换代的速度比以往更快，容易造成进一步的技术落后。二是通过对外开放，积极引入国外先进的技术，这种模式可以迅速接触到世界前沿技术，而且能紧跟世界技术的发展，因此对外开放成为落后国家提升技术能力的主要渠道。随着全球经济联系越来越紧密，发展中国家可以更便捷地从发达国家获取先进的技术和知识。发展中国家通常脱离于主要的国际技术来源，为的是本国产品变得有竞争力和使本国技术追赶上技术领先者，它们必须开展技术学习以提升技术能力，而首要的环节就是从发达国家引进先进的技术并推进先进技术在本国的应用。这一阶段主要与技术或知识的获取和引进相关，本国的社会能力可能处于落后阶段，但是由于只是获取先进技术，因此即使社会能力落后，也可以通过多种渠道（包括政府干预、引入先进技术、扩大对外开放程度）实现技术效率的提升，快速缩短与前沿技术的距离，促进本国经济的快速增长，这也是很多发展中国家曾经经历过的阶段。由于这一阶段主要是获取国际先进技术，而就技术引进而言，发展中国家可以有多种途径[1]：企业内部（指职工、管理者的经验、市场信息）、公共领域（包括对竞争对手产品或工艺的复制、向其他公司购买材料、参加技术会议等）、其他企业（指本土技术合作、聘用本土其他企业员工、参观其他工厂等）、外部体制设施（如技术服务中介、贸易或商业协会、职工职业协会等）、国际来源（包括国外雇员、海外合作、引进海外生产设备、招聘海外技术顾问等）。多种渠道的存在意味着发展中国家引进先进技术存在多种可能性，这也是发展中国家初始阶段技术水平能得到快速提升的原因。但是如何将快速获取的先进技术转化为持久的增长动力，则受本国社会能力的影响，已有的知识基础、包括政府在内的各经济主体的自觉努力，都是技术学习和技术引进的基础[2]，市场和技术环境、公共政策、正规教育、社会文化和组织结构等作为一国社会能力的组成部分直接影响技术引进的需求和技术学习的努力。

图 11-1（C）表示结构转型，反映一国吸收知识的程度。对获取的知识，必须要加以吸收和利用，新技术和知识的吸收以及利用使新的产业不断出现，原有的产业不断分化，还会促使新的生产方式出现，引起产业结构转型。同时，结构转型与开放程度存在双向互动关系：一方面本国的产业结构基础越好，产品种类越多元，意味着对国外先进技术和知识的吸收能力越强，越有助于进一步推动对外开放；另一方面，对外开放程度的不断提升，可以扩大先进知识获取的范围和加深深度，对先进知识的获取有助于更好地理解全球产业发展的趋势和前沿，有助于明确本国在全球产业价值链中的定位和结构转型的方向。从技术引进到技术能力形成，存在一个技术学习的过程，技术学习决定形成和提高技术能力的进展与速度，而技术学习本身受本国各种经济社会特征的影响，包括产业市场规模、学习的外部性、知识产权制度、市场竞争程度、产业保护程度、企业制度与政府政策导向等。因此，

---

①　Gammeltoft, P., "Development of Firm-level Technological Capabilities: The Case of the Indonesian Electronics Industry", *Journal of the Asia Pacific Economy*, 9 (1), 2004, pp.49-69.

②　Kim, L., *Imitation to Innovation*; *The Dynamics of Korea's Technological Learning* (Boston: Harvard Business School Press, 1997).

技术在引进之后必须基于已有的社会能力进行以产品和工艺为导向的技术研发，没有社会能力的提升就不能有效进行技术能力的提升，会形成"引进—落后—再引进—再落后"的怪圈。从竞争力的角度看，发展中国家要提升本国的竞争力，就需要发展出专有技术，需要从单纯获取外部知识和技能逐步过渡到开发和掌握新技术阶段，这是一个有意识的发展过程。

图11-1（D）表示社会包容，会影响知识的传播速度。社会包容主要包括两方面：一是贫困人口的脱贫；二是人力资本积累。前者反映了国家基础设施建设情况，能否为居民提供社会安全网和社会保障，基础设施关系到人们是否能获得有益的信息，直接影响信息的传播速度。后者反映了国家对教育的投入情况，教育是知识的主要传播途径，教育的普及可以提高居民参与经济建设的能力。同时，社会包容与结构转型也存在双向互动的关系：一方面社会包容程度越高，意味着社会发展越稳定，人力资本水平越高，越有助于对国外先进技术的吸收、掌握和利用，越能促进结构转型；另一方面结构转型不仅能加速人才的培养、人力资本水平的提升，还可以促进经济增长，使更广泛的群体包括贫困人口获取资源和机会，提高人民生活水平，有效维护社会稳定。发展中国家要实现持续的技术进步，除了各经济主体的努力之外，也需要在教育、培训和信息提供方面加大投入力度。同时，专有技术通常不是孤立地产生的，往往需要企业之间、企业与技术服务和保障机构之间的交互作用，因而外部网络关系的建立和企业外部公共机构的发展就成为能力发展至关重要的方面。[1]

图11-1（E）表示治理效率，会影响协调知识的能力。社会包容能否得以实现很大程度上取决于一国的治理效率，无论是建立社会安全网，实现贫困人口的脱贫，还是加大教育投入，实现人力资本的积累，都需要政府提高治理效率。从知识的角度讲，治理效率的提升有助于解决信息失灵的问题，可以更好地协调知识的运用，促进知识引进、传播和利用。同时，治理效率与开放程度也存在双向互动的关系：一方面治理效率的提升将带

---

[1] 吕越、毛诗丝：《欧盟参与全球价值链分工的现状及决定因素分析》，《欧洲研究》2020年第2期。

来稳定的社会环境和良好的营商环境，有助于进一步提升开放程度，更好地融入全球经济；另一方面，对外开放除了会促进知识和要素的国际流动，还会对一国的制度产生深刻的影响。发展中国家创新能力的建立和提升，往往不是单个企业或技术主体努力的结果，而是需要全社会各方力量的协同，政府、大学和企业的合作在促进创新发展方面发挥着重要的作用。

最后，已有的知识基础与获取和利用知识的四个环节之间动态关联，共同影响技术进步和经济的持续增长。技术进步的动力，包括向他人学习的能力，受到广泛的社会、体制等因素的制约，即受到社会能力的制约。对发展中国家而言，仅仅增加知识存量是不够的，还必须增强掌握、吸收和利用知识的能力，包括提升开放程度获取全球知识，推动产业结构转型加速知识的吸收和利用，加强社会包容促进知识的传播，完善治理效率提升知识协调能力。因此，技术和知识的差距为发展中国家提供追赶发达国家的巨大潜力和机会，把可能性转变为现实性，发展中国家必须不断提升自身的社会能力。

第四节　中国的技术能力与社会能力及其效应：实证分析

技术能力和社会能力共同作用影响一国的创新发展，而创新又是一国实现增长的根本动力。因此，路风强调中国长期经济增长的主动力是以工业体系为载体的有用知识体系和社会能力的累积性成长，进一步凸显了技术能力和社会能力对长期经济增长的重要作用。[①]但是路风的分析以描述性分析和案例分析为主，因此有必要实证检验技术能力和社会能力对中国创新-产业动态化的影响。

一　变量选择及数据来源

在进行实证分析之前，首先需要明确需检验的解释变量和被解释变量，本章根据经典文献中相关变量和指标的选择来确定合适的变量和指标来反映中国的社会能力、技术能力和创新-产业动态化。

---

① 路风：《中国经济为什么能够增长》，《中国社会科学》2022年第1期。

（一）社会能力变量和指标的选择

Abramovitz强调影响社会能力的因素有两类，第一类是人的基本社会态度和政治制度，第二类是人和制度的一系列经济特征。①同时，社会能力也受一些不利因素如既得利益集团等的影响，政府有责任消除不利因素，形成有效的社会共识支持发展。基于Abramovitz以及其他学者的研究，社会能力可以用开放程度、结构转型、社会包容和治理效率来衡量。相关数据指标选择及其原因分别如下。

开放程度：开放程度是指商品和生产要素等各种资源的流动性、流动范围和流动程度。开放程度直接决定了一国利用国外先进的技术、知识和资金的程度。只有保持对外开放，才能了解并掌握世界技术的发展情况，才能研发真正适合本国发展的技术，才能有针对性地引进先进技术和知识并加以改进和利用。Easterly研究了穷国开放程度与经济增长之间的关系，认为增长与开放之间有着密切的联系，他通过数据列举了开放的三种优势：（1）开放提高了国内投资水平，因为它减少了投入品和投资品的价格扭曲；（2）开放可以改善投资分配；（3）开放不仅可以促进经济增长，还可以促进穷国与富国的趋同，在开放的经济体中，穷国的增长速度快于富国，而在封闭经济体中穷国就没有这种趋势。②Abramovitz在讨论社会能力的时候，将其视为后发国家赶超潜力实现的现实性因素，包括"国际贸易制度，它影响到后发国家发展出口市场的机会"，还包括"国际金融体系，影响货币供给、国际货币储备和汇率及资本和投资的国际流动，以及各国维持高就业率和发展出口的能力"。③因此，我们把开放程度作为影响社会能力的一个重要结构变量。Fagerberg和Srholec选取了商品进口额、FDI内向投资额、汇率等指标来反映一国的开放程度。因此，参考Fagerberg和Srholec对

①　Abramovitz, M., "The Elements of Social Capability", in Bon Ho Koo, Dwight H. Perkins, eds., *Social Capability and Long-term Economic Growth* （MacMillan Press, 1995）.

②　William Easterly, "The Joys and Sorrows of Openness: A Review Essay", in M. S. Oosterbaan, Thijs de Ruyter van Steveninck, and N. van der Windt, eds., *The Determinants of Economic Growth* （Springer Science+Business Media, LLC, 1998）, p.78.

③　Abramovitz, M., "The Elements of Social Capability", in Bon Ho Koo, Dwight H. Perkins, eds., *Social Capability and Long-term Economic Growth* （MacMillan Press, 1995）.

衡量指标的选择，用经营单位所在地进出口总额和境内目的地和货源地进出口总额来反映货物进出口情况，用外商投资企业进出口总额和外商投资企业数来反映外商投资情况，用国际旅游外汇收入反映国际服务贸易情况。①

结构转型：Cimoli 等认为发展是一个连接学习动力、技术能力积累和产业发展的过程，发展与转型具有内在联系。②产业转型是通过将资源从知识含量低的产业重新分配到知识含量高的产业来实现的，包括利用现代技术在短期内提高生产率，并在长期内重新调整产业结构。产业转型反映在经济的产业组成方面，特别是农业转型的程度，以及产业的多样化和复杂程度。产业转型很大程度上受企业家精神的影响，Abramovitz 强调大型企业的组织和管理经验是社会能力的重要影响因素，决定了在现代化生产方式下对先进技术的吸收和利用以及产业结构调整的程度。③企业还扮演着重要的中介角色，将个人知识转化为技术机会，通过知识和技术的正向外溢效应，不断提升整个社会的生产力。此外，一个更加多样化并能利用更高水平知识的经济体，更容易使资源在部门之间转移，实现产业转型，避免特定冲击的后果，从而更有效地减少萎缩的影响。Fagerberg 和 Srholec 在具体分析中选取了国内研发支出、专利、科技期刊文章、ISO9000 认证等指标来反映一国的企业家精神，以及由此推动的产业结构转型。④因此我们用第二产业增加值和第三产业增加值来反映产业结构变化情况，用规模以上工业企业单位数、私营企业户数和个体户数反映企业结构变化情况，用城镇人口反映人口结构变化情况，用电力消费量反映能源结构变化情况。

社会包容：社会包容度高意味着越来越多被排除在生产体系之外的人能够获得生产资源，得到发展机会。一个包容的社会是一个任何群体都免遭多重不

① Fagerberg, J., Srholec, M., "National Innovation Systems, Capabilities and Economic Development", *Research Policy*, 37（9），2008, pp.1417-1435.

② Mario Cimoli, Giovanni Dosi and Joseph E. Stiglitz, *Industrial Policy and Development*：*The Political Economy of Capabilities Accumulation*（Oxford University Press, 2009），p.132.

③ Abramovitz, M., "The Elements of Social Capability", in Bon Ho Koo, Dwight H. Perkins, eds., *Social Capability and Long-term Economic Growth*（MacMillan Press, 1995）.

④ Fagerberg, J., Srholec, M., "National Innovation Systems, Capabilities and Economic Development", *Research Policy*, 37（9），2008, pp.1417-1435.

利（经济、政治、社会或文化）影响的社会。相反，社会排斥程度高的社会不具备社会凝聚力，巨大的不平等与社会排斥可能增加暴力冲突的风险。①发展中国家要让更广泛的人口获得经济机会和参与经济活动，必须普及公共教育，特别是提高贫困者受教育的机会。Abramovitz认为教育水平直接影响后发国家对领先国家先进技术和知识的吸收能力，劳动力受过良好教育的国家的增长速度可能比劳动力受教育程度较低的国家的增长速度更快。②因此，我们把社会包容作为影响社会能力的一个重要结构变量，更具包容性的社会可以更好地开发每个人的潜力，将更有活力，更能促进经济增长。我们用地方财政社会保障和就业支出、基尼系数反映社会保障情况，用平均受教育年限、国家财政性教育经费来反映教育保障情况，用城镇登记失业率、参加失业保险人数来反映就业保障情况，用医疗卫生机构数、卫生人员数和卫生机构床位数来反映医疗保障情况，用人均拥有公共图书馆藏量反映文化保障情况。

治理效率：治理效率包括制度建设、治理能力和问责制三个重要影响因素。首先，治理既包括正式制度和规则，也包括非正式制度安排。③正式和非正式制度相互作用形成了社会行动，当正式和非正式制度相互强化时，会形成一个良性循环促进经济发展；相反，在正式和非正式制度安排不对称的情况下，会造成紧张局势阻碍经济发展。其次，正式和非正式制度是否有效，还取决于实施机制，离开了实施机制，任何制度尤其是正式制度都形同虚设。而制度能否得到有效的实施，又取决于一国的治理能力。政府如果不能有效管理冲突，冲突将不仅使资源从经济生产活动中转移出去，而且会由于不确定性攀升进一步阻碍经济生产活动。最后，制度建设和治理能力的提升又受问责制影响，任何政府都需要建立一套责任机制，通过问责机制来落实政府责任，没有健全的问责机制，制度和治理的完善都会落空。因此，我们把治理效率作为影响社会能力的一个重要结构变量。

---

① Stewart, F., *Horizontal Inequalities and Conflict*: *Understanding Group Violence in Multiethnic Societies* (London Palgrave Press, 2008), p.6.

② Abramovitz, M., "The Elements of Social Capability", in Bon Ho Koo, Dwight H. Perkins, eds., *Social Capability and Long-term Economic Growth* (MacMillan Press, 1995).

③ 〔瑞典〕卡尔松、〔圭〕兰法尔：《天涯成比邻-全球治理委员会的报告》，中国对外翻译出版社公司组织翻译，中国对外翻译出版公司，1995，第35页。

Fagerberg和Srholec在衡量一国治理水平的时候，采用了一系列指标，包括法律和秩序、财产权、规则、非正式市场、人身完整权、公正的法院、财产权、民主与专制指数和妇女权利等，从多个维度来综合衡量。[①]Castellacci在实证分析中用人均铁路客运量来表示一国的交通系统效率，因为高效的交通运输系统和完善的基础设施将有助于一国获取先进技术。[②]因此，我们用地方财政环境保护支出、废水排放总量、二氧化硫排放量来反映环境治理水平，用每万人拥有公共交通车辆和人均用水量反映城市治理水平，用人均城市道路面积、人均公园绿地面积反映基础设施建设水平。

　　上述社会能力四个结构变量之间相互作用，产生整体效应，共同构成一国实现长期经济增长的社会基础。为保证相关数据的可比性，各变量的具体评价指标体系的数据均来自国家统计局，如表11-1所示。共包括29个指标，分析区间为2000~2020年，由于个别数据缺失，我们采用均值插补和最邻近插补等方法进行了补充。

表11-1　社会能力测度的指标体系

序号	结构变量	具体指标	指标说明
1	开放程度	经营单位所在地进出口总额	反映货物进出口情况
2		境内目的地和货源地进出口总额	
3		外商投资企业进出口总额	反映外商投资情况
4		外商投资企业数	
5		国际旅游外汇收入	反映国际服务贸易情况
6	结构转型	第二产业增加值	反映产业结构变化情况
7		第三产业增加值	
8		规模以上工业企业单位数	反映企业结构变化情况
9		私营企业户数	
10		个体户数	
11		城镇人口	反映人口结构变化情况
12		电力消费量	反映能源结构变化情况

①　Fagerberg, J., Srholec, M., "National Innovation Systems, Capabilities and Economic Development", *Research Policy*, 37（9）, 2008, pp.1417-1435.

②　Castellacci, E., Polieri, T., "Antalgic Effect and Clinical Tolerability of Hyaluronic Acid in Patients with Degenerative Diseases of Knee Cartilage: An Outpatient Treatment Survey", *Drugs under Experimental and Clinical Research*, 30（2）, 2004, pp.67-73.

续表

序号	结构变量	具体指标	指标说明
13	社会包容	地方财政社会保障和就业支出	反映社会保障情况
14		基尼系数	
15		平均受教育年限	反映教育保障情况
16		国家财政性教育经费	
17		城镇登记失业率	反映就业保障情况
18		参加失业保险人数	
19		医疗卫生机构数	反映医疗保障情况
20		卫生人员数	
21		卫生机构床位数	
22		人均拥有公共图书馆藏量	反映文化保障情况
23	治理效率	地方财政环境保护支出	反映环境治理水平
24		废水排放总量	
25		二氧化硫排放量	
26		每万人拥有公共交通车辆	反映城市治理水平
27		人均用水量	
28		人均城市道路面积	反映基础设施建设水平
29		人均公园绿地面积	

（二）技术能力变量和指标的选择

技术能力是有效使用技术知识的能力，是各组织（如企业）的知识、技能和经验的集合，是采用国外技术并使之适应本地环境并逐渐建立起来的技术诀窍的存量，引进的新技术和新知识通过已有知识的积累、储备、维持和激活得以实现，是不同知识交叉作用的结果。特别是由于技术和知识具有缄默性和累积性[①]，产品、工艺、技能、经验和诀窍在组织之间转移相对困难，技术和知识转移的有效性不仅取决于是否存在技术和知识来源，更取决于技术接受方对于技术、知识学习以及能力发展的努力。因此，技术能力只有在技术研发中才能形成，又由于现代技术具有复杂性，因此有关产品和工艺的技术知识范围远远超过任何个人所能掌握的知识和技能，所以技术能力是组织性的。[②]大多数学者赞同技术能力的提升包含技术的引

---

① Nelson, R. R., Winter, S. G., "Evolutionary Theorizing in Economics", *Journal of Economic Perspectives*, 16 (2), 2002, pp.23-46.

② 路风：《新火》，中国人民大学出版社，2020。

进、吸收、转化和利用等多个环节这一观点，虽然测度的变量存在差异，但基本都包含了以下三个结构变量：人力资本、R&D 投入和技术基础。

人力资本。 技术能力的建立从根本上来说依靠企业等经济主体对人力资源和技能发展特别是职业培训的投资，以提升技术能力，而技术能力的提升离不开持续渐进地改进新技术使之适应本土环境和生产条件[1]，而这离不开人才特别是高水平、技能型人才的培养。技术能力的提升依赖人力资源，与经过专门训练的科学家、工程师以及发明家的数量密切相关，而 R&D 人员的素质和质量决定了技术进步的质量和效率。不过，人才不仅包括科学家和科研人才，还包括企业家和生产一线的技术工人和管理人才。因此人力资本是影响技术能力的重要结构变量，参考以往文献中关于人力资本测度的指标体系，我们用教育经费、普通高等学校招生数和普通高等学校教职工总数反映高水平人力资本培养情况，用信息传输、软件和信息技术服务业城镇单位就业人员反映高科技行业人力资本情况。

R&D 投入。 从过程的角度而言，技术能力的提升主要涉及四个环节：获取能力、消化能力、转换能力、开发利用能力[2]，即技术能力的提升并不是一个简单的技术引进过程，引进的技术必须与本地的生产环境和本土的资源禀赋相匹配。不论是哪个环节，即使是购买环节，也需要一定的 R&D 投入，才能使购买的技术得到有效的消化和利用。转换能力和开发利用能力直接影响技术能力的提升，而两者并不会自动实现，国家以及企业的 R&D 投入对于利用知识和促进技术能力的提升是不可或缺的。R&D 投入是影响技术能力的重要结构变量，参考以往文献中关于 R&D 投入测度的指标体系，我们用地方财政科学技术支出反映国家 R&D 投入情况，用信息传输、计算机服务和软件业全社会固定资产投资、科学研究、技术服务和地质勘查业全社会固定资产投资反映企业 R&D 投入情况。

技术基础。 魏江和葛朝阳[3]将发展中国家企业技术能力划分为技术引进

---

[1] Bee-Yan Aw and Geeta Batra, "Firm Size and the Pattern of Diversification", *International Journal of Industrial Organization*, 16（3），1998，p.316.

[2] Shaker A. Zahra and Gerard George, "Absorptive Capacity: A Review, Reconceptualization, and Extension", *The Academy of Management Review*, 27（2），2002，p.185.

[3] 魏江、葛朝阳：《组织技术能力增长轨迹研究》，《科学学研究》2001 年第 2 期。

与模仿能力、消化吸收能力和自主技术创新能力三个平台，并提出了组织技术能力增长的"平台—台阶"模式：他们将组织技术能力跃迁之前的能力积累状态定义为"平台"，而将技术能力跃迁的过程定义为"上台阶"，并将能力跃迁之后所处的平台和能力跃迁之前的平台之间的差距定义为"台阶"。由此，可将组织技术能力的增长轨迹归纳为"平台扩展—上台阶—新平台扩展—上新台阶"的循环过程，而且每经过一个循环就实现一次质的飞跃，但每一次质的飞跃都离不开现有的平台，即现有的技术基础影响后续技术能力的跃迁。技术基础是影响技术能力的重要结构变量，参考以往文献中关于技术基础测度的指标体系，我们用科学研究和技术服务业城镇单位就业人员反映技术基础服务提供情况，用移动电话年末用户、互联网宽带接入端口和电信业务总量反映技术基础设施建设情况。

上述技术能力的三个结构变量很好地反映了技术能力提升的动态过程。为保证相关数据的可比性，各变量的具体评价指标体系的数据均来自国家统计局，如表11-2所示。共包括11个指标，分析的区间为2000~2020年，根据缺失数据的特点，采用均值插补和最邻近插补等方法进行补充。

表11-2　社会能力测度的指标体系

序号	结构变量	具体指标	指标说明
1	人力资本	教育经费	反映高水平人力资本培育情况
2		普通高等学校招生数	
3		普通高等学校教职工总数	
4		信息传输、软件和信息技术服务业城镇单位就业人员	反映高科技行业人力资本情况
5	R&D投入	地方财政科学技术支出	反映国家R&D投入情况
6		信息传输计算机服务和软件业全社会固定资产投资	反映企业R&D投入情况
7		科学研究、技术服务和地质勘查业全社会固定资产投资	
8	技术基础	科学研究和技术服务业城镇单位就业人员	反映技术基础服务提供情况
9		移动电话年末用户	反映技术基础设施建设情况
10		互联网宽带接入端口	
11		电信业务总量	

（三）创新–产业动态化变量和指标的选择

创新的过程，哪怕是微小的技术改进，也会推动产业结构的调整，同样产业动态化过程也是创新应用的过程，而创新及产业结构的变化过程离不开国家的制度基础，国家制度直接影响新技术和知识的采用，国家制度也直接影响了产业结构变动的程度与进度。因此，为了更好地分析技术能力和社会能力对创新–产业动态化的影响，本章从创新、产业动态化和制度基础三个维度对创新–产业动态化进行综合测度。

创新。参考以往文献中关于创新的测度，我们通过总的劳动生产率来反映生产率的情况，通过国内专利申请受理量和国内专利申请授权量反映专利申请情况，通过技术市场成交额反映专利应用情况，这四个指标综合反映创新情况。

产业动态化。包括产业结构高级化指数和产业结构合理化指数，产业结构高级化指数根据付凌晖[①]构建的向量指数进行测度，产业结构合理化指数根据干春晖等[②]构建的泰尔指数进行测度。

制度基础。创新所需的要素必然在某些政策法规下运行并受其约束和促进。政府政策对于企业行为和市场配置效率等会产生重要影响。大体来说，创新的经济政策既包括国家出台的与创新相关的法律，如《专利法》《著作权法》等，也包括国家和地方政府层面的政策，如财政政策、金融政策、政府采购政策、人才政策、中小企业政策、产业政策等。这些法律法规归纳起来，大致可以分为两类，一类是政府对微观主体创新投入的倾斜，另一类是对创新主体创新成果的保护。以往的研究发现，政府对微观企业创新投入的补贴、创新成果奖励、政府采购政策的倾斜和产权保护等激励措施能有效提升企业创新的积极性和创新效率；还有数据表明，政府采购对企业自主创新的支持比政府投资的效果明显。企业自主创新的成果通常表现为知识产权。政府对科技成果的保护最重要的法律依据是《知识产权法》。知识产权对自主创新具有明显的支撑作用，与知识的创新、引进、扩散和应用等均具有显著的正向关系，知识产权保护力度越大，企业越倾向于开展自主创新。知识

---

① 付凌晖：《我国产业结构高级化与经济增长关系的实证研究》，《统计研究》2010年第8期。

② 干春晖等：《中国产业结构变迁对经济增长和波动的影响》，《经济研究》2011年第5期。

产权保护是保障创新主体利益的重要方式，也是规范科技市场秩序的重要途径。适度的知识产权保护不仅可以激发创新主体的积极性，还可以推动自主创新的市场化进程。反映一国制度基础的指标很多，为了便于比较和分析，我们采用樊纲等构建的市场化指数中的政府与市场关系、非国有经济发展、中介组织发育和法律三个指数来测度制度基础，市场化指数从某种程度上反映了国家制度基础对引进、吸收、转化和利用新技术和知识的支持程度。

上述三个结构变量的具体衡量指标如表11-3所示，共包括11个指标，区间为2000~2020年。其中，总的劳动生产率和产业结构合理化指数基于干春晖①的方法测度，产业结构高级化指数基于付凌晖②的方法测度，测度制度基础的三个指标的数据源自樊纲等构建的市场化指数，国内专利申请受理量、国内专利申请授权量和技术市场成交额的数据源自国家统计局。对于缺失的数据，采用均值插补和最邻近插补等方法进行补充。

表11-3　创新—产业动态化测度的指标体系

序号	结构变量	具体指标	指标说明
1	创新	总的劳动生产率	反映生产率情况
2		国内专利申请受理量	反映专利申请情况
3		国内专利申请授权量	
4		技术市场成交额	反映专利应用情况
5	产业动态化	产业结构高级化指数	根据付凌晖（2010）构建的向量指数测度
6		产业结构合理化指数	根据干春晖等（2011）构建的泰尔指数测度
7	制度基础	政府与市场关系	采用樊纲等构建的市场化指数中各指标的具体得分
8		非国有经济发展	
9		中介组织发育和法律	

确定了衡量社会能力、技术能力和创新—产业动态化的指标体系后，就可以利用因子分析法对社会能力、技术能力和创新—产业动态化指数进行测度。因子分析法的基本思想是将原来众多的具有一定相关性的指标重新组合成一组个数较少的互不相关的综合指标来代替原来的指标，使其既能最大限度地

---

① 干春晖等：《中国产业结构变迁对经济增长和波动的影响》，《经济研究》2011年第5期。
② 付凌晖：《我国产业结构高级化与经济增长关系的实证研究》，《统计研究》2010年第8期。

反映原变量所代表的信息，又能保证新指标之间无关。测度所得的社会能力指数记为 SCI，技术能力指数记为 TCI，创新–产业动态化指数记为 CDI。

二　技术能力与社会能力影响中国创新–产业动态化的实证检验

以上述测度所得的技术能力指数 TCI，社会能力指数 SCI 为解释变量，创新–产业动态化指数 CDI 为被解释变量，构建技术能力与社会能力影响创新–产业动态化的模型如下：

$$CDI_{it} = \alpha_i + \beta_i SCI_{it} + \gamma_i Tech_{it} + \delta_i W_{it} + \varepsilon_{it} \qquad (11-1)$$

其中，i 表示国家，t 表示年份，ε_{it} 为随机误差项。W_{it} 为控制变量，包括 $efpi_{it}$、$faipi_{it}$ 和 cpi_{it}。其中，$efpi_{it}$ 表示地区 i 在第 t 年的工业生产者出厂价格指数，反映各省份的生产能力；$faipi_{it}$ 表示固定资产投资价格指数，反映各省份的投资能力；cpi_{it} 表示居民消费价格指数，反映各省份的消费能力。所涉及的变量如表11-4所示。

表11-4　各变量及基本描述

变量	描述
被解释变量	CDI，创新–产业动态化指数
主要解释变量	SCI，社会能力指数
	TCI，技术能力指数
控制变量	$efpi$，工业生产者出厂价格指数
	$faipi$，固定资产投资价格指数
	cpi，居民消费价格指数

各变量的基本描述性统计如表11-5所示。

表11-5　变量的基本描述统计

变量	均值	中位值	标准差	最小值	最大值
CDI	0.105	−0.0936	0.791	−1.325	2.679
SCI	−0.0059	−0.127	0.561	−0.746	2.829
TCI	0.381	0.299	0.940	−0.795	4.045
$efpi$	102.0	101	5.698	82.40	129.4
$faipi$	102.4	102	2.932	96	113.3
cpi	102.3	102.1	1.880	96.70	110.1

在进行回归分析之前需要判断各变量是否平稳，避免出现伪回归结果。由于本章的数据是面板数据，所以必须对每个变量进行单位根检验，以保证每个变量的平稳性，使平稳变量回归有效。本章选取了LLC、IPS和Fisher三种单位根检验方法进行检验，结果如表11-6所示。

表11-6　面板单位根检验

LLC						
变量	AD t	p	结论	一阶差分AD t	p	结论
CDI	3.8869	0.9999	非平稳	−2.2375	0.0126	平稳
SCI	−3.0527	0.0011***	平稳	−3.6555	0.0001***	平稳
TCI	−4.6043	0.0000***	平稳	−1.9970	0.0229	平稳
efpi	−10.8586	0.0000***	平稳	−21.9403	0.0000***	平稳
faipi	−13.6881	0.0000***	平稳	−25.7768	0.0000***	平稳
cpi	−11.7673	0.0000***	平稳	0.0000***	0.0000***	平稳
IPS						
变量	AD t	p	结论	一阶差分AD t	p	结论
CDI	3.5410	0.9998	非平稳	−10.4598	0.0000***	平稳
SCI	2.4918	0.9936	非平稳	−14.8996	0.0000***	平稳
TCI	10.4800	1.0000	非平稳	−9.8666	0.0000***	平稳
efpi	−10.3541	0.0000***	平稳	−14.2844	0.0000***	平稳
faipi	−8.5762	0.0000***	平稳	−13.5565	0.0000***	平稳
cpi	−12.2588	0.0000***	平稳	−16.1268	0.0000***	平稳
Fisher						
变量	AD t	p	结论	一阶差分AD t	p	结论
CDI	29.5367	0.9998	非平稳	407.1238	0.0000***	平稳
SCI	111.9026	0.0001***	平稳	617.9729	0.0000***	平稳
Tech	39.3665	0.9890	非平稳	261.2790	0.0000***	平稳
efpi	270.9703	0.0000***	平稳	738.4999	0.0000***	平稳
faipi	271.2587	0.0000***	平稳	688.0718	0.0000***	平稳
cpi	257.5080	0.0000***	平稳	727.9536	0.0000***	平稳

注：*、**、***分别表示在10%、5%、1%的水平下显著。本章下同。

根据表11-6的结果，当期并非所有的变量都是平稳的，但所有变量在一阶差分后都平稳，并且在LLC、IPS和Fisher三种检验方法中都成立。在面板单位根检验的基础上，还需要对变量进行协整检验，检验变量是否具有稳定的均衡关系，综合利用KAO和Pedroni两种检验法进行协整检验。相关检验结果如表11-7和表11-8所示。

表11-7　KAO协整检验结果

	统计量	p
Modified Dickey-Fuller t	−9.0647	0.0000
Dickey-Fuller t	−10.8794	0.0000
Augmented Dickey-Fuller t	−4.1406	0.0000
Unadjusted modified Dickey Fuller t	−23.2226	0.0000
Unadjusted Dickey-Fuller t	−14.9839	0.0000

表11-8　Pedroni协整检验结果

	统计量	p
Modified Dickey-Fuller t	4.2638	0.0000
Phillips-Perron t	−5.0518	0.0000
Augmented Dickey-Fuller t	−4.2753	0.0000

上述结果显示，在以KAO进行协整检验时各变量均通过协整检验，在以Pedroni进行协整检验时，各变量显著性水平较高且稳定，说明变量体系具有稳定的均衡关系。

完成上述检验之后，为了更好地检验技术能力、社会能力对创新-产业动态化的影响，对方程（1）采用混合OLS模型、随机效应模型（RE）和固定效应模型（FE）三种方法进行对比分析，相关回归分析结果如表11-9所示。

表11-9　技术能力、社会能力与创新-产业动态化的回归分析结果

变量	（1） OLS	（2） FE	（3） RE
SCI	1.2721*** (19.3056)	0.5705*** (8.6587)	0.6364*** (9.7603)
TCI	−0.1237*** (−3.1407)	0.3630*** (10.2643)	0.3249*** (9.2350)

续表

变量	(1) OLS	(2) FE	(3) RE
efpi	−0.0137*** (−2.9457)	0.0010 (0.4339)	0.0006 (0.2380)
faipi	−0.0041 (−0.3857)	−0.0072 (−1.3488)	−0.0072 (−1.3224)
cpi	0.0165 (1.2668)	−0.0024 (−0.3634)	−0.0013 (−0.1951)
常数项	0.2918 (0.2857)	0.8434* (1.6808)	0.8006 (1.5434)
观测值	651	651	651
R^2	0.645	0.813	0.3978
F检验	71.32***		
Hausman检验	38.98［0.0000］		
模型选择	固定效应		

注：括号内为标准差；*、**、***分别表示在10%、5%、1%的水平下显著。本章下同。

根据表11-9的结果，可以发现在混合OLS、RE和FE三种方法下，社会能力对创新－产业动态化的影响均显著为正，且都通过了1%的显著性水平检验，而技术能力则只在RE和FE两种方法下对创新－产业动态化显著为正，且都通过了1%的显著性水平检验。根据Hausman检验和F检验结果可知应选择固定效应模型进行估计。在固定效应模型下，社会能力的回归系数为0.5705，技术能力的回归系数为0.3630，即社会能力每提高1%，创新－产业动态化率可以提高0.5705%，技术能力每提高1%，创新－产业动态化率可以提高0.3630%，即社会能力和技术能力显著影响创新－产业动态化。

我们对上述回归分析结果进行稳健性检验，说明社会能力、技术能力对创新－产业动态化的影响具有稳健性。由于因子分析法假设各个因子之间不存在相关性，在现实生活中各变量很难满足该项要求，因此本章进一步采用熵值法计算社会能力指数和技术能力指数，并替换原有的解释变量进行相应的回归分析，同时进行稳健性检验。熵值法可以客观描述数据的均衡水平和离散水平，熵值的大小反映了数据分布无序性的大小，因此得到了广泛应用。在得到熵值法计算的社会能力和技术能力结果（SCI1 和 TCI1）后，同样综合采用混合 OLS、RE 和 FE 三种方法进行回归分析，相应的回归估计结果如表 11-10 所示。

表11-10 技术能力、社会能力与创新-产业动态化的稳健性检验结果

变量	(4) OLS	(5) FE	(6) RE
SCI1	1.0674	1.0922**	0.9987**
	(1.6022)	(2.1324)	(1.9637)
TCI1	1.9026***	2.3126***	2.3319***
	(5.4367)	(9.5835)	(9.6640)
efpi	−0.0149***	−0.0004	−0.0008
	(−3.2381)	(−0.1572)	(−0.3295)
faipi	−0.0008	−0.0055	−0.0056
	(−0.0800)	(−1.0067)	(−0.9982)
cpi	0.0080	−0.0043	−0.0034
	(0.6258)	(−0.6316)	(−0.4971)
常数项	0.0762	0.1933	0.1623
	(0.0759)	(0.3750)	(0.3085)
观测值	651	651	651
R^2	0.654	0.802	0.5479

根据表 11-10 的结果，可以发现采用熵值法计算社会能力和技术能力并替换解释变量后，在固定效应模型下，核心解释变量的系数符号和显著性未发生明显变化，说明技术能力和社会能力对创新-产业动态化的影响是稳健的。

为了防止模型中可能存在的内生性问题影响估计结果的可靠性，采用解释变量的滞后一期做工具变量，运用 2SLS 进行回归分析，进行内生性检验，技术能力、社会能力与创新–产业动态化的内生性检验结果如表11-11所示。

表11-11　技术能力、社会能力与创新–产业动态化的内生性检验结果

变量	(1) CDI
SCI2	0.5757***
	(6.2378)
Tech2	0.3641***
	(7.2731)
efpi	0.0025
	(1.0017)
faipi	−0.0089
	(−1.6312)
cpi	−0.0045
	(−0.6516)
观测值	620
R²	0.806
Anderson LM 统计量	311.877***
Cragg-Donald Wald F 统计量	328.619 [7.03]

根据表11-11的结果，可知工具变量的选择是有效的。首先，识别不足检验的统计量（Anderson LM 统计量）P值均小于0.01，在1%的显著水平下均拒绝了原假设，表明不存在识别不足问题。其次，弱工具变量检验的统计量（Cragg-Donald Wald F 统计量）均大于10%的临界值，表明在5%的显著性水平下拒绝"存在弱工具变量"的原假设。估计结果显示，控制住内生性问题后，社会能力和技术能力的系数仍然显著为正，说明技术能力、社会能力相互作用确实影响了创新–产业动态化，模型可能存在的内生性问题不会对回归分析结果产生干扰。

考虑到我国存在区域发展不均衡的现实，技术能力和社会能力对各区域创新–产业动态化的影响可能不尽相同。因此本章进一步根据各省份所处

的东部、中部和西部三个地区①，分析三个地区的技术能力、社会能力对创新-产业动态化的影响，相应的回归估计结果如表11-12所示。

表11-12 分地区技术能力、社会能力与创新-产业动态化回归分析结果

变量	(4) 东部	(5) 中部	(6) 西部
SCI	0.3694** (2.1536)	0.6423*** (2.9763)	1.0241*** (9.8755)
TCI	0.9357*** (8.4503)	0.4025*** (3.4943)	0.1839*** (4.6534)
efpi	0.0027 (0.3963)	−0.0010 (−0.2729)	0.0027 (0.9924)
faipi	−0.0170* (−1.6956)	−0.0031 (−0.3408)	−0.0024 (−0.3159)
cpi	0.0276* (1.9431)	−0.0010 (−0.0897)	−0.0124 (−1.6060)
常数项	−1.0321 (−0.9558)	0.3490 (0.4481)	1.1429* (1.7793)
观测值	231	168	252
R^2	0.819	0.873	0.833

根据表11-12的结果可以发现，技术能力和社会能力在三个地区对创新-产业动态化有显著的正向影响，且都通过了1%的显著性检验。从技术能力来看，东部地区的回归系数最大（0.9357），其次为中部地区（0.4025），西部地区最小（0.1839）；从社会能力来看，则是西部地区的回归系数最大（1.0241），其次为中部地区（0.6423），东部地区最小（0.3694）。

---

① 按照国家统计局的标准，东部地区包括11个省份：北京、天津、河北、辽宁、上海、江苏、浙江、福建、山东、广东、海南；中部地区包括8个省份：山西、吉林、黑龙江、安徽、江西、河南、湖北、湖南；西部地区包括12个省份：内蒙古、广西、重庆、四川、贵州、云南、西藏、陕西、甘肃、青海、宁夏、新疆。

第五节　中国推进技术能力与社会能力建设的重点与制度保障

Redding认为改革开放以来的"中国奇迹"基本上与第一次工业革命后其他现代化奇迹一样，都可以归结为社会能力和技术能力的提高。[1]中国的社会能力将技术学习、组织变革和制度变革联系在一起，决定了对先进技术学习和吸收的能力，即决定了技术能力，而先进技术的利用和技术能力的提升意味着对现有组织和管理体制的改变，使生产组织方式与现代技术相适应，并推动了制度变革，实现资源的有效配置，进而获得广泛的动态增长回报，这才是中国实现长期经济增长的根本原因。路风也强调中国长期经济增长的主动力是在大国基础结构之下，以工业体系为载体的有用知识体系和社会能力的累积性成长，并且这个累积性的演进过程从新中国成立至今一直没有中断过。[2]因此，非常有必要审视中国的技术能力和社会能力的发展变化，并分析如何提升技术能力和社会能力以实现中国经济的长期稳定增长。

一　我国技术能力、社会能力和创新-产业动态化的发展变化

1978年的改革开放开启了中国对发达国家赶超的进程，从改革开放初期一个相对落后的低收入国家发展成为世界第二大经济体。中国成功实现赶超是充分利用后发优势的具体表现：技术差距为赶超提供了可能性，而改革开放促使社会能力的显著提升则将赶超的可能性转化为现实性，社会能力的累积和提升推动了技术能力的提升，中国通过最初阶段的模仿及后续各种形式的改进与创新，促进了经济的持续增长，推动了赶超进程。下文将分别分析2000~2020年技术能力、社会能力和创新-产业动态化的发展趋势及特征。

（一）技术能力的变化趋势

根据测度所得的技术能力指数，我们可以发现2000~2020年虽然有所波

①　Redding, G., "Impact of China's Invisible Societal Forces on Its Intended Evolution", in Arie Y. Lewin, Martin Kenney, Johann Peter Murmann eds., *China's Innovation Challenge: Overcoming the Middle-Income Trap*（Cambridge University Press, 2016）.

②　路风:《中国经济为什么能够增长》,《中国社会科学》2022年第1期。

动，但技术能力是总体上升的，2019年达到峰值之后，2020年有所下降，如图11-2所示。

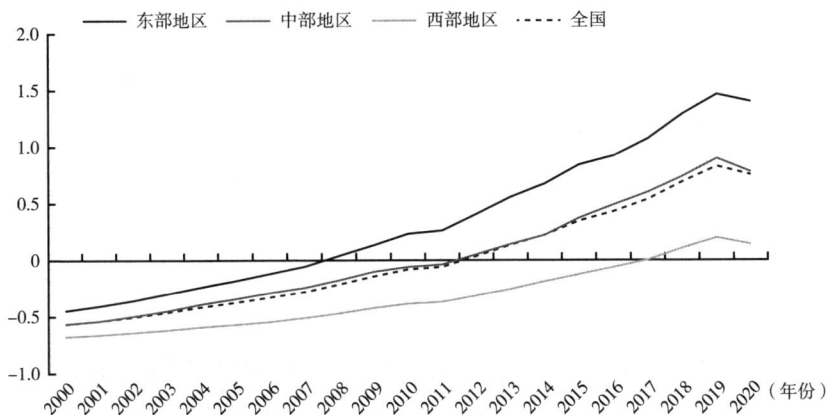

图11-2　全国及东部、中部、西部三个地区技术能力指数

从东部、中部、西部三个地区来看，2000~2020年技术能力的变化趋势与全国一致，并且随着时间的推移，东部、中部和西部地区之间的差距不断拉大，东部地区技术能力明显高于全国平均水平，中部地区技术能力基本与全国平均水平持平，而西部地区则一直低于全国平均水平。具体到省份来看，如图11-3所示，起始水平比较高，且增长比较快的三个省份仍然

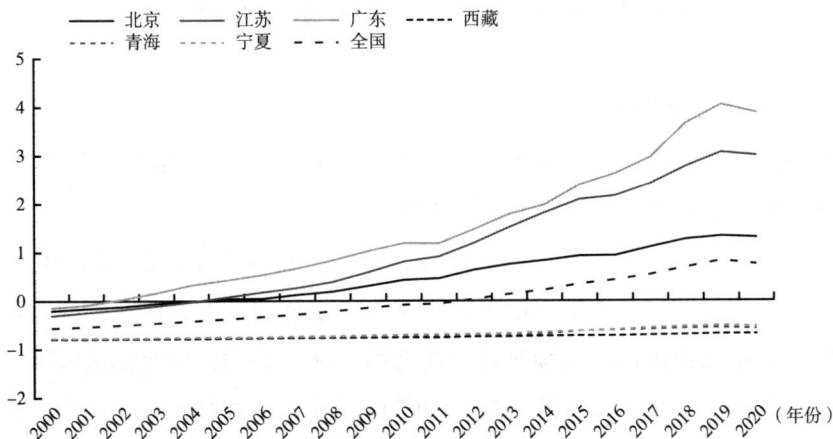

图11-3　2000~2020年技术能力前三名和后三名省份与全国平均水平比较

是广东、江苏和北京，分别在2002年和2005年由负值转为正值，之后一直保持正值，且在2011年之后技术能力出现明显的提升。起始水平比较低且增长比较缓慢的三个省份仍然是西藏、宁夏和甘肃，不仅增速低于全国平均，而且2000~2020年一直处于负值状态。

图11-4展示了2000~2020年全国31个省份技术能力发展趋势。初始技术能力比较高的省份基本集中在东部地区。中部地区的湖北技术能力初始水平较高，但增长速度慢于安徽和湖南。西部地区不仅初始水平比较低，增长速度也较慢。

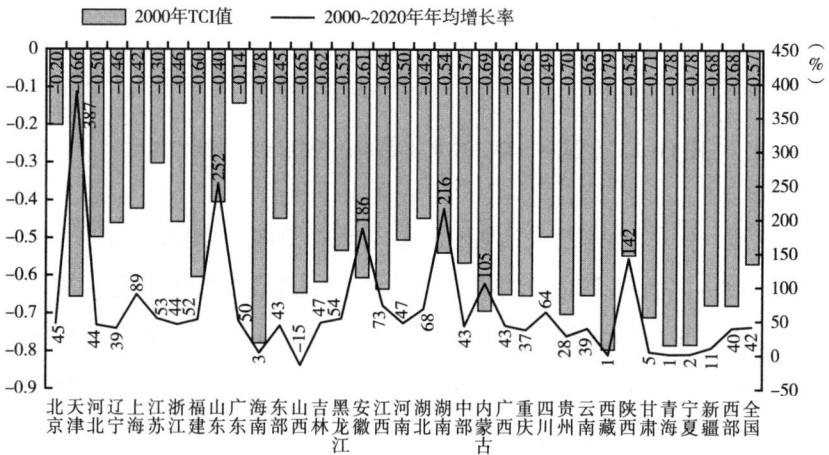

图11-4　2000~2020年全国及各省份技术能力发展趋势

（二）社会能力的变化趋势

根据测度所得的社会能力指数，可以发现2000~2020年虽然有所波动，但社会能力是总体上升的，如图11-5所示。

从东部、中部、西部三个地区来看，2000~2020年社会能力的变化趋势与全国一致，并且随着时间的推移，东部、中部和西部地区之间的差距不断拉大，东部地区和中部地区社会能力高于全国平均，而西部地区则一直低于全国平均。具体到省份来看，如图11-6所示，起始水平比较高，且增长比较快的三个省份是广东、江苏和北京，分别在2001年、2002年和2005

年由负值转为正值，之后一直保持正值，且增速快于全国平均。起始水平
比较低，且增长比较缓慢的三个省份是西藏、宁夏和甘肃，不仅增速慢于
全国平均，而且2000~2020年基本为负（只有甘肃曾在2019年为正值）。

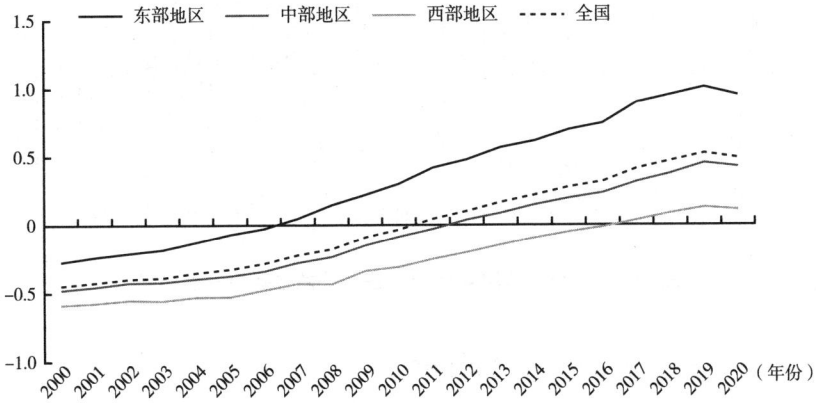

图11-5　全国及东部、中部、西部三个地区社会能力指数

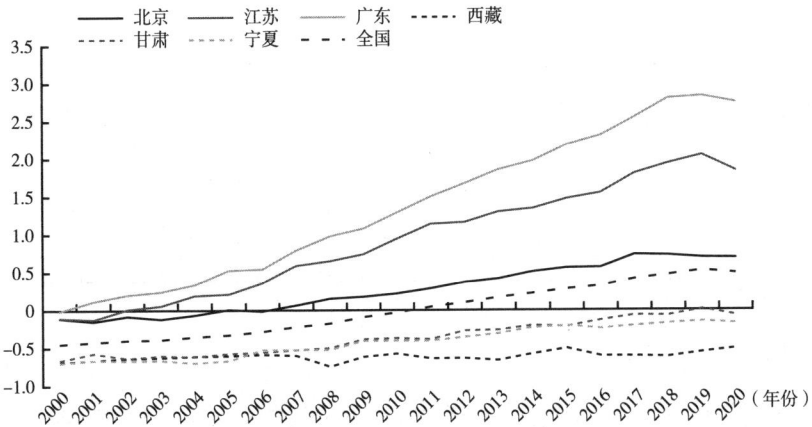

图11-6　2000~2020年社会能力前三名和后三名省份与全国平均水平比较

图11-7展示了2000~2020年全国31个省份社会能力的发展趋势，东部
地区虽然初始水平比较高，但平均增速慢于西部地区部分省份。中部地区
的河南初始水平最高，增长速度也最快。西部地区初始水平比较低，但多
个省份实现了快速增长，如重庆、贵州和陕西。

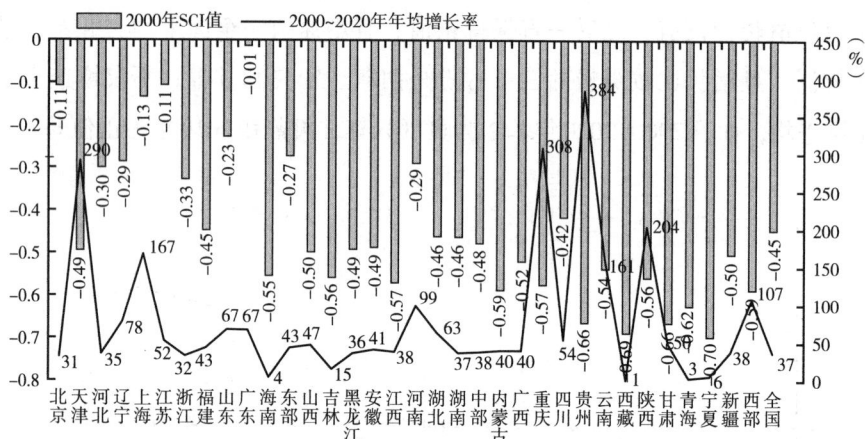

图11-7　2000~2020年全国及各省份社会能力发展趋势

（三）创新-产业动态化的变化趋势

根据测度所得的创新-产业动态化指数，可以发现2000~2020年虽然有所波动，但创新-产业动态化是总体上升的，如图11-8所示。

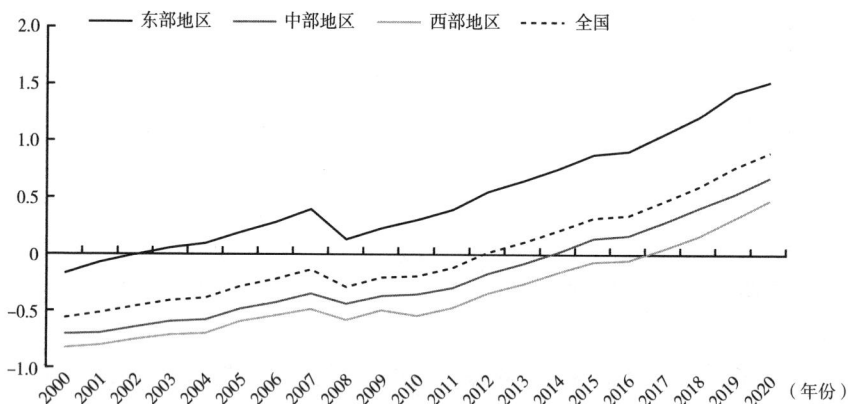

图11-8　2000~2020年全国及东部、中部、西部三个地区创新-产业动态化指数

从东部、中部、西部三个地区来看，2000~2020年创新-产业动态化的变化趋势与全国一致，并且随着时间的推移，东部、中部和西部地区之间的差距不断拉大，东部地区创新-产业动态化明显高于中部地区和西部地区，中部地区高于全国平均，而西部地区则一直低于全国平均。具体到省份来看，如

图11-9所示，起始水平比较高且增长比较快的是上海、北京和天津，这也是仅有的三个初始水平为正值的省份，且在此期间一直保持正值。而起始水平比较低且增长比较缓慢的三个省份分别是西藏、甘肃和广西，西藏2000~2020年一直为负值，甘肃在2020年转为正值，广西则在2019年转为正值。

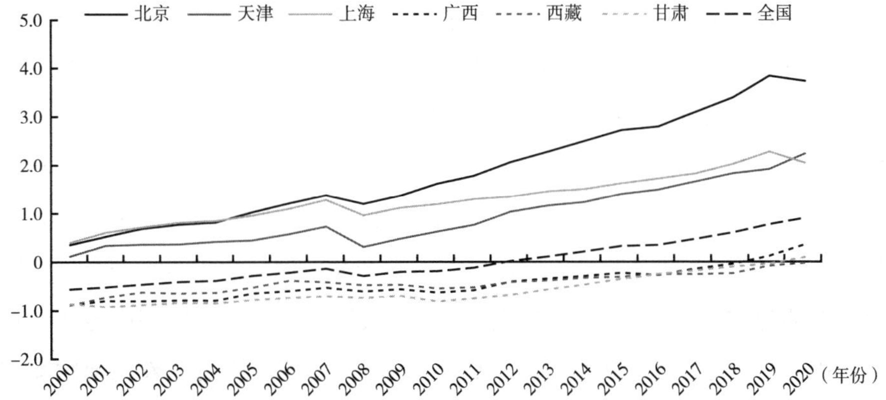

图11-9　2000~2020年创新−产业动态化能力前三名和后三名省份与全国平均水平比较

图11-10展示了2000~2020年创新−产业动态化的发展趋势。初始创新−产业动态化水平比较高的省份基本集中在东部地区，东部增长速度最快的是福建。与东部地区相比，中部地区各省份的增速普遍不高，但由于初始水平高于西部地区，因此整体高于西部地区。

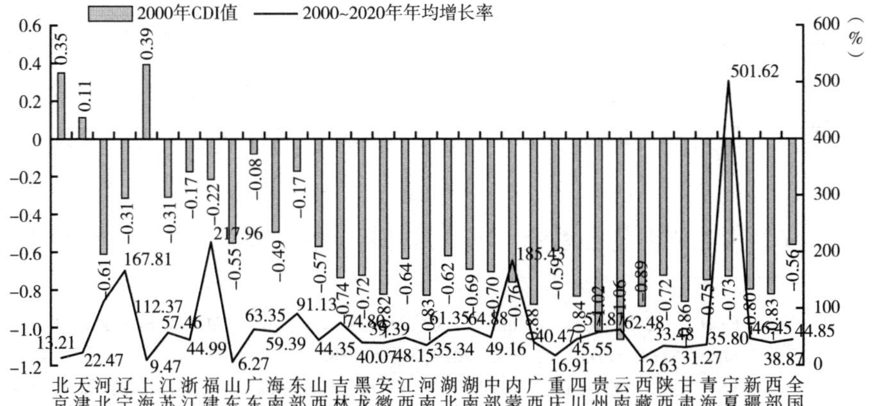

图11-10　2000~2020年全国及各省份创新−产业动态化发展趋势

二 我国技术能力与社会能力建设的重点与制度保障

发展中国家要实现创新发展，不仅要投入充足的研发资金促进技术能力的提升，而且要提升社会能力，实现对新技术和知识的有效吸收、转化和利用。Lee等认为对发展中国家而言，政府需要采取更有效的干预措施，解决"能力失灵"的问题。[①]他强调发展中国家必须基于社会能力和技术能力的提升来探索实现创新发展的新途径，并且认为有三条途径可供选择：一是在宽松的知识产权制度下以小专利和商标的形式促进模仿创新，而不是在常规专利方面发力；二是参与全球价值链（GVC）并不断学习，在后续发展中减少对全球价值链的依赖，避免低端锁定进而落入"中等收入陷阱"；三是集中力量促进短周期技术部门和产品发展，之后再专门发展长周期技术部门和产品，因为短周期技术的准入门槛低，创新频率高会威胁在位企业的主导地位，因此增长前景良好，而长周期技术意味着以前的知识在很长一段时间内仍然有用且重要，是发达国家阻止发展中国家进入的壁垒。Lakhera认为随着世界经济总体上变得越来越具有创新性，研发也越来越全球化，发展中国家需要比以往任何时候都更具创新性——找到新方法、新技术和新产品。[②]

中国企业在总体上是后进者，在技术能力上必然需要经历一个从低到高的渐进过程。大量自主创新经验证明，以市场需求为导向，坚持自主研发，走出独特的技术轨道并获得竞争力是后发企业追赶的路径要求。依托高速成长的市场，形成主导技术轨道，是中国企业从"追赶型"向"赶超型"转变的关键。中国转变经济增长方式需要以社会能力提升为基础，以技术能力成长为动力促进产品和产业结构升级。具体而言，可以采取以下措施。

首先，构建创新生态系统，不断提升社会能力和技术能力。创新决定

---

① Lee, J.-D., Baek, C., Maliphol, S., and Yeon, J.-I., "Middle Innovation Trap", *Foresight and STI Governance*, 13, 2019, pp.6 - 18.

② Lakhera, M.L., "Economic Growth in Developing Countries", in Lakhera, M.L., ed., *Economic Growth in Developing Countries: Structural Transformation, Manufacturing and Transport Infrastructure* (Palgrave Macmillan Press, 2015).

一国发展之路，未来应深化政府-企业-高校-研发机构的合作机制，构建完善的创新生态系统和协同高效的创新体系，促进政府、企业、高校、研发机构等各个创新主体之间的有机互动，统筹协调创新资源要素，形成创新发展合力，提升技术能力和社会能力，提高创新效率和创新能力，为实现创新驱动发展奠定基础。良好的创新生态系统能够为创新主体进行创新活动提供基本条件，政府应制定公平的市场准入规则，减少行政垄断，营造公平竞争、平等获得创新资源的市场环境和机制，重视制度创新、技术创新、文化创新等，突出创新驱动发展的重要作用。培育和引进高层次创新人才、高创新能力科技企业、高水平大学和科研机构等创新主体，使创新主体兼具多样化与专业性。以市场为导向，发挥政府引导的作用，促进企业与高校、研发机构等其他创新主体密切合作，形成创新资源有序流动、运行机制更为完善、合作内容更为丰富、合作形式更为规范的创新生态系统。同时，利用市场机制推动和引导企业、高校和研发机构创新，完善相关专利政策，健全知识产权保护法律体系，严厉打击侵犯知识产权的行为，为科技创新和科技成果转化提供有力保障；加大知识产权宣传力度，提高社会大众的创新意识、知识产权保护意识，在增强创新积极性的同时，加强对创新者利益的保护。

其次，发挥企业家的关键作用，不断提升技术能力和社会能力。企业家是我国实现创新发展的重要支柱，技术能力的提升和企业层面的创新主要由企业家来驱动，企业家是企业创新创业的核心和关键领军人物。为实现企业的创新发展，一方面要鼓励企业家树立"危""机"并存的信念，激励企业家创新积极性，培育和发扬企业家的自主创新意识与精神。另一方面，政府要建立完善的激励机制，积极鼓励和引导创新型企业发展，让企业成为技术需求选择、技术项目确定的真正主体，成为创新投入和创新成果转化的主要推动者。

再次，坚持以人为本和人才优先，通过人的发展不断提升技术能力和社会能力。创新驱动始终要把人才要素作为第一资源，更新创新人才培养模式，更加注重培养、培训、吸引各类型人才，促进人才要素的合理流动和优化配置。制定面向市场的人才引进政策，增强对核心人才的长期吸引力。建立集聚高端人才的长效机制，引进培养一批科技领军人物，形成具有高层次、高素质和国际化特征的管理人才和高技能人才队伍，同时，注重强化激励机制，使科技人员的创新活动能够获得更多的利益回报和精神鼓励。

最后，加强国内外开放合作与协同创新，在不断融入世界经济的过程中提升技术能力和社会能力。顺应经济全球化和科技全球化发展的趋势，积极参与全球产业价值链，加强与国际的科技合作与交流。

第十二章
创新–产业动态化进程与中国新质生产力发展

　　中国经济正经历着从传统向现代、从低效向高效、从单一向多元化的深刻转型，在这一过程中，新质生产力扮演了关键角色。新质生产力不仅是理论创新的产物，更是推动中国经济迈向高质量发展之路的重要动力。它以创新为核心，具有高技术含量、高效率与高品质的显著特征，标志着中国经济增长模式的深刻变革。在当今快速变迁的时代背景下，学术界对创新型企业的新质生产力与创新–产业动态化之间关系的关注日益增加。这一研究不仅涉及技术创新的前沿问题，还直接关系到产业升级、结构调整以及中国经济高质量发展的关键议题。新质生产力代表了一种新型的生产力形态，是依托科技创新发展起来的现代生产力形式。科技创新作为新质生产力的核心驱动力，在推动产业变革、催生新兴产业及新商业模式方面发挥着决定作用。随着数字化和智能化技术的迅猛发展，新质生产力焕发出新的活力，加速了产业升级，并为产业转型提供了新的思路和路径。新质生产力的兴起对推进产业转型升级和实现经济高质量发展具有深远的意义。因此，本章首先分析了中国创新–产业动态化进程与新质生产力的时空演化特征，探讨了创新–产业动态化对新质生产力的作用机制，并通过实证研究验证了两者之间的关系。最后，提出了创新–产业动态化与新质生产力协同发展的实现路径，为中国经济转型和高质量发展提供实践指导。

第一节　创新-产业动态化进程与新质生产力发展的时空演化特征分析

一　中国的创新-产业动态化进程

中国政府一贯将科技创新视为国家发展的核心动力，并高度重视其在推动经济社会进步中的关键作用。党的二十大报告进一步强调了科技创新的战略地位，明确提出加快实现高水平科技自立自强的战略目标。工业和信息化部针对制造、信息、材料、能源、空间与健康六大重点领域，明确了未来产业发展方向，并通过实施国家科技重大项目和攻关工程，力求实现关键核心技术的突破，推动产业转型与升级。科技创新已成为推动产业动态发展与经济结构优化的主要驱动力。根据《2023年全球创新指数》（GII 2023），中国排名全球第12位，并且科技集群数量首次居全球首位。尤其在电动汽车、人工智能和数字经济等前沿领域，中国展现出强劲的创新能力与巨大的发展潜力。为进一步强化创新驱动发展战略，中国政府不断优化创新生态系统，体现在政策制定、资金投入等多个方面。2022年，中国企业在研发领域的投入达23878.6亿元，占全社会研发经费增量的78.2%，极大地增加了创新产出。[①]同年，中国发明专利授权量达79.8万件，较2015年实现了两倍以上的增长。[②]中国在科技创新领域的持续投入取得显著成果，已成为全球创新体系中的重要力量。

相应地，中国的产业结构在持续的动态升级过程中呈现显著的优化趋势。通过强化制造业核心竞争力、提升产品质量和实施品牌建设，中国正在逐步引领产业向中高端领域迈进。智能制造作为产业技术变革与优化升级的核心方向，加速了新兴技术的应用与推广，推动了制造业产业模式的转型与创新。此外，中国积极推动战略性新兴产业的发展，如新能源、新材料和高端装备制造等，这些产业正逐渐成为驱动经济增长的新引擎。数字经济的快速发展

[①]　国家统计局：《2022年全国科技经费投入统计公报》，发布于2023年9月18日，https://www.stats.gov.cn/sj/zxfb/202309/t20230918_1942920.html。

[②]　国家知识产权局：《国家知识产权局2022年度报告》，发布于2023年6月5日，https://www.cnipa.gov.cn/art/2023/6/5/art_3249_185538.html。

不仅显著推动了技术创新，还有效促进了传统产业的数字化转型，加速了新业态与新模式的形成。服务业也在不断向专业化和价值链高端延伸，尤其是在金融、科技、商务以及现代物流等领域。与此同时，中国持续优化并提升产业链和供应链的韧性与安全性，以保障国家经济的稳定运行。

第九章测度的技术能力就包含了测度创新的重要指标R&D投入和技术基础，一定程度上也反映了中国创新演化的进程，如图12-1所示。从图中可以看到中国起始的技术能力比较低，但是随着的时间的推移得到了持续提升。

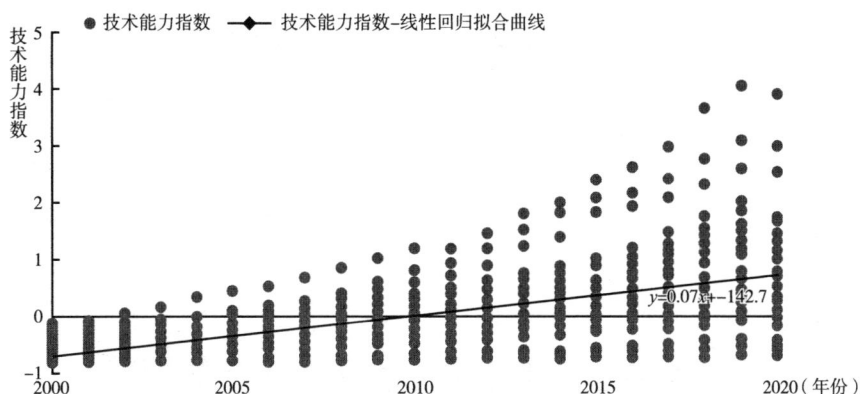

图12-1　2000~2020年中国技术能力演化趋势

同样，第九章测度的社会能力包含了结构转型，根据测度所得的指数可以刻画2000~2020年中国的结构转型发展趋势，如图12-2所示。从图中可以看到中国起始的转型程度比较低，但在不断优化。

包含了结构转型指数的社会能力指数表现出了近似的演化趋势，如图12-3所示。从图中可以明显看到中国起始的社会能力比较低，随着时间的推移社会能力不断提升。

反映一国产业结构演化趋势的还有产业结构高级化指数和产业结构合理化指数，参考泰尔指数计算方法，用ARIMA模型测度2000~2020年中国的产业结构高级化指数和产业结构合理化指数，并将相关结果进行可视化展示，如图12-4和图12-5所示。从图12-4和图12-5中可以看到中国产业结构的高级化和合理化水平在不断提升。

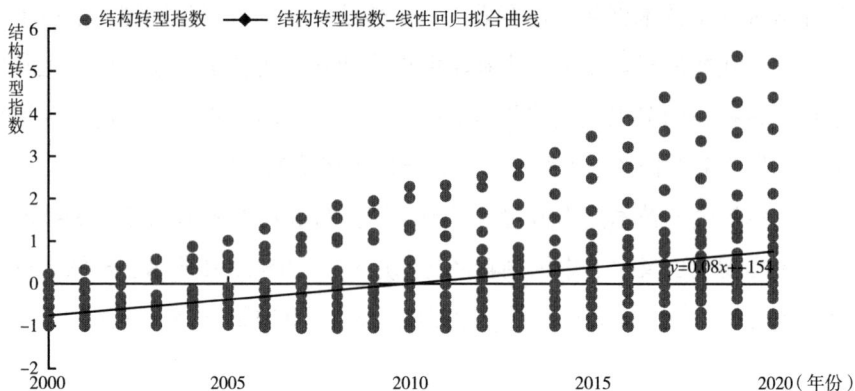

图12-2　2000~2020年中国结构转型演化趋势

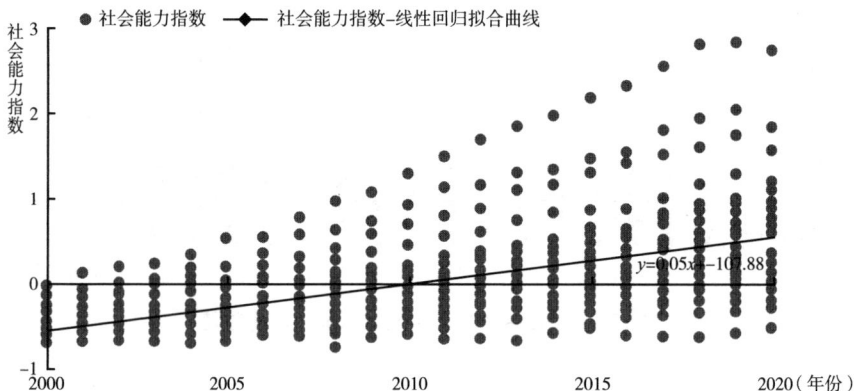

图12-3　2000~2020年中国社会能力演化趋势

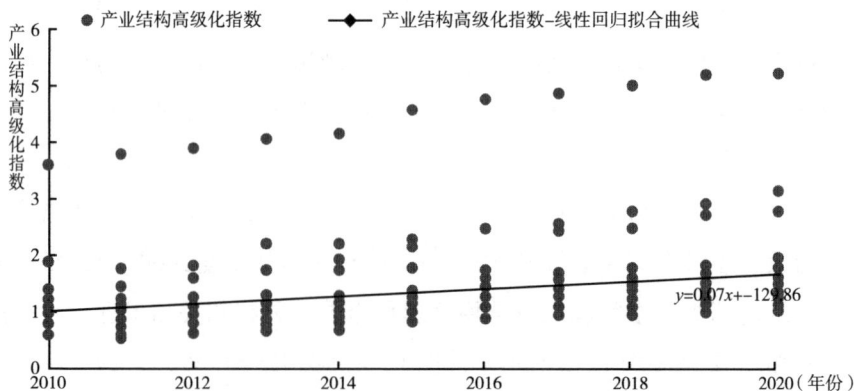

图12-4　2010~2020年中国产业结构高级化演化趋势

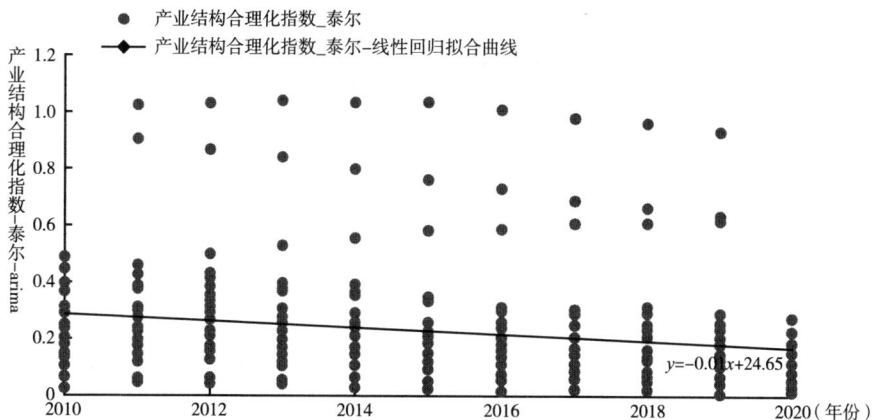

图12-5 2010~2020年中国产业结构高级化演化趋势

就创新发展指数而言，本章参考了孙豪等[①]提出的方法，综合地区GDP增长率、研发投入强度、投资效率和技术交易活跃率四个指标测度了2010~2020年中国31个省份的创新发展指数，并将相关结果进行可视化展示，如图12-6所示。从图中可以看出，不同于其他指数，创新发展指数随着时间的推移变化比较缓慢，这本身也说明创新是一个长期过程，需要长时间的积累。

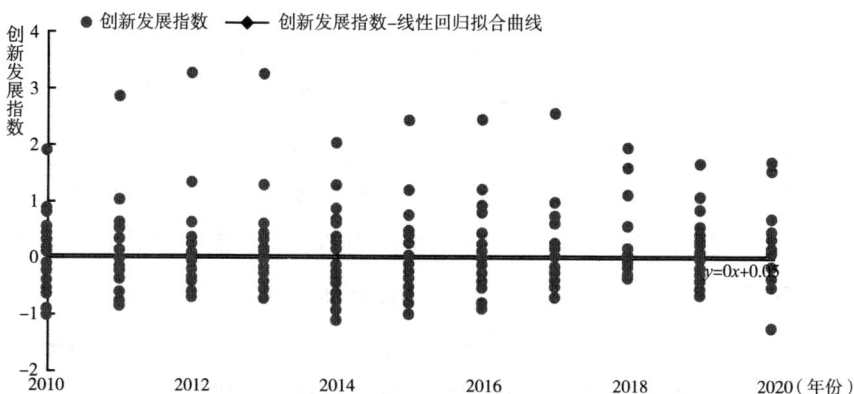

图12-6 2010~2020年中国创新发展演化趋势

----

① 孙豪等：《中国省域经济高质量发展的测度与评价》，《浙江社会科学》2020年第8期。

能直接反映中国创新-产业动态化发展的是第九章测度所得的创新-产业动态化指数，如图12-7所示，随着时间的推移，中国创新-产业动态化指数不断优化，且趋势非常明显。

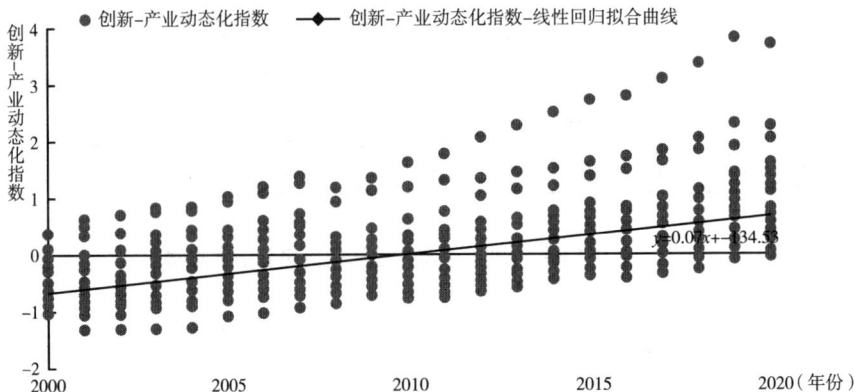

图12-7　2000~2020年中国创新-产业动态化发展演化趋势

二　中国新质生产力的演化进程

"新质生产力"这一重要理论观点首次由习近平总书记于2023年9月在黑龙江省视察期间提出，旨在推动新能源、新材料、先进制造和电子信息等战略性新兴产业的发展，加快生成新质生产力，为经济发展注入新动力。创新被视为新质生产力发展的核心所在，习近平总书记在多次讲话中对此加以强调，认为创新是推动经济发展的不竭动力，科技创新作为引领新质生产力发展的关键力量，通过颠覆性的技术突破和产业的飞跃性升级，推动生产力实现质的飞跃。因此，新质生产力的核心价值在于其能够为经济发展注入新的活力，同时促进社会生产力的全面进步。

从"新质生产力"这一表述来看，其核心仍为"生产力"，但更强调其"新质"，即相较于传统与现存生产力的新特性。概括而言，新质主要体现在以下几个方面。首先，衡量生产力优劣的标准由"数量为主"转变为"质与量并重"，反映了当前的发展趋势。新质生产力以科技创新为导向，通过技术进步提升生产效率与产品质量。新科学技术方法的应用提高了生产过程的智能化和自动化水平，推动了国民经济的快速发展。其次，生产过程逐步过渡到数字互联的一体化创新阶段，使企业生产组织和劳动方式发生了深刻变革。此外，新质生产力要求在生产过程中坚持绿色发展理念，以新能源替代传统能源，并优化过程技术，减少工业污染，实现节能环保。因此，新质生产力可视为一个涵盖技术进步、环保要求和数字化转型三大要素的系统性概念。借鉴卢江等[1]的研究成果，本章拟从科技创新、绿色发展和数字化转型三个维度构建新质生产力的评估指标。

第一，科技生产力通过技术生产力得以具体化。具体来说，可以通过技术效率、技术研发和技术生产等指标来衡量技术生产力水平。技术效率方面，参考卢江和郭子昂[2]的研究思路，使用"（规模以上工业的总利润＋规模以上工业从业人数×职工平均工资）/规模以上工业从业人数"来计算规模以上工业的劳动生产率。技术研发则通过规模以上工业 R&D 人员全时当量来衡量。技术生产方面，借鉴康茜和林光华[3]的方法，利用 IRF 联盟公布的中国各行业工业机器人安装量，并结合《中国劳动统计年鉴》中各省份细分行业就业人数占全国总就业人数的百分比，计算得到机器人安装的原始密度，进而测度技术生产力水平。

第二，绿色生产力从资源节约型生产力和环境友好型生产力两个维度进行测度。资源节约型生产力通过能源强度（能源消费量/国内生产总值）、能源结构（化石能源消费量/国内生产总值）和用水强度（工业用水量/国内生产总值）三个指标衡量。环境友好型生产力则以废物利用率（工业固体废弃物综合利用量/工业固体废弃物产生量）、废水排放强度（工业废水排放量/国内生产总值）和废气排放强度（工业 SO 排放量/国内生产总值）三个指标测度。

---

① 卢江等：《新质生产力发展水平、区域差异与提升路径》，《重庆大学学报》（社会科学版）2024年第3期。

② 卢江、郭子昂：《技术变迁、平均利润率与劳动生产率：基于中国 2006—2020 年 290 个城市面板数据的实证研究》，《上海经济研究》2023年第4期。

③ 康茜、林光华：《工业机器人与农民工就业：替代抑或促进》，《山西财经大学学报》2021年第2期。

第三，数字生产力从数字产业生产力和产业数字生产力两个层面进行衡量。数字产业生产力的测度指标包括电子信息制造（以集成电路产量为代表）和电信业务通信（以电信业务总量衡量）。产业数字生产力则通过网络普及率（互联网宽带接入端口数）、软件服务（软件业务收入）、数字信息（光缆线路长度/地区面积）和电子商务（电子商务销售额）等指标进行评估。

具体评价指标体系如表12-1所示。

表12-1 新质生产力评价指标体系

一级	二级	三级	指标
科技生产力	技术生产力	技术效率	规上工业企业劳动生产率
		技术研发	规上工业企业R&D人员全时当量
		技术生产	机器人安装原始密度
绿色生产力	资源节约型生产力	能源强度	能源消费量/国内生成总值
		能源结构	化石能源消费量/国内生产总值
		用水强度	工业用水量/国内生产总值
	环境友好型生产力	废物利用	工业固废物综合利用量/产生量
		废水排放	工业废水排放/国内生产总值
		废气排放	工业SO排放/国内生产总值
数字生产力	数字产业生产力	电子信息制造	集成电路产量
		电信业务通信	电信业务总量
		软件服务	软件业务收入
	产业数字生产力	网络普及率	互联网宽带接入端口数
		数字信息	光缆线路长度/地区面积
		电子商务	电子商务销售额

确定衡量新质生产力的指标体系后，就可以通过因子分析法对新质生产力指数进行测度，我们选取了2010~2020年，所有指标的数据都来自《中

国统计年鉴》，将新质生产力指数记为 NQP，并将结果进行可视化展示，如图 12-5 所示。从图中可以看出，随着时间的推移，中国的新质生产力不断提升，但是整体而言变化趋势比较缓慢。

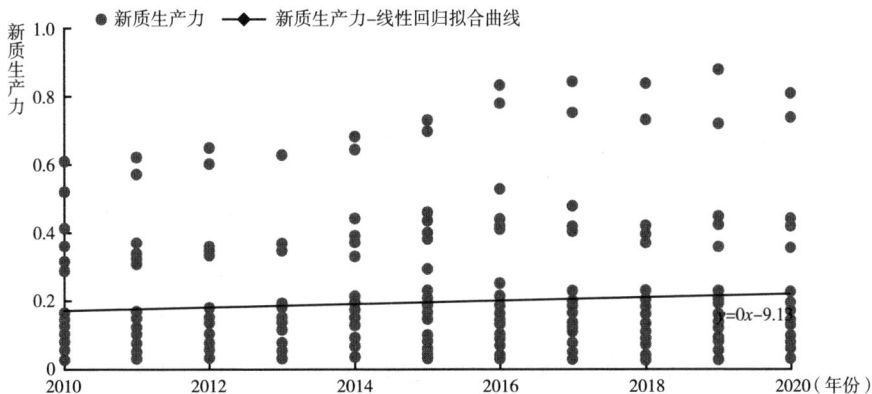

图12-5　2010~2020年中国新质生产力演化趋势

第二节　创新–产业动态化进程作用于新质生产力的机理分析

创新驱动经济增长与发展的本质，在于通过科学技术提升生产力并优化生产组织形式。科学技术本身无法直接创造物质财富，唯有通过其向生产力的有效转化，方能推动物质财富的积累与经济的增长。在当前的经济背景下，这一转化的集中表现形式即"新质生产力"的形成与发展。新质生产力作为当代先进生产力的核心表现，其主要驱动因素在于高端化的技术创新。这一生产力形态不仅涵盖了传统意义上的生产力提升，还通过融合创新知识、数字技术、数据要素及其他高端要素，形成了一种新型的更高效、更智能的生产力体系。①新质生产力的特征在于其技术基础的颠覆性与前沿性，即依托于前沿科学技术，能够在推动产业变革与经济发展的过

---

① 陆岷峰、张壹帆：《新质生产力发展下的数字经济与区域经济协同》，《云南师范大学学报（哲学社会科学版）》2024年第3期。

程中发挥引领作用。在经济发展的过程中，新质生产力的作用机制主要体现于其对现代化产业体系的影响。新质生产力的发力点聚焦于战略性新兴产业与未来产业，这些领域不仅代表着未来经济发展的方向，也承担着实现高质量发展的重任。[①]因此，通过新质生产力的驱动，实现前沿科技和高端要素的融合，相关产业能够实现快速发展，从而推动整体经济体系的转型升级，最终助力经济实现高质量增长。

一 创新−产业动态化作用于新质生产力发展的机制

一是技术创新驱动新质生产力的迭代升级。创新−产业动态化主要体现在不断推动技术创新和产业转型升级的过程中。这种动态化特征促使企业和产业不断进行技术研发和创新，以保持竞争优势。技术创新催生新产品、新工艺和新服务的出现，新技术不断被纳入新质生产力的构成要素中，从而推动新质生产力的不断迭代和升级。例如，人工智能、大数据、区块链等前沿技术的应用，进一步丰富了新质生产力的技术内涵，使其表现出更高的智能化和自动化水平。

二是产业动态化塑造新质生产力的多元化特征。创新−产业动态化促使产业链不断延伸和重组，新的产业生态和商业模式逐渐形成。这种产业的动态变化直接影响了新质生产力的形成和发展。随着不同产业之间的跨界融合，新质生产力也呈现更加多元化的特征。例如，制造业与服务业的融合形成了"制造+服务"的新模式，金融科技与传统金融的结合催生了金融科技产业，这些新兴领域都成为新质生产力的重要组成部分。因此，产业动态化在推动新质生产力发展时，也塑造了其多元化的特征，使其更加适应复杂多变的市场需求。

三是市场需求变化推动新质生产力的灵活性提升。创新−产业动态化表现为产业对市场需求变化的快速响应能力。这种动态化要求产业具有高度的灵活性和适应性，新质生产力作为产业发展的核心动力，也必须具备相

---

① 郭晗、侯雪花：《新质生产力推动现代化产业体系构建的理论逻辑与路径选择》，《西安财经大学学报》2024年第1期。

应的灵活性。通过技术创新和生产组织形式的优化，新质生产力能够快速调整生产流程和产品结构，以应对市场需求的变化。例如，电子商务的迅速发展促使企业通过数字技术实现生产的定制化和灵活化，这不仅提高了生产效率，也增强了新质生产力的市场适应能力。

四是创新生态系统促进新质生产力的持续创新。创新−产业动态化不仅体现在个别企业或产业的变化中，更体现在整个创新生态系统的动态演进中。一个健全的创新生态系统能够为新质生产力的发展提供持续的创新源泉和良好的发展环境。创新生态系统的动态化发展，通过产学研合作、技术转移和创新资源的共享，推动了新质生产力的持续创新。例如，硅谷作为全球创新的中心，其动态化的创新生态系统为无数科技企业提供了创新土壤，推动了新质生产力的发展。

五是政策引导和制度创新强化新质生产力的发展基础。创新−产业动态化往往伴随着政策的引导和制度的创新，政府在促进产业动态化发展中发挥着重要作用。通过政策引导，政府能够调动资源，优化创新环境，从而为新质生产力的发展提供制度保障。例如，支持高新技术企业的税收优惠政策、鼓励技术创新的研发资助政策等，都能有效促进新质生产力的发展。此外，制度创新，如知识产权保护机制的完善，也为新质生产力的持续创新和发展提供了法律和制度保障。

综上所述，创新−产业动态化通过技术创新、产业链重组、市场需求响应、创新生态系统和政策制度保障等多重机制，对新质生产力的发展起到了重要的推动作用。这种作用不仅促进了新质生产力的不断演进和多元化发展，还增强了其在复杂市场环境中的灵活性和竞争力，为经济高质量发展提供了强大动力。

二　新质生产力作用于创新产业动态化的机制

一是技术创新引领产业动态化变革。新质生产力以高端技术创新为核心，通过持续的技术研发和应用，引领产业实现动态化变革。高端技术的应用不仅提升了生产效率和产品质量，还催生了新的产业形态。例如，人工智能和大数据技术的应用，使得传统制造业向智能制造转型，同时催生了新兴的数字经济产业。这种技术驱动的产业变革，推动了产业结构的调整和升级，促使产业不断向高端化、智能化方向发展，从而实现产业的动态化。

二是生产效率提升和生产组织形式优化。新质生产力通过提升生产效率和优化生产组织形式，加速产业的动态调整。新质生产力的高效性和智能化特点，能够显著提高生产效率，并通过大数据、人工智能等技术手段优化生产组织形式。这种优化体现在生产环节的自动化和智能化、供应链管理的高效化以及市场需求响应的快速化等多个方面。例如，利用智能制造技术，可以实现生产过程的实时监控和调整，提高生产的灵活性和响应速度，从而增强产业的动态调整能力。

三是产业链延伸与创新生态构建。新质生产力通过推动产业链的延伸和创新生态的构建，促进产业的动态化发展。新质生产力的多元要素融合，使产业链条得到延伸，产业之间的关联性和协同性得到加强。例如，在数字经济背景下，数据作为重要的生产要素，推动了制造业与服务业的深度融合，形成了新的产业生态系统。此外，新质生产力还促进了创新生态的构建，形成了以创新为核心驱动力的产业集群。这种创新生态不仅增强了产业的竞争力，还为产业的动态发展提供了持续的创新动力。

四是市场需求驱动产业动态化调整。新质生产力的高效性和灵活性，使其能够迅速响应市场需求的变化，从而推动产业的动态化调整。例如，电子商务的发展促使企业利用数字技术实现生产的定制化和灵活化，提高了对市场需求变化的响应速度。这种市场需求驱动的动态调整，不仅提高了企业的市场竞争力，还促进了整个产业的动态化发展。

五是创新生态系统促进持续创新。新质生产力在创新生态系统的支持下，通过产学研合作、技术转移和创新资源共享，促进了持续的技术创新。例如，科技园区和创新孵化器的建设，为新质生产力的发展提供了良好的创新环境和资源支持。通过创新生态系统的动态化发展，新质生产力能够不断吸收新的技术和创新要素，保持持续的创新活力，从而推动产业的动态化发展。

六是政策引导和制度创新。政策引导和制度创新在促进新质生产力作用于产业动态化中起着重要作用。政府通过制定和实施有利于创新和产业发展的政策，如研发资助、税收优惠、知识产权保护等，为新质生产力的发展提供了政策保障和制度支持。例如，政府通过制定高新技术企业的认定标准和奖励措施，鼓励企业进行技术创新和产业升级，推动产业实现动态化发展。

综上所述，新质生产力通过技术创新、生产效率提升、产业链延伸、市场需求驱动、创新生态系统和政策引导等多方面机制，推动了创新-产业的动态化发展。这种机制不仅促进了产业的持续升级和优化，还为经济的高质量发展提供了强有力的支撑。

三 两者作用机制的差异

创新-产业动态化与新质生产力发展之间存在相互依赖与反馈机制，新质生产力推动产业的动态化，反过来促进产业结构的优化和产业体系的现代化，为进一步的创新提供基础。同时，产业的动态化变化，推动新质生产力的发展和创新，使新质生产力能够更好地作用于产业，形成双向互动、互为支撑的循环体系。但是两者之间的作用机制也存在差异，新质生产力作用于创新-产业动态化的机制主要关注的是新质生产力如何推动产业的动态变化，而创新-产业动态化作用于新质生产力的机制关注的则是产业动态化如何反过来促进新质生产力的发展。两者之间存在相互依赖与反馈的关系，共同推动经济的高质量发展。但是两者在影响方向、重点关注领域及具体运作方式方面存在差异。

一是影响方向不同。新质生产力作用于创新-产业动态化机制中，新质生产力作为驱动因素，推动产业的动态化调整与创新发展。新质生产力通过技术创新、生产效率提升、产业链延伸等方式，引领产业不断适应市场需求的变化和技术进步，从而实现产业的动态化转型和升级。而创新-产业动态化作用于新质生产力发展的机制中，创新-产业动态化作为外部环境或背景，通过不断推进技术创新和产业升级，反过来推动新质生产力的形成与发展。产业的动态变化促使企业和社会加快技术研发，推动新质生产力的多元化发展和持续创新。

二是重点关注领域不同。新质生产力作用于创新-产业动态化机制中，侧重于如何通过新质生产力推动产业的转型升级，关注的是新质生产力如何通过技术创新、生产组织形式的优化、产业链的延伸等手段，促进产业的动态调整，推动产业结构的优化与现代化产业体系的形成。而创新-产业动态化作用于新质生产力发展的机制中，侧重于产业动态化对新质生产力发展的推动作用，关注的是产业在动态发展过程中，如何通过技术创新、产业链重组、市场需求变化等方式，为新质生产力的发展创造条件，推动其不断迭代和丰富。

三是具体运作方式的不同。新质生产力作用于创新-产业动态化运作方式主要包括技术创新驱动产业变革、提升生产效率和优化生产组织形式、推动产业链延伸、响应市场需求、构建创新生态系统等。新质生产力作为主动因素，通过其内在的高端技术创新和生产力要素的提升，直接作用于产业，促使其发生动态变化。而创新-产业动态化作用于新质生产力发展的运作方式则包括通过产业结构调整推动新技术应用、通过市场需求变化促进新技术研发、通过创新生态系统提供资源支持、通过政策和制度创新创造发展环境等。创新-产业动态化作为背景因素，通过外部的动态变化和需求，推动新质生产力的演进和发展。

四是作用效果的不同。新质生产力作用于创新-产业动态化，其作用效果体现在产业的动态化调整和升级，如新兴产业的崛起、传统产业的智能化改造、产业链的延伸和升级等。这一机制强调的是新质生产力对产业结构和动态变化的直接影响。而创新-产业动态化作用于新质生产力发展，其作用效果体现在新质生产力的持续发展和迭代升级，如新技术的不断引入、新型生产力要素的整合、新兴产业中的创新应用等，强调的是产业动态化对新质生产力形成和发展的推动作用。

第三节　创新-产业动态化进程作用于新质生产力的实证检验

一　创新-产业动态化影响新质生产力的实证检验

以上述测度所得的新质生产力指数（NQP）为被解释变量，以第九章测度所得的创新-产业动态化指数（CDI）为解释变量，构建创新-产业动态化作用于新质生产力的模型如下：

$$NQP_{it} = \alpha_i + \beta_i CDI_{it} + \varepsilon_{it} \qquad (12\text{-}1)$$

式中，i 表示省份，t 表示年份，ε_{it} 为随机误差项。W_{it} 为控制变量，包括 Inv，Gov，Ftd 和 Cie，Inv 表示投资效率，反映各省份的投资能力，Gov 表示政府债务负担，反映各省份的治理能力，Ftd 表示对外贸易依存度，反映各省份的对外开放能力，Cie 表示居民收入弹性，反映各省份的消费能力。同时，我们将第九章计算所得的社会能力指数（SCI）和技术能力指数（TCI）也作为变量纳入后续相关回归分析中。所涉及的变量如表12-2所示。

表12-2　各变量及基本描述

变量	描述
被解释变量	NQP，新质生产力指数
	GDP，经济增长率
主要解释变量	CDI，创新-产业动态化指数
	SCI，社会能力指数
	TCI，技术能力指数
控制变量	Inv，投资效率
	Gov，政府债务负担
	Ftd，对外贸易依存度
	Cie，居民收入弹性

所有指标数据都来自《中国统计年鉴》，部分指数通过计算得到，选择2010~2020年进行实证检验，各变量的基本描述统计如表12-3所示。

表12-3　变量的基本描述性统计

变量	样本量	最小值	最大值	标准差	平均值
NQP	341	0.027	0.877	0.175	0.192
CDI	341	-0.809	3.836	0.736	0.315
Inv	341	-1.897	1.776	0.38	0.823
Gov	341	0.013	1.221	0.206	0.178
Ftd	341	10.99	2266.336	460.387	421.367
Cie	341	-0.311	0.313	0.078	-0.019
SCI	341	-0.746	2.829	0.561	-0.006
TCI	341	-0.795	4.045	0.732	0.000

在进行回归分析之前需要判断各变量是不是平稳，避免伪回归结果出现。由于本章的数据结构是面板数据，所以必须对每个变量进行单位根检验，以保证每个变量的平稳性，平稳变量回归才是有效的。相关检验结果如表12-4所示。

表12-4　面板单位根检验

变量	差分阶数	t	p	AIC	临界值		
					1%	5%	10%
NQP	0	−3.854	0.002***	−760.976	−3.45	−2.87	−2.571
	1	−9.439	0.000***	−746.018	−3.45	−2.87	−2.571
	2	−8.788	0.000***	−697.771	−3.451	−2.871	−2.572
CDI	0	−6.012	0.000***	319.597	−3.45	−2.87	−2.571
	1	−5.843	0.000***	351.325	−3.45	−2.87	−2.571
	2	−15.912	0.000***	380.973	−3.45	−2.87	−2.571
Inv	0	−6.896	0.000***	−30.004	−3.45	−2.87	−2.571
	1	−9.72	0.000***	−0.921	−3.45	−2.87	−2.571
	2	−8.839	0.000***	46.48	−3.451	−2.871	−2.572
Gov	0	−3.045	0.031**	−768.037	−3.45	−2.87	−2.571
	1	−8.31	0.000***	−757.23	−3.45	−2.87	−2.571
	2	−8.482	0.000***	−719.591	−3.451	−2.871	−2.572
Ftd	0	−4.928	0.000***	4296.269	−3.45	−2.87	−2.571
	1	−7.237	0.000***	4304.615	−3.45	−2.87	−2.571
	2	−7.933	0.000***	4332.592	−3.451	−2.871	−2.572
Cie	0	−4.182	0.001***	−1084.803	−3.45	−2.87	−2.571
	1	−8.866	0.000***	−1063.563	−3.45	−2.87	−2.571
	2	−10.09	0.000***	−1016.778	−3.451	−2.871	−2.572
SCI	0	−6.815	0.000***	111.665	−3.44	−2.866	−2.569
	1	−5.726	0.000***	−29.264	−3.441	−2.866	−2.569
	2	−18.133	0.000***	2.83	−3.441	−2.866	−2.569
TCI	0	−7.836	0.000***	544.719	−3.44	−2.866	−2.569
	1	−6.1	0.000***	419.863	−3.441	−2.866	−2.569
	2	−17.761	0.000***	455.535	−3.441	−2.866	−2.569

注：***、**、*分别代表1%、5%、10%的显著性水平。本章下同。

根据表12-4的结果，所有变量都是平稳的。在此基础上，对相关变量进行Kendall系数一致性检验，相关结果如表12-5所示。

表12-5　Kendall's W分析结果

变量	秩平均值	中位值	Kendall's W系数	χ^2	p
NQP	4.915	0.142			
CDI	4.548	0.132			
Inv	7.27	0.866			
Gov	4.622	0.127	0.605	1857.784	0.000***
Ftd	10	218.375			
Cie	2.718	0.012			
SCI	3.595	−0.065			
TCI	3.238	−0.145			

Kendall系数一致性检验的结果显示，总体数据的显著性p值为0.000，呈显著性，拒绝原假设，因此数据呈现一致性，同时模型的Kendall协调系数 W 值为0.605，因此相关性为高度一致性。

完成上述检验之后，首先对基准模型进行线性回归分析检验，即新质生产力NQP为被解释变量，创新−产业动态化为解释 *CDI* 为解释变量，相关回归分析结果如表12-6所示。

表12-6　线性回归分析结果

	非标准化系数		t	p
	B	标准误		
常数	0.152	0.009	17.432	0.000***
CDI	0.127	0.011	11.611	0.000***
R^2	0.2845			
调整 R^2	0.282			
F	F=134.821，p=0.000			
D-W值	0.228			
因变量：*NQP*				

根据表12-6的线性回归分析结果，模型的R^2为0.2845，意味着创新-产业动态化指数可以解释新质生产力变动的28.45%。虽然这一解释力度相对有限，但已显示出创新-产业动态化对新质生产力的重要影响。模型的F值为134.821，且P值为0.000，表明模型整体在统计学上具有高度显著性，这意味着创新-产业动态化指数对新质生产力的影响是显著且非偶然的。进一步分析显示，创新-产业动态化指数的回归系为0.127，即在控制其他变量不变的情况下，创新-产业动态化指数每增加一个单位，新质生产力将平均增加0.127个单位。尽管系数较小，但这一结果表明，创新-产业动态化对提升新质生产力具有明显的推动作用，不可忽视。

在此基础上，加入控制变量通过分层回归对两者之间的关系进行进一步检验，相关回归分析结果如表12-7所示。

表12-7　分层回归分析结果

分层回归							
	控制层				层次1		
	B	标准差	t	p	B	标准差	t	p
常数	0.152	0.009	17.432	0.000***	0.189	0.023	8.17	0.000***
CDI	0.127	0.011	11.611	0.000***	0.031	0.014	2.225	0.027**
Inv					−0.053	0.022	−2.441	0.015**
Gov					−0.164	0.039	−4.221	0.000***
Cie					0.087	0.099	0.885	0.377
Ftd					0	0	7.598	0.000***
R^2	0.285				0.478			
调整R^2	0.282				0.47			
F	$F_{(1, 341)}=134.821, p=0.000$***				$F_{(5, 340)}=61.27, p=0.000$***			
$\triangle R^2$	0.285				0.193			
$\triangle F$值	$F_{(1, 341)}=134.821, p=0.000$***				$F_{(4, 340)}=30.965, p=0.000$***			
因变量（Y）：NQP								

根据表12-7的分层回归分析结果，在加入控制变量后，创新-产业动态化指数（CDI）对新质生产力指数（NQP）的影响仍然显著，但其显著性水

平由原先的1%下降至5%。这一变化表明，虽然控制变量在模型中引入了新的解释维度，导致了创新-产业动态化对新质生产力的直接影响有所削弱，但其影响依然显著，表明创新-产业动态化在推动新质生产力提升方面具有较强的独立效应。

具体而言，在层次1的模型中，引入了投资效率（*Inv*）、政府债务负担（*Gov*）、公司创新能力（*Cie*）和居民收入弹性（*Cie*）作为控制变量。结果显示，投资（*Inv*）和政府干预（*Gov*）对新质生产力均有显著的负向影响，其中政府干预的影响尤为显著，标准回归系数为-0.164，显著性水平达到了1%。这可能反映出，过度的政府干预在一定程度上抑制了新质生产力的自然增长。此外，居民收入弹性（*Ftd*）对新质生产力的影响显著且为正向，说明随着居民收入弹性增强，新质生产力的水平也会随之提升。值得注意的是，公司创新能力（*Cie*）对新质生产力的影响不显著，这提示在当前的模型框架下，公司创新能力可能并不是新质生产力提升的主要驱动因素。

二　创新-产业动态化与新质生产力影响经济增长的实证检验

新质生产力与创新-产业动态化两者互相影响进而影响一国的经济增长，因此以新质生产力（*NQP*）和创新-产业动态化指数（*CDI*）为解释变量，以经济增长率（*GDP*）为被解释变量，进一步检验两者与经济增长的关系，构建相关模型如下：

$$GDP_{it} = \alpha_i + \beta_i NQP_{it} + \gamma_i CDI_{it} + \delta_i W_{it} + \varepsilon_{it} \tag{12-2}$$

对模型进行线性回归分析，结果如表12-8所示。

表12-8　线性回归分析结果——对经济增长的影响

	非标准化系数		标准化系数	t	p	VIF	R^2	调整R^2	F
	B	标准误	β						
常数	1.086	0.002	–	504.738	0.000***	–			
CDI	0.026	0.002	0.313	11.348	0.000***	1.398	0.295	0.291	F=70.61 P=0.000***
NQP	0.03	0.01	0.166	3.069	0.002***	1.398			
因变量：GDP增长率									

线性回归分析结果 *n*=341

根据表12-8的线性回归分析结果，可以得出以下结论。首先，模型整体通过了F检验，F值为70.61，且显著性P值为0.000，这意味着模型在统计上具有高度显著性，可以拒绝回归系数为零的原假设，从而表明模型的拟合效果较好。此外，模型的R^2为0.295，调整后的R^2为0.291，表明模型解释了约29.1%的GDP增长率变动，这在经济学研究中具有一定的解释力。其次，从共线性分析来看，所有自变量的方差膨胀因子（VIF）均小于10，说明模型不存在严重的多重共线性问题，确保了回归系数的可靠性。

具体分析各自变量对GDP增长率的影响，创新–产业动态化（*CDI*）的标准化回归系数为0.313，显著性P值为0.000，表明创新–产业动态化对GDP增长率有显著的正向影响，每增加1个单位的*CDI*，GDP增长率平均增加0.026个单位。这表明，创新–产业动态化作为推动经济增长的重要因素，其作用在统计上是显著的。同样地，新质生产力（*NQP*）也对GDP增长率有显著的正向影响，其标准化回归系数为0.166，显著性P值为0.002，表明*NQP*的提升将显著促进GDP增长，每增加1个单位的*NQP*，GDP增长率平均增加0.03个单位。该结果进一步验证了新质生产力在经济增长中的关键作用。

在此基础上，加入控制变量通过分层回归对两者与经济增长之间的关系进行进一步检验，相关回归分析结果如表12-9所示。

表12-9 分层回归分析结果——对经济增长的影响

	分层回归							
	控制层				层次1			
	B	标准差	t	p	B	标准差	t	p
常数	1.086	0.002	504.738	0.000***	1.076	0.004	255.348	0.000***
CDI	0.026	0.002	11.348	0.000***	0.027	0.002	11.442	0.000***
NQP	0.03	0.01	3.069	0.002***	0.02	0.009	0.906	0.006***
Inv					0.001	0.004	0.242	0.809
Gov					0.006	0.007	0.971	0.332
Cie					0.16	0.016	9.685	0.000***
Ftd					0.02	0.013	7.979	0.000***
R^2	0.495				0.556			

	控制层				层次1			
	B	标准差	t	p	B	标准差	t	p
调整 R^2	0.491				0.548			
F	$F_{(2, 341)}=70.61$, p=0.000***				$F_{(6, 340)}=69.806$, p=0.000***			
$\triangle R^2$	0.295				0.262			
$\triangle F$值	$F_{(2, 341)}=70.61$, p=0.000***				$F_{(4, 340)}=49.246$, p=0.000***			
因变量（Y）：GDP增长率								

根据表12-9的分层回归分析结果，加入控制变量后，创新-产业动态化（CDI）和新质生产力（NQP）对GDP增长率的影响依然显著，且显著性水平保持在1%不变。这表明，即使在考虑其他控制变量的情况下，创新-产业动态化和新质生产力仍是推动经济增长的重要因素，且其影响在统计上具有高度显著性。

具体来看，模型的 R^2 在控制变量加入后从0.495提升至0.556，调整 R^2 也相应从0.491提高至0.548，表明控制变量的加入增强了模型的解释力，进一步揭示了各因素对GDP增长率的综合影响。在控制变量中，投资效率（Inv）和政府债务负担（Gov）对GDP增长率的影响不显著，t值分别为0.242和0.971，显著性P值远高于常规的显著性水平。这可能反映出在当前的经济环境下，投资效率和政府债务负担对经济增长的直接影响较弱，或者这些变量的作用可能通过其他间接途径发挥。然而，居民收入弹性（Ftd）和对外贸易（Cie）对经济增长具有显著的正向影响。其中，居民收入弹性的标准化回归系数为0.02，表明随着居民收入弹性增加，GDP增长率也会显著提升。此外，对外贸易对GDP增长率的影响尤为显著，t值为9.685，P值为0.000，标准化回归系数达到0.16，表明对外贸易在推动经济增长方面起着至关重要的作用。

三 基于创新-产业动态化的中介效应检验

新质生产力的发展影响着创新-产业动态化，两者相互作用会影响一国的经济增长，但是新质生产力是否会通过创新-产业动态化影响经济增长，需要通过中介效应模型对两者之间的关系进行进一步检验。

以创新-产业动态化 CDI 为中介变量，以 GDP 增长率为被解释变量，以新质生产力 NQP 为解释变量，构建中介效应模型如下：

$$GDP_{it} = \theta_i + \alpha_i NQP_{it} + \varepsilon_{1it} \tag{12-3}$$

$$CDI_{it} = \theta_i + \beta_i NQP_{it} + \varepsilon_{2it} \tag{12-4}$$

$$GDP_{it} = \theta_i + \gamma_{1i} NQP_{it} + \gamma_{2i} CDI_{it} + \varepsilon_{3it} \tag{12-5}$$

回归分析结果如表 12-10 所示。

表 12-10　中介效应分析结果

	GDP 增长率				CDI				GDP 增长率			
	系数	标准差	t	p	系数	标准差	t	p	系数	标准差	t	p
常数	1.089	0.003	434.757	0.000***	0.116	0.050	2.318	0.021*	1.086	0.002	504.738	0.000***
NQP	0.029	0.010	3.007	0.003**	2.247	0.194	11.611	0.000***	0.030	0.010	3.069	0.002**
CDI									0.026	0.002	11.348	0.000***
R^2	0.026				0.285				0.295			
调整 R^2	0.023				0.282				0.291			
F	F=9.041，p=0.003**				F=134.821，p=0.000***				F=70.610，p=0.000***			

根据表 12-10 的中介效应分析结果，新质生产力不仅直接对 GDP 增长率产生显著的正向影响，还通过创新-产业动态化指数间接影响 GDP 增长率，具体分析如下。

首先，在模型一中，回归分析表明，新质生产力对 GDP 增长率的影响显著，回归系数为 0.029，显著性 p 值为 0.003，表明新质生产力的提升能够显著促进 GDP 的增长。这一结果说明，新质生产力作为经济增长的重要驱动因素，在模型中具有独立的影响力。

其次，在模型二中，新质生产力对创新-产业动态化指数的影响同样显著，回归系数为 2.247，p 值为 0.000，表明新质生产力的提高有助于推动产业的动态化发展。换言之，具有较高新质生产力的经济体更可能形成创新性和活力都良好的产业结构。

最后，在模型三中，引入了创新–产业动态化指数作为中介变量，结果显示创新–产业动态化指数对GDP增长率具有显著的正向影响，回归系数为0.026，P值为0.000。这表明创新–产业动态化不仅自身对经济增长具有直接的推动作用，还在新质生产力影响GDP增长率的过程中起到了一定的中介作用。

综合这三组回归分析结果，可以初步得出结论：新质生产力通过创新–产业动态化指数间接影响GDP增长率，且这种中介效应是显著的。这一发现为理解新质生产力与经济增长之间的复杂关系提供了新的视角，说明提升新质生产力不仅能直接推动经济增长，还能够通过促进产业的创新和动态化进一步增强经济增长的动力，相关检验见表12-11。

表12-11 中介效应检验汇总

	c总效应	a	b	直接效应	间接效应	a×b（95%置信区间）	检验结论
NQP≥CDI≥GDP	2.247	−0.029	−0.026	0.001	2.246	−0.071 ~ −0.048	中介作用显著

根据表12-11的中介效应检验结果，路径 *NQP≥CDI≥GDP* 的95%置信区间为［−0.071，−0.048］，且不包含0，这表明创新–产业动态化指数（*CDI*）在新质生产力（*NQP*）与GDP增长率之间起到了显著的中介作用。

具体分析来看，总效应（c总效应）为2.247，表明新质生产力对GDP增长率具有显著的正向影响。当考虑创新产业动态化指数的中介作用时，直接效应为−0.001，间接效应为2.246，这意味着新质生产力通过创新产业动态化指数对GDP增长率的间接影响在统计学上是显著的，且其效应值接近总效应值，显示出中介作用的强大。这种显著的中介效应解释了新质生产力如何通过推动产业的动态化发展促进经济增长。创新产业动态化在此过程中起到了桥梁作用，它不仅反映了经济体系中创新能力和产业活力的提升，也进一步增强了新质生产力对经济增长的推动作用。

第四节 研究结论与改进路径

一 研究结论

本章系统探讨了中国创新-产业动态化与新质生产力发展之间的内在关系。通过分析中国创新-产业动态化和新质生产力的时空演化特征，并结合多种实证检验模型，揭示了创新-产业动态化与新质生产力的互动机制，特别是新质生产力如何通过与创新-产业动态化的相互作用促进经济增长。基于本章的研究，主要得出以下结论。

首先，创新引致的产业动态化对新质生产力的发展具有显著的推动作用。一方面，科技创新是新质生产力发展的核心驱动力。新质生产力所展现的高科技含量、高效能和高质量特征，均依赖科技创新的持续推进。随着数字化、智能化等前沿技术的快速发展，科技创新不仅加速了产业升级进程，还为产业转型提供了新的思路与路径。另一方面，在产业动态化过程中，技术的持续变革为新质生产力的形成创造了必要条件。人工智能、大数据、云计算等新兴技术的广泛应用，推动了传统产业的升级改造，并催生了新兴产业的崛起。这些技术变革不仅显著提高了生产效率，还创造了新的经济增长点。因此，在创新引致的产业动态化过程中，产业升级与结构优化成为必然的结果。通过引进、消化和吸收先进技术，传统产业实现了由低端向高端的转型，而战略性新兴产业则成为新的经济增长引擎。这种产业结构的变革为新质生产力的形成与发展提供了广阔的空间。

其次，新质生产力的发展对创新-产业动态化产生了显著的反向促进作用。新质生产力的提升进一步推动了技术创新的进程。随着新质生产力的不断发展，企业对技术创新的需求日益增加。企业为满足这一需求，必须加大研发投入，从而形成技术创新与产业升级的良性循环。特别是新质生产力凭借其引领产业变革的能力，通过引入新的生产要素和生产方式，促使传统产业结构和生产模式发生深刻变革，推动产业向更高层次迈进。这种变革不仅会提高生产效率，还会进一步推动新兴产业的崛起和传统产业的转型升级。

最后，实证研究表明，创新–产业动态化对新质生产力的发展具有显著的正向影响，并在新质生产力推动经济增长的过程中起到了关键的中介作用。本章实证检验了创新–产业动态化与新质生产力的关系、创新–产业动态化和新质生产力与经济增长的关系以及将创新–产业动态化作为中介变量的效应，相关实证结果证明创新–产业动态化对新质生产力和经济增长均具有显著的正向影响，新质生产力不仅直接推动经济增长，还通过创新–产业动态化这一中介变量间接影响经济增长，强化了新质生产力对GDP增长的作用。政策层面应注重创新产业动态化的发展，提升新质生产力，同时重视居民收入弹性和对外贸易，以实现经济的可持续和高质量增长。

二　改进路径

中国正处于经济转型的关键时期，新质生产力在这一进程中扮演着至关重要的角色，而创新–产业动态化与新质生产力的发展息息相关，创新–产业动态化与新质生产力的协同发展是中国实现高质量发展的必然路径。

一是强化科技创新的引领作用。科技创新是推动新质生产力与产业动态化协同发展的核心驱动力。要实现两者的协同发展，首先需要强化科技创新的引领作用，推动前沿技术的研发与应用。政府和企业需加大对基础研究和应用研究的资金投入，支持高新技术领域的自主创新，特别是人工智能、大数据、物联网等关键领域的技术突破。其次，建设国家级或区域性科技创新平台，如技术创新中心、实验室和产业技术研究院，推动科研成果向实际生产力转化。最后，加强高校、科研机构与企业之间的合作，形成创新链、产业链和资金链的有机结合，加速技术成果的产业化。

二是推动产业链的延伸与升级。新质生产力与产业动态化的协同发展，需要推动产业链的延伸与升级，打造高效、灵活的产业体系。首先，完善信息技术、物流系统，实现产业链上下游的无缝连接，促进各环节的协调发展与动态调整，加强产业链协同。其次，引入智能制造技术，推动传统产业的数字化、智能化改造，提升生产效率和产品质量，实现产业链的高端化。最后，通过技术创新和商业模式创新，推动产业链向更高附加值领域延伸，如研发设计、品牌营销和售后服务等，从而实现产业链的整体升级。

三是优化创新生态系统。构建良好的创新生态系统是实现新质生产力与产业动态化协同发展的重要保障。首先，政府应制定和实施有利于创新的政策，包括税收优惠、知识产权保护、金融支持等，营造有利于创新和产业发展的制度环境。其次，建立创业孵化器、创新加速器等平台，支持初创企业的发展，促进新技术、新产品的快速商业化。最后，鼓励企业、科研机构和社会组织开放合作，形成多元化的创新主体和开放式的创新网络，推动技术交流与合作创新。

四是促进区域协同发展。区域经济的协调发展是新质生产力与产业动态化协同发展的重要路径之一。首先，支持重点区域建设科技创新和产业发展的集聚区，如高新技术产业开发区、自由贸易试验区等，形成区域间优势互补、资源共享的创新集群。其次，根据区域的资源禀赋和产业基础，科学规划区域产业布局，推动区域间的产业分工与协作，形成多层次、分工明确的产业链网络。最后，各区域应加强创新政策的对接与协调，形成统一的政策支持体系，推动区域间的协同创新与产业合作。

五是加快数字经济发展。数字经济是新质生产力与产业动态化协同发展的重要推动力。首先，推动企业全面进行数字化转型，通过数字技术提升生产力和产业竞争力，推动产业结构的优化调整。其次，重点发展与数字经济相关的新兴产业，如电子商务、数字金融、数字服务等，推动经济结构的优化升级。最后，通过大数据、人工智能等技术的广泛应用，推动数据资源的开发与利用，形成数据驱动的创新和产业发展模式。

六是加强国际合作与开放。国际合作与开放是实现新质生产力与产业动态化协同发展的重要途径。具体包括三个路径。首先，积极参与全球科技合作和创新网络，吸收和引进国际先进技术和经验，提升国内新质生产力发展水平。其次，鼓励企业与国外的科研机构和企业进行合作，促进跨国技术转移与合作，实现技术的本土化应用与创新。最后，通过国际市场的开拓和资源的全球配置，推动国内产业的国际化发展，提高产业竞争力。

七是建立健全政策与制度保障。实现新质生产力与创新–产业动态化协同发展，需要健全的政策与制度保障。首先，政府应制定并实施产业政策，鼓励新兴产业的发展和传统产业的升级，并建立适应产业动态化发展的政策框架。其次，加强知识产权保护，确保创新成果的合法权益，为企业和科研机构的创新活动提供有力保障。最后，通过灵活的宏观经济政策和监管措施，确保经济发展稳定性，防范可能出现的经济波动，为新质生产力与产业动态化的协同发展创造良好的宏观环境。

综上所述，构建新质生产力与创新-产业动态化协同发展的路径，需要从科技创新、产业链延伸、创新生态优化、区域协同、数字经济发展、国际合作以及政策制度保障等多个方面进行系统规划与实施。这种协同发展不仅能够推动产业的持续升级与优化，促进新质生产力的发展，还能为经济的高质量发展提供强有力的支撑。

参考文献

一　中文文献

[1] 毕青苗等：《行政审批改革与企业进入》，《经济研究》2018年第2期。

[2] 蔡昉：《生产率、新动能与制造业——中国经济如何提高资源重新配置效率》，《中国工业经济》2021年第5期。

[3] 蔡跃洲：《经济循环中的循环数字化与数字循环化——信息、物质及资金等流转视角的分析》，《学术研究》2022年第2期。

[4] 蔡跃洲、付一夫：《全要素生产率增长中的技术效应与结构效应——基于中国宏观和产业数据的测算及分解》，《经济研究》2017年第1期。

[5] 曹阳春等：《基于政府驱动的区块链产业协同创新演化博弈研究》，《软科学》2021年第11期。

[6] 陈劲：《产业关键核心技术"卡脖子"问题的突破路径》，《中国经济评论》2021年第2期。

[7] 陈劲等：《政府采购、腐败治理与企业双元创新》，《吉林大学社会科学学报》2022年第1期。

[8] 陈继勇等：《知识溢出、自主创新能力与外商直接投资》，《管理世界》2010年第7期。

[9] 陈娟、吕波：《连锁经营数智化转型的路径选择与实践创新——第十届中国商贸流通企业发展论坛暨数智化连锁经营高峰会观点综述》，《中国流通经济》2021年第1期。

[10] 陈黎明：《拥抱数字技术，提升企业核心竞争力》，《软件和集成电路》

2020年第8期。

［11］陈明明等：《用工形式灵活性对企业创新的影响机理与实证检验》，《财经论丛》2019年第4期。

［12］陈强远等：《中国技术创新激励政策：激励了数量还是质量》，《中国工业经济》2020年第4期。

［13］陈永伟、胡伟民：《价格扭曲、要素错配和效率损失：理论和应用》，《经济学》（季刊）2011年第4期。

［14］陈子韬等：《政府资助、创新人力资源错配与区域创新绩效：基于门槛效应的检验》，《科技进步与对策》2022年第22期。

［15］程虹、胡德状：《"僵尸企业"存在之谜：基于企业微观因素的实证解释——来自2015年"中国企业-员工匹配调查"（CEES）的经验证据》，《宏观质量研究》2016年第1期。

［16］戴小勇：《中国高创新投入与低生产率之谜：资源错配视角的解释》，《世界经济》2021年第3期。

［17］〔德〕弗里德里希·李斯特：《政治经济学的国民体系》，陈万煦译，商务印书馆，2009。

［18］〔德〕乌韦·坎特纳、〔意〕弗朗哥·马雷尔巴主编《创新、产业动态与结构变迁》，肖兴志等译，经济科学出版社，2013。

［19］杜鹏程、洪宇：《"双循环"新发展格局下中国制造业结构改善与高质量发展：测度及其政策含义》，《科学学与科学技术管理》2021年第11期。

［20］〔法〕菲利普·阿吉翁、〔法〕赛利娜·安托南、〔法〕西蒙·比内尔：《创造性破坏的力量》，余江、赵建航译，中信出版社，2021。

［21］封凯栋、付震宇、李君然：《国家创新系统转型的比较研究》，《今日科苑》2018年第7期。

［22］樊增强：《基础研究与技术创新能力提升》，《东北师大学报》（哲学社会科学版）2020年第2期。

［23］范柏乃等：《中国自主创新政策：演进、效应与优化》，《中国科技论坛》2013年第9期。

[24] 付凌晖：《我国产业结构高级化与经济增长关系的实证研究》，《统计研究》2010年第8期。

[25] 干春晖等：《中国产业结构变迁对经济增长和波动的影响》，《经济研究》2011年第5期。

[26] 高雨辰等：《企业数字化、政府补贴与企业对外负债融资——基于中国上市企业的实证研究》，《管理评论》2021年第11期。

[27] 龚刚等：《建设中国特色国家创新体系 跨越中等收入陷阱》，《中国社会科学》2017年第8期。

[28] 郭晗、侯雪花：《新质生产力推动现代化产业体系构建的理论逻辑与路径选择》，《西安财经大学学报》2024年第1期。

[29] 郭凯明等：《贸易成本与中国制造》，《金融研究》2022年第3期。

[30] 郭克莎：《制造业生产效率的国际比较》，《中国工业经济》2000年第9期。

[31] 郭照蕊：《国际四大与高审计质量——来自中国证券市场的证据》，《审计研究》2011年第1期。

[32] 郭周明、裘莹：《数字经济时代全球价值链的重构：典型事实、理论机制与中国策略》，《改革》2020年第10期。

[33] 韩亚峰等：《政府补贴与企业全要素生产率——甄选效应和激励效应》，《南开经济研究》2022年第2期。

[34] 韩永辉：《中国省域生态治理绩效评价研究》，《统计研究》2017年第11期。

[35] 胡国恒：《制度红利、能力构建与产业升级中"低端锁定"的破解》，《河南师范大学学报》（哲学社会科学版）2013年第1期。

[36] 黄华灵：《企业数字化转型与全球价值链地位提升——基于资源配置视角》，《商业经济研究》2022年第7期。

[37] 黄军英：《发达国家利用政府采购支持创新的政策及启示》，《科技管理研究》2011年第17期。

[38] 黄先海、宋学印：《准前沿经济体的技术进步路径及动力转换——从"追赶导向"到"竞争导向"》，《中国社会科学》2017年第6期。

［39］ 季书涵等：《产业集聚对资源错配的改善效果研究》，《中国工业经济》2016年第6期。

［40］ 简泽等：《市场竞争的创造性、破坏性与技术升级》，《中国工业经济》2017年第5期。

［41］ 靳来群：《所有制歧视所致金融资源错配程度分析》，《经济学动态》2015年第6期。

［42］ 靳来群等：《中国创新资源结构性错配程度研究》，《科学学研究》2019年第3期。

［43］ 康茜、林光华：《工业机器人与农民工就业：替代抑或促进》，《山西财经大学学报》2021年第2期。

［44］ 寇宗来、刘学悦：《中国企业的专利行为：特征事实以及来自创新政策的影响》，《经济研究》2020年第3期。

［45］ 郎香香等：《数字普惠金融、融资约束与中小企业创新——基于新三板企业数据的研究》，《南方金融》2021年第11期。

［46］ 李馥伊：《数字经济与制造业全球价值链攀升：理论、实践与政策》，中国社会科学出版社，2021。

［47］ 李宏等：《专利质量对企业出口竞争力的影响机制：基于知识宽度视角的探究》，《世界经济研究》2021年第1期。

［48］ 李慧泉等：《数字经济发展能否改善中国资源错配》，《科技进步与对策》2022年第19期。

［49］ 李坤望、蒋为：《市场进入与经济增长——以中国制造业为例的实证分析》，《经济研究》2015年第5期。

［50］ 李政：《创新与经济发展：理论研究进展及趋势展望》，《经济评论》2022年第5期。

［51］ 李政等：《FDI抑制还是提升了中国区域创新效率？——基于省际空间面板模型的分析》，《经济管理》2017年第4期。

［52］ 李政、杨思莹：《财政分权、政府创新偏好与区域创新效率》，《管理世界》2018年第12期。

［53］ 连旭蓓等：《金融发展、技术前沿距离与追赶型增长》，《经济与管理研

究》2020年第3期。

[54] 梁国栋、夏岳红：《数据驱动企业风险管理》，《企业管理》2022年第10期。

[55] 林毅夫、付才辉：《比较优势与竞争优势：新结构经济学的视角》，《经济研究》2022年第5期。

[56] 林毅夫、姜烨：《经济结构、银行业结构与经济发展——基于分省面板数据的实证分析》，《金融研究》2006年第1期。

[57] 刘宝：《"专精特新"企业驱动制造强国建设：何以可能与何以可为》，《当代经济管理》2022年第8期。

[58] 刘传明等：《中国数字经济发展的区域差异及分布动态演进》，《中国科技论坛》2020年第3期。

[59] 刘培林等：《"均值回归说"低估了后发追赶国家的增长潜力》，《国际经济评论》2020年第1期。

[60] 刘燕妮等：《经济结构失衡背景下的中国经济增长质量》，《数量经济技术经济研究》2014年第2期。

[61] 刘伟、蔡志洲：《我国产业结构变动趋势及对经济增长的影响》，《经济纵横》2008年第12期。

[62] 刘维刚、倪红福：《制造业投入服务化与企业技术进步：效应及作用机制》，《财贸经济》2018年第8期。

[63] 刘志阳等：《数字创新创业：研究新范式与新进展》，《研究与发展管理》2021年第1期。

[64] 龙帼琼等：《土地财政、城市扩张与城市房价——基于257个地级市的经验证据》，《华东经济管理》2022年第6期。

[65] 黎文靖、郑曼妮：《实质性创新还是策略性创新？——宏观产业政策对微观企业创新的影响》，《经济研究》2016年第4期。

[66] 卢江等：《新质生产力发展水平、区域差异与提升路径》，《重庆大学学报》（社会科学版）2024年第3期。

[67] 卢江、郭子昂：《技术变迁、平均利润率与劳动生产率：基于中国2006—2020年290个城市面板数据的实证研究》，《上海经济研究》

2023年第4期。

［68］路风：《新火》，中国人民大学出版社，2020。

［69］路风：《中国经济为什么能够增长》，《中国社会科学》2022年第1期。

［70］路风、余永定：《"双顺差"、能力缺口与自主创新——转变经济发展方式的宏观和微观视野》，《中国社会科学》2012年第6期。

［71］陆岷峰、张壹帆：《新质生产力发展下的数字经济与区域经济协同》，《云南师范大学学报（哲学社会科学版）》2024年第3期。

［72］吕承超、王媛媛：《金融发展、贸易竞争与技术创新效率》，《管理学刊》2019年第4期。

［73］吕铁：《传统产业数字化转型的趋向与路径》，《人民论坛·学术前沿》2019年第18期。

［74］吕一博等：《翻越由技术引进到自主创新的樊篱——基于中车集团大机车的案例研究》，《中国工业经济》2017年第8期。

［75］吕越、毛诗丝：《欧盟参与全球价值链分工的现状及决定因素分析》，《欧洲研究》2020年第2期。

［76］卢树立、何振：《金融市场扭曲对僵尸企业形成的影响——基于微观企业数据的实证研究》《国际金融研究》2019年第9期。

［77］马连福、王丽丽、张琦：《混合所有制的优序选择：市场的逻辑》，《中国工业经济》2015年第7期。

［78］马永军等：《技术引进、吸收能力与创新质量——来自中国高技术产业的经验证据》，《宏观质量研究》2021年第2期。

［79］〔美〕布莱恩·阿瑟：《技术的本质》，曹东溟、王健译，浙江人民出版社，2018。

［80］〔美〕达龙·阿西莫格鲁：《现代经济增长导论》，唐志军等译，中信出版社，2019。

［81］〔美〕法布里奇奥·齐利博蒂：《中国式增长及减速》，《比较》2017年第6期。

［82］〔美〕乐文睿、〔美〕马丁·肯尼、〔美〕约翰·彼得·穆尔曼：《中国创新的挑战：跨越中等收入陷阱》，张志学审校，北京大学出版社，2016。

[83] 〔美〕西蒙·库兹涅茨：《现代经济增长：速度、结构与扩展》，戴睿、易诚译，北京经济学院出版社，1989。

[84] 〔美〕约瑟夫·熊彼特：《经济发展理论——对于利润、资本、信贷和经济周期的考察》，何畏等译，商务印书馆，1990。

[85] 〔美〕约瑟夫·熊彼特：《资本主义、社会主义与民主》，吴良健译，商务印书馆，1999。

[86] 苗文斌等：《技术赶超与能力重构》，《研究与发展管理》2007年第4期。

[87] 聂辉华等：《中国工业企业数据库的使用现状和潜在问题》，《世界经济》2012年第5期。

[88] 聂兴凯等：《企业数字化转型会影响会计信息可比性吗》，《会计研究》2022年第5期。

[89] 牛泽东、张倩肖：《中国装备制造业的技术创新效率》，《数量经济技术经济研究》2012年第11期。

[90] 裴长洪等：《数字经济的政治经济学分析》，《财贸经济》2018年第9期。

[91] 戚聿东、蔡呈伟：《数字化对制造业企业绩效的多重影响及其机理研究》，《学习与探索》2020年第7期。

[92] 秦佳虹等：《中国资源错配的时空演变及其影响因素分析》，《统计与决策》2021年第10期。

[93] 任保平：《经济增长质量：经济增长理论框架的扩展》，《经济学动态》2013年第11期。

[94] 任碧云、郭猛：《基于文本挖掘的数字化水平与运营绩效研究》，《统计与信息论坛》2021年第6期。

[95] 〔瑞典〕英瓦尔·卡尔松、〔圭〕什里达特·兰法尔主编《天涯成比邻——全球治理委员会的报告》，中国对外翻译出版社公司组织翻译，中国对外翻译出版公司，1995。

[96] 沈春苗、郑江淮：《资源错配研究述评》，《改革》2015年第4期。

[97] 申广军：《比较优势与僵尸企业：基于新结构经济学视角的研究》，《管

理世界》2016年第12期。

[98] 宋华等：《数字技术如何构建供应链金融网络信任关系?》，《管理世界》2022年第3期。

[99] 孙阁斐：《数字化转型、资源配置与流通企业绩效的关系探讨》，《商业经济研究》2022年第22期。

[100] 孙豪等：《中国省域经济高质量发展的测度与评价》，《浙江社会科学》2020年第8期。

[101] 孙早、侯玉琳：《工业智能化如何重塑劳动力就业结构》，《中国工业经济》2019年第5期。

[102] 孙早、许薛璐：《前沿技术差距与科学研究的创新效应——基础研究与应用研究谁扮演了更重要的角色》，《中国工业经济》2017年第3期。

[103] 唐晓华、刘春芝：《我国产业组织的进入与退出壁垒分析》，《经济管理》2002年第6期。

[104] 佟孟华等：《金融结构影响产业结构变迁的内在机理研究》，《财贸研究》2021年第7期。

[105] 佟岩、陈莎莎：《生命周期视角下的股权制衡与企业价值》，《南开管理评论》2010年第1期。

[106] 童红霞：《数字经济环境下知识共享、开放式创新与创新绩效——知识整合能力的中介效应》，《财经问题研究》2021年第10期。

[107] 〔土耳其〕丹尼·罗德里克：《经济增长的过去、现在和未来》，《比较》2014年第4期。

[108] 〔土耳其〕丹尼·罗德里克：《过早去工业化》，《比较》2016年第1期。

[109] 〔土耳其〕丹尼·罗德里克：《一种经济学，多种药方：全球化、制度建设和经济增长》，张军扩等译，中信出版社，2016。

[110] 〔土耳其〕丹尼·罗德里克：《新技术、全球价值链与发展中经济体》，《比较》2019年第1期。

[111] 王贵东：《1996—2013年中国制造业企业TFP测算》，《中国经济问题》

2018年第4期。

［112］王惠等：《地理禀赋、对外贸易与工业技术创新效率——基于面板分位数的经验分析》，《管理评论》2017年第3期。

［113］王立彦、张继东：《ERP系统实施与公司业绩增长之关系——基于中国上市公司数据的实证分析》，《管理世界》2007年第3期。

［114］王磊、杨宜勇：《数字经济高质量发展的五大瓶颈及破解对策》，《宏观经济研究》2022年第2期。

［115］王仁祥、白旻：《金融集聚能够提升科技创新效率么？——来自中国的经验证据》，《经济问题探索》2017年第1期。

［116］王曙光、徐余江：《政府采购与技术创新：政府市场关系视角》，《经济研究参考》2020年第21期。

［117］王文、孙早：《中国地区间研发资源错配测算与影响因素分析》，《财贸经济》2020年第5期。

［118］王小鲁：《中国：增长与发展的路径选择》，中国发展出版社，2018。

［119］王小鲁等：《中国分省份市场化指数报告（2018）》，社会科学文献出版社，2019。

［120］王小鲁等：《中国分省份市场化指数报告（2021）》，社会科学文献出版社，2021。

［121］王贤彬、陈博潮：《僵尸企业与产业升级——来自中国工业企业的证据》，《中央财经大学学报》2022年第8期。

［122］王永钦等：《僵尸企业如何影响了企业创新？——来自中国工业企业的证据》，《经济研究》2018年第11期。

［123］王永进等：《信息化、企业柔性与产能利用率》，《世界经济》2017年第1期。

［124］王振国等：《全球价值链视角下中国出口功能专业化的动态变迁及国际比较》，《中国工业经济》2020年第6期。

［125］王兆峰、杨琴：《技术创新与进步对区域旅游产业成长的演化路径分析》，《科技管理研究》2011年第6期。

［126］汪芳、石鑫：《中国制造业高质量发展水平的测度及影响因素研究》，

《中国软科学》2022年第2期。

[127] 汪晓文、宫文昌：《国外数字贸易发展经验及其启示》，《贵州社会科学》2020年第3期。

[128] 王宏、骆旭华：《美国政府技术采购促进战略性新兴产业发展分析》，《商业研究》2010年第11期。

[129] 王玉柱：《数字经济重塑全球经济格局——政策竞赛和规模经济驱动下的分化与整合》，《国际展望》2018年第4期。

[130] 温忠麟等：《中介效应检验程序及其应用》，《心理学报》2004年第5期。

[131] 魏江、葛朝阳：《组织技术能力增长轨迹研究》，《科学学研究》2001年第2期。

[132] 魏志华等：《税收征管数字化与企业内部薪酬差距》，《中国工业经济》2022年第3期。

[133] 韦庄禹等：《数字经济能否促进制造业高质量发展？——基于省际面板数据的实证分析》，《武汉金融》2021年第3期。

[134] 吴非等：《企业数字化转型与资本市场表现——来自股票流动性的经验证据》，《管理世界》2021年第7期。

[135] 吴延兵：《R&D存量、知识函数与生产效率》，《经济学》（季刊）2006年第3期。

[136] 吴佐等：《所有制结构、研发资源错配与研发回报率的相互关系——基于2005—2007年中国工业企业的经验数据》，《统计与信息论坛》2014年第2期。

[137] 肖兴志、黄振国：《僵尸企业如何阻碍产业发展：基于异质性视角的机理分析》，《世界经济》2019年第2期。

[138] 谢玉华等：《内外部企业社会责任对员工工作意义感的影响机制和差异效应研究》，《管理学报》2020年第9期。

[139] 解学梅、朱琪玮：《合规性与战略性绿色创新对企业绿色形象影响机制研究：基于最优区分理论视角》，《研究与发展管理》2021年第4期。

［140］徐充、姜威：《日本汽车产业的发展及其对我国的启示》，《现代日本经济》2007年第3期。

［141］许宪春等：《中国分行业全要素生产率估计与经济增长动能分析》，《世界经济》2020年第2期。

［142］闫德利等：《数字经济：开启数字化转型之路》，中国发展出版社，2019。

［143］闫永生等：《营商环境与民营企业创新——基于行政审批中心设立的准自然实验》，《财经论丛》2021年第9期。

［144］阳镇等：《数字经济时代下的全球价值链：趋势、风险与应对》，《经济学家》2022年第2期。

［145］杨朝峰等：《区域创新能力与经济收敛实证研究》，《中国软科学》2015年第1期。

［146］杨力等：《金融支持、科技创新与产业结构升级》，《会计与经济研究》2022年第5期。

［147］杨汝岱：《中国制造业企业全要素生产率研究》，《经济研究》2015年第2期。

［148］杨汝岱等：《基于社会网络视角的农户民间借贷需求行为研究》，《经济研究》2011年第11期。

［149］杨先明、黄华：《从"创造性破坏"到"创新—产业动态化"》，《思想战线》2023年第3期。

［150］杨先明、王希元：《经济发展过程中的结构现代化：国际经验与中国路径》，《经济学动态》2019年第10期。

［151］杨德明、刘泳文：《"互联网+"：价值创造，抑或价值摧毁?》，《郑州航空工业管理学院学报》2018年第5期。

［152］姚鹏等：《企业"脱实向虚"的一种解释：基于僵尸企业负外部性的视角》，《当代财经》2022年第7期。

［153］〔英〕卡萝塔·佩蕾丝：《技术革命与金融资本》，田方萌等译，中国人民大学出版社，2007。

［154］余典范：《2019中国产业发展报告——制造业高质量发展》，上海人

民出版社，2019。

[155] 余佳群：《论产业结构优化》，《辽宁工学院学报》（社会科学版）2000年第4期。

[156] 袁淳等：《数字化转型与企业分工：专业化还是纵向一体化》，《中国工业经济》2021年第9期。

[157] 袁航、朱承亮：《国家高新区推动了中国产业结构转型升级吗》，《中国工业经济》2018年第8期。

[158] 袁礼等：《后发大国的技术进步路径与技术赶超战略》，《经济科学》2021年第6期。

[159] 易明、吴婷：《R&D资源配置扭曲、TFP与人力资本的纠偏作用》，《科学学研究》2021年第1期。

[160] 〔以〕奥戴德·盖勒：《人类之旅：财富与不平等的起源》，余江译，中信出版社，2022。

[161] 张超、钟昌标：《金融创新、产业结构变迁与经济高质量发展》，《江汉论坛》2021年第4期。

[162] 张成新、郑华：《欧盟在太空时代的角色生成：进程、挑战及启示》，《德国研究》2019年第4期。

[163] 张春飞：《数字贸易的主要特征、发展趋势和对策研究》，《新经济导刊》2021年第3期。

[164] 张长春等：《我国生产率研究：现状、问题与对策》，《宏观经济研究》2018年第1期。

[165] 张吉昌等：《我国产业技术创新战略联盟研究进展——基于CSSCI（2007—2016年）期刊论文的科学计量分析》，《科技与经济》2018年第6期。

[166] 张军、金煜：《中国的金融深化和生产率关系的再检测：1987—2001》，《经济研究》2005年第11期。

[167] 张军等：《中国省际物质资本存量估计：1952-2000》，《经济研究》2004年第10期。

[168] 张骞、李长英：《信息化对区域创新绩效的直接效应和间接效应——

兼论人力资本非线性中介作用》，《现代经济探讨》2019年第2期。

［169］张彤玉、丁国杰：《技术进步与产业组织变迁》，《经济社会体制比较》2006年第3期。

［170］张信东等：《结构调整中的行业创新效率研究——基于DEA和SFA方法的分析》，《经济管理》2012年第6期。

［171］张璇等：《信贷寻租、融资约束与企业创新》，《经济研究》2017年第5期。

［172］张勋等：《数字经济、普惠金融与包容性增长》，《经济研究》2019年第8期。

［173］张永珅等：《企业数字化转型与审计定价》，《审计研究》2021年第3期。

［174］张骁等：《互联网时代企业跨界颠覆式创新的逻辑》，《中国工业经济》2019年第3期。

［175］赵宸宇等：《数字化转型如何影响企业全要素生产率》，《财贸经济》2021年第7期。

［176］赵庆：《产业结构优化升级能否促进技术创新效率？》，《科学学研究》2018年第2期。

［177］赵玉林、谷军健：《中美制造业发展质量的测度与比较研究》，《数量经济技术经济研究》，2018年第12期。

［178］郑江淮、荆晶：《技术差距与中国工业技术进步方向的变迁》，《经济研究》2021年第7期。

［179］钟卫等：《加大科技人员激励力度能否促进科技成果转化——来自中国高校的证据》，《科技进步与对策》2021年第7期。

［180］周代数：《创新产品政府采购政策：美国的经验与启示》，《财政科学》2021年第8期。

［181］周煊等：《技术创新水平越高企业财务绩效越好吗？——基于16年中国制药上市公司专利申请数据的实证研究》，《金融研究》2012年第8期。

［182］朱民等：《中国产业结构转型与潜在经济增长率》，《中国社会科学》

2020年第11期。

[183] 诸竹君等：《外资进入与中国式创新双低困境破解》，《经济研究》2020年第5期。

[184] 邹玮钰、王烨：《异质性视角下数字化转型与流通企业投资效率》，《商业经济研究》2022年第10期。

二 英文文献

[1] Abernathy, W. J., Utterback, J. M., "Patterns of Industrial Innovation", *Technology Review*, 80(7), 1978, pp.40−47.

[2] Abramovitz, M., "Catching up, Forging ahead, and Falling behind", *The Journal of Economic History*, 46(2), 1986, pp.385−406.

[3] Abramovitz, M., "The Origins of the Postwar Catch−up and Convergence Boom", in Fagerberg, J., Verspagen, B., and von Tunzelmann, N., eds., *The Dynamics of Technology, Trade and Growth* (Edward Elgar, Aldershot, 1994).

[4] Abramovitz, M., "The Elements of Social Capability", in Bon Ho Koo, Dwight H. Perkins, eds., *Social Capability and Long-term Economic Growth* (MacMillan Press, 1995).

[5] Acemoglu, D., Aghion, P., Zilibotti, F., "Distance to Frontier, Selection, and Economic Growth", *Journal of the European Economic Association*, 4(1), 2006, pp.37−74.

[6] Acemoglu, D., García−Jimeno, C., Robinson, J. A., "State Capacity and Economic Development: A Network Approach", *American Economic Review*, 105(8), 2015, pp.2364−2409.

[7] Acemoglu, D., Restrepo, P., "The Race between Man and Machine: Implications of Technology for Growth, Factor Shares, and Employment", *American Economic Review*, 108(6), 2018, pp.1488−1542.

[8] Adair Morse, Vikram nanda, Amit seru, "Are Incentive Contracts Rigged by

Powerful CEOs?", *The Journal of Finance*, 66(5), 2011, pp.1779–1821.

[9] Aghion, P., Howitt, P., "Joseph Schumpeter Lecture Appropriate Growth Policy: A Unifying Framework", *Journal of the European Economic Association*, 4(2-3), 2006, pp.269–314.

[10] Aghion, P., Howitt, P., "A Model of Growth through Creative Destruction", *Econometrica*, 60(2), 1992, pp.323–351.

[11] Aghion, P., Reenen, J. V., and Zingales, L., "Innovation and Institutional Ownership", *American Economic Review*, 103(1), 2013, pp.277–304.

[12] Ahuja, G., Morris, C., "Entrepreneurship in the Large Corporation: A Longitudinal Study of How Established Firms Create Breakthrough Inventions", *Strategic Management Journal*, 22(6-7), 2001, pp.521–543.

[13] Alfred, D. C., *Scale and Scope: The Dynamics of Industrial Capitalism* (Harvard University Press, 1990).

[14] Ames, E. D., Rosenberg, N., "Changing Technological Leadership and Industrial Growth", *Economic Journal*, 73, 1963, pp.13–31.

[15] Anderson, P., Tushman, M. L., "Organizational Environments and Industry Exit: The Effects of Uncertainty, Munificence and Complexity", *Industrial and Corporate Change*, 10(3), 2001, pp.675–711.

[16] Aoki, S., "A Simple Accounting Framework for the Effect of Resource Misallocation on Aggregate Productivity", *Journal of the Japanese and International Economies*, 26(4), 2012, pp.473–494.

[17] Arthur, W.B., "Competing Technologies, Increasing Returns, and Lock-in by Historical Events", *The Economic Journal*, 99 (394), 1989, pp.116–131.

[18] Arqué-Castells, P., et al., "Royalty Sharing, Effort and Invention in Universities: Evidence from Portugal and Spain", *Research Policy*, 45 (9), 2016, pp.1858–1872.

[19] Avi Goldfarb, Catherine Tucker, "Digital Economics", *Journal of Economic Literature*, 57(1), 2019, pp.3–43.

［20］ Barro, R. J., and Sala-i-Martin, X., *Economic Growth*（Boston: McGraw-Hill, 1995）.

［21］ Barry Eichengreen, Donghyun Park and Kwanho Shin, "Growth Slowdowns Redux", *Japan and the World Economy*, 32, 2014, pp.65-84.

［22］ Bee-Yan Aw and Geeta Batra, "Firm Size and the Pattern of Diversification", *International Journal of Industrial Organization*,16(3),1998, pp.313-331.

［23］ Bon Ho Koo, Dwight H. Perkins, *Social Capability and Long-term Economic Growth*（MacMillan Press, 1995）.

［24］ Brandt, L., Van Biesebroeck, J., Zhang, Y., "Creative Accounting or Creative Destruction? Firm-level Productivity Growth in Chinese Manufacturing", *Journal of Development Economics*, 97 (2), 2012, pp.339-351.

［25］ Brandt, L., et al.,"WTO Accession and Performance of Chinese Manufacturing Firms", *American Economic Review*, 107(9), 2017, pp.2784-2820.

［26］ Castellacci, E., Polieri, T., "Antalgic Effect and Clinical Tolerability of Hyaluronic Acid in Patients with Degenerative Diseases of Knee Cartilage: An Outpatient Treatment Survey", *Drugs under Experimental and Clinical Research*, 30(2), 2004, pp.67-73.

［27］ Chanbora Ek, Guiying Laura Wu, "Investment-cash Flow Sensitivities and Capital Misallocation", *Journal of Development Economics*, 133, 2018, pp.220-230.

［28］ Chang-Tai Hsieh, Peter J. Klenow, "Misallocation and Manufacturing TFP in China and India", *The Quarterly Journal of Economics*, 124 (4), 2009, pp.1403-1448.

［29］ Chenery, H., Robinson, S. and Syrquin, M., *Industrialization and Growth: A Comparative Study* (Oxford University Press, 1986).

［30］ Cohen, W. M., and Levinthal, D. A., "Absorptive Capacity: A New Perspective on Learning and Innovation", *Innovation*, 35, 1990, pp.128-152.

［31］ Comin, Diego and Martí Mestieri, "If Technology Has Arrived Everywhere, Why Has Income Diverged？", *American Economic Journal: Macroeconomics*, 10 (3), 2018, pp.137–178.

［32］ Costantini, J., Melitz, M., "The Dynamics of Firm-level Adjustment to Trade Liberalization", *The Organization of Firms in a Global Economy*, 4, 2008, pp.107–141.

［33］ Criscuolo, P., Narula, R., "A Novel Approach to National Technological Accumulation and Absorptive Capacity: Aggregating Cohen and Levinthal", *European Journal of Development Research*, 20(1), 2008, pp.56–73.

［34］ David Audretsch, Max Keilbach, "Entrepreneurship Capital and Economic Performance", *Regional Studies*, *Taylor and Francis Journals*, 38(8), 2004, pp.949–959.

［35］ Dennis, Benjamin N., Talan B. İşcan, "Engel versus Baumol: Accounting for Structural Change Using Two Centuries of US Data", *Explorations in Economic History*, 46(2), 2009, pp. 186–202.

［36］ Diego Restuccia, Richard Rogerson, "Policy Distortions and Aggregate Productivity with Heterogeneous Establishments", *Review of Economic Dynamics*, 11(4), 2008, pp.707–720.

［37］ Dosi, G., "Technological Paradigms and Technological Trajectories: A Suggested Interpretation of the Determinants and Directions of Technical Change", *Research Policy*, 11(3), 1982, pp.147–162.

［38］ Ernst, D., and Kim, L., "Global Production Networks, Knowledge Diffusion, and Local Capability Formation", *Research Policy*, 31(8), 2002, pp.1417–1429.

［39］ Fagerberg, J., "International Competitiveness", *Economic Journal*, 98 (391), 1988, pp.355–374.

［40］ Fagerberg, J., Srholec, M., "Capabilities, Economic Development, Sustainability", *Cambridge Journal of Economics*, 41 (3), 2017, pp.905-926.

［41］ Fagerberg, J., Srholec, M., "National Innovation Systems, Capabilities and Economic Development", *Research Policy*, 37(9), 2008, pp.1417-1435.

［42］ Fagerberg, J., Verspagen, B., "Innovation, Growth and Economic Development: Have the Conditions for Catch-up Changed?", *International Journal of Technological Learning Innovation and Development*, 1(1), 2007, pp.13-33.

［43］ Feenstra, R.C., Inklaar, R., Timmer, M.P., "The Next Generation of the Penn World Table", *American Economic Review*, 105(10), 2015, pp.3150-3182.

［44］ Fragkandreas, T., "When Innovation Does not Pay Off: Introducing the 'European Regional Paradox'", *European Planning Studies*, *Taylor and Francis Journals*, 21(12), 2013, pp. 2078-2086.

［45］ Freeman, C., *Technology Policy and Economic Performance Lessons From Japan* (London Pinter Press, 1987).

［46］ Freeman, C., Clark, J., Soete, L., *Unemployment and Technical Innovation* (London: Pinter Press, 1982).

［47］ Freeman, C., Louça, F., *As Time Goes by: From the Industrial Revolutions to the Information Revolution* (Oxford, Oxford University Press, 2001).

［48］ Freeman, C., Pérez, C., "Structural Crises of Adjustment, Business Cycles and Investment Behavior", in Giovanni Dosi, ed., *Technical Change and Economic Theory* (Pinter Publishers Press, 1988), pp.38-73.

［49］ Fujiwara, I., Matsuyama, K., "A Technology-gap Model of Premature Deindustrialization", CEPR Discussion Paper No. DP15530, 2020.

［50］ Fulvio Castellacci, "A Neo-Schumpeterian Approach to Why Growth Rates Differ", *Revue Économique*, 55(6), 2004, pp.1145-1170.

［51］ Gammeltoft, P., "Development of Firm-Level Technological Capabilities:

The Case of the Indonesian Electronics Industry", *Journal of the Asia Pacific Economy*, 9(1), 2004, pp.49-69.

[52] Gerschenkron, A., *Economic Backwardness in Historical Perspective: A Book of Essays* (Cambridge, MA: Belknap Press of Harvard University Press, 1962).

[53] Gomulka Stanislaw, *The Theory of Technological Change and Economic Growth* (Routledge Press, 1990).

[54] Griliches, Z., "R&D and Productivity Slowdown", *American Economic Review*, 70(2), 1980, pp.343-348.

[55] Grossman, G.M., and Elhanan Helpman, "Trade, Knowledge Spillovers, and Growth", *European Economic Review*, 35(2-3), 1991, pp.517-526.

[56] Hansen, B. E., "Threshold Effects in Non-Dynamic Panels: Estimation, Testing, and Inference", *Journal of Econometrics*, 93 (2), 1999, pp.345-368.

[57] Herrendorf, Berthold, Richard Rogerson, and Akos Valentinyi, "Growth and Structural Transformation", in Philippe Aghion, Steven Durlauf, eds., *Handbook of Economic Growth 2A* (North Holland Press, 2013), pp.855-941.

[58] Hirooka, M., *Innovation Dynamism and Economic Growth: A Nonlinear Perspective* (Edward Elgar Publishing, 2006).

[59] Hsieh, C. T., Klenow, P.J., "Misallocation and Manufacturing TFP in China and India", *Quarterly Journal of Economics*, 124(4), 2009, pp.1403-1448.

[60] Huang, C., and Sharif, N., "Global Technology Leadership: The Case of China", *Science and Public Policy*, 43(1), 2016, pp.62-73.

[61] Hunt Andrew, et al., "Modelling Investment Plans at Asset Portfolio Level Using Optimum Plan Rationalization Approaches", *IFAC-Papers On Line*, 53(3), 2020, pp.143-148.

[62] James, M. J., and Romijn, H. A., "The Determinants of Technological

Capability: A Cross-Country Analysis", *Oxford Development Studies*, 25
(2), 1997, pp.189-205.

[63] Joel Mokyr, *A Culture of Growth: The Origins of the Modern Economy*
(Princeton University Press, 2016).

[64] Jones, C.I., "The Facts of Economic Growth", in John, B. T., Harald Uhlig,
eds., *Handbook of Macroeconomics*, *Vol. 2A* (Elsevier, 2016), pp.3-69.

[65] Keun Lee, *The Art of Economic Catch-up: Barriers, Detours and
Leapfrogging* (New York, NY: Cambridge University Press, 2019).

[66] Keun Lee, Kim, B.-Y., "Both Institutions and Policies Matter but Differently
for Different Income Groups of Countries: Determinants of Long-run
Economic Growth Revisited", *World Development*, 37 (3), 2009,
pp.533-549.

[67] Keun Lee, Franco Malerba, "Catch-up Cycles and Changes in Industrial
Leadership: Windows of Opportunity and Responses of Firms and Countries
in the Evolution of Sectoral Systems", *Research Policy*, 46 (2), 2017,
pp.338-351.

[68] Kim, L., *Imitation to Innovation*; *The Dynamics of Korea's Technological
Learning* (Boston: Harvard Business School Press, 1997).

[69] Kim, L., Nelson, R. R., *Technology, Learning, and Innovation:
Experiences of Newly Industrializing Economies* (Cambridge: Cambridge
University Press, 2000).

[70] Kim, Y., et al., "Corporate Social Responsibility and Stock Price Crash
Risk", *Journal of Banking and Finance*, 43, 2014, pp.1-13.

[71] Klepper, S., "Industry Life Cycles", *Industrial and Corporate Change*, 6
(1), 1997, pp.145-182.

[72] Klepper, S., Malerba, F., "Demand, Innovation and Industrial Dynamics:
An Introduction", *Industrial and Corporate Change*, 19 (5), 2010,
pp.1515-1520.

[73] Kogut, B., "The Network as Knowledge: Generative Rules and the

Emergence of Structure", *Strategic Management Journal*, 21(3), 2000, pp.405-425.

[74] König, M., et al., "From Imitation to Innovation: Where Is All That Chinese R&D Going?", *Econometrica*, 90(4), 2022, pp.1615-1654.

[75] Lakhera, M.L., "Economic Growth in Developing Countries", in Lakhera, M. L., ed., *Economic Growth in Developing Countries: Structural Transformation, Manufacturing and Transport Infrastructure* (Palgrave Macmillan Press, 2015).

[76] Lall, S., Kraemermbula, E., *Industrial Competitiveness in Africa - Lessons from East Asia* (Practical Action Publishing Press, 2005).

[77] Lavopa, Alejandro Martin, *Structural Transformation and Economic Development: Can Development Traps Be Avoided?* (Universitaire Pers Maastricht Press, 2015).

[78] Lavopa, A., Szirmai, A., "Structural Modernisation and Development Traps: An Empirical Approach", *World Development*, 112, 2018, pp.59-73.

[79] Lee, K., "Capability Failure and Industrial Policy to Move beyond the Middle-income Trap: From Trade-based to Technology-based Specialization", in Joseph E. Stiglitz, Justin Yifu Lin, eds., *The Industrial Policy Revolution I: The Role of Government Beyond Ideology* (Palgrave Macmillan Press, 2013), pp.244-272.

[80] Lee, K., Gao, X., Li, X., "Industrial Catch-up in China: A Sectoral Systems of Innovation Perspective", *Cambridge Journal of Regions, Economy and Society*, 10(1), 2016, pp.59-76.

[81] Lee, K., Kim, B.-Y., "Both Institutions and Policies Matter But Differently for Different Income Groups of Countries: Determinants of Long-run Economic Growth Revisited", *World Development*, 37 (3), 2009, pp.533-549.

[82] Lee, J.-D., Baek, C., Maliphol, S., and Yeon, J.-I, "Middle Innovation

Trap", *Foresight and STI Governance*, 13, 2019, pp.6–18.

[83] Legner, C., et al., "Digitalization: Opportunity and Challenge for the Business and Information Systems Engineering Community", *Business and Information Systems Engineering*, 59(4), 2017, pp.301–308.

[84] Lin, J. Y., Wang, W., Xu, V. Z., "Distance to Frontier and Optimal Financial Structure", *Structural Change and Economic Dynamics*, 60, 2022, pp.243–249.

[85] Lipczynski, J., Wilson, J.O.S., Goddard, J.A., *Industrial Organization: Competition, Strategy, Policy* (Pearson Education Press, 2005).

[86] Malerba, F., Orsenigo, L., "Innovation and Market Structure in the Dynamics of the Pharmaceutical Industry and Biotechnology: Towards a History-friendly Model", *Industrial and Corporate Change*, 11(4), 2002, pp.667–703.

[87] Malerba, F., Pisano, G. P., "Innovation, Competition and Sectoral Evolution: An Introduction to the Special Section on Industrial Dynamics", *Industrial and Corporate Change*, 28(3), 2019, pp.503–510.

[88] Malerba, F., et al., "Demand, Innovation, and the Dynamics of Market Structure: The Role of Experimental Users and Diverse Preferences", *Journal of Evolutionary Economics*, 17(4), 2007, pp.371–399.

[89] Mario Cimoli, Giovanni Dosi and Joseph E. Stiglitz, *Industrial Policy and Development: The Political Economy of Capabilities Accumulation* (Oxford University Press, 2009).

[90] Michael, L.T., Philip, A., "Technological Discontinuities and Organizational Environments", *Administrative Science Quarterly*, 31 (3), 1986, pp.439–465.

[91] Michiko Iizuka and Luc Soete, "Catching up in the 21st Century: Globalization, Knowledge and Capabilities in Latin America, a Case for Natural Resource Based Activities", in Gabriela Dutrénit, Keun Lee, Richard Nelson, Alexandre O. Vera-Cruz and Luc Soete, eds., *Learning*,

Capability Building and Innovation for Development（Palgrave MacMillan Press, 2013）.

［92］ Miguel Pablo Martínez de, et al., "Impact of Dynamic Capabilities on Customer Satisfaction through Digital Transformation in the Automotive Sector", *Sustainability*, 14, 2022, p.4772.

［93］ Moore, J. H., "A Measure of Structural Change in Output", *Review of Income and Wealth*, 24(1), 1978, pp.105-118.

［94］ Morrison, A., Pietrobelli, C., and Rabellotti, R., "Global Value Chains and Technological Capabilities: A Framework to Study Learning and Innovation in Developing Countries", *Oxford Development Studies*, 36 (1), 2008, pp.39-58.

［95］ Murphree, M., Tang, L., and Breznitz, D., "Tacit Local Alliance and SME Innovation in China", *International Journal of Innovation and Regional Development*, 7(3), 2016, pp.184-202.

［96］ National Research Council, *Funding a Revolution: Government Support for Computing Research*（Washington, D.C.: The National Academies Press, 1999）,p.106.

［97］ Nelson, R. R., Edmund, S. P., "Investment in Humans, Technological Diffusion, and Economic Growth", *The American Economic Review*, 56(1/ 2), 1966, pp.69-75.

［98］ Nelson, R. R., Winter, S. G., *An Evolutionary Theory of Economic Change*（Cambridge: Harvard University Press, 1982）.

［99］ Nelson, R. R., Winter, S. G., "Evolutionary Theorizing in Economics", *Journal of Economic Perspectives*, 16(2), 2002, pp.23-46.

［100］ Ngai, L.R., Christopher, A.P., "Structural Change in a Multisector Model of Growth", *American Economic Review*, 97(1), 2007, pp.429-443.

［101］ Panda, H., Ramanathan, K., "Technological Capability Assessment of a Firm in the Electricity Sector", *Technovation*, 16 (10), 1986, pp.561-588.

［102］ Park，W.G.，"A Theoretical Model of Government Research and Growth"，*Journal of Economic Behavior and Organization*，43（1），1998，pp. 69-85.

［103］ Pavitt，K.，"Sectoral Patterns of Technical Change：Towards a Taxonomy and a Theory"，*Research Policy*，13（6），1984，pp.343-373.

［104］ Pylak，K.，"Changing Innovation Process Models：A Chance to Break Out of Path Dependency for Less Developed Regions"，*Regional Studies，Regional Science*，2，2015，pp.46-72.

［105］ Radosevic，S.，and Yoruk，E.，"Technology Upgrading of Middle-income Economies：A New Approach and Results"，*Technological Forecasting and Social Change*，129，2018，pp.56-75.

［106］ Raghu Garud，Praveen R. Nayyar，"Transformative Capacity：Continual Structuring by Intertemporal Technology Transfer"，*Strategic Management Journal*，15（5），1994，pp.365-385.

［107］ Raghu Garud，Peter Karne，"Bricolage versus Breakthrough：Distributed and Embedded Agency in Technology Entrepreneurship"，*Research Policy*，32（2），2003，pp.277-300.

［108］ Redding，G.，"Impact of China's Invisible Societal Forces on Its Intended Evolution"，in Arie Y. Lewin，Martin Kenney，Johann Peter Murmann，eds.，*China's Innovation Challenge：Overcoming the Middle-income Trap*（Cambridge University Press，2016）.

［109］ Rialti，R.，et al.，"Ambidextrous Organization and Agility in Big Aata Era：The Role of Business Process Management Systems"，*Business Process Management Journal*，24（5），2017，pp.1091-1109.

［110］ Robert，M.，Bushman and Abbie J. Smith，"Financial Accounting Information and Corporate Governance"，*Journal of Accounting and Economics*，32（1），2001，pp.237-333.

［111］ Rodrik，D.，"Premature Deindustrialization"，*Journal of Economic Growth*，21（1），2016，pp.1-33.

[112] Rostow, W. W., *Why the Poor Get Richer, and the Rich Slow Down: Essays in the Marshallian Long Period* (MacMillan, New York, London, 1980), pp.267-277.

[113] Rothwell, R., "Technology-based Small Firms and Regional Innovation Potential: the Role of Public Procurement", *Journal of Public Policy*, 4 (4), 1984, pp.307-332.

[114] Sanjaya Lall, "Understanding Technology Development", *Development and Change*, 24(4), 1993, pp.719-753.

[115] Saviotti, P. P., Pyka, A., "Product Variety, Competition and Economic Growth", *Journal of Evolutionary Economics*, 18 (3), 2008, pp.323-347.

[116] Schmitz, H., *Flexible Specialization: A New Paradigm of Small-Scale Industrialization?* (Institute of Development Studies Press, 1989).

[117] Shaker, A. Z. and Gerard George, "Absorptive Capacity: A Review, Reconceptualization, and Extension", *The Academy of Management Review*, 27(2), 2002, pp.185-203.

[118] Syrquin, M., and Chenery, H.B., "Three Decades of Industrialization", *The World Bank Review*, 3, 1989, pp.152-153.

[119] Syverson, C., "Challenges to Mismeasurement Explanations for the US Productivity Slowdown", *Journal of Economic Perspectives*, *American Economic Association*, 31(2), 2017, pp.165-186.

[120] Adam Szirmai, "Manufacturing and Economic Development", in Adam Szirmai, Wim Naudé, Ludovico Alcorta, eds., *Pathways to Industrialization in the 21st Century: New Challenges and Emerging Paradigms* (WIDER Studies in Development Economics, Oxford, 2013), pp. 53-75.

[121] Timmer, M.P., et al., "Slicing Up Global Value Chains", *Journal of Economic Perspectives*, 28(2), 2014, pp.99-118.

[122] Veblen, T., *Imperial Germany and the Industrial Revolution*

(Macmillan, New York, 1915).

［123］ Vivarelli, M., "The Middle-income Trap: A Way Out Based on Technological and Structural Change", *Economic Change and Restructuring*, 49(2), 2016, pp.159-193.

［124］ Von Tunzelmann, N., and V. Acha, "Innovation in 'Low-tech' Industries", in J. Fagerberg, D. Mowery, and R. Nelson, eds., *The Oxford Handbook of Innovation* (New York: Oxford University Press, 2005), pp. 407-432.

［125］ Wang, H., Feng, J., "Influences of Dynamic Capability on Breakthrough Innovation: Evidence from China's Manufacturing Industry", *Chinese Management Studies*, 14(3), 2020, pp.565-586.

［126］ Warner, K. S. R., Wäger, M., "Building Dynamic Capabilities for Digital Transformation: An on Going Process of Strategic Renewal", *Long Range Planning*, 52(3), 2019, pp.326-349.

［127］ Williamson, P. J., "Building and Leveraging Dynamic Capabilities: Insights from Accelerated Innovation in China", *Global Strategy Journal*, 6(3), 2016, pp.197-210.

［128］ Zilibotti, F., "Growing and Slowing Down Like China", *Journal of the European Economic Association*, 15(5), 2017, pp.943-998.

后　记

　　《中国创新–产业动态化演进研究：基于准技术前沿的视角》一书系"云南大学社会科学理论创新高地建设"（发展经济学：C176240103）项目成果，由杨先明教授主持的团队研究并撰写完成。本书以中国经济转型和准技术前沿特征为背景，系统探讨了通过创新与产业动态化实现经济高质量发展的路径。在研究与撰写过程中，研究团队整合了国家级课题的内容和新高地建设项目的研究成果，并组织了广泛的调研、数据采集与处理和研究工作。

　　本书是集体合作的成果。研究思路、框架设计由杨先明主持，王希元、邵素军和杨洋对研究框架及重点提出重要建议。四位作者分别承担了第一章、第三章、第四章以及第十一章和第十二章的撰写工作。云南大学博士研究生和部分校内外青年教师参与了本书的撰写工作，其中云南大学杨娟承担第二章的撰写工作，大理大学杨雪娇承担第五章的撰写工作，云南财经大学李冲承担第六章的撰写工作，云南大学王志阁承担了第七章的撰写工作，青岛大学陈明明承担了第八章的撰写工作，云南财经大学龙幅琼讲师承担第九章的撰写工作，云南大学谢旭升承担第十章的撰写工作，郑州工业大学黄华参与了第四章部分内容的撰写工作。云南大学侯威与宋玉禄积极有效地参与了课题研究，但由于篇幅与结构原因，其成果没有被纳入本书。本项目历时多年，书稿也经历多次大幅度的修改、删减、调整与重写的范围较大，敬请各位作者谅解。

　　全书统稿和修订工作由邵素军负责，最终由杨先明教授定稿。在本书的研究、撰写、定稿和出版过程中，龚刚教授、赵果庆教授、郭树华教授和王文召博士、郭平博士、马娜博士等给予了重要的建议和支持，谨此表示诚挚的感谢。本书的顺利出版得到社会科学文献出版社高雁老师一如既往的支持，对此深表感谢。同时，本书力求在文献研究、实地调研和数据分析上尽可能做到严谨和准确，所引用的观点均注明出处。如有不慎错误或遗漏，敬请读者谅解。

杨先明

于云南大学东陆校区

图书在版编目（CIP）数据

中国创新－产业动态化演进研究：基于准技术前沿的
视角 / 杨先明等著 . -- 北京：社会科学文献出版社，
2024. 12. -- ISBN 978-7-5228-4343-8

Ⅰ . F124.3

中国国家版本馆 CIP 数据核字第 2024DM3262 号

中国创新–产业动态化演进研究： 基于准技术前沿的视角

著　　者 / 杨先明　邵素军　王希元　杨　洋　等

出 版 人 / 冀祥德
责任编辑 / 贾立平　颜林柯
责任印制 / 王京美

出　　版 / 社会科学文献出版社·经济与管理分社（010）59367226
　　　　　　地址：北京市北三环中路甲29号院华龙大厦　邮编：100029
　　　　　　网址：www. ssap. com. cn
发　　行 / 社会科学文献出版社（010）59367028
印　　装 / 三河市尚艺印装有限公司

规　　格 / 开　本：787mm × 1092mm　1/16
　　　　　　印　张：27.25　字　数：420千字
版　　次 / 2024年12月第1版　2024年12月第1次印刷
书　　号 / ISBN 978-7-5228-4343-8
定　　价 / 158.00元

读者服务电话：4008918866